Monika Staudt
Die Rechteübertragungen im Berechtigungsvertrag der GEMA

Schriften zum europäischen Urheberrecht

EurUR 2

Schriften zum europäischen Urheberrecht

Herausgegeben von

Prof. Dr. Karl-Nikolaus Peifer, Köln
Prof. Dr. Karl Riesenhuber, M. C. J., Frankfurt (Oder)

EurUR
Band 2

RECHT

De Gruyter Recht · Berlin

Die Rechteübertragungen im Berechtigungsvertrag der GEMA

Von

Monika Staudt

W DE G RECHT

De Gruyter Recht · Berlin

Dr. iur. *Monika Staudt*, Rechtsanwältin in Berlin

♾ Gedruckt auf säurefreiem Papier,
das die US-ANSI-Norm über Haltbarkeit erfüllt.

ISBN-13: 978-3-89949-313-9
ISBN-10: 3-89949-313-3

Bibliografische Information Der Deutschen Bibliothek

Die Deutsche Bibliothek verzeichnet diese Publikation in der Deutschen Nationalbibliografie; detaillierte bibliografische Daten sind im Internet über http://dnb.ddb.de abrufbar.

Umschlaggestaltung: Christopher Schneider, Berlin
Datenkonvertierung/Satz: jürgen ullrich typosatz, Nördlingen
Druck und Bindung: Hubert & Co., Göttingen

Printed in Germany

Geleitwort

Es gibt Verträge, die in der Praxis eine ähnliche Funktion haben wie ein Gesetz, weil sie zum einen immer wieder in gleicher Form abgeschlossen werden und zum anderen die Grundlage für immer wiederkehrende oder gar massenhafte Vorgänge bilden. Hierzu zählt der Berechtigungsvertrag, den die Komponisten, Textdichter und Musikverleger mit der GEMA abschließen. Welche Rechte der GEMA zur Wahrnehmung überlassen werden und was die GEMA gegen Zahlung ihrer Tarife gestatten darf und auch gestatten muss, richtet sich nach Inhalt und Umfang der im Berechtigungsvertrag vereinbarten Rechteübertragung. Hiervon sind auf der einen Seite zahlreiche Urheber und Rechtsinhaber und auf der anderen Seite zahlreiche Nutzer betroffen. Beide Seiten brauchen klare und vorhersehbare Verhältnisse. Infolgedessen liegt es nahe, ein derartiges Vertragswerk genauso zu kommentieren, wie auch Gesetze kommentiert werden, um sie leichter handhaben und mehr Rechtssicherheit erreichen zu können.

Hier bestand eine Lücke. Es gibt zwar diverse Monografien und Aufsätze, die den Berechtigungsvertrag summarisch abhandeln oder einzelne Bereiche oder Fragen vertieft darstellen. Eine geschlossene Zusammenschau, die Schritt für Schritt sämtliche der GEMA mit dem Berechtigungsvertrag eingeräumten und auch nicht eingeräumten Rechte samt ihren Hintergründen und Zusammenhängen kommentiert, fehlte bislang. Diese Lücke hat Monika Staudt mit ihrer im Juli 2005 von der Juristischen Fakultät der Europa-Universität Viadrina Frankfurt (Oder) als Dissertation angenommenen Arbeit geschlossen. Als Band 2 der Schriftenreihe zum europäischen Urheberrecht erscheint nun die umfassende und systematische Darstellung, deren wesentliche Ergebnisse Monika Staudt bereits in dem Ende 2005 erschienenen und von Kreile/Becker/Riesenhuber herausgegebenen Buch „Recht und Praxis der GEMA" in Kommentarform vorgestellt hat.

Welche Unsicherheit bei der Auslegung des Berechtigungsvertrages bestand und durch laufend fortschreitende Technik mit neuen Nutzungsmöglichkeiten und Nutzungsgepflogenheiten vermutlich auch künftig bestehen wird, zeigen zahlreiche auch höchstrichterliche Urteile z. B. zum Filmherstellungsrecht, zur Videozweitauswertung, zu Filmaufzeichnungen von Musikdarbietungen und zu Handy-Klingeltönen. Mitunter entsteht der Eindruck, Maßstab für dasjenige, was im Berechtigungsvertrag geregelt ist, sei nicht, was die vertragschließenden Parteien (Komponisten und Musikverleger einerseits und GEMA andererseits) beabsichtigen und entsprechend geregelt wissen wollen, sondern dasjenige, was sich die Nutzer als vereinbart wünschen, um über den Abschlusszwang bequem und zu günstigen Tarifen möglichst viele Rechte zu erhalten. Wenngleich Monika Staudt betont, ihre eigene Meinung darzustellen, hat sie als Mitarbeiterin der GEMA die dortige Sichtweise doch kennen und abschätzen lernen können, was die Vertragsparteien vereinbaren wollten. Diese Hintergrundinformationen sollten bei künftig wohl ebenfalls nicht vermeidbaren Gerichtsverfahren herangezogen werden. Die Arbeit von Monika Staudt bietet hierfür eine sehr wertvolle Orientierungshilfe.

Gernot Schulze

Vorwort

Die vorliegende Arbeit wurde im Juli 2005 von der Juristischen Fakultät der Europa-Universität Viadrina Frankfurt (Oder) als Dissertation angenommen. Rechtsprechung und Literatur wurden grundsätzlich bis Mai 2005, z. T. auch bis Dezember 2005 berücksichtigt.

Meine praktische Tätigkeit als Mitarbeiterin der GEMA war grundlegend für diese Arbeit. Für den mir bei der Ausarbeitung gewährten Freiraum bedanke ich mich sehr bei meinen Vorgesetzten. Die vertretenen Ansichten stellen ausschließlich meine eigene Meinung dar und binden die GEMA nicht.

Besonders herzlich danke ich meinem verehrten Doktorvater, Herrn Professor Dr. Karl Riesenhuber, der das Thema angeregt hat und das Entstehen der Arbeit mit seinem motivierenden Lob, seiner Begeisterungsfähigkeit und seiner schier unerschöpflichen Energie begleitet hat. Ihm sowie Herrn Professor Dr. Karl-Nikolaus Peifer gilt zudem mein Dank für die Aufnahme der Arbeit in die Schriftenreihe. Herrn Professor Dr. Stephan Breidenbach danke ich für die schnelle Erstellung seines Zweitgutachtens.

Berlin im März 2006 *Monika Staudt*

Inhaltsübersicht

Inhaltsverzeichnis

Abkürzungsverzeichnis

a. A.	anderer Ansicht
abgedr.	abgedruckt
Abl.	Amtsblatt der Europäischen Gemeinschaft
Abs.	Absatz
Abschn.	Abschnitt
AcP	Archiv für civilistische Praxis
a. E.	am Ende
a. F.	alte Fassung
AFMA	Anstalt für musikalisches Aufführungsrecht (AFMA)
AfP	Archiv für Presserecht
AKM	Staatlich genehmigte Gesellschaft der Autoren, Komponisten und Musikverleger (AKM)
Alt.	Alternative
AMMRE	Anstalt für mechanisch-musikalische Rechte GmbH
Art.	Artikel
AWA	Anstalt zur Wahrung der Aufführungsrechte auf dem Gebiet der Musik
Az.	Aktenzeichen
Bd.	Band
Begr.	Begründung
BerV	Berechtigungsvertrag
BGB	Bürgerliches Gesetzbuch
BGH	Bundesgerichtshof
BGHZ	Entscheidungen des Bundesgerichtshof in Zivilsachen
BR-Drs.	Bundesrats-Drucksache
BT-Drs.	Bundestags-Drucksache
bzw.	beziehungsweise
BVerfGE	Entscheidungen des Bundesverfassungsgerichts
CD	Compact Disc
CISAC	Confédération Internationale des Societés d'Auteurs et Compositeurs
DDR	Deutsche Demokratische Republik
d. h.	das heißt
DRM	Digital Rights Management
DVBl.	Deutsches Verwaltungsblatt
DVD	Digital Versatile Disc

EG	1. Europäische Gemeinschaft; 2. Nach Bezeichnung eines Artikels: EG-Vertrag, Vertrag zur Gründung der Europäischen Gemeinschaft, Konsolidierte Fassung mit den Änderungen durch den Vertrag von Amsterdam vom 2. 10. 1997
Einf	Einführung
Einl.	Einleitung
EuGH	Europäischer Gerichtshof
EuZW	Europäische Zeitschrift für Wirtschaftsrecht
EWiR	Entscheidungen zum Wirtschaftsrecht
EWR	Europäischer Wirtschaftsraum
f.	folgende/r (Singular)
FAZ	Frankfurter Allgemeine Zeitung
ff.	folgende (Plural)
FS	Festschrift
FuR	Film und Recht
GDT	Genossenschaft Deutscher Tonsetzer
GEMA	Gesellschaft für musikalische Aufführungs- und mechanische Vervielfältigungsrechte
GRUR	Gewerblicher Rechtsschutz und Urheberrecht
GRUR Int.	Gewerblicher Rechtsschutz und Urheberrecht Internationaler Teil
GVL	Gesellschaft zur Verwertung von Leistungsschutzrechten
GWB	Gesetz gegen Wettbewerbsbeschränkungen
Hs.	Halbsatz
idR	in der Regel
idS	in diesem Sinne
iSd	im Sinne des/der
iVm	in Verbindung mit
KG	Kammergericht
KuR	Kunstrecht und Urheberrecht
K&R	Kommunikation und Recht
LG	Landgericht
lit.	Litera
LUG	Gesetz betreffend das Urheberrecht an Werken der Literatur und der Tonkunst
MMR	Multimedia und Recht, Zeitschrift für Informations- Telekommunikations- und Medienrecht
NJW	Neue Juristische Wochenschrift

Nr.	Nummer
NZA	Neue Zeitschrift für Arbeitsrecht
OGH	Oberster Gerichtshof (Österreich)
OLG	Oberlandesgericht
PC	Personal Computer
p. m. a.	post mortem auctoris
RBÜ	Revidierte Berner Übereinkunft zum Schutz von Werken der Literatur und der Kunst
RefE	Referentenentwurf
RegE	Regierungsentwurf
RGZ	Entscheidungen des Reichsgerichts in Zivilsachen
RIW	Recht der Internationalen Wirtschaft
rkr.	rechtskräftig
Rn.	Randnummer
ROM	Read only memory (Festwertspeicher)
RStV	Rundfunkstaatsvertrag
S.	Seite
s.	Siehe/siehe
Slg.	Sammlung
SMS	Short Message Service
s. o.	siehe oben
sog.	so genannte/r
Sp.	Spalte
STAGMA	Staatlich genehmigte Gesellschaft zur Verwertung musikalischer Urheberrechte
u. a.	unter anderem
UFITA	Archiv für Urheber- und Medienrecht
UrhG	Urheberrechtsgesetz
UrhWG	Urheberrechtswahrnehmungsgesetz
v.	von/vom
vgl.	vergleiche
VG Wort	Verwertungsgesellschaft Wort
WAP	Wireless Application Protocol
WBL	Wirtschaftsrechtliche Blätter; Zeitschrift für österreichisches und europäisches Wirtschaftsrecht
WUA	Welturheberrechtsabkommen
WUW	Wirtschaft und Wettbewerb
Ziff.	Ziffer
ZPÜ	Zentralstelle für private Überspielungsrechte
ZUM	Zeitschrift für Urheber- und Medienrecht

ZUM-RD	Rechtsprechungsdienst der Zeitschrift für Urheber- und Medienrecht
ZVglRWiss	Zeitschrift für vergleichende Rechtswissenschaft

§ 1 Einleitung

I. Einführung in das Thema

Im Jahr 2003 feierte die GEMA (Gesellschaft für musikalische Aufführungs- und mechanische Vervielfältigungsrechte) das hundertjährige Bestehen der musikalischen Verwertungsgesellschaft in Deutschland.[1] Seit hundert Jahren werden in Deutschland die Rechte von Komponisten, Textdichtern und Musikverlegern an musikalischen Werken kollektiv „aus einer Hand" verwaltet. Um diese Verwaltung zu ermöglichen, übertragen die Inhaber musikalischer Rechte ihre urheberrechtlichen Befugnisse zum Teil auf die Verwertungsgesellschaft. Auf Grund dieser Rechteübertragungen ist die GEMA als musikalische Verwertungsgesellschaft in der Lage, an Stelle der Urheber die ihr übertragenen Rechte als Treuhänderin geltend zu machen. Diese Rechteübertragung erfolgt mit Abschluss eines Wahrnehmungsvertrags. Die GEMA nennt diesen Vertrag „Berechtigungsvertrag".[2]

Nach Verabschiedung des ersten Urheberrechtsgesetzes des Deutschen Reichs im Jahr 1901 war die gesetzliche Grundlage für einen Zusammenschluss der Komponisten und Autoren zu einer gemeinsamen Rechtewahrnehmung geschaffen.[3] Der Tätigkeitsbereich dieser „Tantiemengesellschaft" war damals noch entsprechend dem Urhebergesetz von 1901 auf das Aufführungsrecht beschränkt. Einen Schutz der mechanischen Vervielfältigungsrechte sah das Gesetz zum Zeitpunkt der Gründung der musikalischen Verwertungsgesellschaft in Deutschland noch nicht vor.[4]

In den vergangenen hundert Jahren haben sich die Formen der Musiknutzung vielfältig weiterentwickelt. So war es auf Grund des technischen Fortschritts bald möglich, Werke auf körperlichen Trägern zu vervielfältigen oder über Hörfunk zu senden. Heute – im digitalen Zeitalter – bestehen unzählige, technisch unterschiedliche Möglichkeiten von Musiknutzungen. Beispielsweise werden Musikstücke aus dem Internet „downgeloadet" und per SMS verschickt, um dann als Klingeltöne von

---

1 *Kreile,* in: GEMA-Jahrbuch 2003/2004, S. 87.
2 *E. Schulze,* Geschätzte und geschützte Noten, S. 85 f.
3 *Kreile,* in: GEMA-Jahrbuch 2003/2004, S. 87 f.
4 *Dümling,* Musik hat ihren Wert, S. 59–63.

Mobiltelefonen wiedergegeben zu werden. Um seiner „Garantenstellung“ für die Anerkennung des Schöpferischen gerecht zu werden, muss sich das Urheberrechtsgesetz stets diesem Wandel der Technik und der Wirtschaft anpassen.[5] Der Gesetzgeber muss rechtliche Grundlagen für die mannigfaltigen, durch den Forschritt der Technik hervorgebrachten Möglichkeiten der Werknutzung schaffen. Beispielsweise wurde in Umsetzung der EG-Urheberrechtsrichtlinie zur Informationsgesellschaft[6] der gemeinschaftsrechtlich vorgeschriebene Schutz für Werknutzungen in Netzen – wie dem Internet – in § 19 a UrhG verwirklicht. Seitdem steht dem Urheber das ausschließliche Recht zu, sein geschütztes Werk dadurch zu nutzen, dass es in Netzwerken Mitgliedern der Öffentlichkeit zugänglich gemacht wird.[7]

All diese massenweisen Nutzungen musikalischer Werke kann der Urheber unmöglich selbst kontrollieren. Er bedient sich daher einer Verwertungsgesellschaft, die dafür Sorge trägt, dass er an der Verwertung seiner Werke angemessen beteiligt wird.[8] In diesem Sinn müssen auch die Bestimmungen des Berechtigungsvertrags in gleichem Maße wie das Urheberrechtsgesetz stetig den sich verändernden Werknutzungen anpasst werden. Ergebnis dieser Erweiterungen in den vergangenen Jahrzehnten ist ein umfassender und teilweise unübersichtlicher Katalog an Nutzungsrechten in § 1 BerV, der die an die GEMA übertragenen Nutzungsformen im Einzelnen aufführt.

Die Unübersichtlichkeit dieser Bestimmungen zur Rechteübertragung hat mehrere Gründe. Einerseits liegt es daran, dass das normgebende Organ die Mitgliederversammlung und kein Gesetzgeber ist.[9] So können diese Regelungen im Berechtigungsvertrag etwa einen durchaus hart errungenen Ausgleich zwischen den einzelnen Interessengruppen in der Verwertungsgesellschaft darstellen,[10] der beispielsweise nur deshalb

5 *Kreile,* in: GEMA-Jahrbuch 2003/2004, S. 88.

6 Richtlinie 2001/29/EG zur Harmonisierung bestimmter Aspekte des Urheberrechts und der verwandten Schutzrechte in der Informationsgesellschaft, ABl. L 167 v. 22. 5. 2001.

7 Dieses Recht wird der GEMA von den Berechtigten nach § 1 lit. h Abs. 2 und 3 BerV eingeräumt; dazu nachfolgend 2. Teil Abschn. 2 § 12.

8 *Kreile/Becker,* in: FS Mestmäcker, S. 77, 79.

9 *Riesenhuber,* Die Auslegung und Kontrolle des Wahrnehmungsvertrags, S. 43 f.

10 In diesem Sinne etwa auch *Nordemann,* GRUR Int. 1973, 306, 308. Hiernach ist dem Kuriensystem ein Zwang zum Kompromiss immanent; die Beteiligten müssten die jeweils durchsetzbaren Bestimmungen akzeptieren.

beschlossen werden konnte, weil während der Mitgliederversammlung spontan eine Ergänzung vorgenommen wurde. Die berechtigten Urheber und Verleger haben durch die Mitgliederversammlung grundsätzlich direkten Zugriff auf diese Regelungen; die Regelungen sind „selbst gemacht". Sie sind im Laufe der letzten hundert Jahre gewachsen. So gehen etwa die Formulierungen zur Übertragung des Aufführungsrechts (§ 1 lit. a BerV)[11] auf frühere gesetzliche Bestimmungen zurück und bestimmte Nutzungsformen, wie etwa die Benutzung von Musik zur Herstellung von Wochenschauen (§ 1 lit. i Ziff. 2 BerV),[12] sind heute nicht mehr relevant. Auch diese Formulierungen werden, ebenso wie spontane Ergänzungen, über die Jahre hinweg weiter getragen. Schließlich ist ein entscheidender Grund für die Unübersichtlichkeit der Bestimmungen, dass die urheberrechtlichen Befugnisse der musikalischen Urheber nicht uneingeschränkt auf die GEMA zur kollektiven Wahrnehmung übertragen werden können. Bestimmte Rechte eignen sich grundsätzlich nicht oder nur in eingeschränktem Umfang zur kollektiven Wahrnehmung. Dies gilt insbesondere dann, wenn persönlichkeitsrechtliche Belange der Urheber berührt sind. Um diesem Umstand ausreichend Rechnung zu tragen, wurde etwa in den letzten 50 Jahren in § 1 lit. i BerV ein kompliziertes System der auflösend bedingten Übertragung der Rechte zur „Filmherstellung" entwickelt.[13] Ein weiteres Beispiel ist die Nutzung dramatisch-musikalischer Werke. Hier werden in den Bestimmungen zur Rechteübertragung traditionelle Aufgabenbereiche der Musik- und Bühnenverleger berücksichtigt. So geht etwa das Recht der bühnenmäßigen Aufführung dramatisch-musikalischer Werke nach § 1 lit. a Abs. 1 BerV grundsätzlich nicht auf die GEMA über.[14]

Der Umfang der Rechteübertragungen wirkt sich unmittelbar auf die Verhandlungsposition der GEMA gegenüber den – teilweise mächtigen – Werknutzern aus. Je weit reichender die GEMA mit Rechten ausgestattet ist, umso stärker kann sie im Interesse der Urheber gegenüber den Nutzern auftreten. Dies gilt einerseits für das von ihr vertretene Repertoire, also für die Anzahl der von ihr verwalteten Werke und andererseits für die unterschiedlichen Arten von Nutzungsrechten. In diesem Sinn dient eine möglichst umfassende Rechteübertragung dem Zweck der effektiven Rechtewahrnehmung im Interesse der Berechtigten.

---

11 Zur Auslegung des § 1 lit. a BerV nachfolgend § 5 II.
12 Nachfolgend § 15 II 7.
13 Nachfolgend § 15.
14 Nachfolgend § 5 II 2 b.

Allerdings schränkt eine weit reichende Bindung der Berechtigten durch umfassende Rechteübertragungen die Verfügungsfreiheit des Einzelnen ein. Dadurch wird die Möglichkeit ausgeschlossen, dass bestimmte Werke oder Nutzungen individuell gewinnbringender als über die GEMA lizenziert werden. Unter Berufung darauf, dass diese umfassende Bindung an die Verwertungsgesellschaften den Wettbewerb unter den Europäischen Verwertungsgesellschaften verhindert, untersagt die EG-Kommission den europäischen Verwertungsgesellschaften eine zu enge Bindung der Berechtigten durch umfassende Rechteübertragungen.[15]

Die Rechteübertragungen im Berechtigungsvertrag berühren somit die Brennpunkte der Wahrnehmungstätigkeit. Einerseits ist die GEMA herausgefordert, den durch den technischen Fortschritt ständig fortschreitenden und an Intensität zunehmenden Werknutzungen gerecht zu werden und dafür Sorge zu tragen, dass der Urheber an der Nutzung seiner Werke angemessen beteiligt wird. Zur Erfüllung dieser Aufgabe muss sie sich von den Urhebern möglichst umfangreich Rechte einräumen lassen. Andererseits muss sie jedoch bei ihrer Rechtewahrnehmung darauf achten, die individuellen Interessen der Urheber möglichst zu wahren und ihre Verfügungsfreiheit angemessen zu erhalten. Dabei muss sie sich nach dem Willen der EG-Kommission im europäischen Umfeld einem Wettbewerb mit anderen, insbesondere ausländischen Verwertungsgesellschaften stellen, ohne dabei an Effektivität bei der Rechtewahrnehmung zu verlieren.

In diesem Spannungsfeld zwischen kollektiver und individueller Rechtewahrnehmung bewegen sich die Rechteübertragungsklauseln im Berechtigungsvertrag der GEMA. Ob diese Bestimmungen der Aufgabe zur effektiven Wahrnehmung im Interesse der Gesamtheit aller Mitglieder unter weitest möglicher Achtung der Individualinteressen entsprechen, muss im Einzelnen untersucht werden. Bevor eine Überprüfung dieser Vorschriften anhand unterschiedlicher Kontrolltatbestände erfolgen kann, ist es erforderlich, den oftmals schwer zu verstehenden Inhalt der Regelungen zu bestimmen. Zum leichteren Verständnis werden dazu auch praktische Nutzungssachverhalte dargestellt, die in das Regelungssystem eingeordnet werden.

---

15 Dieses Interesse des Einzelnen an seiner Verfügungsfreiheit betonen sowohl EG-Kommission (z. B. Kommission, Entscheidung v. 2. 6. 1971, ABl. EG L 134, 15, 21 – GEMA I), wie auch EuGH (z. B. EuGH v. 27. 3. 1974 – Rs. 127/73 – BRT II, Slg. 1974, 313 Rn. 6/8).

Durch die hier vorgenommene Gesamtbetrachtung sämtlicher Regelungen zu den Rechteübertragungen im Berechtigungsvertrag der GEMA wird umfassend dargestellt, welche der urheberrechtlichen Befugnisse der musikalischen Autoren unter den Tätigkeitsbereich der GEMA fallen. Gleichzeitig ergibt diese Untersuchung, welche der Befugnisse von den Berechtigten der GEMA individuell wahrgenommen werden. Die Bewertung dieser Ergebnisse wird zeigen, dass die Analyse der Regelungen zur Rechteübertragung eine systematische Gruppierung der Regelungen ermöglicht. Schließlich wird in einer Zusammenfassung die Forderung einer Neufassung des Berechtigungsvertrags diskutiert.

II. Gang der Darstellung

Die Untersuchung der Rechteübertragungsklauseln beginnt in einem ersten Teil mit der Darstellung der Grundlagen der Wahrnehmung musikalischer Urheberrechte durch die GEMA.[16] Dazu ist zunächst die GEMA als musikalische Verwertungsgesellschaft vorzustellen[17] und zu erörtern, wer die GEMA mit der Wahrnehmung seiner Rechte betrauen kann, d. h., mit wem sie Berechtigungsverträge abschließt.[18] Um den Inhalt der Rechteübertragungen bestimmen zu können, kommt es entscheidend auf den Zweck des Berechtigungsvertrags an.[19] Als weitere Vorstufe der Untersuchung der Rechteübertragungen im Einzelnen gilt es dann zu klären, welche Befugnisse das Urheberrechtsgesetz den musikalischen Urhebern gewährt, und welche dieser Befugnisse nach den urheberrechtlichen Vorschriften auf die GEMA zur kollektiven Wahrnehmung übertragen werden können.[20] Um den Inhalt der Rechteübertragungen im Einzelnen feststellen zu können, müssen in diesem Grundlagenteil des Weiteren die Instrumente der Auslegung und Inhaltskontrolle nach den unterschiedlichen Rechtsakten festgelegt werden.[21]

Inhalt und Wirksamkeit der Rechteübertragungen sind Gegenstand des zweiten Teils. Bevor der Katalog der zu übertragenden Rechte im Einzel-

16 Nachfolgend § 2.
17 Nachfolgend § 2 I.
18 Nachfolgend § 2 II.
19 Nachfolgend § 2 III.
20 Nachfolgend § 2 IV.
21 Nachfolgend § 3.

nen untersucht wird,[22] wird die für alle übertragenen Rechte geltende zeitliche, inhaltliche und territoriale Reichweite der Rechteübertragungen dargestellt.[23] In diesem Zusammenhang ist die exklusive und antizipierte Übertragung der Rechte zu erläutern, die die Basis der effektiven kollektiven Rechtewahrnehmung darstellt.[24] Auf dieser Grundlage können sodann die einzelnen Rechteübertragungen des Katalogs in § 1 BerV ausgelegt und auf ihre Wirksamkeit hin überprüft werden: Das Aufführungs- und Vortragsrecht nach § 1 lit. a BerV,[25] das Senderecht nach § 1 lit. b und d BerV,[26] das Recht der Lautsprecherwiedergabe nach § 1 lit. c BerV,[27] das Recht der Fernsehwiedergabe nach § 1 lit. e BerV,[28] das Filmvorführungsrecht nach § 1 lit. f BerV,[29] das Recht der Aufführung und Wahrnehmbarmachung mittels Bild- oder Tonträger nach § 1 lit. g BerV,[30] das Recht der Aufnahme sowie Vervielfältigungs- und Verbreitungsrechte nach § 1 lit. h Abs. 1 BerV,[31] das Recht zur Online-Nutzung nach § 1 lit. h Abs. 2 und 3,[32] das Recht zur Nutzung als Rufton- oder Freizeichenuntermalungsmelodie nach § 1 lit. h Abs. 4 BerV,[33] die Abtretung der gesetzlichen Vergütungsansprüche nach § 1 lit. h Abs. 7 BerV[34] und die Herstellungsrechte nach § 1 lit. i BerV.[35] Die dabei gefundenen Ergebnisse werden in einem dritten Teil zunächst getrennt für die Grundlagen der Rechteübertragung[36] und der Rechteübertragungen im Einzelnen[37] dargestellt und in einem weiteren Kapitel gemeinsam bewertet.[38] Schließlich folgt ein Ausblick, der in inhaltlicher und formaler Hinsicht beispielhaft Verbesserungs- und Änderungsvorschläge zu den Rechteübertragungsklauseln darstellt.[39]

---

22 Nachfolgend 2. Teil Abschn. 2.
23 Nachfolgend § 4.
24 Nachfolgend § 4 I und II.
25 Nachfolgend § 5.
26 Nachfolgend § 6.
27 Nachfolgend § 7.
28 Nachfolgend § 8.
29 Nachfolgend § 9.
30 Nachfolgend § 10.
31 Nachfolgend § 11.
32 Nachfolgend § 12.
33 Nachfolgend § 13.
34 Nachfolgend § 14.
35 Nachfolgend § 15.
36 Nachfolgend § 16.
37 Nachfolgend § 17.
38 Nachfolgend § 18.
39 Nachfolgend § 19.

1. Teil: Grundlagen

§ 2 Die Wahrnehmung musikalischer Urheberrechte durch die GEMA

I. Tätigkeitsbereich, Struktur und historische Entwicklung der GEMA

1. Tätigkeitsbereich der GEMA

Die Gesellschaft für musikalische Aufführungs- und mechanische Vervielfältigungsrechte (GEMA) ist eine Verwertungsgesellschaft im Sinne des § 1 Abs. 1 und Abs. 4 UrhWG. Als solche nimmt sie Nutzungsrechte, Einwilligungsrechte und gesetzliche Vergütungsansprüche musikalischer Urheber wahr, die ihr mit Abschluss des Berechtigungsvertrags übertragen werden. Zweck der GEMA ist gemäß § 2 Ziff. 1 GEMA-Satzung „der Schutz des Urhebers und die Wahrnehmung seiner Rechte im Rahmen dieser Satzung“. Ihre Einrichtung ist nicht auf Gewinnerzielung ausgerichtet.

In Form eines wirtschaftlichen Vereins kraft staatlicher Verleihung[1] trägt sie dafür Sorge, dass musikalische Urheber finanziell angemessen an der Nutzung ihres geistigen Eigentums[2] beteiligt werden. Die Hauptfunktion der GEMA besteht darin, ein Entgelt für die Einräumung von Nutzungsbefugnissen an musikalischen Werken zu erwirken, d. h. „Musikrechte zu Geld zu machen“.[3] Sie ist betraut mit der treuhänderischen Verwaltung der Rechte, die ihr Komponisten, Textdichter und Musikverleger zur Wahrnehmung übertragen.

---

1 Dazu nachfolgend 3.

2 Der Begriff des geistigen Eigentums gibt den Grund des urheberrechtlichen Schutzes an und ordnet das Urheberrecht unter die Eigentumsgarantie ein; die Interessen der Urheber dürfen nicht hinter denen der Sacheigentümer zurückstehen; *Kreile/Becker*, in: FS Nordemann, S. 279, 280.

3 *Steden*, Das Monopol der GEMA, S. 43; *Hauptmann*, Die Vergesellschaftung des Urheberrechts, S. 43.

Die GEMA nimmt nicht nur die Rechte der ihr angeschlossenen Berechtigten wahr. Durch das System der Gegenseitigkeitsverträge mit ihren ausländischen Schwestergesellschaften vertritt sie nahezu das gesamte Weltrepertoire. Im Rahmen der bilateralen Gegenseitigkeitsverträge übertragen sich die Verwertungsgesellschaften gegenseitig die Rechte an den musikalischen Werken ihrer Mitglieder[4] und verpflichten sich, die Rechte der Mitglieder der anderen Verwertungsgesellschaften wie die eigenen Rechte wahrzunehmen.[5] Die hierbei erzielten Tantiemen werden nicht an die jeweiligen Mitglieder direkt, sondern an die Schwestergesellschaft ausgezahlt.[6]

Sämtliche von der GEMA wahrgenommenen Nutzungsrechte muss sie nach § 11 Abs. 1 UrhWG jedermann auf Verlangen zu angemessenen Bedingungen zur Verfügung stellen. Sie darf weder inhaltlich noch persönlich differenzieren. Nur soweit sich die Nutzer rechtswidrig verhalten, ist eine Ausnahme von dieser Verpflichtung denkbar. Dieser sog. Abschlusszwang bildet ein „Gegengewicht zur Monopolstellung" der Verwertungsgesellschaften.[7] Für die Lizenzierung der Nutzungsrechte stellt die GEMA Tarife nach § 13 UrhWG auf.[8]

Die durch diese Rechteverwertung erzielten Erträge (im Geschäftsjahr 2003 waren es 813,6 Mio. EURO[9]) verteilt die GEMA nach Abzug der Verwaltungsaufwendungen (im Geschäftsjahr 2003 waren dies 14,7%[10]) im Rahmen eines zweistufigen Verfahrens.[11] Auf einer ersten Stufe erfolgt die Verrechnung nach dem sog. Verteilungsplan.[12] Diese Ausschüt-

---

4 Art. 1 und 2 des Mustervertrags im EU-Bereich für das Aufführungs- und Senderecht gemäß CISAC-Standardvertrag, abgedr. in: GEMA-Jahrbuch 2005/2006, S. 235 ff.

5 Art. 3 des Mustervertrags im EU-Bereich für das Aufführungs- und Senderecht gemäß CISAC-Standardvertrag, abgedr. in: GEMA-Jahrbuch 2005/2006, S. 235 ff.

6 Art. 7 des Mustervertrags im EU-Bereich für das Aufführungs- und Senderecht gemäß CISAC-Standardvertrag, abgedr. in: GEMA-Jahrbuch 2005/2006, S. 235 ff.

7 Dreier/Schulze-*Schulze* § 11 UrhWG Rn. 5.

8 *Staats*, Aufführungsrecht und kollektive Wahrnehmung bei Werken der Musik, S. 52.

9 Aufstellungen zu Erträgen und Aufwendungen im Geschäftsjahr 2003 sind abgedr. in: GEMA-Jahrbuch 2004/2005 S. 60 f.

10 GEMA-Jahrbuch 2004/2005, S. 60.

11 BGH, GRUR 1988, 782 – GEMA-Wertungsverfahren.

12 Die Verteilungspläne der GEMA sind abgedr. in: GEMA-Jahrbuch 2005/2006, S. 283 ff.

tung basiert auf der tatsächlichen Nutzung eines Werks in einem Geschäftsjahr. In einer zweiten Stufe, dem sog. Wertungsverfahren, wird die Wertungsausschüttung anhand mehrerer Faktoren berechnet. Neben dem durchschnittlichen Aufkommen der letzten drei Jahre wird hier die Dauer der Mitgliedschaft berücksichtigt bzw. eine Wertung der künstlerischen Persönlichkeit und des Gesamtschaffens vorgenommen.[13] Aus den Erträgen der Rechteverwertung werden zudem eine sog. Alterssicherung – unter bestimmten Voraussetzungen für Urheber ab dem 60. Lebensjahr – und Zuwendungen aus der sog. GEMA-Sozialkasse bestritten. Dadurch entspricht die GEMA der Forderung des Gesetzgebers in § 8 UrhWG, Vorsorge- und Unterstützungseinrichtungen für die Rechteinhaber zu betreiben.[14]

Als Verwertungsgesellschaft unterliegt die GEMA der Aufsicht des Deutschen Patent- und Markenamts nach §§ 18 ff. UrhWG. Gemäß § 19 Abs. 1 UrhWG ist das Deutsche Patent- und Markenamt verpflichtet, darauf zu achten, dass die GEMA den ihr nach diesem Gesetz obliegenden Verpflichtungen ordnungsgemäß nachkommt. Auf Grund ihrer marktbeherrschenden Stellung unterliegt die GEMA zudem der kartellrechtlichen Missbrauchsaufsicht der Europäischen Kommission und der deutschen Kartellbehörde.

2. Historische Entwicklung

Nachdem bereits Mitte des 19. Jahrhunderts in Frankreich die erste musikalische Verwertungsgesellschaft der Welt gegründet worden war,[15] kam es in Deutschland erst im Jahr 1903 mit der Errichtung der Anstalt für musikalisches Aufführungsrecht (AFMA) zu einem solchen Zusammenschluss.[16] Hintergrund war, dass nach dem im Jahr 1901 in Kraft

13 Die Geschäftsordnungen für das Wertungsverfahren sind abgedr. in: GEMA-Jahrbuch 2005/2006, S. 347 ff.

14 *Kreile/Becker,* in: Handbuch der Musikwirtschaft, GEMA, S. 687, 706 f.

15 Die Gründung wird zurückgeführt auf eine „Zechprellerei“ der Komponisten Henrion, Parizot und Bourget im Pariser Konzert-Café Ambassadeur; nachzulesen beispielsweise bei *Kreile/Becker,* in: Handbuch der Musikwirtschaft, Verwertungsgesellschaften, S. 593, 594 f.; *Staats,* Aufführungsrecht und kollektive Wahrnehmung bei Werken der Musik, S. 41.

16 Die Entstehungsgeschichte der deutschen musikalischen Verwertungsgesellschaften stellt eingehend *Dümling,* in: Musik hat ihren Wert, S. 12–201, dar. Für die Zeit vor 1903 zeigt *Schmidt,* Die Anfänge der musikalischen Tantie-

getretenen Gesetz betreffend das Urheberrecht an Werken der Literatur und der Tonkunst (LUG) dem Urheber erstmalig eine ausschließliche Befugnis zur Aufführung seiner Rechte zustand und dieses Aufführungsrecht gemäß § 11 Abs. 2 LUG nicht mehr von einem sog. Aufführungsrechtsvorbehalt[17] abhängig war.[18] Eine individuelle Wahrnehmung der Aufführungsrechte durch die Berechtigten selbst war nach dieser Gesetzesänderung aus tatsächlichen Gründen unmöglich geworden;[19] die unter Umständen massenweisen Aufführungen seiner Werke konnte der Urheber nicht selbst kontrollieren und lizenzieren. Daher errichtete die Genossenschaft Deutscher Tonsetzer (GDT) die vereinsähnlich organisierte, aber rechtlich unselbstständige Anstalt für musikalisches Aufführungsrecht (AFMA).[20] In Konkurrenz zu dieser Anstalt wurde im Jahr 1915 mit der Gesellschaft zur Verwertung musikalischer Aufführungsrechte (sog. „alte“ GEMA) eine weitere Gesellschaft zur Verwertung von Aufführungsrechten gegründet, die sich mit der österreichischen Gesellschaft der Autoren, Komponisten und Musikverleger (AKM)[21] zum sog. Musikschutzverband zusammenschloss.[22] Im Jahr 1930 trat schließlich auch die AFMA diesem Verbund bei, wodurch die Konkurrenzsituation der Verwertungsgesellschaften[23] im Bereich der Aufführungsrechte[24] aufgehoben wurde.

Hinsichtlich der mechanischen Rechte hatte die Genossenschaft der Deutschen Tonsetzer im Jahr 1910 eine weitere Anstalt errichtet. Anlass für die

menbewegung in Deutschland, S. 74–303, die historische Entwicklung auf. Die Geschichte der deutschen Verwertungsgesellschaften zwischen 1903 und 1933 wird von *Riesenhuber/Rosenkranz,* Das deutsche Wahrnehmungsrecht 1903–1933, nachgezeichnet.

17 Das Urheberrechtsgesetz von 1870 regelte in § 50 Abs. 2, dass dem Urheber nur dann ein Aufführungsrecht gewährt war, wenn die Noten einen sog. Aufführungsrechtsvorbehalt enthielten. Um den Verkauf der Noten jedoch nicht zu gefährden, wurde ein solcher Vorbehalt nur selten angebracht, *E. Schulze,* GEMA-Nachrichten 1953 Nr. 16, S. 4 f.

18 *E. Schulze,* GEMA-Nachrichten 1953 Nr. 16, S. 4 f.

19 *Riesenhuber/Rosenkranz,* Das deutsche Wahrnehmungsrecht 1903–1933, II.

20 *Riesenhuber/Rosenkranz,* Das deutsche Wahrnehmungsrecht 1903–1933, II 1 a.

21 Die AKM war zuvor ebenfalls selbstständig in Deutschland tätig; *Riesenhuber/Rosenkranz,* Das deutsche Wahrnehmungsrecht 1903–1933, II 1 b.

22 *E. Schulze,* GEMA-Nachrichten 1953 Nr. 16, S. 4, 6.

23 *E. Schulze,* Geschätzte und geschützte Noten, S. 24.

24 Unter Geltung des LUG fielen unter das Aufführungsrecht auch die heute getrennt geregelten Sende- und Wiedergaberechte.

Gründung dieser Anstalt für mechanische Rechte (auch kurz als „Mechanische Abteilung“ bezeichnet) war eine Gesetzesänderung, durch die nun auch das Vervielfältigungsrecht des Urhebers anerkannt wurde.[25] Die „Mechanische Abteilung“ verlor aber gegenüber der im Jahr 1909 gegründeten Anstalt für mechanisch-musikalische Rechte (AMMRE) an Bedeutung.[26]

Im Jahr 1933 wurde gesetzlich festgelegt, dass die Wahrnehmung der Aufführungsrechte durch Verwertungsgesellschaften vom Reichsminister für Volksaufklärung und Propaganda genehmigt werden musste.[27] Dies hatte zur Folge, dass der freiwillige Zusammenschluss der Verwertungsgesellschaften im Musikschutzverband[28] nicht mehr bestehen konnte, sondern vielmehr mit der Staatlich genehmigten Gesellschaft zur Verwertung musikalischer Urheberrechte (STAGMA) nur noch eine einzige musikalische Verwertungsgesellschaft in Deutschland existierte, auf die die „alte GEMA“ und die GDT die von ihnen bis dahin wahrgenommenen Rechte übertrugen. Bei der STAGMA handelte es sich um einen rechtsfähigen Verein kraft staatlicher Verleihung.[29]

Obwohl der Bereich der Vervielfältigungsrechte von der gesetzlichen Neuregelung aus dem Jahr 1933 nicht erfasst war,[30] übernahm endgültig im Jahr 1938 die STAGMA (durch Übertragung der Geschäftsanteile) auch die kollektive Wahrnehmung der musikalischen Vervielfältigungsrechte, die bis dahin noch bei der AMMRE lagen.[31] Somit gab es auch im Bereich des Vervielfältigungsrechts nur noch eine Verwertungsgesellschaft.

---

25 *E. Schulze*, Geschätzte und geschützte Noten, S. 22.

26 *E. Schulze*, Geschätzte und geschützte Noten, S. 23; *Riesenhuber/Rosenkranz*, Das deutsche Wahrnehmungsrecht 1903–1933, II 1 c.

27 § 1 des Gesetzes über die Vermittlung von Musikaufführungsrechten, abgedr. bei *E. Schulze*, Geschätzte und geschützte Noten, S. 298.

28 Bei diesem Zusammenschluss handelte es sich um eine Gesellschaft Bürgerlichen Rechts, s. Gesellschaftsvertrag v. 22. 7. 1930, abgedr. bei *E. Schulze*, Geschätzte und geschützte Noten, S. 162–168; *Riesenhuber/Rosenkranz*, Das deutsche Wahrnehmungsrecht, II 2 b.

29 Die Rechtsfähigkeit wurde vom Preußischen Staatsministerium mit Datum vom 28. 9. 1933 verliehen; Beschluss abgedr. bei *E. Schulze*, Geschätzte und geschützte Noten, S. 301.

30 Insofern unterliegen auch heute noch die sog. mechanischen Rechte nicht dem österreichischen Verwertungsgesellschaftengesetz; OGH v. 10. 10. 1978, GRUR Int. 1979, 165 – Festliches Innsbruck.

31 *E. Schulze*, Geschätzte und geschützte Noten, S. 28.

Nach dem Zweiten Weltkrieg wurde die STAGMA unter die Kontrolle der Alliierten gestellt und eine Treuhandschaft vorgeschrieben.[32] Im Jahr 1947 veranlassten die Alliierten dann eine Umbenennung in „Gesellschaft für musikalische Aufführungs- und mechanische Vervielfältigungsrechte (GEMA)".[33] Die rechtliche Struktur der Gesellschaft als wirtschaftlicher Verein änderte sich dadurch nicht,[34] sie ist mit der STAGMA rechtlich identisch geblieben.[35] Die Aufhebung der Treuhandschaft hatten die Alliierten schließlich davon abhängig gemacht, dass eine Satzung aufstellt würde, die demokratischen Grund- und Ordnungsprinzipien des Vereinsrechts entspräche. Eine solche Satzungsänderung beschloss die Mitgliederversammlung am 24. März 1950.[36]

Nach der Teilung Deutschlands konnte die GEMA die Rechtewahrnehmung auf dem Gebiet der DDR nicht fortsetzen. An ihre Stelle trat die Anstalt zur Wahrung der Aufführungsrechte auf dem Gebiet der Musik (AWA), die dem Ministerium für Kultur der DDR unterstellt war. Deren Tätigkeit endete mit dem Beitritt der DDR zur BRD am 3. Oktober 1990.[37] Die Urheber konnten ab diesem Zeitpunkt neue Berechtigungsverträge mit der GEMA abschließen.[38]

3. Rechtsform und Organisation der GEMA

Seit der Genehmigung aus dem Jahr 1933 ist die GEMA ein rechtsfähiger Verein kraft staatlicher Verleihung gemäß § 22 BGB. Die Rechtsform des wirtschaftlichen Vereins ist insbesondere deshalb vorteilhaft, weil so die Berechtigten unkompliziert ihre Mitgliedsrechte ausüben können, ohne dass dabei jeweils der Gesellschaftervertrag geändert werden müsste.[39]

32 *E. Schulze*, Geschätzte und geschützte Noten, S. 432; *Mauhs*, Der Wahrnehmungsvertrag, S. 13; *Staats*, Aufführungsrecht und kollektive Wahrnehmung bei Werken der Musik, S. 42.

33 *E. Schulze*, Geschätzte und geschützte Noten, S. 29.

34 *E. Schulze*, GEMA-Nachrichten 1953 Nr. 16, S. 4, 6.

35 BGHZ 15, 338.

36 Die „neue Satzung" aus dem Jahr 1950 ist abgedr. in: GEMA-Nachrichten 1950 Nr. 8, Anlage 1, S. 12 ff.

37 Zur Geschichte der GEMA auch, *Steden*, Das Monopol der GEMA, S. 205 ff.

38 Folglich ist die GEMA nicht Rechtsnachfolgerin der AWA geworden.

39 *Menzel*, Die Aufsicht über die GEMA, S. 26 ff.

Die Satzung der GEMA unterscheidet zwischen ordentlichen, außerordentlichen und angeschlossenen Mitgliedern.[40] Diese Unterscheidung wirkt sich ausschließlich im Rahmen der Mitbestimmungsrechte, nicht aber bei der Tantiemenverteilung oder Wertungsausschüttung aus.[41] Nur ordentliche Mitglieder sind auf der GEMA-Mitgliederversammlung stimmberechtigt. Ein Komponist, Textdichter, Verleger hat jeweils eine Stimme. Ende 2003 hatte die GEMA insgesamt 60.202 Mitglieder, davon 2.800 ordentliche, 6.098 außerordentliche und 51.304 angeschlossene.[42] Nach festgelegten Voraussetzungen können außerordentliche Mitglieder nach fünf Jahren die ordentliche Mitgliedschaft erlangen.

Neben der Mitgliederversammlung stellen der Aufsichtsrat und der Vorstand die Vereinsorgane der GEMA dar. Charakteristisch für die GEMA ist das sog. Kuriensystem. Es unterscheidet die Berufsgruppen Komponisten, Textdichter und Musikverleger und hat seine Wurzeln zurückreichend zu den Anfängen der Verwertungsgesellschaften. Dieses System soll verhindern, dass eine Berufsgruppe eine andere majorisieren kann. In diesem Sinne können Änderungen des Berechtigungsvertrags durch die Mitgliederversammlung nach § 11 lit. b GEMA-Satzung nur beschlossen werden, wenn Einstimmigkeit der Berufsgruppen vorliegt.[43]

II. Der Kreis der Wahrnehmungsberechtigten

1. Der Wahrnehmungszwang

Wer gegenüber der GEMA einen Anspruch auf Rechtewahrnehmung und damit auf Abschluss eines Berechtigungsvertrags hat, bestimmt § 6 Abs. 1 UrhWG. Nach dieser Regelung sind die Verwertungsgesellschaften ver-

40 § 6 GEMA-Satzung, abgedr. in: GEMA-Jahrbuch 2005/2006, S. 171.

41 Lediglich im Bereich der sog. Alterssicherung gelten besondere Regelungen für ordentliche Mitglieder, s. etwa den Anhang zur Geschäftsordnung für das Wertungsverfahren der Komponisten in der Sparte E, abgedr. in: GEMA-Jahrbuch 2005/2006, S. 354.

42 GEMA-Jahrbuch 2004/2005, S. 58.

43 Zur Struktur der GEMA eingehend *Kreile/Becker,* in: Handbuch der Musikwirtschaft, GEMA, S. 687, 688 ff.

pflichtet, die zu ihrem Tätigkeitsbereich gehörenden Rechte und Ansprüche auf Verlangen der Berechtigten wahrzunehmen, wenn diese Deutsche im Sinne des Grundgesetzes oder Staatsangehörige eines anderen Mitgliedstaates der Europäischen Union oder eines anderen Vertragstaates des Abkommens über den Europäischen Wirtschaftsraum sind oder ihren Wohnsitz im Geltungsbereich dieses Gesetzes haben und eine wirksame Wahrnehmung ihrer Rechte oder Ansprüche anders nicht möglich ist. Gegenüber einem Unternehmen gilt diese Verpflichtung, wenn dieses seinen Sitz in einem Mitgliedstaat der Europäischen Union oder in einem Vertragsstaat des Abkommens über den Europäischen Wirtschaftsraum hat.

Wegen dieses Wahrnehmungszwangs ist die GEMA grundsätzlich verpflichtet, mit jedem Rechteinhaber nach § 6 Abs. 1 UrhWG einen Berechtigungsvertrag abzuschließen, der die Wahrnehmung seiner Rechte durch die GEMA verlangt. Hintergrund ist, dass die Rechteinhaber in vielen Fällen aus tatsächlichen oder rechtlichen Gründen nicht in der Lage sind, ihre Rechte und Ansprüche selbst wahrzunehmen.[44] Die individuelle Rechtewahrnehmung kann in tatsächlicher Hinsicht insbesondere daran scheitern, dass der Einzelne bestimmte massenweise Nutzungen nicht kontrollieren oder lizenzieren kann. So verhält es sich etwa bei der öffentlichen Wiedergabe von Tonträgern, beispielsweise in Geschäftslokalen. Bei verwertungsgesellschaftenpflichtigen gesetzlichen Vergütungsansprüchen, wie z. B. der sog. Geräte- und Leerkassettenabgabe nach § 54 UrhG, sind die einzelnen Rechteinhaber dagegen schon aus rechtlichen Gründen nicht in der Lage, ihre Ansprüche individuell geltend zu machen.[45] Eine Weigerung der Verwertungsgesellschaft, diese Ansprüche wahrzunehmen, könnte den Rechteinhaber wirtschaftlich stark beeinträchtigen.[46]

Der Wahrnehmungszwang nach § 6 UrhWG bezieht sich ausdrücklich nur auf die Pflicht zur Rechtewahrnehmung. Die GEMA muss also nur ein rein schuldvertragliches Wahrnehmungsverhältnis mit den jeweiligen Rechteinhabern eingehen. Ob und gegebenenfalls in welchem Umfang ein Berechtigter nach den Vorschriften der GEMA-Satzung mitgliedschaftliche Rechte erlangt, ist keine Frage des Wahrnehmungszwangs. Gemäß § 6 Ziff. 2 GEMA-Satzung handelt es sich bei Berechtigten, deren

44 *Seifert*, in: Handbuch der Musikwirtschaft, S. 981, 983.

45 Dreier/Schulze-*Schulze* § 6 UrhWG Rn. 1.

46 RegE UrhWG, Begr. zu § 6, BT-Drs. IV/271, S. 15.

Rechtsverhältnis zur GEMA ausschließlich auf dem Berechtigungsvertrag basiert und die keine Mitglieder im vereinsrechtlichen Sinne werden, um sog. „angeschlossene Mitglieder“.

Nach dem Wortlaut des § 6 Abs. 1 S. 1 UrhWG besteht die Verpflichtung zur Rechtewahrnehmung jedoch dann nicht, wenn eine wirksame Wahrnehmung der Rechte und Ansprüche anders möglich ist. Die amtliche Begründung geht davon aus, dass dies dann der Fall sei, wenn es mehrere konkurrierende Verwertungsgesellschaften gibt, die dieselben Rechte und Ansprüche wahrnehmen, und der Berechtigte daher ausweichen kann.[47] Dies kann jedoch dazu führen, dass der Rechteinhaber im Ergebnis von der kollektiven Rechtewahrnehmung ausgeschlossen ist, sobald er bei mehreren Verwertungsgesellschaften von „der einen auf die andere“ verwiesen wird.[48] Soweit ein Inhaber von Rechten und Ansprüchen, die unter den Tätigkeitsbereich der GEMA fallen, deren Wahrnehmung verlangt, ist sie damit auch für den Fall, dass es eine weitere Verwertungsgesellschaft gibt, nicht berechtigt, die Rechtewahrnehmung abzulehnen. Allerdings kann die GEMA gegenüber Ausländern, die keine Staatsangehörigen der EG oder des EWR sind bzw. ihren Wohn- oder Geschäftssitz nicht im Geltungsbereich des UrhWG haben, die Wahrnehmung verweigern, soweit diese Rechteinhaber ihre Ansprüche durch eine Verwertungsgesellschaft in ihrem Heimatland geltend machen können[49] und ein Gegenseitigkeitsvertrag zwischen der GEMA und der Verwertungsgesellschaft im Heimatland besteht. In diesem Fall ist eine wirksame Rechtewahrnehmung *anders möglich* im Sinne des § 6 Abs. 1 S. 1 UrhWG.[50]

---

47 RegE UrhWG, Begr. zu § 6, BT-Drs. IV/271, S. 15.

48 Dreier/Schulze-*Schulze,* § 6 UrhWG Rn. 26; Fromm/Nordemann-*Nordemann,* § 6 UrhWG Rn. 3 lit. d); Schricker-*Reinbothe,* § 6 UrhWG Rn. 12; *Mauhs,* Der Wahrnehmungsvertrag, S. 37; *Meyer,* Verwertungsgesellschaften und ihre Kontrolle, S. 75.

49 Dazu sogleich 2 a.

50 Dreier/Schulze-*Schulze,* § 6 UrhWG Rn. 27.

2. Die Wahrnehmungsberechtigten

a) Musikalische Urheber und deren Rechtsnachfolger

aa) Musikalische Urheber

Wahrnehmungsberechtigt sind zunächst umfassend musikalische Urheber, d. h. Komponisten und musikalische Textdichter als originäre Inhaber der Urheberrechte an musikalischen Werken. Diese umfassende Berechtigung hat der BGH jedoch zutreffend in seiner Entscheidung „Klausurerfordernis"[51] eingeschränkt. Demnach besteht der Anspruch auf Rechtewahrnehmung gegenüber der GEMA nur dann, wenn der Urheber in der Lage ist, wirtschaftlich verwertbare Musikwerke zu schaffen.[52] Diesem Urteil lag der Sachverhalt zu Grunde, dass ein Kind für Kompositionen, die es im Alter von 3–4 Jahren geschaffen haben wollte, von der GEMA die Beteiligung am sog. Wertungsverfahren[53] forderte. Der BGH hat hierzu entschieden, dass es nach der Lebenserfahrung ausgeschlossen ist, dass Kompositionen von Kindern in diesem Alter wirtschaftlich verwertbar sind, auch wenn ein schutzfähiges Werk iSd § 2 Abs. 2 UrhG vorliegen mag. Zur Rechtewahrnehmung sei die GEMA selbst dann nicht verpflichtet, wenn es sich ausnahmsweise doch um wirtschaftlich verwertbare Werke handelt. Die GEMA könne sich auf ihre Pflicht zur wirtschaftlichen Verwaltung, im Rahmen derer es unvermeidlich ist, in gewissem Umfang zu typisieren und zu pauschalieren, berufen und daher die Wahrnehmung verweigern.[54] Aus dieser Entscheidung folgt, dass die GEMA trotz des Wahrnehmungszwangs nicht verpflichtet ist, Berechtigungsverträge abzuschließen, wenn die betroffenen Urheber, wie etwa Kinder im Alter von 3–4 Jahren, nach der Lebenserfahrung nicht in der Lage sind, wirtschaftlich verwertbare Werke zu schaffen.

---

51 BGH GRUR 2002, 332 ff. – Klausurerfordernis.

52 BGH GRUR 2002, 332, 334 f. – Klausurerfordernis.

53 Im Rahmen des Wertungsverfahrens erfolgt – im Sinne des Auftrags zur Förderung kulturell bedeutender Werke gemäß § 7 S. 2 UrhWG – für bestimmte Nutzungen ein Zuschlag zur Tantiemenausschüttung. Die Wertung errechnet sich an einem Punktesystem, bei dem u. a. das Aufkommen der letzten drei Jahre, die Mitgliedschaftsdauer und die künstlerische Persönlichkeit berücksichtigt werden; *Kreile/Becker*, in: Handbuch der Musikwirtschaft, GEMA, S. 687, 706; Dreier/Schulze-*Schulze* § 7 UrhWG Rn. 15; dazu auch vorstehend 1.

54 BGH GRUR 2002, 332, 334 f. – Klausurerfordernis.

bb) Rechtsnachfolger

Da das nach § 28 UrhG vererbliche Urheberrecht über die Lebenszeit des Urhebers hinaus besteht und nach § 64 UrhG erst 70 Jahre nach seinem Tod (p. m. a.) erlischt, gilt der Wahrnehmungszwang nach § 6 Abs. 1 UrhWG auch gegenüber den Rechtsnachfolgern eines Urhebers (§ 30 UrhG). Für den Zeitraum der Schutzfrist des § 64 UrhG können daher auch Rechtsnachfolger des Urhebers die Wahrnehmung der vom Wahrnehmungsumfang der GEMA umfassten urheberrechtlichen Befugnisse verlangen, auch wenn sie selbst keine Urheber, also lediglich Inhaber abgeleiteter Rechte sind.[55] In der Praxis setzt die GEMA den Berechtigungsvertrag „automatisch" nach § 9 Abs. 2 BerV mit den Rechtsnachfolgern fort. Rechtsnachfolger können Erben sein, beispielsweise aber auch Vermächtnisnehmer.[56]

b) Zessionare

Ob sich neben den Rechtsnachfolgern auch andere Inhaber abgeleiteter Nutzungsrechte und Vergütungsansprüche auf den Wahrnehmungszwang nach § 6 Abs. 1 UrhWG berufen und von der GEMA den Abschluss eines Berechtigungsvertrags verlangen können, ist umstritten.[57] Teilweise wird vertreten, die GEMA könne gegenüber Zessionaren einwenden, dass die Rechtewahrnehmung im Sinne des § 6 Abs. 1 UrhWG *anders*, nämlich durch Einbringung durch den Urheber selbst, möglich sei. Darin liege kein Verstoß gegen den Wahrnehmungszwang. Auf diese Weise könne eine Ausbeutung der Urheber verhindert werden, da die Verwerter anderenfalls die Einräumung der Nutzungsrechte von den „schwachen" Urhebern erzwingen und die Rechte selbst in die GEMA einbringen könnten; sie wären dann unmittelbar an der Tantiemenausschüttung zu beteiligen.[58]

Diese Ansicht überzeugt jedoch nicht. In Übereinstimmung mit dem

---

55 Dazu sogleich.

56 Dreier/Schulze-*Dreier* § 30 UrhG Rn. 2.

57 Zur Berechtigung der Verleger sogleich c.

58 Fromm/Nordemann-*Nordemann*, § 6 UrhWG Rn. 3, lit. f.); *Mauhs*, Der Wahrnehmungsvertrag, S. 37 f.; Loewenheim-*Melichar*, § 47 Rn. 8; Wandtke/Bullinger-*Gerlach* § 6 UrhWG Rn. 14; *Schack*, Urheber- und Urhebervertragsrecht, Rn. 1197.

Deutschen Patentamt[59] folgt der Wahrnehmungszwang auch gegenüber Inhabern abgeleiteter Rechte bereits aus dem urheberrechtlichen Prinzip der freien Übertragbarkeit von Nutzungsrechten.[60] Zudem ist die Pflicht zur Rechtewahrnehmung abgeleiteter Rechte durch die Vererblichkeit des Urheberrechts vorgegeben; es ist ausgeschlossen, dass der Wahrnehmungszwang nicht gegenüber diesen Inhabern abgeleiteter Nutzungsrechte gilt.[61]

Im Ergebnis muss die GEMA auch mit Inhabern abgeleiteter Nutzungsrechte, die selbst weder Urheber oder Textdichter noch Verleger sind, Berechtigungsverträge abschließen. Nach den Vorschriften der GEMA-Satzung (vgl. § 6 GEMA-Satzung) ist es allerdings ausgeschlossen, dass Zessionare Rechte als Vereinsmitglieder der GEMA erlangen; zwischen der GEMA und den Zessionaren besteht folglich ein rein schuldvertragliches Wahrnehmungsverhältnis.[62]

c) Musikverleger

Die Berechtigung der Musikverleger, einen Berechtigungsvertrag mit der GEMA abzuschließen, regelt § 6 Ziff. 1 Abs. 2 der GEMA-Satzung. Hiernach kann auch ein Musikverlag ordentliches oder außerordentliches Mitglied der GEMA werden. Dies bedeutet, dass ein Musikverlag mit Abschluss eines Berechtigungsvertrags die Rechtsstellung eines „Berechtigten" erlangen kann, der nach den Statuten der GEMA am Tantiemenaufkommen zu beteiligen ist.

Ein Musikverlag ist ein Unternehmen, das auf eigene Rechnung und eigenes Risiko die musikalischen Werke seiner Autoren der künstlerischen und wirtschaftlichen Verwertung zuführt.[63] Das „Papiergeschäft" (wie Notenverkauf) steht dabei im Bereich der Unterhaltungs- und

59 Bescheid des Deutschen Patentamts v. 26. 10. 1981, UFITA 94 (1982), 364, 368.

60 *Häußer*, FuR 1980, 57, 60 f.; Schricker-*Reinbothe*, § 6 UrhWG Rn. 11; Dreier/Schulze-*Schulze* § 6 UrhWG Rn. 19.

61 Schulze/Dreier-*Schulze* § 6 UrhWG Rn. 19.

62 Gleichwohl sind diese Berechtigten, wie in § 6 Abs. 2 UrhWG vorgeschrieben, durch sog. Delegierte (vgl. § 12 Ziff. 2 GEMA-Satzung; abgedr. in: GEMA-Jahrbuch 2005/2006, S. 178) in der Mitgliederversammlung der GEMA vertreten. Dadurch ist eine Einflussmöglichkeit dieser Berechtigten auf die Entscheidungsprozesse der GEMA gewährleistet; *Riesenhuber/Rosenkranz*, Das deutsche Wahrnehmungsrecht 1903–1933, IV 6.

63 *Sikorski*, Musikverlag – Was ist das?, S. 3.

Tanzmusik nicht mehr im Vordergrund. Hauptaufgabe[64] ist hier v. a. die Verwertung von Nebenrechten, wie das Aufführungs- und Senderecht oder die mechanischen Rechte.[65] Dabei sorgen die Musikverlage für eine möglichst umfangreiche Auswertung; sie werben etwa bei Rundfunkanstalten oder anderen Nutzern für die Musikwerke, damit diese so viel als möglich „gespielt" werden.[66] Sie stellen Aufführungsmaterial her und vermitteln Aufführungen, kümmern sich um den Internetauftritt[67] oder die Verwertung durch einen Tonträgerhersteller.[68]

Nach der Fußnote zum Rubrum des Berechtigungsvertrags (und nach dem Klammerzusatz unter der Unterschrift des Berechtigten) ist es unerheblich, ob der Verlag von einer natürlichen oder einer juristischen Person betrieben wird. Auch Subverlage sind Musikverlage im Sinne des § 6 GEMA-Satzung. Inländische Subverlage können von ausländischen Originalverlagen territorial – etwa auf Deutschland – beschränkte Nutzungsrechte erhalten, die sie auf die GEMA übertragen. Die GEMA wiederum rechnet direkt an diese ab, da es sich um Berechtigte der GEMA handelt. Dieses System der Subverlage hat den Vorteil, dass die ausländischen Originalverlage so die Tantiemen für die Nutzungen ihrer Werke schneller (und ohne doppelten Verwaltungskostenabzug) erhalten als durch die Abrechnung nach den Gegenseitigkeitsverträgen. Hier werden Tantiemen an die ausländische Schwestergesellschaft ausgeschüttet, die diese an den Originalverlag weiterleiten muss.[69]

Die Berechtigung der Musikverleger in der GEMA war in der Vergangenheit umstritten. Gegen ihre Beteiligung wurde eingewandt, dass die Musikverleger vielfach keine eigenen Rechte mehr in die GEMA einbringen und sie außerdem der Seite der Verwerter und damit einer gegenläufigen Interessengruppe zuzurechnen sind.[70]

---

64 Eingehend zur Tätigkeit der Musikverleger und zu ihrem Verhältnis zur GEMA *Rossbach/Joos*, in: FS Schricker, S. 333, 340 ff.

65 *Schricker*, Verlagsrecht, § 8 VerlagsG Rn. 42.

66 BGH GRUR 1970, 40, 43 – Musikverleger I; Dreier/Schulze-*Schulze* Vor § 31 UrhG Rn. 224.

67 *Oehlschlägel*, MusikTexte, Heft 02/2005, S. 3.

68 Vgl. *Rossbach/Joos*, in: FS Schricker, S. 333, 335.

69 *Rossbach/Joos*, in: FS Schricker, S. 333, 361 f.; *Steden*, Das Monopol der GEMA, S. 45.

70 Bescheid des Deutschen Patentamtes v. 6. 6. 1977, GEMA-Nachrichten 1977 Nr. 106, S. 66, 67.

Richtig ist, dass die Mehrzahl der Komponisten und Textdichter bereits vor Abschluss eines Musikverlagsvertrags selbst Mitglied der GEMA ist und bereits im Voraus die unter ihren Tätigkeitsbereich fallenden Rechte an die GEMA einräumt, so dass die Verleger entgegen den Klauseln in den üblichen Verträgen,[71] diese Rechte auf Grund des Prioritätsgrundsatzes[72] nicht mehr auf die GEMA übertragen können.[73] An die Musikverleger werden folglich in aller Regel nur die grafischen Vervielfältigungs- und Verbreitungsrechte sowie – in gewissem Umfang – Bearbeitungsrechte übertragen.[74] Ihre Funktion besteht idR in der Vertretung der Urheber gegenüber der GEMA und der Kontrolle der Tantiemenausschüttung.[75]

Trotz dieser Situation ist die Berechtigung der Verleger zum Abschluss eines Berechtigungsvertrags nicht zu beanstanden. Soweit die Musikverleger (als Zessionare) Inhaber von Nutzungsrechten sind, muss die GEMA bereits auf Grund des Wahrnehmungszwangs gemäß § 6 Abs. 1 UrhWG einen Berechtigungsvertrag mit ihnen abschließen.[76] Dies gilt zum einen für die Fälle der sog. Altrechte[77] und Subverlagsrechte. Des Weiteren ist es auch möglich, dass der Urheber seinen Verlagsvertrag vor Abschluss des Berechtigungsvertrags unterzeichnet hat und der Verleger wegen der im Verlagsvertrag vereinbarten Rechteübertragung Inhaber der ausschließlichen Nutzungsrechte wird.[78]

Aber auch dann, wenn die Verleger im Zeitpunkt des Vertragsschlusses keine Inhaber von Nutzungsrechten sind, ist ihre „Berechtigung" gerechtfertigt, da sie zur Verwirklichung des Vereinsziels beitragen und mit den Urhebern bei der Verwertung von Rechten im Sinne einer „Symbiose" zusammenwirken.[79] In diesem Zusammenwirken sind die Ver-

---

71 Vgl. etwa bei *Nordemann*, ZUM 1988, 389, 393 ff.

72 *Melichar*, Die Wahrnehmung von Urheberrechten durch Verwertungsgesellschaften, S. 62.

73 *Ulmer*, GEMA-Nachrichten 1978 Nr. 108, S. 99, 104; Bescheid des Deutschen Patentamts v. 6. 6. 1977, GEMA-Nachrichten 1977 Nr. 106, S. 66, 72.

74 Fromm/Nordemann-*Nordemann* § 41 UrhG Rn. 3.

75 *Steden*, Das Monopol der GEMA, S. 24 f.

76 Dazu vorstehend c.

77 Darunter sind diejenigen Rechte zu verstehen, die den Verwertungsgesellschaften bei ihrer Gründung eingeräumt wurden; *Gorščak*, Der Verlagsvertrag über U-Musik, S. 17 (Fn. 54).

78 *Ulmer*, GEMA-Nachrichten 1978 Nr. 108, S. 99, 105.

79 Bescheid des Deutschen Patentamts v. 6. 6. 1977, GEMA-Nachrichten 1977 Nr. 106, S. 66, 72.

leger als „Mitanbieter" der Werke einzustufen.[80] Für die Urheber sind die Bemühungen der Verleger um die Verwertung ihrer Werke vorteilhaft.[81] Mit der gleichen Begründung hält auch der BGH die Berechtigung der Verleger nicht für unangemessen; es sei grundsätzlich unerheblich, dass die Verleger streng genommen Verwerter seien, da ihre Interessen denen der Urheber nicht entgegenstehen würden.[82] Zudem ist die Berechtigung der Musikverleger auch historisch begründet; sie waren wesentlich an der Gründung der musikalischen Verwertungsgesellschaften beteiligt.[83] Auch der Gesetzgeber hat bei der Schaffung des Urheberrechtswahrnehmungsgesetzes im Jahr 1965 dieses schon damals vorhandene Modell der Mitgliedschaft der Verleger in der GEMA bestehen lassen; für eine Veränderung gab es offensichtlich keinen Grund.[84]

Dass die Verleger auch ohne die Einbringung von Rechten in die Verwertungsgesellschaft ein Recht auf Beteiligung haben können, bestätigt aktuell auch der Referentenentwurf zum sog. „Zweiten Korb". Obwohl nach § 63 a UrhG die Urheber gesetzliche Vergütungsansprüche nicht mehr an die Verleger abtreten könnten, da eine Abtretung im Voraus nach dieser Regelung nur zu Gunsten der Verwertungsgesellschaften erfolgen kann, seien die Verleger an den pauschalen Vergütungen der Verwertungsgesellschaft zu beteiligen. In diesem Sinn soll der Regelung in § 63 a UrhG ein neuer Satz angefügt werden, der wie ein „Leistungsschutzrecht für die Verleger" wirkt. Ein Ausschluss der Verleger von der pauschalen Vergütung wäre angesichts der von ihnen erbrachten Leistung nicht hinnehmbar.[85]

Im Ergebnis ist daher festzuhalten, dass die GEMA gemäß § 6 Abs. 1 UrhWG verpflichtet ist, mit Musikverlegern Berechtigungsverträge abzuschließen, soweit sie Inhaber abgeleiteter Nutzungsrechte sind. Aber auch für den Fall, dass die Verleger keine Rechte einbringen, ist die GEMA zum Abschluss eines Berechtigungsvertrags berechtigt. Die Stel-

80 *Lerche*, in: GEMA-Nachrichten 1978 Nr. 108, S. 41, 44.
81 *Goršćak*, Der Verlagsvertrag über U-Musik, S. 19.
82 BGHZ 55, 381, 388 – UFA-Musikverlage; kritisch *Schack*, Urheber- und Urhebervertragsrecht, Rn. 1166.
83 *Bing*, Die Verwertung von Urheberrechten, S. 153; *Goršćak*, Der Verlagsvertrag über U-Musik, S. 17; *Mauhs*, Der Wahrnehmungsvertrag, S. 123.
84 *Ulmer*, GEMA-Nachrichten 1978 Nr. 108, S. 99, 104.
85 Referentenentwurf für ein Zweites Gesetz zur Regelung des Urheberrechts in der Informationsgesellschaft, v. 27. 9. 2004, Begr. B. zu Nr. 14 (§ 63 a), S. 65; abrufbar unter www.bmj.bund.de.

lung der Verleger in der GEMA ist wegen der historischen Hintergründe wie auch durch das erfolgreiche symbiotische Zusammenwirken von Urhebern und Verlegern und die erhebliche Leistung der Verleger bei der Auswertung der Werke gerechtfertigt.

d) Deutsche und Angehörige der EG-Mitglieds- und EWR-Vertragstaaten sowie sonstige Ausländer

Im Zusammenhang mit dem Wahrnehmungszwang gemäß § 6 Abs. 1 UrhWG stellt sich zudem die Frage, ob diese Verpflichtung weltweit gegenüber allen Staatsangehörigen gilt, oder auf bestimmte Rechteinhaber beschränkt ist. Nach dem Wortlaut des § 6 Abs. 1 S. 1 UrhWG besteht der Wahrnehmungszwang gegenüber Deutschen im Sinne des Grundgesetzes und gegenüber Staatsangehörigen eines anderen Mitgliedsstaats der Europäischen Union oder eines anderen Vertragsstaats des Abkommens über den Europäischen Wirtschaftsraum sowie gegenüber Rechteinhabern, die ihren Wohnsitz im Geltungsbereich des Urheberwahrnehmungsgesetzes haben. Gegenüber Unternehmen gilt der Wahrnehmungszwang nach § 6 Abs. 1 S. 2 UrhWG, wenn sie ihren Sitz in einem Mitgliedstaat der Europäischen Union oder in einem Vertragstaat des Abkommens über den Europäischen Wirtschaftsraum haben. In der Praxis schließt die GEMA – soweit ersichtlich – sowohl mit Angehörigen und Verlagsfirmen der Mitgliedstaaten der Europäischen Gemeinschaft, als auch mit Angehörigen von Drittländern Berechtigungsverträge.[86] Selbstverständlich fallen unter die Formulierung „Angehörige eines Mitgliedstaates der Europäischen Gemeinschaft“ auch die deutschen Rechteinhaber.

aa) Deutsche und Angehörige der EG-Mitgliedstaaten und der EWR-Vertragstaaten

Der Wahrnehmungszwang besteht gemäß § 6 Abs. 1 S. 1 UrhWG zunächst gegenüber deutschen Rechteinhabern (vgl. Art. 116 GG). Die Ver-

86 Die Fußnote *) zum im GEMA-Jahrbuch 2005/2006, S. 183 abgedruckten Vertragstext lautet:
*) „Das Vertragsformular mit seiner besonderen Vereinbarung unter § 16 wird nur für Vertragsabschlüsse mit Angehörigen und Verlagsfirmen der Mitgliedstaaten der Europäischen Gemeinschaft verwendet. Bei Vertragsabschlüssen mit Angehörigen von Drittländern entfällt § 16 des Vertrags.“

pflichtung besteht ebenso gegenüber Unternehmen mit Sitz in Deutschland gemäß § 6 Abs. 1 S. 2 UrhWG.

Gegenüber den Angehörigen von Mitgliedstaaten der Europäischen Gemeinschaft und des Europäischen Wirtschaftsraums ergibt sich die Verpflichtung zur Rechtewahrnehmung ebenfalls aus § 6 Abs. 1 S. 1 UrhWG. Neben den Angehörigen der EG-Mitgliedstaaten können sich damit derzeit auch Angehörige der Staaten Island, Norwegen und Liechtenstein auf den Wahrnehmungszwang berufen. Entsprechend fallen auch Unternehmen nach § 6 Abs. 1 S. 2 UrhWG unter den Wahrnehmungszwang, wenn sich deren Sitz in einem Mitgliedstaat der Europäischen Gemeinschaft oder in einem Vertragstaat des Abkommens über den Europäischen Wirtschaftsraum befindet.

Die Ausgrenzung der Staatsangehörigen der EG-Staaten aus dem Kreis der Berechtigten wäre nach der *GVL-Entscheidung* der Kommission,[87] bestätigt durch den EuGH,[88] eine unzulässige Diskriminierung nach Art. 12 Abs. 1 EG (Art. 6 Abs. 1 EG a. F.) und damit eine missbräuchliche Ausnutzung einer marktbeherrschenden Stellung im Sinne des Art. 82 EG (Art. 86 a. F.).[89] Dies gilt auch hinsichtlich der Angehörigen des Europäischen Wirtschaftsraums.[90] Die Angehörigen der EG- und EWR-Mitgliedstaaten sind Deutschen gleichzustellen und deshalb ebenfalls berechtigt im Sinne des § 6 Abs. 1 UrhWG.[91]

bb) Sonstige Ausländer

Andere Ausländer, also auch Staatenlose, können nach § 6 Abs. 1 UrhWG dann die GEMA mit der Wahrnehmung ihrer Rechte betrauen, wenn sie ihren Wohnsitz in Deutschland haben. Wohnsitz ist der Ort, an dem sich jemand ständig niederlässt (§ 7 BGB). Ein Aufenthaltsort ist dann Wohnsitz, wenn er als Schwerpunkt der Lebensinteressen festgelegt wird.[92]

Fraglich ist, ob der Wahrnehmungszwang – insofern über den Wortlaut des § 6 Abs. 1 UrhWG hinausgehend – auch gegenüber Angehörigen von

---

87 Kommission v. 28. 12. 1981, ABl. 1981 L 370, 49, 55 f. – GVL.

88 EuGH v. 20. 10. 1983 – Rs. C-92 und 326/92, Phil Collins, Slg. 1994, I-5171 ff. Rn. 33.

89 Eingehend *Mauhs*, Der Wahrnehmungsvertrag, S. 31 ff.

90 Schricker-*Reinbothe*, § 6 UrhWG Rn. 9; *Häußer*, in: FS Kreile, S. 281, 284.

91 Dreier/Schulze-*Schulze*, § 6 UrhWG Rn. 22.

92 Schricker-*Reinbothe*, § 6 UrhWG Rn. 8.

Drittländern, die nicht ihren steuerlichen Wohnsitz in Deutschland bzw. ihren Geschäftssitz in einem EG- oder EWR-Mitgliedstaat haben, gilt. Teilweise wird deren Gleichbehandlung auf Grund des konventionsrechtlichen[93] Grundsatzes der Inländerbehandlung gefordert.[94] Zur Begründung wird vorgetragen, dass die Verwertungsgesellschaften wegen dieses Grundsatzes nach der Revidierten Berner Übereinkunft (Art. 4–6 RBÜ Brüsseler Fassung bzw. Art. 5 Abs. 1–3 RBÜ Pariser Fassung) und des Welturheberrechtsabkommens (Art. II WUA) bzw. auch wegen des Gebots der Inländerbehandlung nach dem Trips-Abkommens (Art. 3) jedenfalls in den Fällen, in denen Rechte und Ansprüche ausschließlich von Verwertungsgesellschaften wahrgenommen werden können, zur Wahrnehmung verpflichtet sind.[95] Zum Teil wird auch vertreten, dass sich der Wahrnehmungszwang gegenüber diesen ausländischen Rechteinhabern auf alle unter den Tätigkeitsbereich der Verwertungsgesellschaft fallenden Rechte erstreckt.[96]

Dem steht jedoch der Wille des Gesetzgebers entgegen. Bei der Ergänzung der Regelung im Hinblick auf Angehörige der EG- und EWR-Staaten im Jahr 1995 hat er bewusst zwischen diesen Berechtigten und den Angehörigen von Drittländern ohne Wohnsitz in Deutschland bzw. ohne Geschäftssitz in den EG- oder EWR-Staaten unterschieden. Die Gesetzesmaterialien zeigen,[97] dass die Einbeziehung sonstiger ausländischer Staatsangehöriger trotz der internationalen Vorgaben vom Gesetzgeber nicht beabsichtigt war. Dieser gesetzgeberische Wille muss trotz anders lautender Bestimmungen internationaler Urheberrechtskonventionen beachtet werden.[98] Insofern scheidet eine „völkerrechts-

---

93 Es handelt sich um die Revidierte Berner Übereinkunft (RBÜ) sowie um das Welturheberrechtsabkommen (WUA); Schricker-*Reinbothe* § 6 UrhWG Rn. 9.

94 *V. Ungern-Sternberg*, GRUR Int. 1973, 61, 63.

95 Schricker-*Reinbothe*, § 6 UrhWG Rn. 9; Fromm/Nordemann-*Nordemann*, § 6 UrhWG Rn. 2; *Ulmer*, Urheber- und Verlagsrecht, S. 417; *Seifert*, in: Handbuch der Musikwirtschaft, S. 981, 983; *Meyer*, Verwertungsgesellschaften und ihre Kontrolle, S. 72, *Melichar*, Die Wahrnehmung von Urheberrechten durch Verwertungsgesellschaften, S. 36, ist hingegen der Ansicht, dass für diese Ausdehnung des Wahrnehmungszwangs auch auf Angehörige aus Drittländern auf Grund des Systems der Gegenseitigkeitsverträge kein Bedürfnis besteht.

96 *Schack*, Urheber- und Urhebervertragsrecht, Rn. 878; *Mauhs*, Der Wahrnehmungsvertrag, S. 34 f.

97 RegE UrhG, Begr. A V.; BT-Drs. 13/781, S. 11.

98 Wandtke/Bullinger-*Gerlach*, § 6 UrhWG Rn. 11.

freundliche Auslegung"[99] des § 6 Abs. 1 UrhWG dahingehend, dass der Wahrnehmungszwang auch gegenüber den Staatsangehörigen der Verbandsländer gelten soll, schon deshalb aus, weil der Gesetzgeber der völkerrechtlichen Verpflichtung gerade nicht entsprechen wollte.[100] Die Gleichbehandlung kann auch nicht aus einem Vorrang der konventionsrechtlichen Regelungen gefolgert werden, da diese auf der Grundlage von Zustimmungsgesetzen den Rang von einfachen Gesetzen erlangen.[101] Die konventionsrechtlichen Gleichbehandlungsgrundsätze sind nicht höherrangig einzustufen, als die Regelung im Urheberrechtswahrnehmungsgesetz.

Regelmäßig sind die betroffenen ausländischen Rechteinhaber zudem auf Grund des internationalen Netzes von Gegenseitigkeitsverträgen auch nicht auf die Rechtewahrnehmung durch die deutschen Verwertungsgesellschaften angewiesen, solange sie ihre Rechte auf die Verwertungsgesellschaft in ihrem Heimatland zur Wahrnehmung übertragen können.[102] Die GEMA kann hier die Betroffenen auf die Möglichkeit einer anderen wirksamen Rechtewahrnehmung iSd § 6 Abs. 1 S. 1 UrhWG verweisen. Dies gilt im Fall der GEMA auch für die Wahrnehmung verwertungsgesellschaftenpflichtiger Ansprüche. Die dafür eingenommenen Lizenzeinnahmen verrechnet die GEMA – einfach gesprochen – als Zuschläge zu bestimmten Verrechnungssparten, innerhalb derer nutzungsabhängige Verrechnungen erfolgen. Somit werden ausländische Berechtigte, deren Tantiemen ebenfalls nach den Verteilungsplänen der GEMA berechnet werden – abhängig von den Nutzungen ihrer Werke – an diesen Ansprüchen in gleicher Weise wie die Berechtigten der GEMA beteiligt.[103]

Im Ergebnis ist die GEMA entsprechend dem Wortlaut des § 6 Abs. 1 UrhWG zur Wahrnehmung der Rechte von EG- bzw. EWR-Ausländern

---

99 *Nordemann/Vinck/Hertin*, Internationales Urheberrecht, Einl. Rn. 33; *Riesenhuber*, ZUM 2003, 333, 339.

100 Vgl. BVerfGE 74, 358, 370; das Bundesverfassungsgericht unterstreicht, dass der ausdrückliche Wille des Gesetzgebers, von internationalen Verpflichtungen abzuweichen, bei der Auslegung beachtet werden muss.

101 *Riesenhuber*, ZUM 2003, 335, 338.

102 *Melichar*, Die Wahrnehmung von Urheberrechten durch Verwertungsgesellschaften, S. 36; Wandtke/Bullinger-*Gerlach*, § 6 UrhWG Rn. 11.

103 Vgl. Dreier/Schulze-*Schulze*, § 6 UrhWG Rn. 24, 27. *Schulze* vertritt hier – allerdings generell zum Wahrnehmungszwang nach § 6 Abs. 1 UrhWG – die Ansicht, dass der sachliche Grund, die Berechtigten auf ihre Heimatverwertungsgesellschaft zu verweisen, nicht für verwertungsgesellschaftenpflichtige Ansprüche gegeben ist.

nur dann verpflichtet, wenn diese ihren Wohnsitz in Deutschland bzw. ihren Geschäftssitz in der Europäischen Gemeinschaft bzw. im Europäischen Wirtschaftsraum haben. Soweit die GEMA dennoch Rechte sonstiger Ausländer wahrnimmt, erfolgt dies jedenfalls außerhalb des gesetzlichen Wahrnehmungszwangs.

III. Der Berechtigungsvertrag

Zur Rechtewahrnehmung schließt die GEMA mit den soeben ermittelten Rechteinhabern einen Wahrnehmungsvertrag. Dieser wird von der GEMA „Berechtigungsvertrag“ genannt.[104]

1. Rechtsnatur und Zweck

Das Gesetz sieht für Wahrnehmungsverträge keinen eigenständigen Vertragstyp vor. Entgegen einer vielfach vertretenen Ansicht[105] enthält der Berechtigungsvertrag der GEMA keine Elemente des Geschäftsbesorgungsvertrags (§§ 675 f. BGB) oder des Dienstvertrags (§§ 611 ff. BGB). Da die GEMA für ihre Tätigkeit lediglich eine Aufwandsentschädigung (§ 670 BGB)[106] und keine Vergütung erhält, weist dieser gemischt-typische Vertrag v. a. den Charakter eines Auftrags auf. Es handelt sich damit um einen unentgeltlichen und unvollkommenen zweiseitigen Vertrag.[107]

Der Zweck des Berechtigungsvertrags besteht darin, der GEMA diejenigen Rechte zu übertragen, die der Einzelne nicht sinnvoll individuell wahrnehmen kann bzw. deren Übertragung erforderlich ist, um eine

104 *E. Schulze*, Geschätzte und geschützte Noten, S. 85 f.

105 BGH, GRUR 1966, 567, 569 – GELU; BGH, GRUR 1968, 321, 327 – Haselnuß; BGH, GRUR 1982, 308, 309 – Kunsthändler; Loewenheim-*Melichar*, § 47 Rn. 15; Wandtke/Bullinger-*Gerlach* § 6 UrhWG Rn. 4; *Schack*, Urheber- und Urhebervertragsrecht Rn. 951; *Mauhs*, Der Wahrnehmungsvertrag, S. 43.

106 Nach den Allgemeinen Grundsätzen zu den Verteilungsplänen A und B wird die Verteilungssumme nach Abzug der Kosten bzw. nach Abzug einer Kommission an die Berechtigten ausgeschüttet; jeweils § 1 der Allgemeinen Grundsätze zu den Verteilungsplänen A und B, abgedr. in: GEMA-Jahrbuch 2005/2006, S. 283, 318.

107 *Riesenhuber*, Die Auslegung und Kontrolle des Wahrnehmungsvertrags, S. 20.

effektive kollektive Rechtewahrnehmung zu gewährleisten.[108] Die Meinung, die nur auf das Individualinteresse abstellt und daher den Zweck des Berechtigungsvertrags darin sieht, dass nur die Rechte eingebracht werden sollen, die der Einzelne nicht individuell wahrnehmen kann,[109] übersieht das Gesamtinteresse aller Berechtigten an einer effektiven kollektiven Rechtewahrnehmung und die Verpflichtung der Berechtigten, hierzu ihren Beitrag zu leisten.[110] Insofern ist es beispielsweise im Gesamtinteresse aller Berechtigten ausgeschlossen, dass ein Berechtigter der GEMA sich die individuelle Wahrnehmung des Aufführungsrechts für ein einzelnes, besonders erfolgreiches Werk mit dem Argument vorbehält, er könne es selbst erfolgreicher wahrnehmen.[111]

Der Zweck der kollektiven Wahrnehmung zeigt sich z. B. darin, dass die Berechtigten bei bestimmten Nutzungsformen, wie etwa der „Live-Aufführung", auf das Kontroll- und Lizenzierungssystem der Verwertungsgesellschaft angewiesen sind.[112] Auch aus der Sicht der Werknutzer ist in vielen Fällen die Vermittlung der Nutzungsrechte über die Verwertungsgesellschaft unumgänglich. So ist es etwa undenkbar, dass die Fernsehsender als „Massennutzer" jeweils einzeln bei den unzähligen Berechtigten die Erlaubnis zur Sendung der betroffenen Werke einholen müssten.

2. Regelungsinhalt: Rechteübertragungen und Nebenbestimmungen

Die im Rahmen dieser Arbeit zu untersuchenden Rechteübertragungen stellen das Kernstück[113] des Berechtigungsvertrags dar. Als Verfügungsgeschäfte kommen sie gleichzeitig mit der schuldrechtlichen Verpflichtung zur Übertragung zustande.[114] Für Rechte an künftigen Werken bedeutet dies, dass sie automatisch auf die GEMA übergehen, sobald

108 *Riesenhuber*, Die Auslegung und Kontrolle des Wahrnehmungsvertrags, S. 41.
109 Vgl. BGH GRUR 2000, 228, 230 – Musical-Gala; *Russ*, ZUM 1995, 32, 33.
110 *Riesenhuber*, Die Auslegung und Kontrolle des Wahrnehmungsvertrags, S. 41.
111 Dazu nachfolgend § 4 I.
112 *Popp*, Verwertungsgesellschaften, S. 3 f.; *Melichar*, Die Wahrnehmung von Urheberrechten durch Verwertungsgesellschaften, S. 20; *Menzel*, Die Aufsicht über die GEMA, S. 8.
113 *Melichar*, Die Wahrnehmung von Urheberrechten durch Verwertungsgesellschaften, S. 61.
114 BGH GRUR 1968, 323 – Haselnuß; RGZ 140, 231, 250 f. – Tonfilmrechte; *Mauhs*, Der Wahrnehmungsvertrag, S. 93 f.

sie geschaffen sind. Ein konstitutiver Rechtsakt, wie etwa die Anmeldung des Werks als „Übergabe", ist dabei nicht mehr erforderlich.[115]

§ 1 BerV enthält einen Katalog von Rechten, die der GEMA mit Abschluss des Vertrags eingeräumt werden. Darüber hinaus betreffen auch die Bestimmungen in §§ 2, 3, 6 lit. a Abs. 2, 10 und 16 BerV den Bereich der Rechteübertragungen. § 2 BerV enthält eine Klarstellung zur bereits in § 1 BerV enthaltenen Verfügung über künftige Rechte.[116] Zu den Rechten und Pflichten der GEMA, die aus der Rechteübertragung folgen, enthält § 3 BerV nähere Bestimmungen.[117] § 6 lit. a Abs. 2 BerV regelt die Einbeziehung von Änderungen des Berechtigungsvertrags in sog. Altverträge.[118] Bestimmungen zur Dauer der Rechteübertragung finden sich in §§ 10 und 16 BerV.[119] Die letztgenannte Vorschrift legt zudem für einen begrenzten Kreis von Berechtigten die Möglichkeit fest, einzelne Sparten aus der Rechteübertragung auszunehmen, sowie das Wahrnehmungsgebiet auf bestimmte Länder zu begrenzen.[120]

Zusätzlich zu diesen Bestimmungen zur Rechteübertragung enthält der Berechtigungsvertrag sog. Nebenbestimmungen, die das Vertragsverhältnis zwischen Berechtigtem und der GEMA konkretisieren. Hier werden bestimmte Obliegenheiten der Berechtigten, etwa zur Anmeldung der Werke (§ 5 BerV), zur Angabe seiner persönlichen Daten (§ 7 BerV) oder zur Entrichtung einer Aufnahmegebühr und eines Mitgliedsbeitrags (§ 8 BerV) festgelegt. Auch die Sachverhalte der Beendigung des Vertrags werden hier geregelt (§§ 11, 12 BerV).

3. Die Entstehungsgeschichte des Berechtigungsvertrags

Die heutige Version des Berechtigungsvertrags basiert auf einer Neufassung aus dem Jahr 1954. Diese Neufassung war notwendig geworden, da die von den Alliierten nach dem Zweiten Weltkrieg geforderte Änderung der Satzung der STAGMA (die im Jahr 1947 in GEMA umbenannt

---

115 *Mauhs*, Der Wahrnehmungsvertrag, S. 93 f.; *Rossbach/Joos*, in: FS Schricker, S. 333, 346; vgl. auch OGH v. 10. 10. 1978, GRUR Int. 1979, 165, 167 – Festliches Innsbruck.

116 Dazu nachfolgend § 4 II 2.

117 Dazu sogleich 4.

118 Zur Einbeziehungsklausel nachfolgend § 4 IV 8.

119 Nachfolgend § 4 III.

120 Nachfolgend § 4 IV und V.

wurde) aus dem Jahr 1950 in § 3 regelte, dass die wahrzunehmenden Rechte in Form eines Berechtigungsvertrags auf die GEMA übergehen und dieser Berechtigungsvertrag bestimmte neu festgesetzte Regelungen enthalten muss.[121] Bis zum Inkrafttreten des „neuen Berechtigungsvertrags" war dessen neuer Regelungsinhalt – insbesondere zur Frage der einheitlichen Übertragung von Aufführungs- und Senderechten – lebhaft diskutiert[122] und schließlich eine Redaktionskommission eingesetzt worden.[123] Seit Inkrafttreten im Jahr 1954 wurden die Regelungen zahlreichen Änderungen durch die Mitgliederversammlung unterzogen.[124]

In der Zeit zwischen dem Ende des Zweiten Weltkriegs und der Neufassung im Jahr 1954 konnte die GEMA auf Grund der rechtlichen Identität mit der STAGMA[125] deren Wahrnehmungsverträge, die nach Auflösung der AMMRE im Jahr 1938 auch das Vervielfältigungsrecht umfassten,[126] weiterführen. Von neu aufzunehmenden Berechtigten ließ sich die GEMA die Aufführungsrechte (und nach heutiger Rechtslage die Sendungs- und Wiedergaberechte) sowie die sog. mechanischen Rechte bis zur Neufassung des Vertrags im Jahr 1954 durch Vollmachten übertragen.[127]

Auch die vor der Monopolisierung der musikalischen Verwertungsrechte durch die STAGMA in Deutschland (im Jahr 1933) bestehenden konkurrierenden musikalischen Verwertungsgesellschaften erlangten die musikalischen Nutzungsrechte – damals teilweise nach Tätigkeitsbereichen aufgeteilt in Aufführungs- und Vervielfältigungsrechte – bereits durch Abschlüsse von Wahrnehmungsverträgen mit den jeweiligen Rechteinhabern.[128]

---

121 *E. Schulze*, GEMA-Nachrichten 1951 Nr. 11, S. 7.

122 Bericht über die ordentliche Versammlung der GEMA, GEMA-Nachrichten 1952 Nr. 15, S. 30, 33.

123 Mitteilung in: GEMA-Nachrichten 1954 Nr. 20, S. 21.

124 S. hierzu jeweils die nachfolgenden Ausführungen zur Entstehungsgeschichte der einzelnen Regelungen.

125 Dazu vorstehend § 2 I 2.

126 Dazu vorstehend § 2 I 2.

127 *E. Schulze*, Geschätzte und geschützte Noten, S. 400.

128 S. hierzu etwa den Berechtigungsvertrag der Genossenschaft Deutscher Tonsetzer (Anstalt für musikalisches Aufführungsrecht) abgedr. bei *E. Schulze*, Geschätzte und geschützte Noten, S. 85. Die Regelungen des Berechtigungsvertrags der Genossenschaft Deutscher Tonsetzer (Anstalt für musikalisches Aufführungsrecht) mit denen des aktuellen Berechtigungsvertrags der

4. Die treuhänderische Wahrnehmung als charakteristische Hauptleistungspflicht

Die charakteristische Hauptleistungspflicht der GEMA zur Rechtewahrnehmung[129] geht aus § 1 BerV (Kopfteil)[130] hervor.[131] Diese Bestimmung regelt, dass der Berechtigte der GEMA die Rechte als Treuhänderin zur Wahrnehmung überträgt. § 3 BerV[132] ergänzt dazu die „Rechte und Pflichten" der GEMA, die aus dieser Rechteübertragung erwachsen:

„Die GEMA ist berechtigt, die ihr vom Berechtigten übertragenen Rechte im eigenen Namen auszuüben, sie auszuwerten, die zu zahlende Gegenleistung in Empfang zu nehmen und über den Empfang rechtsverbindlich zu quittieren, die ihr übertragenen Rechte an Dritte ganz oder zum Teil weiter zu übertragen oder die Benutzung zu untersagen, alle ihr zustehenden Rechte auch gerichtlich in jeder der GEMA zweckmäßig erscheinenden Weise im eigenen Namen geltend zu machen."

Diese Regelungen enthalten demnach den Auftrag der Berechtigten an die GEMA, die ihr übertragenen Rechte als Treuhänderin wahrzunehmen.[133]

Der Treuhandcharakter des Rechtsverhältnisses zeigt sich darin, dass der GEMA als Treuhänderin nach außen hin ein „Mehr" an Rechten übertragen wird, als sie nach der mit dem Berechtigten als Treugeber getroffenen schuldrechtlichen Abrede ausüben darf.[134] Im Außenverhältnis ist die GEMA nach § 3 BerV befugt, die Rechte „im eigenen Namen" geltend zu machen. Die überschießende Rechtsstellung als Treuhänderin[135] be-

---

GEMA vergleicht *Schmidt;* Die Anfänge der musikalischen Tantiemenbewegung in Deutschland, Kapitel 5, 2. Unterkapitel, § 106, III., 2).

129 *Riesenhuber*, Die Auslegung und Kontrolle des Wahrnehmungsvertrags, S. 8.

130 S. hierzu den Berechtigungsvertrag der GEMA in der Fassung v. 28./29. Juni 2005, abgedr. im Anhang.

131 Mit der aktuellen Novellierung des österreichischen Verwertungsgesellschaftengesetzes soll die Wahrnehmungsverpflichtung der Verwertungsgesellschaften ausdrücklich gesetzlich normiert werden; *Riesenhuber*, WBL 2005, IV 2. a.

132 S. hierzu den Berechtigungsvertrag der GEMA in der Fassung v. 28./29. Juni 2005, abgedr. im Anhang.

133 KG, Urteil v. 5. 3. 2002, Az. 5 U 6420/00, Umdruck S. 11; *Rehbinder*, Urheberrecht, Rn. 374.

134 Palandt-*Heinrichs* Einf v § 104 BGB Rn. 25.

135 Obwohl alle deutschen Verwertungsgesellschaften auf Grund der an sie übertragenen Rechte zur Wahrnehmung gegenüber ihren Berechtigten Treuhänder sind, wird dieser Begriff dennoch im Gesetz nicht genannt.

ruht auf der Rechteeinräumung in § 1 BerV.[136] Im Innenverhältnis ist die GEMA verpflichtet, die ihr übertragenen Befugnisse im ausschließlichen Interesse der Gesamtheit aller Berechtigten auszuüben. Damit scheiden die der GEMA übertragenen urheberrechtlichen Befugnisse zwar rechtlich, aber nicht wirtschaftlich aus dem Vermögen der Berechtigten aus.[137]

a) Die Berechtigung der GEMA im Außenverhältnis

Die Befugnisse, die der GEMA durch die Übertragung der ausschließlichen Nutzungsrechte nach § 1 BerV im Außenverhältnis erwachsen, betreffen einerseits den Bereich der Rechteauswertung, andererseits die Wahrung der Rechte. Bei der Rechteauswertung ist die GEMA berechtigt, die ihr übertragenen Rechte ganz oder teilweise an Nutzer weiterzugeben, um dafür entsprechende Vergütungen einzuziehen. Im Bereich der Rechtewahrung ist die GEMA befugt, Rechtsverletzungen zu verfolgen und Ansprüche im Zusammenhang mit der Rechtsausübung gegebenenfalls auch gerichtlich durchzusetzen.[138]

aa) Die Berechtigung zur Rechteauswertung

Die GEMA wertet die Rechte aus, indem sie mit Nutzern Lizenzverträge schließt. Im Rahmen dieser Verträge räumt sie die ihr übertragenen Rechte als einfache Nutzungsrechte[139] iSd § 31 Abs. 2 UrhG ein.[140] Dabei ist die GEMA nach § 35 Abs. 1 S. 2 UrhG davon befreit, für diese Weiterübertragung der Rechte jeweils die Zustimmung der Berechtigten einzuholen. Ein solches Zustimmungserfordernis würde dem Zweck der kollektiven Rechtewahrnehmung entgegenstehen.[141]

136 *Schack*, Urheber- und Urhebervertragsrecht, Rn. 1200.

137 Vgl. *Kaltner*, UFITA 130 (1996), 71, 94.

138 Eingehend Dreier/Schulze-*Schulze*, § 6 UrhG Rn. 14.

139 Eine Weiterübertragung der ausschließlichen Nutzungsrechte an Dritte ist der GEMA schon wegen des Abschlusszwangs nach § 11 UrhWG nicht möglich; *Melichar*, Die Wahrnehmung von Urheberrechten durch Verwertungsgesellschaften, S. 62.

140 Wegen der Rechteeinräumung kann nur noch die GEMA Dritten einfache Nutzungsrechte einräumen, vgl. § 31 Abs. 3 UrhG. Nach der Übertragung der Rechte auf die GEMA ist damit sogar der Urheber selbst verpflichtet, das Recht zur Nutzung seines eigenen Werks bei der GEMA einzuholen; LG Köln, ZUM 1998, 168.

141 Der Grund für diese Freistellung liegt darin, dass die GEMA die Rechte nicht selbst verwertet; Loewenheim-*Melichar*, § 47 Rn. 17.

Ein typischer Fall für die nur „teilweise“ Weiterübertragung iSd § 3 BerV ist, dass die GEMA für ein bestimmtes Live-Konzert eine Einzellizenz erteilt. Die Lizenzierung kann jedoch auch im Hinblick auf bestimmte Nutzungsarten, wie etwa im Rahmen der Pauschalverträge mit den Rundfunksendern, beschränkt sein. „Ganz“ iSd § 3 BerV gibt die GEMA die ihr übertragenen Rechte nur im Rahmen von Gegenseitigkeitsverträgen weiter.[142] Den ausländischen Schwestergesellschaften stellt sie für deren Wahrnehmungsgebiet jeweils sämtliche Nutzungsrechte bezüglich des eigenen Repertoires zur Weiterübertragung an die Nutzer im jeweiligen ausländischen Vertragsgebiet zur Verfügung.[143]

Zum Bereich der Rechteauswertung gehört auch das Aufstellen von Tarifen; die GEMA ist als Verwertungsgesellschaft nach § 13 UrhWG verpflichtet, Tarife für die Vergabe von Nutzungsrechten an Dritte aufzustellen und diese Tarife im Bundesanzeiger zu veröffentlichen. Darüber hinaus muss sie nach § 12 UrhWG mit Verwertervereinigungen Gesamtverträge abschließen. Nach § 11 UrhWG ist sie verpflichtet, *jedermann* auf Verlangen die einfachen Nutzungsrechte unter diesen Bedingungen einzuräumen. Auf Grund ihrer Rechtsinhaberschaft ist sie dabei – wie es § 3 BerV klarstellt – auch berechtigt und verpflichtet, die zu zahlende Gegenleistung, also die Lizenz, als Gläubigerin der Lizenzzahlung, in Empfang zu nehmen und diesen Empfang iSd § 368 BGB zu quittieren.

bb) Die Berechtigung zur Rechtewahrung

Im Bereich der Rechtewahrung kann die GEMA nach § 3 BerV die Nutzung der Werke gegebenenfalls untersagen und alle ihr zustehenden Rechte auch gerichtlich in jeder ihr zweckmäßig erscheinenden Weise im eigenen Namen geltend machen. Insofern kann sie alle urheberrechtlichen Abwehransprüche hinsichtlich der ihr übertragenen Rechte im eigenen Namen geltend machen. Insbesondere ist sie berechtigt, jegliche Nutzung der von ihr vertretenen Werke, die in ihren Tätigkeitsbereich fällt, zu untersagen, wenn der Nutzer keine Lizenz zahlt. Den urheberrechtlichen Abwehranspruch nach § 97 Abs. 1 UrhG kann sie dabei im

142 Allerdings kann die GEMA auch hier wegen § 11 UrhWG nur einfache, bzw. territorial begrenzte Nutzungsrechte einräumen.

143 S. hierzu etwa Art. 1 des Mustervertrags im EU-Bereich für das Aufführungs- und Senderecht gemäß CISAC-Standardvertrag, abgedr. in: GEMA-Jahrbuch 2005/2006, S. 235.

eigenen Namen gerichtlich geltend machen; als Rechteinhaberin ist sie aktivlegitimiert.[144]

Für den Rechteinhaber folgt damit mit Abschluss des Berechtigungsvertrags grundsätzlich der Verlust seiner Aktivlegitimation. Diese wird in der „kollektiven Hand“ der GEMA zur sog. GEMA-Vermutung; es wird zu Gunsten der GEMA vermutet, dass sie Inhaberin der „kleinen Aufführungsrechte“[145] und der Rechte zur mechanischen Vervielfältigung für sämtliche Werke der Tanz- und Unterhaltungsmusik ist und dass diese Werke auch urheberrechtlich geschützt sind.[146] Nach einer jüngeren Entscheidung des Hanseatischen Oberlandesgerichts gilt diese Vermutung selbst dann, wenn in Deutschland auch andere Verwertungsgesellschaften auf demselben Gebiet tätig sind.[147]

Durch die Übertragung der Rechte ist die GEMA darüber hinaus befugt, die Nutzer zu kontrollieren. Diese Befugnis ist jedoch auf die der GEMA übertragenen Rechte beschränkt. Zu weitergehenden Rechtsverfolgungen – wie etwa bei Rechtsverletzungen, die in die Integrität des Werks eingreifen (Plagiatsfälle etc.) – ist die GEMA mangels Rechtsinhaberschaft nicht befugt. Auch kann die GEMA zur Rechtewahrung weitere Ansprüche, wie etwa Auskunftsansprüche (vgl. § 13 a UrhWG) geltend machen.[148]

b) Die treuhänderische Verpflichtung der GEMA im Innenverhältnis

Im Innenverhältnis ist die Rechtsstellung der GEMA als Treuhänderin beschränkt. Sie darf die ihr eingeräumten Befugnisse nur im Interesse ihrer Treugeber, also der Berechtigten, ausüben. Dabei ist sie allerdings gegenüber den einzelnen Mitgliedern weitgehend selbstständig; sie unterliegt nicht den Weisungen einzelner Berechtigter.[149] Entsprechend ist sie auch nicht verpflichtet, dem Individualinteresse bestmöglich Rechnung zu tragen, wenn dies im Hinblick auf das Gesamtinteresse aller

144 Vgl. Dreier/Schulze-*Schulze*, § 6 UrhWG Rn. 14.
145 Dazu nachfolgend § 2 IV 3.
146 BGH, GRUR 1986, 62, 63 – GEMA-Vermutung I; *Schack*, Urheber- und Urhebervertragsrecht, Rn. 728.
147 OLG Hamburg, Urteil v. 4. 11. 2004, Az. 3 U 63/99, Umdruck S. 28 f.
148 Vgl. Dreier/Schulze-*Schulze*, § 6 UrhWG Rn. 14.
149 BGH GRUR 1968, 321, 327 – Haselnuß; *Mauhs*, Der Wahrnehmungsvertrag, S. 161.

Berechtigten nicht gerechtfertigt ist. Dass diese Abwägung der Einzelinteressen gegen das Interesse der Gesamtheit aller Berechtigten in ihrem Ermessen liegt, bestätigt § 3 BerV. Hiernach kann die GEMA die ihr zustehenden Rechte „in jeder ihr zweckmäßig erscheinenden Weise" geltend machen.

Bei der Rechtewahrnehmung muss die GEMA den Grundsatz beachten, dass der Urheber am Erfolg der Verwertung seines Werks angemessen teil hat.[150] Demnach ist sie auch im Innenverhältnis verpflichtet, die nach dem UrhWG vorgesehenen Tarife aufzustellen (vgl. §§ 11–13 UrhWG),[151] Lizenzen einzuziehen und die Erlöse nach den aufzustellenden Verteilungsplänen an die Berechtigten auszuschütten.[152]

IV. Gegenstand der Rechteeinräumung

Gegenstand der Rechteübertragung nach § 1 BerV ist die Einräumung bzw. Abtretung bestimmter urheberrechtlicher Befugnisse, die das Gesetz dem Urheber bezüglich seines „Werks der Tonkunst mit oder ohne Text" gewährt. Jedoch eignen sich nicht alle urheberrechtlichen Befugnisse zur kollektiven Wahrnehmung durch die GEMA. Der Begriff des „großen Rechts" steht für diejenigen Befugnisse, die aus unterschiedlichen Gründen vom Berechtigten individuell und nicht von der GEMA kollektiv wahrgenommen werden.

1. Werke der Tonkunst mit oder ohne Text

Entsprechend dem Tätigkeitsbereich der GEMA als *musikalische* Verwertungsgesellschaft nimmt sie die Rechte an Werken der Musik iSd § 2 Abs. 1 Ziff. 2 UrhG und gegebenenfalls an Sprachwerken gemäß § 2 Abs. 1 Ziff. 1 UrhG wahr. Die Bezugnahme auf „Werke der Tonkunst mit oder ohne Text" als Gegenstand der Rechteübertragung ausschließlich in §§ 1 lit. a, lit. h Abs. 2, 3 und 4, lit. i und lit. k BerV ist dabei missverständlich.

150 Dreier/Schulze-*Schulze*, vor § 1 UrhWG Rn. 7.
151 *Steden*, Das Monopol der GEMA, S. 102 ff.
152 Dreier/Schulze-*Schulze*, § 6 UrhWG Rn. 13.

Sämtliche Rechteübertragungen beziehen sich auf Werke der Tonkunst mit oder ohne Text.[153]

Der Urheber kann Nutzungsrechte nur an einem geschützten Werk nach § 2 UrhG geltend machen. Ein geschütztes Werk der Musik ist nach § 2 Abs. 1 Ziff. 2 UrhG eine persönliche geistige Schöpfung, die sich der Töne als Ausdrucksmittel bedient.[154] Im Sinne der sog. „kleinen Münze" ist ein nur geringer Schöpfungsgrad ausreichend.[155] Neben dem Werk der Musik ist auch ein geschütztes Sprachwerk nach § 2 Abs. 1 Ziff. 1 UrhG Gegenstand der Rechteübertragung, wenn es sich um ein „Werk der Tonkunst *mit Text*" handelt. Dabei ist Voraussetzung für ein geschütztes Sprachwerk, dass „die Sprache als Ausdrucksmittel" verwendet und „ein begrifflicher Inhalt vermittelt" wird.[156]

Im Allgemeinen handelt es sich bei einem Musikwerk mit Text um ein verbundenes Werk iSd § 9 UrhG[157] und nicht um ein einheitliches, in Miturheberschaft gemäß § 8 UrhG geschaffenes Werk.[158] Denn Miturheberschaft würde gemäß § 8 UrhG voraussetzen, dass sich die Beiträge nicht gesondert verwerten lassen. Musik und Text sind jedoch regelmäßig getrennt verwertbar. Außerdem scheidet eine Miturheberschaft grundsätzlich schon deshalb aus, weil es sich bei Text und Musik um Werke verschiedener Gattungen handelt.[159] Nach überwiegender Auffassung bewirkt die Werkverbindung eine urheberrechtliche Verwertungsgemeinschaft in Form einer Gesellschaft Bürgerlichen Rechts (§§ 705 ff.

---

153 Soweit in der folgenden Abhandlung der Begriff des Musikwerks verwendet wird, ist dies „untechnisch" zu verstehen; der Begriff meint nicht nur Werke der Tonkunst, sondern gleichzeitig auch Werke der Tonkunst „mit Text"; er steht also für „Musikstücke".

154 Schricker-*Loewenheim*, § 2 UrhG Rn. 118.

155 Eingehend zur Schutzfähigkeit eines musikalischen Werks z. B. Schricker-*Loewenheim*, § 2 UrhG Rn. 118 ff.

156 So etwa *Rehbinder*, Urheberrecht, Rn. 124.

157 *V. Becker*, ZUM 2002, 581.

158 Grundsätzlich bleiben demnach die Werke getrennt verwertbar. Allerdings ergeben sich zwischen Komponist und Textdichter regelmäßig Treuepflichten auf schuldrechtlicher Ebene, etwa dahingehend, dass ein Schlagertext nicht mit einer neuen Melodie verbunden werden darf; Schricker-*Loewenheim* § 9 UrhG Rn. 16.

159 Lowenheim-*Loewenheim* § 11 Rn. 4; Schricker-*Loewenheim* § 9 UrhG Rn. 5; Dreier/Schulze-*Schulze* § 8 UrhG Rn. 5; BGH GRUR 1982, 43; a. A.: etwa *Ahlberg*, Rechtsverhältnis zwischen Komponisten und Textdichter, S. 85 ff.

BGB).[160] Für den Fall etwa, dass ein Komponist und ein Textdichter „miteinander" einen Schlager schaffen, bestehen daher im Grundsatz zwei Möglichkeiten. Entweder sie schaffen Musik und/oder Text gemeinsam und einheitlich, in dem Sinne, dass jeder seinen Beitrag zu Musik *und* Text der Gesamtidee unterordnet,[161] dann sind sie jeweils Miturheber im Hinblick auf Musik und/oder Text. Bei getrennter Verwertbarkeit von Text und Musik entsteht so eine Werkverbindung zwischen dem/den in Miturheberschaft geschaffenen Werk(en). Oder jeder leistet seinen Beitrag jeweils nur für Text *oder* Musik. Dann entsteht eine Werkverbindung im Sinne des § 9 UrhG zwischen Text und Musik, wobei der Textdichter Urheber des Textes und der Komponist Urheber der Musik ist. In diesem Fall sind die Urheber ausschließlich schuldrechtlich miteinander verbunden.

Werke der Musik können (ebenso wie deren Texte als Sprachwerke) in der Form von selbstständigen Werken oder als Bearbeitungen nach § 3 UrhG Gegenstand des Berechtigungsvertrags sein, indem die Befugnisse an diesen Werken auf die GEMA übertragen werden. Eine Bearbeitung als selbstständiges Werk iSd § 3 UrhG setzt voraus, dass sie eine persönliche geistige Schöpfung des Bearbeiters darstellt.[162] Bei Musikwerken ist dies regelmäßig dann der Fall, wenn die Veränderung die Grenze handwerksmäßiger Anwendung der musikalischen Lehren überschreitet.[163] Dabei ist das Recht des Bearbeiters nach § 3 UrhG vom Bearbeitungs- bzw. Umgestaltungsrecht nach § 23 UrhG zu unterscheiden.[164] Hinsichtlich der Sprachwerke nennt der Gesetzgeber in § 3 S. 1 UrhG mit den Übersetzungen ein Beispiel, das in der Wahrnehmungspraxis der GEMA häufig vorkommt, da sie grundsätzlich auch die Rechte an übersetzten Musiktexten wahrnimmt. Für Bearbeitungen von gemeinfreien Werken der Musik enthält § 3 S. 2 UrhG eine Ausnahmebestimmung; unwesentliche Bearbeitungen eines nicht geschützten Werks der Musik sind nicht als selbstständige Werke geschützt. Daraus folgt, dass Voraussetzung für

160 OLG München I ZUM 1991, 432, 433 – Gaby wartet im Park; BGH GRUR 1982, 743, 744 – Verbundene Werke; OLG Hamburg ZUM 1994, 738, 739 – DEA-Song; LG München ZUM 2002, 748, 751 – Carmina Burana; Schricker-*Loewenheim* § 9 UrhG Rn. 9; Dreier/Schulze-*Schulze*, § 9 UrhG Rn. 7.

161 *Schack*, Urheber- und Urhebervertragsrecht, Rn. 277.

162 *Grossmann*, Die Schutzfähigkeit von Bearbeitungen gemeinfreier Musikwerke, S. 52 ff.

163 *Grossmann*, Die Schutzfähigkeit von Bearbeitungen gemeinfreier Musikwerke, S. 6 f.

164 Zum Bearbeitungs- bzw. Umgestaltungsrecht nachfolgend § 2 IV 2 d.

die Schutzfähigkeit der Bearbeitung eine besondere Gestaltungshöhe ist.[165]

Die urheberrechtlichen Befugnisse an einem Musik- oder Sprachwerk können nur so lange Gegenstand der Rechteübertragungen im Berechtigungsvertrag sein, wie die Schutzfrist für das Werk läuft. Nach deutschem Recht erlischt das Urheberrecht gemäß § 64 UrhG siebzig Jahre nach dem Tod des Urhebers (post mortem auctoris, p. m. a.). Daran soll sich auch nach der geplanten erneuten Änderung des Urheberrechtsgesetzes nichts ändern. Der aktuelle Referentenentwurf für ein Zweites Gesetz zur Regelung des Urheberrechts in der Informationsgesellschaft hat ausdrücklich auf die Einführung eines Künstlergemeinschaftsrechts („Goethegroschen"), das auch nach Ablauf der Schutzfrist eine Vergütung vorsieht, verzichtet.[166] Nach Ablauf der Schutzfrist ist das Werk gemeinfrei; Nutzungsrechte können nicht mehr auf die GEMA übertragen und von ihr wahrgenommen werden. Innerhalb der Europäischen Gemeinschaft gilt seit der Angleichung durch die Schutzdauerrichtlinie[167] einheitlich die Schutzfrist von 70 Jahren p. m. a., und zwar auch für Werke, die vor dem 1. 7. 1995 geschaffen wurden, solange diese zumindest in einem Mitgliedstaat noch geschützt waren.[168] Für dic von der GEMA wahrzunehmenden Werke bedeutet dies, dass die Werke von Urhebern, die Angehörige eines Mitgliedstaates der Europäischen Gemeinschaft sind, in Deutschland und über die europäischen Schwestergesellschaften auch im europäischen Ausland grundsätzlich für einen Zeitraum von 70 Jahren p. m. a. der GEMA zur Wahrnehmung überlassen werden können.[169]

165 Eingehend *Staats*, Aufführungsrecht und kollektive Wahrnehmung bei Werken der Musik, S. 19.

166 Referentenentwurf für ein Zweites Gesetz zur Regelung des Urheberrechts in der Informationsgesellschaft v. 27. 9. 2004, Begr. A. II. 8, S. 43 f.; abrufbar unter www.bmj.bund.de.

167 Richtlinie 93/98/EWG zur Harmonisierung der Schutzdauer des Urheberrechts und der verwandten Schutzrechte, ABl. L 290 v. 24. 11. 1993, S. 9 ff.

168 Dreier/Schulze-*Dreier*, §§ 64 UrhG Rn. 16 ff.

169 Zu den komplexen Regelungen zur Schutzfrist für Werke von Urhebern aus Drittländern bzw. für Werke von Angehörigen von EU-Mitgliedstaaten, die in Drittländern genutzt werden, z. B. Schricker-*Katzenberger*, § 64 UrhG Rn. 9 ff.

2. Urheberrechtliche Befugnisse und deren Übertragbarkeit zur kollektiven Rechtewahrnehmung

Nach § 1 BerV überträgt der Berechtigte bestimmte Nutzungsrechte und gesetzliche Vergütungsansprüche zur kollektiven Wahrnehmung auf die GEMA. Der Gesetzgeber unterscheidet nach §§ 12 ff. UrhG in Urheberpersönlichkeitsrechte, Verwertungsrechte und sonstige Rechte. Nicht alle urheberrechtlichen Befugnisse, die aus dem umfassenden Urheberrecht nach § 11 UrhG hervorgehen, können übertragen werden und eignen sich zur kollektiven Wahrnehmung.

a) Das „Urheberrecht"

Der Gegenstand des Urheberrechts besteht sowohl im Schutz der Persönlichkeitsrechte als auch im Schutz der wirtschaftlichen Rechte des Urhebers.[170] Im Urheberrecht sind diese Befugnisse im Sinne der monistischen Theorie als untrennbare Einheit miteinander verwoben.[171] § 29 Abs. 1 UrhG regelt, dass ein urheberrechtlicher Kern immer beim Urheber zurück bleibt; der Urheber kann weder sein Urheberrecht noch die Verwertungsrechte vollständig übertragen.[172] Dies bedeutet unter anderem, dass der Urheber nach deutschem Recht nicht über das Urheberrecht als Ganzes verfügen kann. Stattdessen werden nach § 29 Abs. 2 UrhG einzelne Nutzungsrechte abgespalten, die nach § 31 UrhG übertragen werden können. Nutzungsrechte sind der verfügbare Teil der Verwertungsrechte.[173] Die Formulierung im Kopfteil des § 1 BerV „Der Berechtigte überträgt [...] *Urheberrechte* in folgendem Umfang zur Wahrnehmung" ist daher historisch auszulegen;[174] gemeint ist die exklusive Übertragung der ausschließlichen Nutzungsrechte und Vergütungsansprüche.[175]

---

170 EuGH v. 20. 10. 1983 – Rs. C-92 und 326/92, Phil Collins, Slg. 1994, I-5171 ff. Rn. 20.

171 *Ulmer*, Urheber- und Verlagsrecht, S. 113; *Schack*, Urheber- und Urhebervertragsrecht, Rn. 306; Dreier/Schulze-*Schulze*, § 11 UrhG Rn. 2.

172 Dreier/Schulze-*Schulze*, § 11 UrhG Rn. 4.

173 Dreier/Schulze-*Schulze*, § 29 UrhG Rn. 15.

174 Die Unübertragbarkeit des Urheberrechts wurde erst durch das Urheberrechtsgesetz aus dem Jahr 1965 gesetzlich festgelegt; *Brugger*, UFITA 51 (1968), 89, 115 (Fn. 47).

175 Vgl. Brugger, UFITA 51 (1968), S. 89, 115.

b) Das Urheberpersönlichkeitsrecht

aa) Das Urheberpersönlichkeitsrecht als urheberrechtliche Befugnis

Das Urheberpersönlichkeitsrecht („droit moral") schützt nach § 11 UrhG den Urheber in seinen geistigen und persönlichen Beziehungen zum Werk. Es sichert das „geistige Band", das den Urheber mit seinem Werk verbindet, und zwar unabhängig davon, ob es um die ideellen Interessen an seinem Werk (geistiges Interesse) oder um sein Ansehen und seine Ehre als Person (persönliches Interesse) geht.[176] In §§ 12–14 UrhG werden – allerdings nicht abschließend – urheberpersönlichkeitsrechtliche Befugnisse, wie etwa das Veröffentlichungsrecht oder das Recht auf Anerkennung der Urheberschaft, aufgezählt.[177] Für die Frage der Übertragung von Rechten auf die GEMA zur kollektiven Wahrnehmung ist vor allem das Schutzrecht gegen Entstellungen und Beeinträchtigungen nach §§ 14, 39 UrhG als Integritätsschutz[178] von Bedeutung.[179] Von diesem Schutz ist das geistige oder persönliche Interesse des Urhebers an der Integrität seines Werkes umfasst, das der „Öffentlichkeit in der Gestalt präsentiert werden soll, die ihm der Urheber verliehen hat".[180] Allerdings ist das Urheberpersönlichkeitsrecht in der Ausgestaltung des Integritätschutzes nach §§ 14, 39 UrhG nicht bereits durch einen direkten und indirekten[181] Eingriff in das Werk verletzt. Erforderlich ist darüber hinaus, dass einerseits der Eingriff im Einzelfall geeignet ist, die Interessen des Urhebers zu beeinträchtigen und dass andererseits eine Interessenabwägung zu dem Ergebnis führt, dass der Urheber die Beeinträchtigung seines Werks nicht hinnehmen

176 *Schack*, Urheber- und Urhebervertragsrecht, Rn. 315; *Ulmer*, Urheber- und Verlagsrecht, S. 209.

177 *Schack*, Urheber- und Urhebervertragsrecht, Rn. 318.

178 *Schack*, Urheber- und Urhebervertragsrecht, Rn. 340 ff.

179 *Staats*, Aufführungsrecht und kollektive Wahrnehmung bei Werken der Musik, S. 137.

180 *Schack*, Urheber- und Urheberverlagsrecht, Rn. 341.

181 Indirekte Eingriffe können etwa Werkverbindungen und sonstige Verbindungen im Zusammenhang mit Werkverwertungen sein; *P. Schulz*, in: FS Hertin, S. 213, 224. Darunter fallen z. B. Textierungen eines Werks (OLG München ZUM 1991, 432 ff. – Gabi wartet im Park) oder werbemäßige Nutzungen (*Russ*, ZUM 1995, 32).

muss.[182] Bei dieser Interessenabwägung sind das Integritätsinteresse des Urhebers und das Verwertungsinteresse des Nutzers zu beachten.[183] Dabei sind die Interessen des Urhebers an einem Werk mit hohem künstlerischem Rang bedeutender, als an einem Werk der „kleinen Münze“.[184] Der Integritätsschutz ist also nicht absolut; die ideellen Interessen des Urhebers werden nur geschützt, wenn diese „berechtigt“ sind. Allgemeine Kriterien für diese Interessensabwägung sind hierbei etwa die Intensität des Eingriffs und dessen Erforderlichkeit im Rahmen der vertragsgemäßen Verwertung.[185]

bb) Übertragbarkeit und Eignung zur kollektiven Wahrnehmung

Auf Grund der andauernden ideellen Bindung des Urhebers an sein Werk ist das Urheberpersönlichkeitsrecht grundsätzlich nicht übertragbar.[186] In diesem Sinn gehört etwa das Recht, Entstellungen gemäß § 14 UrhG zu verbieten bzw. zu erlauben, zum Kernbereich des Urheberrechts und ist damit nicht disponibel.[187] Da das Urheberpersönlichkeitsrecht neben seinem ideellen Wert jedoch gleichzeitig einen Vermögenswert aufweist, sollen in gewissen Grenzen Rechtsgeschäfte möglich sein, die eine Ausübung der urheberpersönlichkeitsrechtlichen Befugnisse durch

---

182 Eingehend *Staats*, Aufführungsrecht und kollektive Wahrnehmung bei Werken der Musik, S. 137 ff.

183 Schricker-*Dietz*, § 14 UrhG Rn. 29. Die Europäische Kommission hat im Jahr 1995 in ihrem Grünbuch „Urheberrecht und verwandte Schutzrechte in der Informationsgesellschaft“ die Gefahren aufgezeigt, die die interaktiven Rahmenbedingungen der Informationsgesellschaft für das Urheberpersönlichkeitsrecht und damit für die Integrität des Werks und der Urheberschaft mit sich bringen; Werke und Leistungen könnten auf Grund der totalen Digitalisierung sowie der Interaktivität im Netz leicht verändert werden, wobei dem Interesse der Urheber an einem starken Urheberpersönlichkeitsrecht das Interesse der Verwerter gegenübersteht (Kommission, Grünbuch v. 19.7. 1995, Urheberrecht und verwandte Schutzrechte in der Informationsgesellschaft, KOM(95) 382 endg., Zweites Kapitel, Teil 2, Abschnitt VII).

184 *Schack*, Urheber- und Urhebervertragsrecht Rn. 348.

185 Schricker-*Dietz*, § 14 UrhG Rn. 30.

186 Dreier/Schulze-*Schulze*, § 29 UrhG Rn. 19; allerdings geht es als das Urheberpersönlichkeitsrecht *des Urhebers* nach § 30 UrhG auf die Rechtsnachfolger über; *Schack*, Urheber- und Urhebervertragsrecht, Rn. 577.

187 BGH GRUR 1986, 458, 459 – Oberammergauer Passionsspiele I.

einen anderen erlauben. Voraussetzung ist allerdings, dass diese Befugnisse hinreichend bestimmbar sind.[188]

Da die GEMA – wie jede deutsche Verwertungsgesellschaft – auf Grund des Kontrahierungszwangs nach § 11 UrhWG verpflichtet ist, die in ihren Tätigkeitsbereich fallenden Rechte auf Nachfrage *jedermann* zur Verfügung zu stellen, eignen sich Urheberpersönlichkeitsrechte grundsätzlich nicht zur kollektiven Rechtewahrnehmung.[189] Außerdem ist die pauschale Rechteübertragung im Berechtigungsvertrag hinsichtlich der nachfolgend auftretenden Einzelbeeinträchtigungen des Urheberpersönlichkeitsrechts auch nicht ausreichend konkretisiert; der Berechtigte kann nicht im Voraus in mögliche Eingriffe in sein Persönlichkeitsrecht einwilligen.[190] Dies bedeutet allerdings nicht, dass das Recht, ein Werk in seiner vom Urheber gegebenen Gestalt zu ändern, nicht auf die GEMA zur kollektiven Wahrnehmung übertragen werden kann. Solange eine Änderung nicht das Urheberpersönlichkeitsrecht *verletzt*, sondern nur in persönlichkeitsrechtliche Belange eingegriffen wird, ist eine kollektive Wahrnehmung grundsätzlich möglich. Berührt ist in einem solchen Fall das vermögensrechtliche Bearbeitungs- bzw. Umgestaltungsrecht nach § 23 UrhG.[191]

c) Die Verwertungsrechte nach §§ 15–22 UrhG

aa) Die Verwertungsrechte als urheberrechtliche Befugnisse

Nach § 15 UrhG hat der Urheber das ausschließliche Recht, sein Werk körperlich (§ 15 Abs. 1 UrhG) oder unkörperlich (§ 15 Abs. 2 UrhG) zu verwerten. Die Befugnis zur körperlichen Verwertung umfasst alle Nutzungsarten, die das Original oder Vervielfältigungsstücke zum Gegenstand haben. Die öffentliche Wiedergabe nach § 15 Abs. 2 UrhG bezieht sich auf solche Nutzungen, die nicht anhand eines Werkstücks erfolgen. § 15 UrhG zählt nur beispielhaft Verwertungsrechte auf; es handelt sich um eine offene Generalklausel. Das Ausschließlichkeitsrecht des Urhebers erstreckt sich daher auch auf sog. unbenannte Verwertungsrechte

188 Dreier/Schulze-*Schulze*, § 31 UrhG Rn. 13; Schricker-*Schricker*, vor §§ 28 ff. UrhG Rn. 28.
189 *Schricker*, Urheberrecht auf dem Weg zur Informationsgesellschaft, S. 94.
190 *Heeschen*, Urheberpersönlichkeitsrecht und Multimedia, S. 200.
191 Dazu sogleich d).

und damit „automatisch“ auf neue Verwertungsformen, ohne dass der Gesetzgeber tätig werden müsste.[192] So fallen etwa die Sachverhalte der sog. Push-Dienste nicht unter das Verwertungsrecht der öffentlichen Zugänglichmachung nach § 19 a UrhG, sondern berühren ein unbenanntes Verwertungsrecht, da der Nutzer hier nicht auf die Werke „nach Zeiten seiner Wahl“ zugreifen kann.[193]

Folgende Verwertungsrechte werden in § 15 UrhG ausdrücklich genannt:

- das Vervielfältigungsrecht, §§ 15 Abs. 1 Nr. 1, 16 UrhG;
- das Verbreitungsrecht, §§ 15 Abs. 1 Nr. 2, 17 UrhG;
- das Vortrags- und Aufführungsrecht, §§ 15 Abs. 2 Nr. 1, 19 UrhG;
- das Recht der öffentlichen Zugänglichmachung, §§ 15 Abs. 2 Nr. 2, 19 a UrhG;
- das Senderecht, §§ 15 Abs. 2 Nr. 3, 20 UrhG;
- das Recht der Wiedergabe durch Bild- und Tonträger, §§ 15 Abs. 2 Nr. 4, 21 UrhG;
- das Recht der Wiedergabe von Funksendungen und von öffentlicher Zugänglichmachung, §§ 15 Abs. 2 Nr. 5, 22 UrhG.

Die Verwertungsrechte können in Erstverwertungs- und Zweitverwertungsrechte unterschieden werden. Beispielweise handelt es sich bei dem Recht der Wiedergabe durch Bild- oder Tonträger nach § 21 UrhG um ein sog. Zweitverwertungsrecht; dieser Verwertung muss die Vervielfältigung durch Herstellung eines Tonträgers vorausgehen.[194]

bb) Übertragbarkeit und Eignung zur kollektiven Wahrnehmung

Als von den Verwertungsrechten abgespaltene Nutzungsrechte sind diese Befugnisse nach § 31 UrhG übertragbar. Für die Rechteeinräumung nach § 31 UrhG allgemein und damit auch im Rahmen des Berechtigungsvertrags gelten die §§ 398 BGB ff. ergänzend.[195] Aus der Anwendung dieser Vorschriften folgt, dass ein gutgläubiger Erwerb von Nutzungsrechten ausgeschlossen ist.[196] Die von den Verwertungsrechten abge-

192 *Schack*, Urheber- und Urhebervertragsrecht, Rn. 372.

193 Ausführlich zur Übertragung der Online-Nutzungsrechte nachfolgend § 11.

194 Fromm/Nordemann-*Nordemann*, § 21 UrhG Rn. 1.

195 Dreier/Schulze-*Schulze*, § 31 UrhG Rn. 15; *Mauhs*, Der Wahrnehmungsvertrag, S. 84.

196 Z. B. *Mauhs*, Der Wahrnehmungsvertrag, S. 84.

spaltenen Nutzungsrechte sind unbeschränkt als Gegenstand der kollektiven Rechtewahrnehmung durch die GEMA geeignet.

d) Das Bearbeitungs- bzw. Umgestaltungsrecht nach § 23 UrhG

aa) Das Bearbeitungs- bzw. Umgestaltungsrecht als urheberrechtliche Befugnis

Inhalt des Urheberrechts ist auch das Bearbeitungsrecht sowie das Recht zur sonstigen Umgestaltung eines Werks. Nach § 23 S. 1 UrhG beinhaltet dieses Recht die Befugnis, in die Veröffentlichung und Verwertung einer Bearbeitung oder Umgestaltung einzuwilligen. Unter anderem bei der Filmherstellung berührt bereits die Herstellung und nicht erst die Veröffentlichung oder Verwertung das Recht des Urhebers. Obwohl das Bearbeitungsrecht in § 15 UrhG nicht erwähnt wird, handelt es sich dabei um ein selbstständiges Verwertungsrecht und damit um ein absolutes Recht mit Ausschließlichkeitscharakter.[197] Dass auch der Gesetzgeber davon ausging, dass es sich um ein Verwertungsrecht handelt, belegt die Inhaltsübersicht zur Amtlichen Begründung, die das Bearbeitungsrecht nach § 23 UrhG unter den Abschnitt der Verwertungsrechte fasst.[198] Eine Bearbeitung oder Umgestaltung liegt bei einer Änderung des geistig-ästhetischen Gesamteindrucks des Werks vor.[199] Dies kann einerseits direkt durch einen Eingriff in die Werksubstanz, andererseits aber auch indirekt dadurch erfolgen, dass das Werk in einen anderen Gesamtzusammenhang gestellt wird. Der Unterschied zwischen Bearbeitungen und anderen Umgestaltungen liegt darin, dass die Bearbeitung dem Werk „dient und es einem veränderten Zweck anpassen will". Bei anderen Umgestaltungen ist dies nicht der Fall.[200] Hintergrund dieser Befugnis

197 Dreier/Schulze-*Schulze*, § 23 UrhG Rn. 9; a. A.: Fromm/Nordemann-*Vinck*, § 23 UrhG Rn. 2; ebenso Schricker-*Loewenheim* § 23 UrhG Rn. 1.

198 RegE UrhG, Inhaltsübersicht, BT-Drs. IV/270, S. 2.

199 *G. Schulze*, ZUM 1993, 255, 256, in Anlehnung an *v. Gamm*, § 15 UrhG Rn. 10, der ausführt, dass das Urheberrecht „das geschützte Werk in seiner konkreten Formgestaltung mit dem in dieser Formgestaltung zum Ausdruck gelangten geistig-ästhetischen Gesamteindruck" schützt.

200 RegE UrhG, Begr. erster Teil, vierter Abschnitt, 3. zu § 23 BT-Drs. IV/270, S. 51; OLG Düsseldorf GRUR 1990, 263, 266 – Automaten-Spielplan; Schricker-*Loewenheim* § 23 UrhG Rn. 4; Dreier/Schulze-*Schulze* § 23 UrhG Rn. 5; a. A.: Wandtke/Bullinger-*Bullinger*, § 23 UrhG Rn. 3 ff., der diese Unterschei-

ist, dass bei der Verwertung der Bearbeitung immer gleichzeitig auch das Originalwerk betroffen ist.[201] Ob bei einer solchen Werkveränderung die Schwelle zur schöpferischen Bearbeitung iSd § 3 UrhG überschritten wird, ist unerheblich; das Bearbeitungsrecht[202] nach § 23 UrhG ist bei jeder Werkveränderung und nicht erst dann berührt, wenn die Veränderung zu einem selbstständigen Werk nach § 3 UrhG führt.[203] Beispielsweise hat der Urheber das ausschließliche Recht, in die Verwertung einer Kürzung einzuwilligen, wenngleich die gekürzte Fassung seines Werks in der Regel kein selbstständiges Werk nach § 3 UrhG darstellt. Da jede Bearbeitung oder Umgestaltung die vom Urheber verliehene Gestalt des Originalwerks verändert, kommt bei der Nutzung von Musikstücken neben dem berührten Verwertungsrecht im Einzelfall eine Verletzung der nach §§ 14, 39 UrhG gewährten Urheberpersönlichkeitsrechte in Betracht.[204] Ob eine solche Verletzung vorliegt, ist im Wege einer Abwägung der Urheber- gegen die Nutzerinteressen zu ermitteln.[205] Nicht jede Werkänderung verletzt zwangsläufig das Urheberpersönlichkeitsrecht.

Obwohl das Recht, ein Werk der Musik mit anderen Werken zu verbinden – anders als das Bearbeitungsrecht – kein besonderes Verwertungsrecht darstellt,[206] bleibt dieses Recht doch dem Urheber vorbehalten, d. h. er hat das ausschließliche Recht, über die Verbindung seines Werks mit einem anderen Werk zu entscheiden.[207] Dies gilt – über den Anwendungsbereich des § 9 UrhG hinaus – gleichermaßen für die Fälle, in denen das Werk nicht mit einem Werk einer anderen Gattung (wie etwa bei Film

---

dung für überholt hält und danach unterscheidet, ob das Ergebnis der Veränderung urheberrechtlich schutzfähig ist (Bearbeitung) oder nicht (Umgestaltung).

201 *Schack*, Urheber- und Urhebervertragsrecht, Rn. 376.

202 Der Begriff der „Bearbeitung" ist insofern doppeldeutig und meint einerseits die werkverändernde Tätigkeit und andererseits das Ergebnis dieser Tätigkeit; vgl. *Brugger*, UFITA 51 (1968), S. 89, 91.

203 Dreier/Schulze-*Schulze* § 23 UrhG Rn. 2; a. A.: *Brugger*, UFITA 51 (1968) S. 89, 91, 124.

204 Schricker-*Loewenheim* § 23 UrhG Rn. 1; Dreier/Schulze-*Schulze* § 23 UrhG Rn. 12.

205 Zum Urheberpersönlichkeitsrecht vorstehend § 2 IV 2 b.

206 Eingehend *Staats*, Aufführungsrecht und kollektive Wahrnehmung bei Werken der Musik, S. 70 f.

207 *Ulmer*, Urheber- und Verlagsrecht S. 197; *Russ*, ZUM 1995, 32, 33; *G. Schulze*, ZUM 1993, 255, 267.

oder Ballett), sondern mit anderen Gestaltungsmitteln (wie etwa beim Einmarsch eines Boxers[208]) verbunden wird. In beiden Fällen verändern sich die vom Urheber bezweckte Form und der geistig-ästhetische Gesamteindruck.[209] Die Werkverbindung ist daher mit einer Umgestaltung oder Bearbeitung nach § 23 UrhG vergleichbar.[210]

bb) Übertragbarkeit und Eignung zur kollektiven Wahrnehmung

Als Verwertungsrecht und eigenständiges Nutzungsrecht ist das Bearbeitungs- bzw. Umgestaltungsrecht nach §§ 31 ff. UrhG – auch konkludent – übertragbar.[211] Wegen des persönlichkeitsrechtlichen Einschlags eignet sich auch das Bearbeitungsrecht regelmäßig nicht für die kollektive Wahrnehmung durch die GEMA, denn sie müsste nach § 11 UrhWG dieses Recht *jedem* Interessenten ohne Rücksicht auf Art und Weise der Werkänderung einräumen. Hierdurch könnte das Recht des Urhebers auf Werkidentität verletzt werden.[212] Allerdings gibt es Fälle, in denen das Recht, bestimmte Bearbeitungen zu verwerten, im Gegenteil gerade zwingend aus dem Zweck des Berechtigungsvertrags und dem Sinn der kollektiven Rechtewahrnehmung folgt. Beispielsweise ist das Recht, ein Werk nur teilweise aufzuführen, nicht nur zur kollektiven Wahrnehmung durch die GEMA geeignet, vielmehr ist der Rechteinhaber wegen der Masse dieser Nutzungen gerade auf die Rechtewahrnehmung durch die GEMA angewiesen.[213] Der Übertragungsumfang endet jedoch dann, wenn durch die Bearbeitung (oder Umgestaltung) des Werks das Urheberpersönlichkeitsrecht nach §§ 14, 39 UrhG verletzt wird.

Demgegenüber eignet sich das „Recht der Werkverbindung" grundsätzlich nicht zur kollektiven Wahrnehmung durch die GEMA; sie ist nicht in der Lage, die dadurch betroffenen urheberpersönlichkeitsrechtlichen Interessen der Berechtigten zu wahren. In diesem Sinne kann es die GEMA nicht gestatten, dass ein textiertes Werk mit einem neuen Text

208 *Russ*, ZUM 1995, 32, 33.
209 *G. Schulze*, ZUM 1993, 255, 267.
210 Eingehend *Russ*, ZUM 1995, 32, 33 f.
211 BGH GRUR 1986, 458, 459 – Oberammergauer Passionsspiele I; Dreier/Schulze-*Schulze*, § 23 UrhG Rn. 11; Dreyer/Kotthoff/Meckel-*Dreyer*, § 23 UrhG Rn. 25.
212 Dreier/Schulze-*Schulze*, § 23 UrhG Rn. 11; *G. Schulze*, ZUM 1993, 255, 259.
213 A. A.: *Rossbach/Joos*, in: FS Schricker, S. 333, 350, die vortragen, die GEMA könne in keinem Fall die Nutzung eines veränderten Werks erlauben.

unterlegt und verwertet wird. Die Zustimmung zu dieser Werkverbindung kann nur der Urheber selbst bzw. sein Verleger erteilen.[214] Das Recht zur Werkverbindung nimmt die GEMA lediglich bei bestimmten Nutzungen im Filmbereich wahr.[215]

e) Die gesetzlichen Vergütungsansprüche

aa) Die gesetzlichen Vergütungsansprüche als urheberrechtliche Befugnisse

Neben den persönlichkeitsrechtlichen Befugnissen und den Verwertungsrechten sind auch die sog. gesetzlichen Vergütungsansprüche Bestandteil des Urheberrechts. Nach der Überschrift zu §§ 25–27 UrhG handelt es sich dabei um „sonstige Rechte des Urhebers". Gesetzliche Vergütungsansprüche sind zwei unterschiedlichen Kategorien zuzuordnen.[216] Die erste Kategorie umfasst diejenigen Befugnisse, die dem Urheber an Stelle von Verwertungsrechten gewährt werden.[217] Auf der Grundlage der gesetzlichen Schrankenvorschriften werden hier Verwertungsrechte abgeschwächt.[218] Derartige Ansprüche beinhalten kein Verbotsrecht.[219] Zur Kompensation der Abschwächung erhält der Urheber den pauschalen Vergütungsanspruch, also eine gesetzliche Lizenz;[220] die Nutzungen sind genehmigungsfrei, aber vergütungspflichtig.[221] Beispielsweise handelt es sich bei der sog. Geräte- und

214 OLG München, ZUM 1991, 432, 433 f. – Gaby wartet im Park.

215 Eingehend *Russ*, ZUM 1995, 32, 33 f.

216 *Schack*, Urheber- und Urhebervertragsrecht, Rn. 431; *Ulmer*, Urheber- und Verlagsrecht, S. 278.

217 *Ulmer*, Urheber- und Verlagsrecht, S. 278; *Schack*, Urheber- und Urhebervertragsrecht, Rn. 435.

218 *Ulmer*, Urheber- und Verlagsrecht, S. 278 f., 293; *Schack*, ZUM 1989, 267, 271; a. A.: Schricker-*Melichar* Vor §§ 45 ff. UrhG Rn. 18 sowie *Plate*, Die Verwertungsgesellschaftenpflicht für urheberrechtliche Vergütungsansprüche und ausschließliche Verwertungsrechte, S. 69.

219 *Schack*, Urheber- und Urheberverlagsrecht, Rn. 437; *Augenstein*, Rechtliche Grundlagen des Verteilungsplans urheberrechtlicher Verwertungsgesellschaften, S. 25.

220 *Schack*, Urheber- und Urhebervertragsrecht, Rn. 437; *Plate*, Die Verwertungsgesellschaftspflicht für urheberrechtliche Vergütungsansprüche und ausschließliche Verwertungsrechte, S. 48; *Rossbach*, Die Vergütungsansprüche im deutschen Urheberrecht, S. 7 ff.

221 *Ulmer*, Urheber- und Verlagsrecht, S. 279.

Leerkassettenabgabe nach § 54 UrhG um einen solchen Anspruch. Er basiert auf der Schrankenbestimmung des § 53 UrhG, durch die das ausschließliche Verwertungsrecht des Urhebers abgeschwächt wird. Die zweite Kategorie der gesetzlichen Vergütungsansprüche umfasst die Sachverhalte, in denen der Vergütungsanspruch neben dem Verwertungsrecht steht. So verstärkt etwa der Vergütungsanspruch nach § 27 Abs. 1 UrhG das ausschließliche Vermietrecht des Urhebers, obwohl er dieses Recht bereits einem Tonträger- oder Filmhersteller eingeräumt hat und sichert ihm eine finanzielle Mindestbeteiligung an den Erträgen aus der Werkvermietung.[222]

bb) Die Abtretung der gesetzlichen Vergütungsansprüche zur kollektiven Wahrnehmung

Bei den gesetzlichen Vergütungsansprüchen der musikalischen Urheber handelt es sich um rein vermögensrechtliche, schuldrechtliche Ansprüche. Als solche können sie im Rahmen des Berechtigungsvertrags wirksam im Sinne der §§ 398 ff. BGB an die GEMA abgetreten werden.[223] Sie unterliegen nicht der Regelung des § 29 UrhG.[224] Anders als die ausschließlichen Nutzungsrechte entstehen die gesetzlichen Vergütungsansprüche nicht schon mit der Schaffung des Werks, sondern erst mit der Erfüllung des gesetzlichen Tatbestands.[225] Auf Grund ihrer gesetzlichen Ausgestaltung als „verwertungsgesellschaftenpflichtig" ist eine Abtretung dieser Ansprüche an die GEMA unerlässlich, soweit sie unter ihren Tätigkeitsbereich fallen.

3. „Große und kleine Rechte"

Der Tätigkeitsbereich der GEMA umfasst einen erheblichen Teil der urheberrechtlichen Befugnisse an musikalischen Werken. Gleichwohl

222 *Plate*, Die Verwertungsgesellschaftspflicht für urheberrechtliche Vergütungsansprüche und ausschließliche Verwertungsrechte, S. 57.

223 *Mauhs*, Der Wahrnehmungsvertrag, S. 84 f.; Schricker-*Schricker*, vor §§ 28 UrhG Rn. 30. Zur Abtretbarkeit von Vergütungsansprüchen auch *Mäger*, Die Abtretung urheberrechtlicher Vergütungsansprüche in Verwertungsverträgen, S. 30 ff.

224 *Ulmer*, Urheber- und Verlagsrecht, S. 377.

225 *Plate*, Die Verwertungsgesellschaftspflicht für urheberrechtliche Vergütungsansprüche und ausschließliche Verwertungsrechte, S. 63.

bleiben bestimmte Befugnisse beim Urheber zur individuellen Wahrnehmung zurück, sei es, wie im Fall des Urheberpersönlichkeitsrechts, aus rechtlichen oder, wie im Fall des Filmherstellungsrechts, v. a. aus wirtschaftlichen Gründen. Für diejenigen Rechte, die nicht von Verwertungsgesellschaften (kollektiv) wahrgenommen werden, sondern von Urhebern, Verlagen sowie anderen Rechteinhabern selbst (individuell) vergeben werden, wurde von der musikwirtschaftlichen Praxis der Begriff des „großen Rechts" geprägt. Demgegenüber sind „kleine Rechte" diejenigen Rechte, die die Rechteinhaber mit Abschluss ihrer Berechtigungsverträge der GEMA zur kollektiven Wahrnehmung übertragen.[226] Das Gesetz benutzt diese Begriffe nicht. Anders als etwa im österreichische Verwertungsgesellschaftengesetz[227] wird die Grenze zwischen den „großen und kleinen Rechten" auch nicht durch das Urheberrechtswahrnehmungsgesetz gezogen. Die Berechtigten können also den Umfang der kollektiven Wahrnehmung in gewissen Grenzen selbst bestimmen.[228]

Abstrakte Kriterien, wie etwa der Werktypus, eignen sich nicht für diese Abgrenzung.[229] Entgegen dem üblichen Sprachgebrauch umfasst der Begriff „großes Recht" nicht allein die Aufführung bzw. Nutzung dramatisch-musikalischer Werke (also etwa einer Oper oder eines Musicals), sei es vollständig oder nur zum Teil. Vielmehr bestimmt sich der Umfang des „großen Rechts" dadurch, welche Rechte nach Abschluss des Berechtigungsvertrags beim Urheber verbleiben.[230] In diesem Sinn steht dieses Begriffspaar für die sich gegenüber stehenden

226 *Karbaum*, GEMA-Nachrichten 1995 Nr. 152, S. 116; Dreier/Schulze-*Schulze*, vor § 31 UrhG Rn. 120. Zur historischen Entwicklung der Begriffe „großes" und „kleines" Recht, *Staats*, Aufführungsrecht und kollektive Wahrnehmung bei Werken der Musik, S. 58 ff.

227 *Dillenz/Gutmann* § 1 VerwGesG Rn. 10; *Popp*, Verwertungsgesellschaften, S. 9.

228 Dazu nachfolgend § 18 II 2.

229 *Staats*, Aufführungsrecht und kollektive Wahrnehmung bei Werken der Musik, S. 66 f. Wie unterschiedlich Rechtsprechung und Literatur dieses Begriffspaar verwenden, hat *Staats* in Aufführungsrecht und kollektive Wahrnehmung bei Werken der Musik, S. 58 ff., eingehend zusammengestellt. Über die Bedeutung dieses Begriffspaares besteht erhebliche Unsicherheit; Schricker/*v. Ungern-Sternberg*, § 19 UrhG Rn. 29.

230 *Staats*, Aufführungsrecht und kollektive Wahrnehmung bei Werken der Musik, S. 66 f.; *Haensel*, GEMA-Nachrichten 1959 Nr. 43, S. 22, 26; *Nordemann*, Anm. zu OLG München Schulze OLGZ 178 – Pol(h)itparade, 6, 7.

Organisationsformen der kollektiven und individuellen Rechtewahrnehmung.[231]

231 *Karbaum*, GEMA-Nachrichten 1995 Nr. 152, S. 116; *Staats*, Aufführungsrecht und kollektive Wahrnehmung bei Werken der Musik, S. 67; Dreier/Schulze-*Schulze*, vor § 31 UrhG Rn. 120.

§ 3 Grundsätze der Auslegung und Inhaltskontrolle

Die Auslegung und Kontrolle der Rechteübertragungsklauseln erfolgt auf der Grundlage verschiedener gesetzlicher Regelungen; einschlägig sind insbesondere das Urheberrechtsgesetz, das Urheberrechtswahrnehmungsgesetz, das Bürgerliche Gesetzbuch sowie die Missbrauchskontrolle nach deutschem und europäischem Kartellrecht.[1]

I. Das Urheberrechtsgesetz

1. Anwendbarkeit

Die Einräumung von Nutzungsrechten und die Abtretung gesetzlicher Vergütungsansprüche an eine Verwertungsgesellschaft durch Abschluss eines Berechtigungsvertrags unterliegen als urheberrechtliche Rechtsgeschäfte den Vorschriften des Urheberrechtsgesetzes. Allerdings berücksichtigt der Gesetzgeber, dass sich Wahrnehmungsverhältnisse von direkten Lizenzverträgen unterscheiden. So sieht das Gesetz einerseits verwertungsgesellschaftenpflichtige Ansprüche, wie etwa die Geräteabgabe nach § 54 UrhG vor, die nur durch Verwertungsgesellschaften wahrgenommen bzw. auch nur im Voraus an diese abgetreten werden können (vgl. § 27 Abs. 1 S. 3 UrhG).[2] In § 35 Abs. 1 S. 2 UrhG hat der Gesetzgeber andererseits eine spezielle Privilegierung für Wahrnehmungsverträge vorgesehen. Er anerkennt damit, dass die Verwertungsgesellschaften zum „Lager“ der Berechtigten gehören[3] und die Rechteinhaber hier nur in begrenztem Umfang schutzbedürftig sind.[4]

---

1 *Riesenhuber*, Die Auslegung und Kontrolle des Wahrnehmungsvertrags, S. 17. Der vereinsrechtliche Gleichbehandlungsgrundsatz auf den *Bezzenberger/Riesenhuber*, GRUR 2003, 1005–1014 hinweisen, spielt eine nur untergeordnete Rolle. Er stellt nicht auf das wahrnehmungsvertragliche Verhältnis, sondern auf mitgliedschaftliche Rechte ab. Demnach können sich nur Mitglieder im vereinrechtlichen Sinn (vgl. § 6 Ziff. 2 GEMA-Satzung) auf diesen Grundsatz berufen.

2 Zur Abtretung der verwertungsgesellschaftenpflichtigen Vergütungsansprüche nachfolgend § 14.

3 *Riesenhuber*, Die Auslegung und Kontrolle des Wahrnehmungsvertrags, S. 57.

4 Schricker-*Schricker* Vor §§ 28 ff. UrhG Rn. 38.

Die Auslegung der Rechteübertragungen erfolgt regelmäßig unter Berücksichtigung des Zweckübertragungsgedankens nach § 31 Abs. 5 UrhG. Soweit sich die Rechteübertragung auf unbekannte Nutzungsarten bezieht, ist sie nach § 31 Abs. 4 UrhG unwirksam.

2. Die Auslegungsregel des § 31 Abs. 5 UrhG

Die Auslegungsregel des § 31 Abs. 5 UrhG, die sog. Zweckübertragungslehre, ist Ausdruck des Grundsatzes, dass das Urheberrecht möglichst weitgehend beim Urheber verbleiben soll, um seine Teilhabe an der wirtschaftlichen Verwertung seines Werks zu sichern.[5] Nach dieser Regelung bestimmt der Vertragszweck, ob und in welchem Umfang Nutzungsrechte eingeräumt werden, soweit die Nutzungsrechte nicht ausdrücklich bezeichnet sind. Damit wird verhindert, dass der Urheber durch generalisierende Klauseln seine Rechte überträgt, ohne dass dies dem Vertragszweck entspricht. Rechteübertragungen, die nicht dem Vertragszweck entsprechen, müssen folglich ausdrücklich bezeichnet werden; der Urheber ist sich dann der Tragweite seiner Entscheidung bewusst.[6] Nach überwiegender Auffassung ist die Auslegungsregel nach § 31 Abs. 5 UrhG auf Wahrnehmungsverträge anzuwenden.[7] Dafür spricht schon, dass der Gesetzgeber – anders als etwa in § 35 Abs. 1 S. 2 UrhG – Wahrnehmungsverträge nicht explizit aus dem Anwendungsbereich ausnimmt.

Für die Auslegung der Rechteübertragungen im Berechtigungsvertrag bedeutet dies, dass für Nutzungsarten oder Auswertungsformen, die nicht im Einzelnen bezeichnet sind, im Wege der Auslegung auf der Grundlage des Vertragszwecks iSd § 31 Abs. 5 UrhG ermittelt werden muss, wie weit der Umfang der Rechteübertragung reicht. Dabei liegt der Zweck des Berechtigungsvertrags darin, dass der GEMA die Rechte zur

5 *Ulmer*, Urheber- und Verlagsrecht, S. 365; *Schack*, Urheber- und Urhebervertragsrecht, Rn. 547; *Riesenhuber*, Die Auslegung und Kontrolle des Wahrnehmungsvertrags, S. 37; Schricker-*Schricker*, §§ 31/32 UrhG Rn. 10.

6 *Ulmer*, Urheber- und Verlagsrecht, S. 365.

7 BGH, GRUR 2000, 228, 229 – Musical-Gala; GRUR 1986, 62, 66 – GEMA-Vermutung I; Wandtke/Bullinger-*Wandtke/Grunert* § 31 UrhG Rn. 92; *Riesenhuber*, Die Auslegung und Kontrolle des Wahrnehmungsvertrags; *Mauhs*, Der Wahrnehmungsvertrag, S. 105; *Donle*, Die Bedeutung des § 31 Abs. 5 UrhG, S. 119; einschränkend für den Bereich der verwertungsgesellschaftenpflichtigen Vergütungsansprüche Dreier/Schulze-*Schulze* § 31 UrhG Rn. 118.

kollektiven Wahrnehmung übertragen werden sollen, die der Einzelne nicht sinnvoll individuell verwerten kann bzw. deren Übertragung erforderlich ist, um eine effektive kollektive Rechtewahrnehmung zu gewährleisten.[8] Diese Berücksichtigung des Kollektivinteresses kann dazu führen, dass ein Recht nach dem Zweckübertragungsgedanken auf die GEMA übergeht, obwohl der einzelne Berechtigte es selbst ertragreicher wahrnehmen könnte.[9]

Gegenüber den allgemeinen vertraglichen Auslegungsgrundsätzen[10] geht die Auslegungsregel des § 31 Abs. 5 UrhG als speziellere Norm vor.[11]

3. Die Kontrollnorm des § 31 Abs. 4 UrhG

a) § 31 Abs. 4 UrhG nach der derzeitigen Rechtslage

aa) Schutzzweck, Kontrollmaßstab und Anwendbarkeit

§ 31 Abs. 4 UrhG bestimmt, dass Verfügungen und Verpflichtungen über unbekannte Nutzungsarten unwirksam sind. Nach der amtlichen Begründung besteht der Zweck der Vorschrift insbesondere darin, dass dem Urheber die Entscheidung darüber vorbehalten bleiben soll, ob und gegen welches Entgelt er mit der Nutzung seines Werks auch für die neu gefundene Art einverstanden ist.[12] Durch das gesetzliche Verbot des § 31 Abs. 4 UrhG wird der Urheber daran gehindert, Rechte einzuräumen, deren wirtschaftliches Potenzial er bei Vertragsschluss noch nicht bewerten kann.[13] In vermögensrechtlicher Hinsicht sichert § 31 Abs. 4 UrhG den Rechteinhabern die Beteiligung an den Mehrerträgnissen, die sich aus der technischen Entwicklung ergeben.[14] Damit wird dem Grundgedanken des Urheberrechts, dass der Urheber am wirtschaftli-

---

8 Dazu auch vorstehend § 2 III 1.

9 Hierzu eingehend *Riesenhuber*, Die Auslegung und Kontrolle des Wahrnehmungsvertrags, S. 40 f.

10 Nachfolgend III 2.

11 *Riesenhuber*, Die Auslegung und Kontrolle des Wahrnehmungsvertrags, S. 37.

12 RegE, UrhG Begr. erster Teil, fünfter Abschnitt, 2. zu § 31, BT-Drs. IV/270, S. 56; BGH, GRUR 1986, 62, 65 – GEMA-Vermutung I; BGH, GRUR 1988, 296, 298 – GEMA-Vermutung IV.

13 *Wandtke*, in: FS Nordemann, S. 268; Schricker-*Schricker* §§ 31/32 UrhG Rn. 25.

14 OLG München, GRUR 2003, 50, 53 – Zauberberg.

chen Nutzen seiner Werke angemessen zu beteiligen ist, Rechnung getragen.[15] Gleichzeitig wahrt § 31 Abs. 4 UrhG auch die persönlichkeitsrechtlichen Befugnisse des Urhebers;[16] es bleibt ihm überlassen zu entscheiden, ob er die Auswertung seines Werkes durch die neue Nutzungsart wünscht oder ob er sie als – in persönlichkeitsrechtlicher Hinsicht – für sein Werk „unangemessen" ansieht.[17]

Voraussetzung für eine neue „Nutzungsart" im Sinne des § 31 Abs. 4 UrhG ist, dass es sich um eine technisch und wirtschaftlich eigenständige Verwendungsform des Werks handelt.[18] Eine Verwendungsform ist dann als „bekannt" anzusehen, wenn die technischen Möglichkeiten für die neue Nutzung vorliegen und sie zusätzlich auch wirtschaftlich bedeutsam und verwertbar geworden ist.[19] Dabei ist objektiv auf die Sicht des durchschnittlichen Urhebers, also auf die der betreffenden Urheber- und Verkehrskreise abzustellen.[20] Nach der Rechtsprechung des BGH zu den Risikogeschäften genügt es für die wirtschaftliche Eigenständigkeit der neuen Nutzungsart, dass sich diese erst entwickelt; mit anderen Worten muss die Nutzungsart noch nicht zum Massengeschäft geworden sein, es muss sich aber eine solche Entwicklung schon vorhersagen lassen. Wirksam sind Verfügungen über derartige Nutzungsarten jedoch

15 *Wandtke*, in: FS Nordemann, S. 269; RGZ 128, 102, 113 – Schlagerliederbuch; BGH, GRUR 1995, 673, 675 – Mauer-Bilder; BVerfG, GRUR 1980, 44, 48 – Kirchenmusik; OLG München, GRUR 2003, 50, 53 – Zauberberg.

16 *Riesenhuber*, Die Auslegung und Kontrolle des Wahrnehmungsvertrags, S. 57; *Donle*, Die Bedeutung des § 31 Abs. 5 UrhG, S. 147 f.; *Wandtke*, in: FS Nordemann, S. 271, spricht vom doppelten Schutzzweck des § 31 Abs. 4 UrhG; a. A.: *Castendyk/Kirchherr*, ZUM 2003, 751, 753; *Fitzek*, Die unbekannte Nutzungsart, S. 22.

17 *Wandtke*, in: FS Nordemann, S. 270; *Drewes*, Neue Nutzungsarten im Urheberrecht, S. 46.

18 BGH, GRUR 1986, 62 – GEMA-Vermutung I; BGH, GRUR 1995, 212 – Videozweitauswertung II; BGH, GRUR 1997, 215 – Klimbim; Schricker-*Schricker* §§ 31/32 UrhG Rn. 26; Wandtke/Bullinger-*Wandtke/Grunert* § 31 UrhG Rn. 40; *Wandtke*, in: FS Nordemann, S. 273. Die praktische Anwendung der vom BGH in der Entscheidung *GEMA-Vermutung I* festgelegten Definition für eine unbekannte Nutzungsart ist in der Rechtsprechung uneinheitlich und in der Literatur umstritten, dazu eingehend *Castendyk*, ZUM 2002, 332, 344 f.

19 BGH, GRUR 1986, 62, 65, GEMA-Vermutung I; BGH, GRUR 1988, 296, 298 – GEMA Vermutung IV; BGH, GRUR 1991, 133, 136 – Videozweitauswertung.

20 BGHZ 17, 266, 285 – Grundig-Reporter; Schricker-*Schricker* §§ 31/32 UrhG Rn. 27; *Riesenhuber*, Die Auslegung und Kontrolle des Wahrnehmungsvertrags, S. 58.

nur dann, wenn diese konkret benannt und ausdrücklich vereinbart wurden.[21]

bb) Das Problem der sog. Altverträge

Für pauschale Rechteeinräumungen in Wahrnehmungsverträgen bedeutet die Kontrollnorm des § 31 Abs. 4 UrhG, dass nur Rechte an solchen eigenständigen Nutzungsarten auf die GEMA übergehen, die zum Zeitpunkt des Vertragsschlusses nach § 31 Abs. 4 UrhG bereits „bekannt" waren. Rechte an eigenständigen Nutzungsarten, die erst Jahre nach Abschluss des Vertrags bekannt werden, müssen gesondert auf die Verwertungsgesellschaft übertragen werden, soweit eine kollektive Wahrnehmung durch die GEMA gewünscht ist. Für den Zeitraum zwischen Bekanntwerden der Nutzungsart und der jeweiligen individuellen Ergänzung des Berechtigungsvertrags entsteht in diesen Fällen eine Schutzlücke.[22] Diese geht zu Lasten des Urhebers, wenn er – wie etwa bei Massennutzungen – außerstande ist, seine Rechte individuell wahrzunehmen. Die Verwertungsgesellschaft kann dann aus rechtlichen, der Urheber aus praktischen Gründen nicht für seine angemessene Beteiligung an der Nutzung sorgen.[23]

So wird teilweise die Anwendbarkeit des § 31 Abs. 4 UrhG auf Wahrnehmungsverträge grundsätzlich abgelehnt, da die Verwertungsgesellschaft der Sicherung der wirtschaftlichen Beteiligung des Urhebers an der Nutzung seiner Werke diene und kein Bedürfnis bestehe, den Urheber durch eine solche Bestimmung vor unüberlegten Verfügungen gegenüber der Verwertungsgesellschaft zu schützen.[24] Auch im Vorfeld der Änderung des Urheberrechtsgesetzes vom 13. 9. 2003 war eine Neuregelung vorgeschlagen worden, welche die Wahrnehmungsverträge aus dem Anwendungsbereich des § 31 Abs. 4 UrhG ausnehmen sollte.[25] Dennoch hat der Gesetzgeber keine Ausnahme für Wahrnehmungsverträge normiert.[26] Seither steht fest, dass das Verbot des § 31 Abs. 4 UrhG auch

---

21 BGH, GRUR 1995, 212, 214 – Videozweitauswertung III; Dreier/Schulze-*Schulze* § 31 UrhG Rn. 67.

22 BGH, GRUR 1986, 62, 65 – GEMA-Vermutung I.

23 *Riesenhuber*, Die Auslegung und Kontrolle des Wahrnehmungsvertrags, S. 60 f.

24 So etwa *Lerche*, Anm. zu Schulze BGHZ 334 – GEMA-Vermutung I, S. 18 ff.

25 Sog. Professorenentwurf vom 22. 5. 2000, abgedr. bei *M. Schulze*, Materialien zum Urheberrechtsgesetz, Band 3, S. 1312–1351.

26 Für die Anwendbarkeit spricht u. a., dass der Urheber bei neuen Nutzungs-

auf das Verhältnis zwischen Verwertungsgesellschaft und Urhebern anzuwenden ist.[27]

Für die Berechtigungsverträge, die bereits vor Bekanntwerden der neuen Nutzungsart abgeschlossen wurden (sog. Altverträge), stellt sich die Frage, wie das Problem der von § 31 Abs. 4 UrhG verursachten Schutzlücken gelöst werden kann. Allgemeinverbindlich von der Mitgliederversammlung beschlossene Ergänzungen des Berechtigungsvertrags um die Übertragung einer bekannt gewordenen Nutzungsart können auch nicht darüber hinweghelfen, dass die Altverträge keine entsprechende Rechteeinräumung hinsichtlich der vormals unbekannten Nutzungsart enthalten. In seiner Entscheidung *GEMA-Vermutung IV* stellt der BGH vielmehr fest, dass neu beschlossene Übertragungen nur gegenüber denjenigen Mitgliedern wirksam sind, die dieser Änderung ausdrücklich zugestimmt haben.[28] Das bedeutet, dass nur diejenigen Berechtigungsverträge die neue Nutzungsart umfassen, die nach deren Bekanntwerden unterzeichnet wurden oder bezüglich derer die Rechteübertragung einzelvertraglich nachgeholt wurde. Die Anforderungen, die der BGH in dieser Entscheidung aufgestellt hat, hat die GEMA dadurch erfüllt, dass die Mitgliederversammlung 2002 in § 6 lit. a Abs. 2 BerV eine Zustimmungsfiktion eingeführt hat. Seither werden Änderungen des Berechtigungsvertrags, die die Mitgliederversammlung beschließt, Bestandteil auch der Altverträge, soweit der einzelne Berechtigte dieser Änderung nicht ausdrücklich widerspricht.[29]

Da § 31 Abs. 4 UrhG nicht vertraglich abbedungen werden kann,[30] hilft die sog. Auffangklausel des § 1 lit. l BerV nicht über die mangelnde

---

arten nach dem Schutzzweck der Norm auch gegenüber seiner Verwertungsgesellschaft frei sein muss zu entscheiden, ob seine Rechte der kollektiven oder individuellen Wahrnehmung unterliegen sollen; so z. B. *Mauhs*, Der Wahrnehmungsvertrag, S. 97–100.

27 *Riesenhuber*, Die Auslegung und Kontrolle des Wahrnehmungsvertrags, S. 59 ff. Auch der BGH hat diese Bestimmung uneingeschränkt auf Wahrnehmungsverträge angewandt; z. B. BGH, GRUR 1986, 62, 65 – GEMA-Vermutung I. Mit der geplanten Abschaffung des § 31 Abs. 4 UrhG dürfte sich die Frage der Anwendbarkeit auf Wahrnehmungsverträge erledigt haben; dazu sogleich d).

28 BGH GRUR 1998, 296, 298 – GEMA-Vermutung IV.

29 Zur Einbeziehungsklausel nach § 6 lit. a Abs. 2 BerV nachfolgend § 4 IV 8; eingehend *Riesenhuber*, Die Auslegung und Kontrolle des Wahrnehmungsvertrags, S. 116 ff.

30 BGH GRUR 1988, 296, 298 – GEMA-Vermutung I; OLG München GRUR

Rechteeinräumung hinsichtlich der unbekannten Nutzungsarten in Altverträgen hinweg. Diese Klausel regelt, dass Rechte, die durch künftige technische Entwicklungen oder durch Änderungen der Gesetzgebung entstehen und erwachsen, im Rahmen des Berechtigungsvertrags auf die GEMA übergehen, soweit sie den Rechten in § 1 lit. a bis lit. i BerV entsprechen. Es handelt sich dabei um eine nach § 31 Abs. 4 UrhG verbotene Verfügung über unbekannte Nutzungsarten. Neue Nutzungsarten, die durch neue Technologien hervorgebracht werden, können demnach nicht automatisch durch die Auffangklausel des § 1 lit. l BerV Bestandteil des Berechtigungsvertrags werden.[31]

Da die Pauschalübertragungen in den Altverträgen die bis zur Einführung der neuen Einbeziehungsklausel im Jahr 2002 ergänzten neuen Nutzungsarten damit nicht erfassen, ist die GEMA nach der derzeitigen Rechtslage für den Zeitraum zwischen dem Bekanntwerden der Nutzungsart und der ausdrücklichen Einräumung dieses Rechts nicht berechtigt, entsprechende Nutzungsrechte an Dritte einzuräumen. Der von § 31 Abs. 4 UrhG bezweckte Schutz des Urhebers verkehrt sich ins Gegenteil; die Verwertungsgesellschaft kann in dieser Zeit nicht dafür sorgen, dass der Urheber an der Nutzung seines Werks angemessen beteiligt wird.[32] Daher wurden in der Vergangenheit hinsichtlich neuer Nutzungsarten einzelvertragliche Ergänzungsvereinbarungen mit den Berechtigten geschlossen.

b) Die im Referentenentwurf geplante Abschaffung des § 31 Abs. 4 UrhG

aa) Die geplante Neuregelung

Die Frage der Anwendbarkeit des § 31 Abs. 4 UrhG auf Wahrnehmungsverträge sowie das Problem der Altverträge werden künftig möglicherweise keine Bedeutung mehr haben, da eine Aufhebung des gesetzlichen Verbots nach § 31 Abs. 4 UrhG geplant ist.[33] Künftig sollen – so sieht es

---

2003, 50, 53 – Zauberberg; Schricker-*Schricker* § 31/32 UrhG Rn. 25; *Donhauser*, Der Begriff der unbekannten Nutzungsart, S. 14 f.; *Reber*, GRUR 1997, 162.

31 Zur Auffangklausel nachfolgend § 4 IV 7.

32 *Riesenhuber*, Die Auslegung und Kontrolle des Wahrnehmungsvertrags, S. 60.

33 Referentenentwurf für ein Zweites Gesetz zur Regelung des Urheberrechts in der Informationsgesellschaft v. 27. 9. 2004, Begr. A. II. 4, S. 38 ff., abrufbar unter www.bmj.bund.de.

§ 31 a RefE vor – Verträge über unbekannte Nutzungsarten zulässig sein.[34] Damit wären auch pauschale Rechteübertragungen in Altverträgen wirksam. Zum Schutz des Urhebers ist für einen solchen Vertrag nach § 31 a Abs. 1 S. 1 RefE die Schriftform vorgeschrieben. Außerdem soll der Urheber nach Satz 2 der geplanten Neuregelung berechtigt sein, sowohl das Verpflichtungs- als auch das Verfügungsgeschäft zu widerrufen, solange die Nutzungsart noch nicht bekannt ist oder der Verwerter noch nicht mit der Verwertung begonnen hat. Allerdings soll diese Widerrufsmöglichkeit nach § 31 a Abs. 2 RefE entfallen, wenn sich die Parteien bereits auf eine Vergütung für die Verwertung geeinigt haben. Absatz 3 der vorgeschlagenen Neuregelung zielt schließlich darauf ab, die Blockademöglichkeit bei Werkkombinationen, an denen mehrere Urheber berechtigt sind, zu beseitigen. Das soll dadurch erreicht werden, dass eine repräsentative Gruppe, aber nicht ein einzelner, die Auswertung durch Widerruf der Rechteübertragung verhindern kann. Als Ausgleich für den Verlust des Schutzes durch § 31 Abs. 4 UrhG soll dem Urheber nach § 32 c Abs. 1 RefE ein zusätzlicher gesetzlicher Vergütungsanspruch für die Auswertung der neuen Nutzungsart gewährt werden.[35]

In § 137 l RefE wird für Rechtsverhältnisse, in denen dem Verwerter vor Inkrafttreten der Neuregelung (seit dem 1. 1. 1966) Nutzungsarten eingeräumt wurden, die bei Vertragsschluss unbekannt waren, heute aber bekannt sind, eine Übergangsregelung vorgeschlagen. Soweit der Erwerber damals alle wesentlichen, zum Zeitpunkt des Vertragsschlusses übertragbaren Nutzungsrechte ausschließlich, räumlich und zeitlich unbegrenzt, erlangt hat, sollen auch die Rechte an unbekannten Nutzungsarten im Wege einer (widerrufbaren) Fiktion als übertragen gelten.[36]

---

34 Die erörterten Lösungsvorschläge der durch § 31 Abs. 4 UrhG verursachten Missstände „de lege lata“ dürften sich damit erledigt haben. Beispielsweise wurde vorgeschlagen, das Problem der Blockademöglichkeit durch einen Anspruch auf Vertragsanpassung unter Rückgriff auf den Zweckübertragungsgedanken nach § 31 Abs. 5 UrhG zu lösen, *Schäfer*, in: FS Nordemann, S. 227 ff.; die im Vorfeld des Referentenentwurfs diskutierten Vorschläge „de lege ferenda“ stellen *Castendyk/Kirchherr*, ZUM 2003, 751 ff., zusammen.

35 Referentenentwurf für ein Zweites Gesetz zur Regelung des Urheberrechts in der Informationsgesellschaft v. 27. 9. 2004, Begr. B. zu Artikel 1, zu Nummer 2 und 3 (§§ 31, 31 a), S. 46 ff.; abrufbar unter www.bmj.bund.de.

36 Referentenentwurf für ein Zweites Gesetz zur Regelung des Urheberrechts in der Informationsgesellschaft v. 27. 9. 2004, Begr. A. II. 4., S. 38 ff.; abrufbar unter www.bmj.bund.de.

bb) Hintergrund der geplanten Neuregelung

Nach der Begründung zum Referentenentwurf war die „rasante technische Entwicklung in den letzten Jahren“ ausschlaggebend für eine Neufassung der Regelungen zur Übertragung des Rechts an unbekannten Nutzungsarten.[37] Die geplante Aufhebung des § 31 Abs. 4 UrhG stehe nicht nur im Interesse der Verwerter,[38] sondern auch im Interesse der Allgemeinheit und in gewissem Umfang auch im Interesse des Urhebers selbst.[39] Zweifelsohne profitieren die Verwerter von der Aufhebung dieses gesetzlichen Verbots, da sie sich bei Vertragsschluss künftig pauschal auch das Recht zur Auswertung des Werkes durch künftige Nutzungsarten einräumen lassen können und nicht bei Bekanntwerden der neuen Nutzungsform das Recht einzelvertraglich nacherwerben müssen. Insbesondere bei Produktionen,[40] die aus mehreren Beiträgen verschiedener Urheber bestehen, kann ein solcher Nacherwerb langwierig sein und erhebliche Transaktionskosten verursachen.[41] Außerdem wird durch die Aufhebung des gesetzlichen Verbots nach § 31 Abs. 4 UrhG der Blockadegefahr durch einzelne Rechteinhaber begegnet, die durch die Verweigerung ihrer Zustimmung die Auswertung der „Produktionen“ insgesamt verhindern könnten.[42] Hinzu kommt, dass nach der derzeitigen Rechtslage – vorrangig zu Lasten der Verwerter – bis zur höchstrichterlichen Klärung der Frage, ob eine neue Auswertungsform eine eigenständige Nutzungsart iSv § 31 Abs. 4 UrhG darstellt, erhebliche Rechtsunsicherheit besteht.[43] Aktuelles Beispiel ist die Auswertung mittels DVD. Die erstinstanzliche Entscheidung durch das LG München zur Frage, ob es sich bei dieser Auswertung um eine neue eigenständige Nutzungsart handelt, erging im Oktober des Jahres 2001; der BGH entschied über die Revision erst im Mai des Jahres 2005.[44] Insofern ist

---

37 Referentenentwurf für ein Zweites Gesetz zur Regelung des Urheberrechts in der Informationsgesellschaft v. 27. 9. 2004, Begr. A. I., S. 18 ff.; abrufbar unter www.bmj.bund.de.

38 Vgl. auch *Katzenberger*, GRUR Int. 2003, 889 f.

39 Referentenentwurf für ein Zweites Gesetz zur Regelung des Urheberrechts in der Informationsgesellschaft v. 27. 9. 2004, Begr. A. II. 4., S. 38 ff. und B. zu Artikel 1, zu Nummer 2 und 3 (§§ 31, 31 a), S. 46 ff.; abrufbar unter www.bmj.bund.de.

40 Zum Begriff der „Produktion“ *Schäfer*, in: FS Nordemann, S. 227, 231.

41 So z. B. auch *Castendyk/Kirchherr*, ZUM 2003, 751, 753.

42 *Schäfer*, in: FS Nordemann, S. 227, 232.

43 So auch *Castendyk/Kirchherr*, ZUM 2003, 751, 754.

44 BGH, Urt. v. 19. 5. 2005, NJW 2005, 3354 ff.; dazu auch nachfolgend § 11 III 1 b cc.

verständlich, dass die Verwerter schon seit längerer Zeit auf die innovationshemmende Wirkung des § 31 Abs. 4 UrhG hinweisen.[45] Daneben liegt die Abschaffung des Verbots nach § 31 Abs. 4 UrhG auch im Interesse der Allgemeinheit, da sie zu einer „Öffnung der Archive" führt. Auch Werke früherer Zeiten können so unproblematisch durch die moderne Technologie ausgewertet werden und bleiben auf diese Weise Bestandteil des Kulturlebens.[46] Schließlich werden auch der Urheber selbst bzw. seine Nachkommen regelmäßig an einem solchen Erhalt des Werks interessiert sein. Außerdem beseitigt die geplante Neuregelung die mit § 31 Abs. 4 UrhG einhergehende Beschränkung des Urhebers, der selbst dann, wenn er „freiwillig" über die unbekannten Nutzungsarten (etwa zu Gunsten einer Verwertungsgesellschaft) verfügen möchte, dies nach der derzeitigen Rechtslage nicht kann.[47]

Da § 31 Abs. 4 UrhG einen umfassenden Schutz der vermögensrechtlichen und persönlichkeitsrechtlichen Interessen des Urhebers bezweckt, stellt sich die Frage, ob durch die geplante Neuregelung dieser Schutz auch weiterhin in ausreichendem Maße gewährt ist; schließlich wird die derzeitige Regelung des § 31 Abs. 4 UrhG als das „unverändert wirkungsvollste Instrument zum Schutz des Urhebers" angesehen.[48] Mit der Abschaffung würde der Urheber um dieses Instrument zum Schutz seiner materiellen und ideellen Interessen ärmer.[49]

Dem Schutzbedürfnis des Urhebers trägt der Referentenentwurf insbesondere dadurch Rechnung, dass die Übertragung der unbekannten Nutzungsarten bis zum Beginn der Auswertung widerrufen werden kann, gemäß § 31 a Abs. 1 S. 2 RefE.[50] Durch diese Widerrufsmöglichkeit hat der Urheber die Möglichkeit, in persönlichkeitsrechtlicher und vermögensrechtlicher Hinsicht, die Auswertung seines Werks in der neuen

45 *Castendyk/Kirchherr*, ZUM 2003, 751, 764 f.
46 *BMJ*, Pressemitteilung, Kopien brauchen Originale.
47 Vgl. *Riesenhuber*, Die Auslegung und Kontrolle des Wahrnehmungsvertrags, S. 60.
48 *Schack*, GRUR 2002, 853, 854.
49 *Wandtke*, in: FS Nordemann, S. 270 ff.
50 Unter Rückgriff auf die GEMA-Entscheidungen der Kommission von 1971 und 1972 (Kommission v. 2. 6. 1971, Abl. L 134/22 – GEMA I und Kommission v. 6. 7. 1972, Abl. 1972 L 166/23 – GEMA II) schlägt *Riesenhuber*, Die Auslegung und Kontrolle des Wahrnehmungsvertrags, S. 61, vor, an Stelle der Anwendung des § 31 Abs. 4 UrhG ein Sonderkündigungs- bzw. Rückrufrecht für bekannt werdende Nutzungsarten zu gewähren.

Nutzungsart zu beeinflussen. Zudem gewährt § 31 c Abs. 1 RefE einen besonderen Vergütungsanspruch für die Verwertung in der neuen Nutzungsform.

c) Auswirkungen der geplanten Neuregelung auf die Rechteübertragung im Berechtigungsvertrag

Im Wahrnehmungsverhältnis zwischen den Berechtigten und der GEMA würde die Abschaffung des § 31 Abs. 4 UrhG vorrangig für künftige Fälle das Problem der Schutzlücke nach Bekanntwerden der Nutzungsart lösen. Sowohl pauschale Rechteübertragungen wie auch die pauschalen „Einbeziehungs- und Auffangklauseln" wären uneingeschränkt wirksam.[51] Der Berechtigte könnte nach der Neuregelung die GEMA pauschal auch für erst zu entwickelnde Auswertungsformen mit der Wahrnehmung seiner Rechte betrauen. Die GEMA wäre dadurch bei ihren Lizenzverhandlungen gegenüber den Verwertern in einer starken Position. Davon würden die Urheber im Ergebnis profitieren.[52] Durch die Möglichkeit des Widerrufs stünde es dem Urheber frei, sich hinsichtlich der unbekannten Nutzungsart von der Bindung an die GEMA zu lösen.[53] Die Untersuchung der Neuregelung zeigt jedoch, dass dieser Entwurf zu kurzsichtig nur direkte Rechteeinräumungen zwischen Urhebern und Verwertern im Auge hat. Wie sich die Neuregelungen auf das Verhältnis zwischen Urheber und Verwertungsgesellschaft auswirken, wurde offensichtlich nicht berücksichtigt.

Nach § 31 a Abs. 1 S. 2 RefE soll der Urheber die Rechteeinräumung oder die Verpflichtung hierzu widerrufen können, solange der *andere* noch nicht begonnen hat, das Werk in der neuen Nutzungsform auszuwerten. Da die GEMA die Rechte nicht zur Auswertung erwirbt, kann sie selbst nie „mit der Auswertung beginnen". Die Folge, dass der Urheber – streng nach dem Wortlaut – gegenüber der GEMA somit immer die Übertragung der neuen Nutzungsart widerrufen könnte, ist mit dem Zweck der Widerrufsfrist nicht vereinbar. In dem Moment, in dem der Nutzer als Vertragspartner der GEMA mit der Auswertung begonnen hat, wird er regelmäßig Investitionen getätigt haben. Ab diesem Zeitpunkt muss er sich darauf verlassen können, dass er Inhaber der Nutzungsrechte geworden ist und der Be-

51 Ausführlich zur Wirksamkeit der Auffang- und Einbeziehungsklauseln nachfolgend § 4 IV 7 und 8.

52 *Castendyk/Kirchherr*, ZUM 2003, 751, 756.

53 Vgl. *Castendyk/Kirchherr*, ZUM 2003, 751, 756.

rechtigte seine Entscheidung nicht mehr revidieren kann. Ein Widerruf über die Vermittlung der GEMA kommt dann nicht mehr in Betracht.

Andererseits würde es dem Zweck der Widerrufsmöglichkeit zum Schutz des Urhebers widersprechen, dem Urheber die Widerrufsmöglichkeit in diesem Rechtsverhältnis gänzlich zu versagen. Auch im Wahrnehmungsverhältnis muss der durch die Abschaffung des § 31 Abs. 4 UrhG verlorene Schutz des Urhebers (auch gegenüber seiner Verwertungsgesellschaft) durch die Widerrufsmöglichkeit erhalten bleiben.

Durch Auslegung der geplanten Vorschrift ist daher zu klären, wann die Widerrufsfrist im Wahrnehmungsverhältnis endet. Nach dem Zweck der Frist kommt dabei nur ein Zeitpunkt in Betracht, zu dem der Auswerter sich noch nicht auf die Rechteeinräumung verlassen hat und keine Investitionen zur Auswertung der Rechte getätigt hat. Vordergründig scheint dies einfach zu lösen; da die Verwertungsgesellschaft nur „vermittelt", könnte der Beginn der Auswertung durch den Lizenznehmer das Ende der Widerrufsfrist bestimmen. Dagegen spricht jedoch, dass die Verwertungsgesellschaften bei ihrer Aufgabe zur massenweisen Rechteverwaltung unmöglich in der Lage sind, für jeden einzelnen Urheber zu dokumentieren, wann seine Werke erstmals durch die bekannt gewordene Nutzungsart ausgewertet wurden. Es ist praktisch ausgeschlossen, dass etwa die GEMA ihre Lizenznehmer verpflichtet, ihr jeweils mitzuteilen, wann die Auswertung eines bestimmten Werks (eines bestimmten Urhebers) in der neuen Nutzungsart begonnen hat, um so für jeden einzelnen Urheber gesondert das Ende der Widerrufsfrist festzulegen.

Das Ende der Widerrufsfrist im Wahrnehmungsverhältnis kann folglich nur ein pauschal für alle Berechtigten gleichzeitig wirkender Zeitpunkt sein, der objektiv – ohne Mitwirkung der einzelnen Lizenznehmer – zu bestimmen ist. Die GEMA muss sich hier im Interesse aller Berechtigten an einer Kosten sparenden Verwaltung auf das vom BGH anerkannte Recht zu Schätzungen und Pauschalierungen berufen.[54] Insofern kommt als Zeitpunkt für das Ende der Widerrufsfrist nur die Veröffentlichung des Tarifs für die jeweilige neue Nutzungsart nach § 13 Abs. 2 UrhWG in Betracht. Es handelt sich um den einzigen praktisch und unter vertretbarem Aufwand greifbaren Zeitpunkt, in dem die GEMA entsprechend § 31 a Abs. 1 S. 2 RefE „begonnen hat", die Werke ihrer Berechtigten in der neuen Nutzungsart „auszuwerten". Unweigerlich liegt jedoch dieser Zeitpunkt re-

---

54 BGH, GRUR 1988, 782, 783 – GEMA-Wertungsverfahren.

gelmäßig vor dem in der Neuregelung vorgesehenen tatsächlichen Beginn der Nutzung, gleichwohl steht der Beginn der Nutzung dann unmittelbar bevor. Dies entspricht auch der Regelung in § 31 a Abs. 2 RefE, die festlegt, dass das Widerrufsrecht erlischt, wenn sich die Parteien auf eine besondere angemessene Vergütung nach § 32 c Abs. 1 RefE geeinigt haben. Eine direkte Anwendung dieser Bestimmung auf das Wahrnehmungsverhältnis scheitert daran, dass das Aufstellen eines Tarifs keine *Einigung* zwischen Urheber und Verwertungsgesellschaft darstellt.[55]

Aus dem systematischen Zusammenhang ergibt sich außerdem, dass sich der Widerruf – etwa gegenüber der GEMA – nicht auf ein einzelnes Werk beziehen kann. Die gesonderte Verwaltung einzelner Werke ist von ihr mit vertretbarem Aufwand nicht zu bewältigen. Bei der GEMA ist Gegenstand der kollektiven Rechtewahrnehmung immer das gesamte Oeuvre eines Urhebers.[56] Wiederum im Kosteninteresse der Gesamtheit aller Berechtigten muss dies dann ebenso für den gesetzlichen Widerruf nach § 31 a Abs. 1 S. 2 RefE gelten. Der Urheber kann damit – sollte die geplante Neuregelung in Kraft treten – nur die Rechte bezüglich der bekannt gewordenen Nutzungsart *insgesamt* zurückrufen.

Die Übergangsregelung des § 137 l RefE, die die Übertragung der Rechte an unbekannten Nutzungsarten in bestimmten Altverträgen für die Vergangenheit (widerruflich) fingiert, findet auf die pauschalen Rechteübertragungen im Berechtigungsvertrag der GEMA keine Anwendung. Nach dem ausdrücklichen Wortlaut der Neuregelung soll dies nur dann gelten, wenn alle wesentlichen, zum Zeitpunkt des Vertragsschlusses bekannten Nutzungsrechte ausschließlich sowie räumlich und zeitlich unbegrenzt eingeräumt wurden. Da die Rechteübertragungen im Berechtigungsvertrag zwar ausschließlich, aber nur teilweise räumlich unbeschränkt und in keinem Fall zeitlich unbegrenzt erfolgen,[57] findet keine (widerrufliche) Rechteübertragung an zum Zeitpunkt des jeweiligen Vertragsschlusses unbekannten Nutzungsarten nach der gesetzlichen Fiktion der geplanten Regelung in § 137 l Abs. 1 RefE statt.

Zusammenfassend ergibt die Auslegung der Neuregelung für das Wahr-

---

55 Der Anspruch des Urhebers auf eine besondere angemessene Vergütung für die Verwertung der unbekannten Nutzungsart nach § 32 c Abs. 1 RefE ist im Wahrnehmungsverhältnis bereits durch die von der Verwertungsgesellschaft nach § 13 UrhWG aufzustellenden Tarife gesichert.

56 Dazu nachfolgend § 4 I.

57 Dazu nachfolgend § 4.

nehmungsverhältnis, dass die Urheber nach diesem Entwurf ihre Rechte an unbekannten Nutzungsarten pauschal auf die Verwertungsgesellschaft übertragen könnten. Der Widerruf kann nur so lange möglich sein, bis die Verwertungsgesellschaft einen Tarif für diese neue Nutzungsart aufgestellt und veröffentlicht hat. Die Übertragungsfiktion für Altverträge in der Übergangsregelung des § 137 l RefE greift nicht für das Wahrnehmungsverhältnis zwischen GEMA und Urheber. Insgesamt hat die Untersuchung gezeigt, dass der Vorschlag im Referentenentwurf die besondere Situation in Wahrnehmungsverträgen nicht berücksichtigt, sondern auf das Verhältnis zwischen Urheber und Verwerter ausgerichtet ist. Für das Wahrnehmungsverhältnis muss der spezielle Regelungsgehalt durch Auslegung ermittelt werden.

II. Das Urheberrechtswahrnehmungsgesetz

1. Das Angemessenheitsgebot des § 6 Abs. 1 UrhWG

Das Urheberrechtswahrnehmungsgesetz enthält für die Verwertungsgesellschaften in § 6 Abs. 1 UrhWG die Verpflichtung, die zu ihrem Tätigkeitsbereich gehörenden Rechte und Ansprüche auf Verlangen der Berechtigten zu angemessenen Bedingungen wahrzunehmen.[58] Nach Absatz 2 der Vorschrift ist zudem zur angemessenen Wahrung der Belange der Berechtigten, die nicht als Mitglieder aufgenommen werden, eine gemeinsame Vertretung zu bilden. Als „Bedingungen der Wahrnehmung" sind die Rechteübertragungsklauseln im Berechtigungsvertrag Gegenstand der Angemessenheitskontrolle nach § 6 Abs. 1 S. 1 UrhWG. Dass es bei dieser Kontrolle insbesondere um den Umfang der Rechteübertragung in Wahrnehmungsverträgen geht, zeigt die Begründung zu § 6 UrhWG,[59] die die Gesamtübertragung aller zum Tätigkeitsbereich der Verwertungsgesellschaft gehörenden Rechte als möglichen Gegenstand der Angemessenheitsprüfung nennt.[60]

§ 7 UrhWG, der den Verwertungsgesellschaften bestimmte Vorschriften für die Verteilung der eingenommenen Lizenzen macht und dabei insbesondere eine willkürfreie Ausschüttung nach festen Regeln fordert, ist

58 Zum Wahrnehmungszwang bereits vorstehend § 2 II 1.
59 *Riesenhuber*, Die Auslegung und Kontrolle des Wahrnehmungsvertrags, S. 67.
60 RegE UrhWG, Begr. zu § 6, BT-Drs. IV/271 S. 15 f.

hingegen zur Inhaltskontrolle der Rechteübertragungsklauseln nicht geeignet.

2. Anwendungsbereich

Der Anwendungsbereich des Angemessenheitsgebots nach § 6 Abs. 1 UrhWG ist umstritten. Die allgemeine Meinung geht davon aus, dass diese Inhaltskontrolle gegenüber allen Berechtigten der Verwertungsgesellschaften Anwendung findet, unabhängig davon, ob diese Mitglieder im kooperationsrechtlichen Sinn sind oder mit der Verwertungsgesellschaft lediglich durch Abschluss eines Wahrnehmungsvertrages schuldvertraglich verbunden.[61] Zur Begründung wird insbesondere angeführt, dass alle Rechteinhaber und potenziell Berechtigten vor einem Machtmissbrauch geschützt werden müssen.[62] Das Angemessenheitsgebot des § 6 Abs. 1 UrhWG ist jedoch nicht unabhängig vom eigentlichen Zweck der Vorschrift zu sehen. So beschränkt sich der Wortlaut des § 6 Abs. 1 UrhWG gerade nicht darauf, eine „angemessene Rechtewahrnehmung für alle Berechtigten" zu fordern. Vielmehr regelt diese Norm, dass die Verwertungsgesellschaften *auf Verlangen* der Berechtigten deren Rechte zu angemessenen Bedingungen wahrnehmen müssen. Schon der Wortlaut der Vorschrift zeigt daher, dass sie sich auf die Ausgestaltung des sog. Wahrnehmungszwangs bezieht.[63] Im Ergebnis sind Bedingungen schlicht dann angemessen iSv § 6 Abs. 1 UrhWG, wenn die Verwertungsgesellschaft diese auch ihren Mitgliedern gewährt.[64] Die allgemeine Meinung, die sich nur auf das formale Argument, der Wortlaut des § 6 Abs. 1 UrhWG beziehe sich nicht lediglich auf die „Außenseiter",[65] stützen könnte, überzeugt daher nicht;[66] nur Außenseiter befinden sich in

61 Deutsches Patentamt, Bescheid v. 6. 6. 1977, GEMA-Nachrichten 1977 Nr. 106, S. 66, 72; *Goldmann*, Die kollektive Wahrnehmung musikalischer Rechte, S. 187; *Mauhs*, Der Wahrnehmungsvertrag, S. 49 ff.; *Menzel*, Die Aufsicht über die GEMA, S. 47 ff.; *Meyer*, Verwertungsgesellschaften und ihre Kontrolle, S. 71 f.; Fromm/Nordemann-*Nordemann* § 6 UrhWG Rn. 5; Schricker-*Reinbothe*, § 6 UrhWG Rn. 13; *Vogel*, GRUR 1993, 513, 518 f.

62 So etwa Fromm/Nordemann-*Nordemann* § 6 UrhWG Rn. 5.

63 Zum Wahrnehmungszwang vorstehend § 2 II 1.

64 *Hübner/Stern*, GEMA-Nachrichten 1978 Nr. 108, S. 92 f.; Loewenheim-*Melichar*, § 47 Rn. 12.

65 So *Vogel*, GRUR 1993, 513, 519.

66 *Riesenhuber*, Die Auslegung und Kontrolle des Wahrnehmungsvertrags, S. 65 f., 70 (Fn. 27).

der Situation, von der Verwertungsgesellschaft die Wahrnehmung ihrer Rechte *verlangen* zu können.[67]

Nach § 6 Abs. 1 UrhWG muss folglich die GEMA mit „Außenstehenden" Verträge zu angemessenen Bedingungen schließen. Dabei endet das Angemessenheitsgebot nicht mit dem Abschluss des Vertrags, sondern setzt sich für Berechtigte, die mit der Verwertungsgesellschaft nicht kooperationsrechtlich verbunden sind, auch nach dem Vertragsschluss fort.[68] Somit schreibt § 6 Abs. 1 S. 1 UrhWG den Verwertungsgesellschaften lediglich vor, die Rechte derjenigen Rechteinhaber, die sie nicht als „Mitglieder" aufnimmt, mit denen sie also rein vertraglich verbunden ist, zu angemessenen Bedingungen wahrzunehmen.[69] Dass der Anwendungsbereich der urheberwahrnehmungsrechtlichen Angemessenheitskontrolle auf diese Sachverhalte beschränkt ist, belegt zudem die Begründung zu § 6 UrhWG, die als *angemessen* solche Bedingungen bezeichnet, die die Verwertungsgesellschaft auch ihren Mitgliedern auferlegt.[70] Tatsächlich dürften die Mitglieder im vereinsrechtlichen Sinn auch nicht schutzbedürftig sein, da sie – anders als „Außenstehende" – durch ihre Mitwirkungsbefugnisse die Wahrnehmungsbedingungen unter bestimmten Voraussetzungen selbst gestalten können.[71] Auch die Befürchtung, dass durch eine derartige Beschränkung der Angemessenheitskontrolle ein ausreichender Schutz der betroffenen Berechtigten vor einem Machtmissbrauch durch die Verwertungsgesellschaften nicht gewährleistet ist,[72] ist unbegründet. Die nationalen sowie gemeinschaftsrechtlichen Vorschriften zur kartellrechtlichen Missbrauchsaufsicht sehen speziell für den Schutz vor Machtmissbrauch der marktbeherrschenden Verwertungsgesellschaften Regelungen vor, die die Interessen der Betroffenen umfassend berücksichtigen.[73] Auch die von der herrschenden Meinung nach § 6 Abs. 1 UrhWG vorgeschriebene Angemessenheitsprüfung anhand des Äquivalenzgrundsatzes[74] würde auf Grund des weitgehend

67 Eingehend zum Meinungsstreit *Riesenhuber*, Die Auslegung und Kontrolle des Wahrnehmungsvertrags, S. 64 ff.

68 *Riesenhuber*, Die Auslegung und Kontrolle des Wahrnehmungsvertrags, S. 66 f.

69 *Riesenhuber*, Die Auslegung und Kontrolle des Wahrnehmungsvertrags, S. 66.

70 RegE UrhWG, Begr. zu § 6, BT-Drs. IV/271, S. 15 f.

71 *Riesenhuber*, Die Auslegung und Kontrolle des Wahrnehmungsvertrags, S. 69.

72 So etwa *Mauhs*, Der Wahrnehmungsvertrag, S. 51.

73 Nachfolgend IV.

74 Angemessen sind danach Bedingungen für die Wahrnehmung, wenn sie Art und Umfang der übertragenen Rechte entsprechen; OLG München, ZUM 2002, 747 f. – Verteilungsplan Fotokopiergebühren; *Dünnwald*, in: FS Kreile,

übereinstimmenden Maßstabs bei der Prüfung der Rechteübertragungen zu keinen unterschiedlichen Ergebnissen führen.

Die Rechteübertragungsklauseln des Berechtigungsvertrags differenzieren an keiner Stelle zwischen Mitgliedern und Nichtmitgliedern im vereinsrechtlichen Sinne. Eine Unangemessenheit dieser Bestimmungen nach § 6 Abs. 1 UrhWG im Hinblick auf „Nichtmitglieder" scheidet daher von vornherein aus.[75] Bereits an dieser Stelle ist damit festzuhalten, dass das Angemessenheitsgebot des § 6 Abs. 1 UrhWG derzeit bei der Kontrolle der Rechteübertragungen nicht einschlägig ist.[76]

III. Vertragsrecht, insbesondere AGB-rechtliche Bestimmungen

1. Die Rechteübertragungsklauseln als Allgemeine Geschäftsbedingungen

Als privatrechtlicher Vertrag unterliegt der Berechtigungsvertrag dem Vertragsrecht des BGB. Bei den Bestimmungen des Berechtigungsvertrags – und damit auch bei den Rechteübertragungsklauseln – handelt es sich zudem um Allgemeine Geschäftsbedingungen iSv § 305 Abs. 1 S. 1 BGB, also um für eine Vielzahl von Verträgen vorformulierte Vertragsbedingungen.[77]

S. 161, 164 f.; Die kollektive Wahrnehmung musikalischer Rechte, S. 188 f.; *Menzel*, Die Aufsicht über die GEMA, S. 47 ff.; Fromm/Nordemann-*Nordemann*, § 6 UrhWG Rn. 6; Schricker-*Reinbothe*, § 6 UrhWG Rn. 13; ähnlich *Mauhs*, Der Wahrnehmungsvertrag, S. 52 f.; *Meyer*, Verwertungsgesellschaften und ihre Kontrolle, S. 78 f.

75 Vgl. *Riesenhuber*, Die Auslegung und Kontrolle des Wahrnehmungsvertrags, S. 71; vgl. auch Loewenheim-*Melichar*, § 47 Rn. 13.

76 Es kommt nicht mehr darauf an, ob sich die Angemessenheit anhand des Äquivalenzgrundsatzes bestimmt (angemessen wären demnach Wahrnehmungsbedingungen, wenn sie Art und Umfang der übertragenen Rechte entsprechen; z. B. OLG München, ZUM 2002, 747 f. – Verteilungsplan Fotokopiergebühren; Fromm/Nordemann-*Nordemann*, § 6 UrhWG Rn. 6; Schricker-*Reinbothe*, § 6 UrhWG Rn. 13).

77 *Riesenhuber*, Die Auslegung und Kontrolle des Wahrnehmungsvertrags, S. 20.

2. Vertragsrechtliche Auslegungsgrundsätze

Die Auslegung von allgemeinen Vertragsbedingungen erfolgt grundsätzlich anhand der allgemeinen Auslegungsgrundsätze für Verträge nach §§ 133, 157 BGB.[78] Der Bestimmung von Regelungsinhalt und Zweck der Rechteübertragungsklauseln können dementsprechend die grammatische, historische, systematische sowie die teleologische Auslegung zu Grunde gelegt werden.[79] Darüber hinaus werden Regelungslücken nach den Grundsätzen der ergänzenden Vertragsauslegung gefüllt.

a) Auslegung anhand eines objektiv-generalisierenden Maßstabs

Bei der Auslegung dieser Allgemeinen Geschäftsbedingungen ist ein objektiv-generalisierender Maßstab anzulegen.[80] Entscheidend für die Auslegung der Berechtigungsverträge ist damit das Verständnis des „Durchschnittsurhebers oder Durchschnittsverlegers"; ausschlaggebend sind nicht die Umstände des konkreten Einzelfalls.[81] Entsprechend dem angestrebten Zweck der Vereinheitlichung der „Massenvorgänge" muss darauf abgestellt werden, wie die typischerweise beteiligten Verkehrskreise die Bedingungen verstehen.[82] Dass die Auslegung der Rechteübertragungsklauseln nur derart generalisierend vorgenommen werden kann, folgt dabei nicht nur aus dem Charakter der Regelungen als Allgemeine Geschäftsbedingungen.[83] Ein Abstellen auf das einzelne Wahrnehmungsverhältnis kommt auch deshalb nicht in Betracht, weil eine solche individuelle Betrachtungsweise Kosten verursachen würde, die von der Gesamtheit aller Berechtigten zu tragen wären. Hier zeigt sich der besondere Charakter des Berechtigungsvertrags als Grundlage der kollektiven Wahr-

78 Vgl. *Bork*, Allgemeiner Teil des Bürgerlichen Gesetzbuchs, Rn. 1770.

79 *Riesenhuber*, Die Auslegung und Kontrolle des Wahrnehmungsvertrags, S. 49 ff.

80 BGHZ 107, 273, 277; die Aufgabe der kollektiven Rechtewahrnehmung erfordert zwangsläufig eine standardisierte und damit kostengünstige Vorgehensweise, *Riesenhuber*, Die Auslegung und Kontrolle des Wahrnehmungsvertrags, S. 46 f.

81 Vgl. Ulmer/Brandner/Hensen-*Ulmer* § 5 AGBG Rn. 7.

82 BGHZ 107, 273, 277; Ulmer/Brandner/Hensen-*Ulmer* § 5 AGBG Rn. 20; *Larenz/Wolf*, Allgemeiner Teil des Bürgerlichen Rechts, Rn. 1771; *Bork*, Allgemeiner Teil des Bürgerlichen Gesetzbuchs, Rn. 31.

83 Ähnlich *Castendyk*, ZUM 2005, 9, 15.

nehmung; von der Gleichförmigkeit der Vorgänge profitieren hier direkt die Vertragspartner und nicht – wie sonst bei Allgemeinen Geschäftsbedingungen üblich – nur der Verwender der Allgemeinen Vertragsbedingungen. Je einheitlicher die kollektive Wahrnehmung der Rechte erfolgen kann, desto weniger Kosten verursacht sie. Wieder zeigt sich, dass die GEMA gegenüber ihren Berechtigten als Vertragspartner im Berechtigungsvertrag nicht „Gegenseite" ist, sondern vielmehr die gebündelten Interessen der Gesamtheit aller Berechtigten vertritt.[84]

b) Auslegung der fachsprachlichen Begriffe

An einigen Stellen verwendet der Berechtigungsvertrag fachsprachliche Begriffe. Einerseits werden Rechtsbegriffe und Formulierungen aus dem Urheberrechtsgesetz übernommen. So entspricht etwa der Begriff der „bühnenmäßigen" Aufführung in § 1 lit. a Abs. 1 BerV der Formulierung in § 19 Abs. 2 UrhG („bühnenmäßig darstellen"). Andererseits enthält der Vertragstext auch Begriffe, die anderen Fachsprachen zuzuordnen sind. Ein Beispiel hierfür ist der Begriff der „Twin Disc" in § 1 lit. h Abs. 1 BerV. Dabei stellt sich die Frage, ob bei der Bestimmung des Regelungsgehalts im Sinne einer grammatischen Auslegung die fachsprachliche Bedeutung dieser Begriffe zu Grunde gelegt werden kann.

Grundsätzlich basiert die grammatische Auslegung auf dem allgemeinen Sprachgebrauch.[85] Bei Rechtsbegriffen kann jedoch auf die juristisch-technische Bedeutung abgestellt werden,[86] die anhand gesetzlicher Definitionen oder durch Rechtsprechung und Literatur bestimmt wird.[87] Dies widerspricht auch nicht den Grundsätzen der Auslegung am Verständnishorizont des Durchschnittsberechtigten, da dieser die Verwendung von Rechtsbegriffen erwartet.[88] Der berechtigte Urheber oder Verleger rechnet damit, dass er die ihm im Urhebergesetz gewährten Befugnisse teilweise der GEMA zur kollektiven Wahrnehmung überträgt. Es würde zudem einen im Kosteninteresse der Gesamtheit aller Mitglieder nicht zu vertretenden Aufwand bedeuten, wenn die GEMA die

---

84 *Riesenhuber*, Die Auslegung und Kontrolle des Wahrnehmungsvertrags, S. 57 f.

85 *Riesenhuber*, Die Auslegung und Kontrolle des Wahrnehmungsvertrags, S. 50; *Dreher*, AcP 189 (1989), 342, 384.

86 Die Rechtsprechung zu dieser Frage ist uneinheitlich, dazu eingehend *Dreher*, AcP 189 (1989), 432 ff.

87 *Dreher*, AcP189 (1989), 342, 384.

88 *Dreher*, AcP 189 (1989), 342, 371 f.

ihr zu übertragenden Rechte jeweils in den allgemeinen Sprachgebrauch „übersetzen" müsste. Dabei bestünde – zu Lasten der Rechtssicherheit – die Gefahr, dass diese allgemeinsprachlichen Formulierungen nicht exakt den Regelungsinhalt der gesetzlichen Bestimmung wiedergeben würden.[89]

Die Auslegung der Rechteübertragungen im Berechtigungsvertrag auf der Grundlage der juristisch-technischen Bedeutung der verwendeten Rechtsbegriffe entspricht daher dem Zweck der Rechteübertragungen; sie bildet die Grundlage für die nach § 1 UrhWG gestellte Aufgabe zur Wahrnehmung von „Nutzungsrechten, Einwilligungsrechten oder Vergütungsansprüchen".[90] So kann etwa kein Zweifel daran bestehen, dass es sich bei einem Bild- oder Tonträger im Sinne des § 1 lit. h Abs. 1 BerV um eine Vorrichtung zur wiederholbaren Wiedergabe von Bild- oder Tonfolgen im Sinne des § 16 Abs. 2 UrhG handelt.

Neben juristischen Fachtermini enthält der Berechtigungsvertrag auch Begriffe, die anderen Fachsprachen entnommen sind. Auch hier stellt sich die Frage, ob die Bedeutung des Begriffs anhand der fachsprachlichen Erläuterungen (etwa unter Zuhilfenahme einschlägiger Lexika) erfolgen kann, oder ob der allgemeine Sprachgebrauch den Regelungsinhalt der jeweiligen Bestimmung festlegt. Allerdings ist offensichtlich, dass für den Fall, dass keine allgemeinsprachliche Bedeutung existiert, nur die fachsprachliche Bedeutung gelten kann.[91] So ist etwa der elektrotechnische Begriff der „DataPlay Disc" nur fachsprachlich zu erklären.[92]

Die fachsprachliche Bedeutung ist jedoch auch dann ausschlaggebend, wenn zwar ein allgemeiner Sprachgebrauch existiert, die Fachsprache aber von den branchenkundigen Fachkreisen verstanden wird.[93] Dies entspricht wiederum den Grundsätzen der objektiven Auslegung aus der Sicht des „Durchschnittsberechtigten". Werden daher im Berechtigungsvertrag musiktheoretische Termini verwendet, so kann deren Bedeutung nach der „eigenen" musiktheoretischen Fachsprache der Berechtigten musikalischen Urheber und Verleger bestimmt werden. Folglich

89 Siehe hierzu die Kritik von *Dünnwald*, FuR 1974, 554 ff.

90 *Riesenhuber*, Die Auslegung und Kontrolle des Wahrnehmungsvertrags, S. 50.

91 *Dreher*, AcP 189 (1989), 342, 385.

92 Dazu nachfolgend § 11 II 2 a bb) (5).

93 Ulmer/Brandner/Hensen-*Ulmer* § 5 AGBG Rn. 23; *Dreher*, AcP 189 (1989), 342, 362.

ist etwa auch die Bedeutung des Begriffs der „Bühnenmusik" in § 1 lit. a BerV aus musiktheoretischer Sicht zu bestimmen.[94]

c) Historische Auslegung anhand der „Materialien"

Auch anhand der „Materialien" zu den Regelungen des Berechtigungsvertrags können die jeweiligen Bestimmungen ausgelegt werden, wenn diese Grundlagen den Berechtigten zugänglich sind.[95] Es besteht daher kein Zweifel, dass die – den Berechtigten jeweils übermittelten – Begründungen zu Änderungen des Berechtigungsvertrags der einzelnen Bestimmungen in den jeweiligen Tagesordnungen zur Mitgliederversammlung[96] als Entstehungsgeschichte im Rahmen einer historischen Auslegung zu berücksichtigen sind.[97]

d) Die ergänzende Vertragsauslegung

Soweit die Rechteübertragungen des Berechtigungsvertrags Regelungslücken aufweisen, kann zudem das Instrument der ergänzenden Vertragsauslegung herangezogen werden.[98] Da es um die Ergänzung vorformulierter Vertragsbedingungen mit Massencharakter[99] geht, gilt es dabei wiederum, Willen und Interesse der typischerweise beteiligten Verkehrskreise zu beachten.[100]

e) Die eingeschränkte Anwendung der in-dubio-contra-proferentem-Regel

Führt die Auslegung der Bestimmungen nicht zu einem zweifelsfreien Ergebnis, so gehen diese Zweifel gemäß der *in-dubio-contra-proferentem-Regel* des § 305 c Abs. 2 BGB grundsätzlich zu Lasten der GEMA als Verwenderin der Allgemeinen Geschäftsbedingungen.[101] Allerdings passt der Grundgedanke der Unklarheitenregel – die Verbindung von Last und Vor-

94 Dazu nachfolgend § 5 II 2 c aa.
95 Vgl. Ulmer/Brandner/Hensen-*Ulmer* § 5 AGBG Rn. 22.
96 Sie werden jährlich im Vorfeld der Mitgliederverammlung an alle Berechtigten versandt.
97 *Riesenhuber*, Die Auslegung und Kontrolle des Wahrnehmungsvertrags, S. 51.
98 Vgl. Ulmer/Brandner/Hensen-*Ulmer* § 5 AGBG Rn. 7.
99 Ulmer/Brandner/Hensen-*Ulmer* § 5 AGBG Rn. 15.
100 BGHZ 107, 273, 277; Ulmer/Brandner/Hensen-*Ulmer* § 5 AGBG Rn. 14.
101 Vgl. *Larenz/Wolf*, Allgemeiner Teil des Bürgerlichen Rechts, Rn. 30; *Bork*, All-

teil –[102] nicht uneingeschränkt auf das Wahrnehmungsverhältnis. Einerseits sind die betreffenden Bestimmungen nicht von einem dem Vertragspartner gegenüberstehenden Verwender aufgestellt, sondern von der Mitgliederversammlung – und damit von Seiten der Rechteinhaber – beschlossen. Zum anderen trägt hier nicht ein im eigenen Interesse handelnder Verwender die Last der Mehrdeutigkeit.[103] Vielmehr geht hier die Unklarheit auf Kosten der Gesamtheit aller „Vertragspartner", also aller Berechtigten „anteilig".[104] Auch hier zeigt sich der eigentümliche Charakter[105] dieser Vertragsbedingungen. In diesem Sinne ist etwa in gewissem Rahmen ein über die Jahrzehnte hinweg entwickelter besonderer Sprachgebrauch zu beachten, selbst wenn die Auslegung unter Berücksichtigung der fachsprachlichen Bedeutung zu keinem eindeutigen Ergebnis führt.[106] Die Berücksichtigung solcher Begriffe führt nicht zu einem unangemessenen Eingriff in die von § 305 Abs. 2 BGB grundsätzlich geschützte Freiheit, eine informierte Vertragsentscheidung zu treffen.[107] Mag auch der Einzelne, der die Begrifflichkeit nicht versteht, davon betroffen sein, so ist diese Beeinträchtigung unter Berücksichtigung des besonderen Charakters des Berechtigungsvertrags im Gesamtinteresse aller Berechtigten gleichwohl gerechtfertigt.

3. Vertragsrechtliche Kontrolle, insbesondere AGB-Kontrolle

a) Anwendbarkeit der AGB-rechtlichen Vorschriften

Da mit § 309 Ziff. 9 lit. c Schlussabsatz BGB die AGB-Vorschriften eine Ausnahmeregelung für Wahrnehmungsverträge vorsehen,[108] besteht –

---

gemeiner Teil des Bürgerlichen Gesetzbuchs, Rn. 34; Ulmer/Brandner/Hensen-*Ulmer* § 5 AGBG Rn. 25.

102 *Riesenhuber*, System und Prinzipien des Europäischen Vertragsrechts, S. 358.

103 Vgl. *Medicus*, Allgemeiner Teil des BGB, Rn. 426.

104 *Riesenhuber*, Die Auslegung und Kontrolle des Wahrnehmungsvertrags, S. 43 ff.

105 *Riesenhuber*, Die Auslegung und Kontrolle des Wahrnehmungsvertrags, S. 46.

106 Vgl. *Riesenhuber*, Die Auslegung und Kontrolle des Wahrnehmungsvertrags, S. 49 ff.

107 Vgl. *Riesenhuber*, System und Prinzipien des Europäischen Vertragsrechts, S. 436.

108 § 309 Ziff. 9 1. Hs. BGB regelt hier eine Ausnahme von der Unwirksamkeitsbestimmung über Laufzeiten von Dauerschuldverhältnissen.

als *argumentum e contrario*[109] – an der grundsätzlichen Anwendbarkeit der AGB-Kontrolle auf die Vorschriften des Berechtigungsvertrags im Übrigen kein Zweifel.[110] Auch der Bundesgerichtshof bestätigte diese grundsätzliche Anwendbarkeit.[111] Eine AGB-Kontrolle scheitert auch nicht an der Bereichsausnahme des § 310 Abs. 4 S. 1 BGB.[112] Der Berechtigungsvertrag enthält ausschließlich Regelungen, die sich auf das schuldvertragliche Wahrnehmungsverhältnis und nicht auf das vereinsrechtliche Verhältnis zwischen der GEMA und den Berechtigten beziehen.[113] Es handelt sich folglich nicht um einen Vertrag auf dem Gebiet des Gesellschaftsrechts iSd § 310 Abs. 4 S. 1 BGB; das Wahrnehmungsverhältnis besteht unabhängig von der vereinsrechtlichen Mitgliedschaft.[114]

b) Umfang der Kontrolle – persönlicher Anwendungsbereich

Die AGB-Kontrolle des Berechtigungsvertrags erstreckt sich gemäß § 310 Abs. 1 S. 1 BGB nicht auf die besonderen Einbeziehungsregeln des § 305 Abs. 2 und 3 BGB sowie auf die besonderen Klauselverbote der §§ 308 und 309 BGB, da die Berechtigten der GEMA die Berechtigungsverträge als Unternehmer iSd § 14 BGB abschließen.[115] Unzweifelhaft sind die Musikverleger als Unternehmer iSd § 14 BGB zu qualifizieren.[116] Aber auch die Urheber bezwecken mit dem Abschluss der Wahrnehmungsverträge – es kommt hier nicht auf den Zeitpunkt der Werkschöpfung an – die Verwertung ihrer Rechte im Rahmen einer auf die Erzielung von Ein-

109 *Mauhs*, Der Wahrnehmungsvertrag, S. 58.

110 *Riesenhuber*, Die Auslegung und Kontrolle des Wahrnehmungsvertrags, S. 24; *Dünnwald*, in: FS Kreile, S. 161; Loewenheim-*Melichar*, § 47 Rn. 22; Ulmer/Brandner/Hensen-*Ulmer*, § 23 AGBG Rn. 22; Wolf/Horn/Lindacher-*Horn*, § 23 AGBG Rn. 77.

111 BGH, GRUR 2002, 332, 333 – Klausurerfordernis.

112 *Mauhs*, Der Wahrnehmungsvertrag, S. 59; *Riesenhuber*, Die Auslegung und Kontrolle des Wahrnehmungsvertrags, S. 33; a. A.: etwa Loewenheim-*Melichar*, § 47 Rn. 23, der für den Fall, dass es sich um Verbandsmitglieder handelt, die Bereichsausnahme auch für das Wahrnehmungsverhältnis für einschlägig hält. Gegenüber Nichtmitgliedern sollen die Wahrnehmungsbedingungen jedoch der AGB-rechtlichen Kontrolle unterliegen.

113 *Mauhs*, Der Wahrnehmungsvertrag, S. 58; *Riesenhuber*, Die Auslegung und Kontrolle des Wahrnehmungsvertrags, S. 33.

114 Vgl. BGHZ 103, 219, 225.

115 *Riesenhuber*, ZUM 2002, 777, 778.

116 *Riesenhuber*, ZUM 2002, 777, 778.

künften gerichteten selbstständigen und damit gewerblichen Tätigkeit.[117]

Die Bestimmungen des Berechtigungsvertrags sind somit insbesondere an der Generalklausel des § 307 Abs. 1 und Abs. 2 BGB zu messen.

c) Rechteübertragungen als Gegenstand der AGB-rechtlichen Inhaltskontrolle

Fraglich ist allerdings, ob sich die Rechteübertragungsklauseln als Gegenstand der AGB-Kontrolle eignen. Auf den ersten Blick scheint eine unangemessene Benachteiligung im Sinne des § 307 Abs. 2 Ziff. 2 BGB möglich. Diese Vorschrift verbietet Klauseln, die wesentliche Rechte und Pflichten, die sich aus der Natur des Vertrags ergeben, so einzuschränken, dass die Erreichung des Vertragszwecks gefährdet ist. Angesichts des Zwecks des Berechtigungsvertrags, die Rechtewahrnehmung dem Einzelnen zu überlassen, soweit dieser seine Rechte effektiv selbst wahrnehmen kann,[118] könnten daher die Rechteübertragungen unangemessene Klauseln sein, die das Recht der Berechtigten beeinträchtigen, Nutzungsrechte nur insoweit übertragen zu müssen, als es der Vertragszweck erfordert. Durch derartige Rechteübertragungsklauseln könnte das vertragswesentliche Recht der Berechtigten, sich durch Abschluss des Berechtigungsvertrags nicht zu eng an die Verwertungsgesellschaft binden zu müssen, ausgehöhlt werden.[119]

Dagegen ist jedoch einzuwenden, dass für eine AGB-rechtliche Inhaltskontrolle der Rechteübertragungen ein „sinnvoller Maßstab“ fehlt.[120] Denn für Rechteübertragungen in Wahrnehmungsverträgen existieren keine dispositiven Vergleichsnormen,[121] wie etwa für Gewährleistungsregelungen in Kaufverträgen, an denen die Rechteübertragungsklauseln zu messen wären. Bei den Rechteübertragungen handelt es sich demnach – anders als bei „gewöhnlichen“ Allgemeinen Geschäftsbedingungen – nicht um Vorschriften, die das dispositive Recht zu Gunsten des Ver-

117 *Riesenhuber*, ZUM 2002, 777 ff.

118 Auch darf das Funktionieren der Verwertungsgesellschaft nicht gefährdet sein, dazu oben § 2 III 1.

119 Vgl. BGH, NJW 1985, 914, 916.

120 *Riesenhuber*, Die Auslegung und Kontrolle des Wahrnehmungsvertrags, S. 108.

121 *Riesenhuber*, Die Auslegung und Kontrolle des Wahrnehmungsvertrags, S. 108.

wenders abbedingen. Insofern fallen diese Regelungen nicht unter den Schutzzweck der §§ 305 ff. BGB, der darauf abzielt, dass der AGB-Verwender, der die Vertragsgestaltungsfreiheit allein in Anspruch nimmt, den anderen Teil unter Abbedingung des dispositiven Rechts unangemessen benachteiligt.[122] Damit unterliegen nur solche Allgemeinen Geschäftsbedingungen der Inhaltskontrolle, für die im dispositiven Recht Vergleichsnormen existieren. Insofern handelt es sich bei den Rechteübertragungen nicht um Klauseln, die „von Rechtsvorschriften abweichen und diese ergänzen" iSd § 307 Abs. 3 S. 1 BGB.[123] Dem Schutzbedürfnis des Berechtigten, sich durch den Umfang der Rechteübertragungen nicht zu eng an die Verwertungsgesellschaft binden zu müssen, wird dabei ausreichend durch die kartellrechtlichen Missbrauchsvorschriften[124] Rechnung getragen.

Soweit es allerdings nicht um die Klauseln zur Rechteübertragung im engeren Sinne geht, sondern etwa um die nachträgliche Einbeziehung von Änderungen der Bestimmungen zur Rechteübertragung (vgl. § 6 lit. a Abs. 2 BerV), steht der Inhaltskontrolle anhand der AGB-rechtlichen Vorschriften nach § 307 Abs. 1 und Abs. 2 BGB nichts im Wege, da diese Regelungen an dispositivem Recht gemessen werden können.

IV. Die Missbrauchskontrolle nach europäischem und deutschem Kartellrecht

Die Regelungen zur Rechteübertragung im Berechtigungsvertrag unterliegen zudem der kartellrechtlichen Missbrauchskontrolle.

1. Das gemeinschaftsrechtliche Missbrauchsverbot

Das gemeinschaftsrechtliche Missbrauchsverbot untersagt nach Art. 82 EG Unternehmen die missbräuchliche Ausnutzung einer beherrschenden Stellung auf dem Gemeinsamen Markt oder einem wesentlichen Teil desselben, soweit dies dazu führen kann, den Handel zwischen den

---

122 Palandt-*Heinrichs*, Überbl v § 305 Rn. 8; BGHZ 70, 304, 310; BGHZ 126, 326, 332.

123 *Riesenhuber*, Die Auslegung und Kontrolle des Wahrnehmungsvertrags, S. 108.

124 Dazu sogleich IV.

Mitgliedstaaten zu beeinträchtigen. Ohne Zweifel ist die GEMA in diesem Sinne ein Unternehmen[125] mit marktbeherrschender Stellung.[126] Daneben sind die Bestimmungen des Berechtigungsvertrags grundsätzlich geeignet, den innergemeinschaftlichen Handel zu beeinträchtigen, da beispielsweise der Umfang der Rechteübertragung zu einer Marktaufteilung unter den Schwester-Verwertungsgesellschaften führen kann.[127]

Für Verwertungsgesellschaften hat der EuGH einen besonderen Missbrauchs-Begriff[128] aufgestellt.[129] Ausgehend davon, dass insbesondere die Erzwingung unmittelbar oder mittelbar unangemessener Geschäftsbedingungen nach Art. 82 Abs. 2 lit. a EG[130] zu einem Missbrauchstatbestand führt,[131] überprüft der EuGH, ob die Bedingungen der Rechtewahrnehmung unter Abwägung der Interessen der Beteiligten angemessen sind. Bei dieser Abwägung müssen im Sinne des EuGH das Funktionsinteresse der Verwertungsgesellschaften einerseits und die möglichst freie Verfügbarkeit der Berechtigten über ihre Werke andererseits in ein ausgewogenes Verhältnis[132] gebracht werden.[133]

Obwohl wiederholt eine Einstufung der Verwertungsgesellschaften als öffentliche Unternehmen im Sinne des Art. 86 EG, die mit Dienstleistungen von allgemeinem wirtschaftlichem Interesse betraut sind, gefordert

125 EuGH v. 27. 3. 1974 – Rs. 1227/73, BRT II, Slg. 1974, 313; Kommission v. 2. 6. 1971, ABl. 1971 L 134, 22, 26 – GEMA I; *Kreile/Becker*, in: FS Mestmäcker, S. 77; *v. Gamm*, GRUR Int. 1983, 403, 406; *Riesenhuber*, Die Auslegung und Kontrolle des Wahrnehmungsvertrags, S. 140 f.

126 Loewenheim-*Melichar* § 47 Rn. 28; *Riesenhuber*, Die Auslegung und Kontrolle des Wahrnehmungsvertrags, S. 141.

127 EuGH v. 2. 3. 1983 – Rs. 7/82, GVL, Slg. 1983, 483, Rn. 34–39.

128 *Popp*, Verwertungsgesellschaften, S. 157.

129 EUGH v. 27. 3. 1974 – Rs. 127/74, BRT II, Slg. 1974, 313 Rn. 6/8; *Riesenhuber*, Auslegung und Kontrolle des Wahrnehmungsvertrags, S. 142.

130 Dem entspricht die Regelung zum Konditionenmissbrauch in § 19 Abs. 4 Nr. 2 GWB; *Riesenhuber*, Die Auslegung und Kontrolle des Wahrnehmungsvertrags, S. 130.

131 EuGH v. 27. 3. 1974 – Rs. 127/74, BRT II, Slg. 1974, 313 Rn. 6/8.

132 EuGH v. 27. 3. 1974 – Rs. 127/74, BRT II, Slg. 1974, 313 Rn. 9/11; Loewenheim-*Melichar*, § 47 Rn. 29; *Riesenhuber*, Die Auslegung und Kontrolle des Wahrnehmungsvertrags, S. 142 f.

133 Eingehend *Riesenhuber*, Die Auslegung und Kontrolle des Wahrnehmungsvertrags, S. 142 f.; *Riesenhuber/v. Vogel*, EuZW 2004, 519, 522 f.

wurde, lehnen Kommission[134] und EuGH[135] dies unter Zustimmung der allgemeinen Meinung[136] ab. Der EuGH führt aus, dass der Staat die Verwertungsgesellschaften mit keiner besonderen Aufgabe betraut habe, sie vielmehr lediglich Privatinteressen wahrnehmen würden.[137] Zwar wird die besondere öffentliche Überwachung, etwa durch das Deutsche Patent- und Markenamt,[138] anerkannt, für eine Einstufung nach Art. 86 EG reiche dies jedoch nicht aus.[139] Auf die partielle Freistellung von den gemeinschaftsrechtlichen Wettbewerbsregeln,[140] die im Sinne des Art. 86 EG – zu Gunsten der Erfüllung der besonderen Aufgaben der Verwertungsgesellschaften – auch das kartellrechtliche Missbrauchsverbot eingeschränkt hätte, kann sich die GEMA somit nicht berufen.[141] Gleichwohl anerkennen Kommission und EuGH in kartellrechtlicher Hinsicht die Sonderstellung der Verwertungsgesellschaften.[142] Dies zeigt nicht zuletzt die vom EuGH entwickelte „besondere Missbrauchskontrolle für Verwertungsgesellschaften",[143] die insbesondere das Funktionsinteresse der Verwertungsgesellschaften zu Gunsten der Gesamtheit aller Berechtigten hervorhebt.

---

134 Kommission, v. 2. 6. 1971, ABl. 1971 L 134/15, 27 – GEMA; Kommission, v. 29. 10. 1981, ABl. 1981 L 370, 49 Rn. 65 und 68 – GVL.

135 EuGH v. 27. 3. 1974 – Rs. 127/73, BRT II, Slg. 1974, 313 Rn. 19/22 und 23; EuGH v. 2. 3. 1983 – Rs. 7/82, GVL, Slg. 1983, 483, Rn. 31 f.

136 So etwa *Riesenhuber*, Die Auslegung und Kontrolle des Wahrnehmungsvertrags, S. 36, der auf die vom UrhWG eingesetzte staatsferne Selbstverwaltung der Verwertungsgesellschaften verweist und daher ein „Betrautsein" mit öffentlichen Aufgaben ablehnt; s. auch *Goldmann*, Die kollektive Wahrnehmung musikalischer Rechte, S. 226 f.; kritisch *Lerche*, ZUM 2003, 34, 36, der insbesondere auf die im Allgemeininteresse liegende Tätigkeit der Verwertungsgesellschaften zur Vermittlung von Kulturgütern hinweist; kritisch auch *Kreile/Becker*, in: FS Mestmäcker, S. 77, 79 f., die darauf abstellen, dass die Verwertungsgesellschaften mit ihren Versorgungs- und Unterstützungseinrichtungen sowie durch die Förderung kulturell bedeutender Werke und Leistungen „staatsentlastend" tätig sind.

137 EuGH v. 27. 3. 1974 – Rs. 127/73, BRT II, Slg. 1974, 313 Rn. 19/22 und 23.

138 Vgl. auch *Melichar*, Die Wahrnehmung von Urheberrechten durch Verwertungsgesellschaften, S. 58 ff.; *Kreile/Becker*, in: FS Mestmäcker, S. 77, 78.

139 EuGH v. 2. 3. 1983 – Rs. 7/82, GVL, Slg. 1983, 483 Rn. 31 f.

140 *Lerche*, ZUM 2003, 34, 36.

141 EuGH v. 2. 3. 1983 – Rs. 7/82, GVL, Slg. 1983, 483 Rn. 31 f.

142 *Riesenhuber/v. Vogel*, EuZW 2004, 519.

143 *Popp*, Verwertungsgesellschaften, S. 175.

2. Die Missbrauchskontrolle nach deutschem Kartellrecht

Neben der Missbrauchskontrolle nach europäischem Kartellrecht kommt auch eine Überprüfung der Rechteübertragungen im Berechtigungsvertrag anhand des deutschen Kartellrechts nach §§ 19, 20 GWB in Betracht. Allerdings ist die Prüfung auf rein nationale Sachverhalte beschränkt. Bei zwischenstaatlichen Sachverhalten kann nach Art. 3 Abs. 1 S. 2 der Verordnung 1/2003[144] eine kartellrechtliche Missbrauchskontrolle nur nach Art. 82 EG erfolgen.[145] Der nach Art. 3 der Verordnung 1/2003[146] festgelegte unbedingte Vorrang des europäischen Wettbewerbsrechts auch für rein nationale Sachverhalte gilt insofern nur für wettbewerbsbeschränkende Vereinbarungen im Sinne des Art. 81 EG, jedoch nicht für die Missbrauchskontrolle bei einseitigem wettbewerbsbeschränkendem Verhalten. Damit erlaubt die Verordnung, dass diese Sachverhalte für rein nationale Angelegenheiten nach deutschem Recht unterschiedlich (auch strenger) zu den Missbrauchsfällen des Art. 82 EG geregelt sind.[147] In diesem Sinne sieht der Regierungsentwurf zur Siebten GWB-Novelle vom 7. 6. 2004, der insbesondere das deutsche Kartellrecht an die Verordnung 1/2003 anpassen soll, eine im Wesentlichen unveränderte Beibehaltung der Vorschriften des Missbrauchsverbots vor.[148]

Für die kartellrechtliche Überprüfung der Rechteübertragungsklauseln hat dies praktisch jedoch keine Auswirkungen. Die deutschen kartellrechtlichen Vorschriften zur Missbrauchskontrolle für die Sachverhalte der Rechteübertragungen enthalten keine „ausdifferenzierteren oder weiter reichenden Regelungen", deren Wegfall zu einem Verlust an Wettbewerbsschutz führen würde.[149] Vielmehr entsprechen hier die nationalen Kontrollmaßstäbe den gemeinschaftsrechtlichen.[150]

---

144 Verordnung (EG) Nr. 1/2003 des Rates vom 16. Dezember 2002 zur Durchführung der in den Artikeln 81 und 82 niedergelegten Wettbewerbsregeln, ABl. 2003 L 1/1.

145 *Riesenhuber*, Die Auslegung und Kontrolle des Wahrnehmungsvertrags, S. 124.

146 Verordnung (EG) Nr. 1/2003 des Rates vom 16. Dezember 2002 zur Durchführung der in den Artikeln 81 und 82 niedergelegten Wettbewerbsregeln, ABl. 2003 L 1/1.

147 RegE GWB, Begr. A. 2., BT-Drs. 15/3640, S. 21.

148 RegE GWB, Begr. A. 2., BT-Drs. 15/3640, S. 21, Begr. A. 4. b, BT-Drs. 15/3640, S. 29.

149 Vgl. RegE GWB, Begr. A. 4. b) aa), BT-Drs. 15/3640, S. 29.

150 *Riesenhuber*, Die Auslegung und Kontrolle des Wahrnehmungsvertrags,

V. Zwischenergebnis

Der Regelungsinhalt der Rechteübertragungsklauseln ist vorrangig an Hand der Auslegungsregel des § 31 Abs. 5 UrhG zu bestimmen. Daneben stehen die allgemeinen vertraglichen Auslegungsregeln, die etwa einen Rückgriff auf fachsprachliche Bedeutungen der verwendeten Begriffe erlauben oder nach denen Regelungslücken entsprechend den Grundsätzen der ergänzenden Vertragsauslegung geschlossen werden können. Die Kontrolle der Rechteübertragungsklauseln erfolgt einerseits nach der Kontrollnorm des § 31 Abs. 4 UrhG, die Rechtsgeschäfte über unbekannte Nutzungsarten verbietet. Daneben ist zu überprüfen, ob die Rechteübertragungen in kartellrechtlicher Hinsicht missbräuchlich sind. Da Beurteilungskriterien und Ergebnisse der nationalen und europäischen kartellrechtlichen Missbrauchskontrolle bei der Überprüfung der Rechteübertragungsklauseln übereinstimmen, kann die Prüfung auf das gemeinschaftsrechtliche Missbrauchsverbot beschränkt werden. Eine Überprüfung der Rechteübertragungen am Angemessenheitsgebot des § 6 Abs. 1 S. 1 UrhWG scheidet aus, weil die betreffenden Regelungen keine unterschiedliche Behandlung von Nichtmitgliedern im vereinsrechtlichen Sinn vorsehen. Sie ist zudem im Interesse des Berechtigten nicht erforderlich, da eine solche Angemessenheitsüberprüfung ohnehin im Rahmen der kartellrechtlichen Missbrauchskontrolle erfolgt. Die AGB-rechtliche Inhaltskontrolle ist bei der Überprüfung der Rechteübertragungen im engeren Sinne nicht einschlägig.

S. 162; *Stockmann*, in: Die Verwertungsgesellschaften im Europäischen Binnenmarkt, S. 45; *Goldmann*, Die kollektive Wahrnehmung musikalischer Rechte, S. 258.

2. Teil: Inhalt und Wirksamkeit der Rechteübertragungen

Im ersten Teil wurde die Tätigkeit der GEMA als musikalische Verwertungsgesellschaft vorgestellt;[1] bestimmte urheberrechtliche Befugnisse[2] werden ihr von den Rechteinhabern[3] im Rahmen des Berechtigungsvertrags[4] zur kollektiven Wahrnehmung übertragen. Danach erfolgte eine Darstellung der bei Auslegung und Kontrolle der Rechteübertragungsklauseln zu berücksichtigenden Maßstäbe.[5] Auf dieser Grundlage können nun in einem zweiten Teil Inhalt und Wirksamkeit der Rechteübertragungen ermittelt werden. Dabei gilt es zunächst, die Grundsätze zur Reichweite der Rechteübertragungen festzulegen,[6] bevor Regelungsgehalt und Wirksamkeit der einzelnen Rechteübertragungen ermittelt werden.[7]

1 Vorstehend § 2 I.
2 Vorstehend § 2 IV.
3 Vorstehend § 2 II.
4 Vorstehend § 2 III.
5 Vorstehend § 3.
6 Nachfolgend Abschn. 1.
7 Nachfolgend Abschn. 2.

Abschnitt 1
Übergreifende Fragen

§ 4 Die Reichweite der Rechteübertragungen

Die Grundsätze zur Reichweite gelten als Rahmenbedingungen übergreifend für die Übertragungen der Nutzungsrechte im Berechtigungsvertrag. Grundprinzipien sind dabei einerseits die exklusive Einräumung, d. h. die Übertragung der ausschließlichen Nutzungsrechte an die GEMA.[1] Zudem verfügen die Berechtigten mit Abschluss des Berechtigungsvertrags nicht nur exklusiv über ihre gegenwärtigen Rechte, sie übertragen darüber hinaus auch „im Voraus" ihre künftigen Rechte auf die GEMA.[2] Für bestimmte Sachverhalte sieht der Berechtigungsvertrag die Möglichkeit vor, die grundsätzlich umfassende Rechteübertragung in inhaltlicher[3] und territorialer[4] Hinsicht zu beschränken. Auch zur Dauer der Verfügung sind übergreifende Bedingungen geregelt.[5]

I. Exklusive Rechteübertragung

Der Berechtigte überträgt der GEMA gemäß § 1 BerV (Kopfteil) seine „Urheberrechte zur Wahrnehmung als Treuhänderin". Damit wird – trotz der falschen Begrifflichkeit[6] – die Exklusivität der Rechteübertragung bestimmt. Dies bedeutet, dass die Berechtigten der GEMA an ihren Werken die ausschließlichen Nutzungsrechte iSd § 31 Abs. 3 UrhG übertragen.[7] Danach kann nur noch die GEMA den Nutzern einfache Nutzungsrechte nach § 31 Abs. 2 UrhG einräumen. Mithin ist auch der Berechtigte selbst nicht mehr in der Lage, Dritten die Nutzungsrechte an

1 Sogleich § 4 I.
2 Nachfolgend § 4 II.
3 Nachfolgend § 4 IV.
4 Nachfolgend § 4 V.
5 Nachfolgend § 4 III.
6 Dazu vorstehend § 2 IV 2 a.
7 BGH, GRUR 1968, 321, 325 f. – Haselnuß.

seinen Werken zu übertragen.[8] Soweit er Aufführungen seiner eigenen Werke veranstaltet, muss demnach auch der Urheber selbst nach § 13 a Abs. 1 UrhWG eine Lizenz bei der GEMA einholen.

Die exklusive Rechteübertragung an die Verwertungsgesellschaften, die zu einem Ausschluss der Direktlizenzierung durch den Berechtigten führt, wurde auch von der EG-Kommission im Verfahren *GEMA I*[9], bestätigt durch die Ausführungen des EuGH in der Entscheidung *BRT II,*[10] für grundsätzlich zulässig bewertet. Die Begründung lautete dahingehend, dass der Ausschluss der individuellen Lizenzierung ein in kartellrechtlicher Hinsicht nach Art. 82 Abs. 2 lit. a EG zulässiges Vorgehen darstellt, mit dem die Verwertungsgesellschaften das für ihre Aufgabe erforderliche Volumen und Gewicht und damit ihr „Funktionieren"[11] sichern.[12]

Da die GEMA als Verwertungsgesellschaft die ausschließlichen Nutzungsrechte zum Zweck der Wahrnehmung (und nicht zur eigenen Nutzung) erhält, entfällt die Zustimmungspflicht der Urheber nach § 35 Abs. 1 UrhG für den Fall der Weiterübertragung an Dritte.[13] Dadurch ist die GEMA in der Lage, gemäß § 11 UrhWG *jedermann* auf Wunsch das Recht zur Nutzung einzuräumen. Die Verpflichtung nach § 11 UrhWG führt dazu, dass die GEMA ihrerseits die ihr übertragenen Rechte nur als einfache Nutzungsrechte an die Nutzer weiter übertragen kann.[14]

Die „exklusive" Bindung an die Verwertungsgesellschaft gilt unterschiedslos für alle Berechtigten. Auch bedeutende Rechteinhaber müssen ihre ausschließlichen Nutzungsrechte in die Solidargemeinschaft zur kollektiven Wahrnehmung einbringen.[15] Außerdem umfasst die exklusive Rechteübertragung grundsätzlich alle Werke des Berechtigten. Er hat nicht die Möglichkeit auszuwählen, welche Werke kollektiv wahr-

---

8 LG Köln, ZUM 1998, 168 – Kunstklotz.
9 Kommission v. 2. 6. 1971, ABl. 1971 L 134, 22, 26 – GEMA I.
10 EuGH v. 27. 3. 1974 – Rs. 1227/73 – BRT-II, Slg. 1974, 313 Rn. 9/11.
11 EuGH v. 27. 3. 1974 – Rs 1227/73 – BRT-II, Slg. 1974, 313 Rn. 9/11.
12 *Wünschmann*, Die kollektive Verwertung von Urheber- und Leistungsschutzrechten nach europäischem Wettbewerbsrecht, S. 124.
13 Dreier/Schulze-*Schulze* § 35 UrhG Rn. 14. Gleichwohl ist die Berechtigung der GEMA zur Weiterübertragung der Rechte an Dritte in § 3 BerV ausdrücklich geregelt.
14 Dazu auch vorstehend § 3 I 1.
15 *Wünschmann*, Die kollektive Verwertung von Urheber- und Leistungsschutzrechten nach europäischem Wettbewerbsrecht, S. 124 f.

genommen werden sollen, welche er individuell wahrnehmen will. Ein solches „Rosinenpicken“[16] würde gerade dem von Kommission und EuGH anerkannten Bedürfnis der GEMA, das gesamte (Welt-)Repertoire zu vertreten, entgegenstehen.[17] Nur durch diese Übertragung der Rechte an allen Werken ist eine wirtschaftliche Rechtewahrnehmung möglich.[18] Keinesfalls darf der Urheber die Rechteübertragung in persönlicher Hinsicht begrenzen, indem er beispielsweise einzelne Nutzungsinteressenten ausnimmt.[19]

II. Übertragung aller gegenwärtigen und künftigen Rechte

Neben der exklusiven Rechteübertragung regelt § 1 BerV (Kopfteil), dass der Berechtigte alle ihm gegenwärtig zustehenden und während der Vertragsdauer noch zuwachsenden, zufallenden oder sonst erworbenen urheberrechtlichen Befugnisse, die unter den Tätigkeitsbereich der GEMA fallen, auf diese überträgt. Bei Abschluss des Vertrags verfügt der Berechtigte folglich nicht nur umfassend über diejenigen Rechte und Ansprüche, die er in diesem Moment innehat, sondern auch über sämtliche Rechte und Ansprüche, deren Inhaber er erst im Laufe der Vertragslaufzeit werden wird.

1. Übertragung aller gegenwärtigen Rechte

Bei den mit Abschluss des Berechtigungsvertrags übertragenen gegenwärtigen Rechten handelt es sich in erster Linie um die unter den Tätigkeitsbereich der GEMA fallenden ausschließlichen Nutzungsrechte an sämtlichen zum Zeitpunkt des Vertragsschlusses bereits geschaffenen eigenen Werken des Berechtigten. Übertragen werden daneben jedoch auch alle Rechte und Ansprüche betreffend Werke Dritter, die dem Berechtigten zur Zeit des Vertragsschlusses – als sog. abgeleitete Rech-

---

16 *Riesenhuber*, Die Auslegung und Kontrolle des Wahrnehmungsvertrags, S. 145.
17 Kommission, v. 2.6.1971, ABl. 1971 L 134, 15, 23 – GEMA I; EuGH v. 27.3.1974 – Rs. 1227/73, BRT II, Slg. 1974, 313 Rn. 9/11.
18 RegE UrhWG, Begr. zu § 6, BT-Drs. IV/271, S. 15 f.
19 OLG München, ZUM 1994, 303, 306 – Beatles CD.

te[20] – zustehen. Auch die Rechte und Ansprüche im Sinne des § 1 BerV, die der Berechtigte bereits vor Abschluss des Berechtigungsvertrags im Wege der Rechtsnachfolge „erlangt hat“, gehen als (abgeleitete) gegenwärtige Rechte auf die GEMA zur Wahrnehmung über (vgl. § 2 S. 2 BerV).[21]

2. Übertragung aller künftigen Rechte

a) Künftige Rechte an eigenen und fremden Werken

Als übergreifende Rahmenbedingung regelt § 1 BerV (Kopfteil) zudem die Einräumung bzw. Abtretung sämtlicher künftiger Rechte und Ansprüche („Rechte, die während der Vertragsdauer noch zuwachsen, zufallen, wieder zufallen oder die der Berechtigte erwerben wird“). Gegenstand dieser Vorausverfügungen[22] sind auch hier zunächst die eigenen Werken des Urhebers; künftige Rechte und Ansprüche an diesen Werken „wachsen“ dem Berechtigten während der Vertragsdauer „zu“.[23] Darüber hinaus erstreckt sich die Vorausverfügung auch auf alle (abgeleiteten) Rechte und Ansprüche an Werken Dritter, die dem Berechtigten künftig zustehen werden. Darunter fallen etwa die Rechte, die der Berechtigte während der Vertragsdauer im Wege der Rechtsnachfolge nach §§ 1922 ff. BGB erlangt. Nach der Erläuterung in § 2 S. 2 BerV sind auch diese

20 Zur Berechtigung der Zessionare vorstehend § 2 II 2 a cc.

21 Zur Berechtigung der Rechtsnachfolger vorstehend § 2 II 2 a bb.

22 Es handelt sich dabei nicht um einen sog. Voraus- oder Optionsvertrag, s. hierzu Dreier/Schulze-*Schulze*, § 40 UrhG Rn. 3, da der Berechtigungsvertrag, anders als diese, neben der Verpflichtung zur Einräumung bzw. Abtretung der Rechte gleichzeitig auch das Verfügungsgeschäft, also die Rechteeinräumung bzw. die Abtretung der Rechte enthält, so dass auch künftige Rechte automatisch übergehen, ohne dass es eines konstitutiven Rechtsaktes bedarf; *Mauhs*, Der Wahrnehmungsvertrag, S. 93 f.

23 Für den Fall, dass der Berechtigte auch im Rahmen seines Arbeitsverhältnisses verpflichtet ist, im Voraus über die in Erfüllung der Arbeitspflichten geschaffenen künftigen Werke zu Gunsten seines Arbeitsgebers zu verfügen (vgl. § 43 UrhG), ist diese Kollision von Verfügungen über den Prioritätsgrundsatz zu lösen; hat ein Urheber vor Beginn seines Arbeitsverhältnisses einen Berechtigungsvertrag unterzeichnet, geht die Vorausverfügung im Arbeitsverhältnis ins Leere und umgekehrt; Dreier/Schulze-*Dreier*, § 43 UrhG Rn. 19 a. E.; *Melichar*, Die Wahrnehmung von Urheberrechten durch Verwertungsgesellschaften, S. 62; *Riesenhuber*, NZA 2004, 1363, 1366.

während der Vertragslaufzeit erlangten Rechte (an fremden Werken) von der Rechteübertragung *a priori,* d. h. von der Übertragung künftiger Rechte erfasst. Außerdem kann der Berechtigte auch künftig Rechte „erwerben", die er dann im Rahmen seines Berechtigungsvertrags in die GEMA einbringt. So kann z. B. ein Verlag den Katalog eines anderen Verlags kaufen.[24]

Zum Sachverhalt, dass dem Berechtigten Rechte „wieder zufallen", enthält die Regelung des § 2 S. 1 BerV eine Ergänzung zu § 1 BerV (Kopfteil). Demnach überträgt der Berechtigte, soweit er über die Rechte bei Vertragsschluss nicht mehr verfügen kann, diese für den Fall auf die GEMA, dass ihm die Verfügungsbefugnis wieder zufällt. Ein solcher Sachverhalt wird selten vorkommen. Denkbar ist allerdings, dass der Berechtigte bereits vor Abschluss des Berechtigungsvertrags einen Verlagsvertrag abgeschlossen hat, in dem er seinem Verleger die ausschließlichen Nutzungsrechte an bestimmten Werken übertragen hat. Bezüglich dieser Werke kann er dann bei Abschluss des Berechtigungsvertrags nicht mehr zu Gunsten der GEMA verfügen. Kündigt nun etwa der berechtigte Verleger wirksam den Verlagsvertrag, so erlischt das Verlagsrecht nach § 9 S. 1 VerlG und die Rechte fallen regelmäßig an den Urheber zurück.[25] In diesem Fall bewirkt § 1 iVm § 2 S. 1 BerV, dass diese Rechte im Rahmen des Berechtigungsvertrags zwischen Urheber und GEMA „automatisch" übergehen.

b) Keine Unzulässigkeit der Vorausverfügungen

Teilweise wird die Ansicht vertreten, Vorausverfügungen in Wahrnehmungsverträgen würden eine unangemessene Bevormundung darstellen, die dem Selbstbestimmungsrecht und der Eigenverantwortung der Berechtigten entgegensteht.[26] Auch die Europäische Kommission[27] und der Europäische Gerichtshof[28] sahen die damit verbundene Beeinträchtigung der Verfügungsfreiheit der Berechtigten. Gleichwohl wurde das System der Vorausverfügungen grundsätzlich gebilligt. Die Kommission stellte ausdrücklich fest, dass eine solche Verpflichtung – trotz der be-

24 Zur Berechtigung der Verleger vorstehend § 2 II 2 a dd.
25 Eingehend *Schricker,* Verlagsrecht § 9 VerlG Rn. 6 ff.
26 *Schack,* Urheber- und Urhebervertragsrecht, Rn. 1204, der die Vorausverfügung für unangemessen iSd § 6 Abs. 1 UrhWG hält.
27 Kommission, Entscheidung v. 2. 6. 1971, ABl. EG L 134, 15, 22 – GEMA I.
28 EuGH v. 27. 3. 1974 – Rs. 1227/73 – BRT II, Slg. 1974, 313 Rn. 6/8.

einträchtigten Verfügungsfreiheit – kein Missbrauch einer marktbeherrschenden Stellung im Sinne des Art. 82 EG (Art. 86 EG a. F.) sei.[29] Auch der EuGH sah die Verpflichtung zur Abtretung auch künftiger Rechte nicht als missbräuchlich an, soweit sie nicht für einen längeren Zeitraum nach dem Austritt des Mitglieds verlangt werde.[30]

Diese Verpflichtung zur Vorausverfügung hält auch die überwiegende Ansicht für gerechtfertigt.[31] Wenn auch der Urheber während der Vertragslaufzeit nicht in der Lage ist, Dritten Rechte an seinen künftigen Werken einzuräumen,[32] überwiegt – entsprechend den Vorgaben des EuGH – das Funktionsinteresse der GEMA und damit das Gesamtinteresse aller Berechtigten; das System der Vorausabtretung bewirkt im Falle der GEMA, dass diese ein bedeutendes Repertoire und damit – im Gesamtinteresse aller Berechtigten – eine starke Verhandlungsposition gegenüber den Nutzern erlangt.[33]

Die Vorausverfügung ist zudem in § 40 Abs. 1 UrhG gesetzlich vorgesehen. Auch entspricht sie dem Interesse der Gesamtheit aller Mitglieder an einer Kosten sparenden Verwaltung. Die „Einzelverwaltung" für jedes künftige Werk würde einen nicht zu vertretenden Verwaltungsaufwand verursachen. Anderenfalls müsste etwa kostspielig für jeden Einzelfall geklärt werden, ob der Urheber die Nutzungsrechte – entgegen seiner Verpflichtung im Wahrnehmungsvertrag – nicht (dinglich wirksam) an einen Dritten übertragen hat. In diesem Fall könnte die GEMA ihrerseits keine entsprechenden Lizenzen erteilen.[34] Außerdem müssten anderenfalls die Berechtigungsverträge ständig aktualisiert werden.[35] Die im Vorhinein festgelegte Bündelung der Rechte in der Hand der GEMA stabilisiert darüber hinaus angemessene Lizenzen, da die Nutzer auf

29 Kommission, Entscheidung v. 2. 6. 1971, ABl. EG L 134, 15, 22 f. – GEMA I.
30 EuGH v. 27. 3. 1974 – Rs. 1227/73 – BRT II, Slg. 1974, 313 Rn. 9/11.
31 Schricker-*Reinbothe*, § 6 UrhWG Rn. 5; *Mauhs*, Der Wahrnehmungsvertrag, S. 94; *Steden*, Das Monopol der GEMA, S. 88; *Meyer*, Verwertungsgesellschaften und ihre Kontrolle, S. 83 f.; *Riesenhuber*, NZA 2004, 1363, 1365; *v. Gamm*, § 31 UrhG Rn. 7; so auch schon RGZ 140, 231, 251 f.; das Reichsgericht wies darauf hin, dass die Übertragung künftiger Rechte der Verkehrssicherheit dient.
32 LG Köln, ZUM 1998, 168, 169; OLG Köln ZUM 1998, 505, 507 – Kunstklotz.
33 *Riesenhuber*, NZA 2004, 1363, 1365; *Mauhs*, Der Wahrnehmungsvertrag, S. 92.
34 Vgl. OHG, GRUR Int. 1979, 165, 167 – Festliches Innsbruck.
35 *Vogel*, GRUR 1993, 513, 525; Schricker-*Reinbothe*, § 6 UrhWG Rn. 5; Loewenheim-*Melichar*, § 47 Rn. 18.

diese Weise nicht Verwertungsgesellschaft und einzelne Rechteinhaber gegeneinander ausspielen können.[36]

Hinzu kommt, dass die Vorausverfügung den Urheber vor Konfliktsituationen schützt. So bestünde etwa bei jedem neu geschaffenen Werk die Gefahr, dass der Berechtigte seine Rechte zu unangemessenen Bedingungen übertragen muss.[37] Dies könnte zum einen dazu führen, dass er für Nutzungen seines Werks keine Vergütung erhält. Zum anderen könnte aber auch beispielsweise ein Auftrag- oder Arbeitgeber – gegenläufig zu den Interessen des Urhebers – dessen Werk schlecht oder überhaupt nicht verwerten. Unabhängig davon, ob der Berechtigte hiergegen vorgehen kann, wird er sich in der Zwangslage befinden, dass er das Verhältnis zu seinem Auftrag- oder Arbeitgeber nicht gefährden will.

III. Zeitliche Reichweite der Rechteübertragung

1. Regelungsinhalt der §§ 10, 16 BerV zur zeitlichen Reichweite

§ 10 BerV regelt eine (Mindest-)Vertragslaufzeit von sechs Jahren, die sich stillschweigend um weitere sechs Jahre verlängert, wenn nicht der Berechtigte ein Jahr vor Ablauf schriftlich kündigt. Für Angehörige der Mitgliedstaaten der EG – und damit auch für Deutsche – gelten jedoch die besonderen Vereinbarungen nach § 16 S. 1 und S. 2 BerV iVm § 3 Ziff. 2 GEMA-Satzung.[38] Demnach übertragen diese Berechtigten ihre Rechte – anders als in § 10 BerV geregelt – für eine Mindestlaufzeit von drei Jahren.[39] Die Übertragung verlängert sich um weitere drei Jahre, wenn der

36 *Wünschmann*, Die kollektive Verwertung von Urheber- und Leistungsschutzrechten nach europäischem Wettbewerbsrecht, S. 124.

37 Fromm/Nordemann-*Nordemann*, § 6 UrhWG Rn. 8; *Meyer*, Verwertungsgesellschaften und ihre Kontrolle, S. 82 f.; Dreier/Schulze-*Schulze*, vor § 31 UrhG Rn. 129; vgl. auch Loewenheim-*Melichar*, § 47 Rn. 18 sowie *Pfennig*, ZUM 1998, 170.

38 S. die Fußnote zum im GEMA-Jahrbuch 2005/2006, S. 183 abgedruckten Vertragstext „Das Vertragsformular mit seiner besonderen Vereinbarung unter § 16 wird nur für Vertragsabschlüsse mit Angehörigen und Verlagsfirmen der Mitgliedstaaten der Europäischen Gemeinschaft verwendet. Bei Vertragsabschlüssen mit Angehörigen von Drittländern entfällt § 16 des Vertrages."

39 *Goldmann*, Die kollektive Wahrnehmung musikalischer Rechte, S. 301.

Vertrag nicht schriftlich innerhalb von sechs Monaten vor Ablauf gekündigt wird. Dass die Dauer der Rechteübertragung grundsätzlich nicht über die Vertragslaufzeit hinausgehen kann, entschied bereits das Reichsgericht im Jahr 1915.[40] Es erklärte eine Klausel des Berechtigungsvertrags der AFMA[41] für unwirksam, die den Verbleib der während der Vertragslaufzeit übertragenen Aufführungsrechte bei der AFMA „für die Dauer des Urheberrechts" auch für den Zeitraum nach Vertragskündigung vorsah. Der Berechtigungsvertrag der GEMA regelt hingegen in § 11, dass die Rechte mit Beendigung des Vertrags an den Berechtigten zurückfallen, ohne dass es einer besonderen Rechteübertragung bedarf. Jedoch sind nach dieser Bestimmung diejenigen Nutzer, denen durch Lizenzverträge die Nutzung der Werke gestattet wurde, auch nach Beendigung des Berechtigungsvertrags für die Dauer der Lizenzverträge zur Nutzung befugt.

Wohl in Anlehnung an die Regelung in § 6 Ziff. 4 GEMA-Satzung, die Angehörige aus Drittländern mit steuerlichem Wohnsitz bzw. mit Sitz in einem Mitgliedstaat der Europäischen Gemeinschaft hinsichtlich mitgliedschaftlicher Rechte mit Angehörigen eines Mitgliedstaates der Europäischen Gemeinschaft gleichstellt, wendet die GEMA in der Praxis – soweit ersichtlich – die besonderen Vereinbarungen nach § 16 BerV auch gegenüber Angehörigen aus Drittländern mit steuerlichem Wohnsitz bzw. mit Sitz in einem Mitgliedstaat der Europäischen Gemeinschaft an. Die Berechtigungsverträge dieser Rechteinhaber sehen folglich auch eine (Mindest-)Vertragslaufzeit von drei Jahren vor. Da Drittland-Ausländer dadurch mit Inländern gleichbehandelt werden, ist diese Praxis nicht zu beanstanden.

2. Kommissionsentscheidungen als Hintergrund der besonderen Vereinbarungen zur Vertragslaufzeit

Hintergrund der besonderen Vereinbarungen nach § 16 BerV für Angehörige der Mitgliedstaaten der EG sind Entscheidungen der Europäischen Kommission aus den Jahren 1971[42] und 1972[43]. Hier hatte die

40 RGZ 87, 215, 218; eingehend hierzu *Riesenhuber/Rosenkranz*, Das deutsche Wahrnehmungsrecht 1903–1933, IV. 4.

41 Dabei handelt es sich um eine Vorgängerin der heutigen GEMA; vorstehend § 2 I 2.

42 Kommission v. 2. 6. 1971, ABl. 1971 L 134, 15 ff. – GEMA I.

43 Kommission v. 6. 7. 1972, ABl. 1972 L 166, 22 f. – GEMA II.

Kommission unter anderem die Mindest-Übertragungsdauer von sechs Jahren nach § 10 BerV[44] zunächst als missbräuchlich nach Art. 82 EG (Art. 86 EG a. F.) bemängelt; die GEMA würde dadurch die Berechtigten in einer Weise an sich binden, die objektiv nicht gerechtfertigt sei. Insbesondere werde der Wechsel zu einer anderen Gesellschaft unbillig erschwert.[45] Hierin zeigt sich der von der Kommission bestimmte Binnenmarktzweck der kartellrechtlichen Missbrauchskontrolle.[46] In der ersten Entscheidung von 1971 forderte die Kommission eine Kündigungsmöglichkeit für einzelne Sparten zum Ende eines Jahres. Die GEMA konnte jedoch im Jahr 1972 eine Korrektur dahingehend erreichen, dass eine dreijährige Dauer der Rechteübertragung zulässig ist, soweit den Mitgliedern die Freiheit gewährt wird, über die Rechte als einzelne Nutzungsarten zu verfügen.[47]

3. Zulässigkeit der dreijährigen bzw. sechsjährigen Rechteübertragung

Bei der Zulässigkeit der dreijährigen bzw. sechsjährigen Vertragslaufzeit geht es nicht um die Frage, ob eine Beschränkung der Dauer der Rechteübertragung zulässig ist; dies gestattet § 31 Abs. 1 S. 2 UrhG ausdrücklich. Zu überprüfen ist vielmehr, ob die dreijährige bzw. sechsjährige (Mindest-)Übertragungsdauer nicht deshalb unzulässig ist, weil sie die Berechtigten unverhältnismäßig lange an die GEMA bindet. Zur Überprüfung der Wirksamkeit dieser Klauseln kommen dabei grundsätzlich die Bestimmungen des AGB-Rechts sowie die kartellrechtlichen Missbrauchsvorschriften in Betracht. Da die Angehörigen von Drittländern nach § 10 BerV länger als die Angehörigen der EG-Staaten an die GEMA gebunden werden, muss im Grundsatz auch der konventionsrechtliche Gleichbehandlungsgrundsatz beachtet werden.[48]

---

44 Die damalige Fassung ist diesbezüglich mit der aktuellen Fassung des § 10 BerV identisch (s. Kommission v. 2. 6. 1971, ABl. 1971, 134, 15, 18 – GEMA I).

45 Kommission v. 2. 6. 1971, ABl. 1971 L 134, 15, 24 – GEMA I.

46 Vgl. beispielsweise die Mitteilung der Kommission v. 16. 4. 2004, KOM(2004) 261 end., Zusammenfassung.

47 Zur Möglichkeit der Spartenlizenzierung sogleich IV.

48 Zur Anwendbarkeit dieser Kontrollmaßstäbe vorstehend § 3.

a) Kein Verstoß gegen AGB-rechtliche Bestimmungen

§ 309 Nr. 9 BGB (§ 11 Nr. 12 AGBG a. F.),[49] der längere als zweijährige Vertragslaufzeiten und Verlängerungsklauseln um mehr als ein Jahr für unwirksam erklärt, steht der Zulässigkeit der dreijährigen wie auch der sechsjährigen Vertragslaufzeit nicht entgegen; die Regelung gilt nach § 309 Nr. 9 lit. c Schlussabsatz BGB (§ 23 Abs. 2 Nr. 6 AGBG a. F.) nicht für Wahrnehmungsverträge.[50] Hier hat der Gesetzgeber für den Bereich der Verwertungsgesellschaften das Interesse beider Parteien an einer langfristigen Vertragsdauer gesehen.[51] Die Regelungen sind folglich nicht in AGB-rechtlicher Hinsicht unangemessen.[52]

b) Unbedenkliche dreijährige Übertragungsdauer

Gegen die dreijährige (Mindest-)Übertragungsdauer für Angehörige der Mitgliedstaaten der Europäischen Gemeinschaft bestehen keine Bedenken. Dies bestätigen die Kommissions-Entscheidungen *GEMA I* und *GEMA II*.[53] Häufige Wechsel der Berechtigten bzw. einzelner von ihnen eingebrachter Rechte führen zu erhöhten Verwaltungskosten[54] und stehen damit bereits dem Interesse der Gesamtheit aller Mitglieder an einer effektiven Rechteverwaltung (Funktionsinteresse)[55] entgegen.[56] Zudem besteht die Gefahr, dass bei einer kürzeren Vertragsbindung mächtige

---

49 Zur Anwendbarkeit der Bestimmungen über Allgemeine Geschäftsbedingungen vorstehend § 3 III.

50 *Seifert*, in: Handbuch der Musikwirtschaft, S. 981, 994; Schricker-*Reinbothe*, § 6 UrhWG Rn. 6; *Nordemann*, GRUR 1992, 584, 585; *Goldmann*, Die kollektive Wahrnehmung musikalischer Rechte, S. 301; kritisch *Mauhs*, Der Wahrnehmungsvertrag, S. 75 ff.; *Rehbinder*, DVBl. 1992, 216, 218; *Schack*, Urheber- und Urhebervertragsrecht, Rn. 1202.

51 *Melichar*, Die Wahrnehmung von Urheberrechten durch Verwertungsgesellschaften, S. 64; *Mauhs*, Der Wahrnehmungsvertrag, S. 75; Staudinger-*Schlosser* (1998), § 23 AGBG Rn. 41.

52 *Rehbinder*, DVBl. 1992, 216, 218.

53 Dazu oben 2.

54 *Ochsner*, Die kollektive Verwertung von urheberrechtlichen Nutzungsbefugnissen, S. 93.

55 Dazu oben § 3 IV 1.

56 *Mauhs*, Der Wahrnehmungsvertrag, S. 75 f.; *Ochsner*, Die kollektive Verwertung von urheberrechtlichen Nutzungsbefugnissen, S. 93; *Wünschmann*, Die kollektive Wahrnehmung von Urheber- und Leistungsschutzrechten nach europäischem Wettbewerbsrecht, S. 128.

Verwerter die Berechtigten unter Druck setzen, die Nutzungsrechte kurzfristig zu kündigen und zu ihren einseitigen Bedingungen direkt an sie zu vergeben.[57] Dem gegenüber tritt das Interesse des einzelnen Berechtigten an einer möglichst großen Freiheit über seine Rechte zu verfügen,[58] zurück. Obwohl ihn diese Bindung daran hindert, seine Rechte von einer anderen Verwertungsgesellschaft wahrnehmen zu lassen[59] bzw. die Rechte auch selbst zu vergeben,[60] hat das Interesse der Gesamtheit aller Mitglieder Vorrang. Die dreijährige Vertragslaufzeit wird daher auch als „gelungener Kompromiss" bezeichnet.[61]

c) Kritische Beurteilung der sechsjährigen Übertragungsdauer

Kritisch beurteilt wird die in § 10 BerV geregelte sechsjährige Vertragslaufzeit, die nur gegenüber Angehörigen von Drittländern, für die die besonderen Vereinbarungen des § 16 BerV nicht gelten, Anwendung findet.

aa) Anwendbare Kontrollmaßstäbe

Teilweise wird – auch unter Bezugnahme auf die Entscheidungen der Europäischen Kommission – vertreten, die sechsjährige Vertragsdauer für Angehörige von Drittländern sei unangemessen im Sinne des § 6 Abs. 1 UrhWG, da eine über die dreijährige Vertragsbindungen hinausgehende Bindung für eine effektive Wahrnehmung nicht erforderlich sei.[62] Dem ist allerdings entgegenzuhalten, dass sich der Wortlaut des § 6 Abs. 1 UrhWG nur auf Angehörige der Mitgliedsstaaten der Europäischen Gemeinschaft und des Europäischen Wirtschaftsraums bezieht und eine unterschiedliche Behandlung der Angehörigen aus Drittlän-

---

57 *Wünschmann*, Die kollektive Wahrnehmung von Urheber- und Leistungsschutzrechten nach europäischem Wettbewerbsrecht, S. 128 f.; *Mauhs*, Der Wahrnehmungsvertrag, S. 75; *Schack*, Urheber- und Urhebervertragsrecht, Rn. 1202; vgl. auch Dreier/Schulze-*Schulze*, vor § 31 UrhG Rn. 129.

58 EuGH v. 27. 3. 1974 – Rs. 1227/73, BRT II, Slg. 1974, 313 Rn. 9/11.

59 Kommission v. 2. 6. 1971, ABl. 1971 L 134, 15, 22 – GEMA I.

60 *Mauhs*, Der Wahrnehmungsvertrag, S. 74.

61 *Wünschmann*, Die kollektive Verwertung von Urheber- und Leistungsschutzrechten nach europäischem Wettbewerbsrecht, S. 128; *Mauhs*, Der Wahrnehmungsvertrag, S. 76 f.; *Rehbinder*, DVBl. 1992, 216, 218.

62 *Mauhs*, Der Wahrnehmungsvertrag, S. 77; *Rehbinder*, DVBl. 1992, 216, 218.

dern, die nicht dem EWR angehören, daher schon im Gesetz angelegt ist. Daraus folgt, dass sich auf die Kontrollnorm des § 6 Abs. 1 UrhWG neben den Angehörigen der Mitgliedstaaten der Europäischen Gemeinschaft nur die Angehörigen weiterer Vertragstaaten des EWR, nicht aber Drittländer-Ausländer berufen können.

Die sechsjährige Vertragsbindung für die Angehörigen der Drittländer ist jedoch vollumfänglich an der kartellrechtlichen Missbrauchskontrolle, insbesondere an Art. 82 EG zu messen.[63] Der Schutzumfang dieser Missbrauchsvorschriften umfasst auch Angehörige von Drittländern. Geschützt werden alle Dritten im Einflussbereich marktbeherrschender Unternehmen.[64] Dieser Schutz besteht also nicht nur für Angehörige der Mitgliedstaaten der Europäischen Gemeinschaft. Ziel der kartellrechtlichen Missbrauchsaufsicht ist vielmehr, den Wettbewerb auf sämtlichen Märkten, wo immer möglich, zu schützen.[65]

Schließlich ist die Folge aus der Anwendung des § 10 BerV für Ausländer aus Drittländern anhand des konventionsrechtlichen Gleichbehandlungsgrundsatzes zu überprüfen.

bb) Kontrolle

Bei der Kontrolle der sechsjährigen Mindestübertragungsdauer für Angehörige von Drittländern ist wiederum das Funktionsinteresse der Verwertungsgesellschaft gegen die Verfügungsfreiheit des Einzelnen abzuwägen, um eine Missbräuchlichkeit bzw. die Rechtfertigung der unterschiedlichen Behandlung beurteilen zu können. Im Vergleich zur Rechtewahrnehmung für Angehörige der EG-Staaten rechtfertigt das Interesse der Gemeinschaft aller Berechtigten an einer effektiven und Kosten sparenden Verwaltung bei der Rechtewahrnehmung für Berechtigte aus Drittländern eine längere Mindestübertragungsdauer. Neben meist höheren Porto- und Telefonkosten für die Korrespondenz ist im Regelfall auch die übrige Verwaltung aufwändiger, etwa wenn bei nicht bekannt gegebenen Adressänderungen umfangreiche Nachforschungen angestellt werden müssen. Die Mehrkosten trägt die Gemeinschaft aller Mitglieder.

Dabei kann etwa ein Angehöriger der Schweiz nicht einwenden, gerade er würde keine höheren Verwaltungskosten verursachen. Nach dem Prinzip

---

63 Zur kartellrechtlichen Missbrauchskontrolle vorstehend § 3 IV.
64 Vgl. *Emmerich*, Kartellrecht, S. 167.
65 *Emmerich*, Kartellrecht, S. 166.

der kollektiven Rechtewahrnehmung müssen die einzelnen Berechtigten Pauschalierungen grundsätzlich hinnehmen; sie sind unvermeidbar.[66] Außerdem ist zu unterstellen, dass das Interesse eines Berechtigten aus einem Drittland, etwa aus Südamerika, der die „weit entfernte" GEMA mit der Wahrnehmung seiner Rechte betraut, an einer möglichst freien Verfügbarkeit ohnehin nicht besonders groß ist.

Das gilt allerdings nicht für den Fall, dass ein Angehöriger eines Drittlandes seinen steuerlichen Wohnsitz bzw. seinen Geschäftssitz in der Europäischen Gemeinschaft hat. In diesem Fall verursacht auch er regelmäßig keine höheren Verwaltungskosten als ein Angehöriger eines Mitgliedstaates der Europäischen Gemeinschaft. Eine unterschiedliche Vertragslaufzeit ist dann nicht gerechtfertigt.

Daraus folgt, dass die sechsjährige Vertragslaufzeit nach § 10 BerV nur für den Fall unwirksam ist, dass ein Angehöriger eines Drittlandes seinen steuerlichen Wohnsitz bzw. seinen Geschäftssitz in der Europäischen Gemeinschaft hat. Da die GEMA in der Praxis – soweit ersichtlich – jedoch auch mit diesen Berechtigten Verträge mit dreijähriger Laufzeit nach § 16 BerV abschließt, ist zwar die Bestimmung des Berechtigungsvertrags, jedoch nicht die Praxis der GEMA unwirksam.

Die Praxis der GEMA beseitigt jedoch nicht die Missbräuchlichkeit und damit die Nichtigkeit der Klausel (etwa nach Art. 82 Abs. 2 EG iVm § 134 BGB). Daraus folgt jedoch nicht nach § 139 BGB die Unwirksamkeit aller Berechtigungsverträge, die die GEMA mit diesen Berechtigten (ohne die besondere Klausel des § 16 BerV) abgeschlossen hat. Dies würde dem Willen der Vertragsparteien widersprechen. Nach ihrem mutmaßlichen Willen wollten sie eine (wirksame) Laufzeitklausel vereinbaren. Insofern kann die Klausel auch nicht ersatzlos wegfallen.[67] Die Nichtigkeit des § 10 BerV hat damit zur Folge, dass die Mindestlaufzeit auf das zulässige Maß des § 16 BerV beschränkt wird und so auch für die Berechtigten aus Drittländern mit steuerlichem Wohnsitz oder Geschäftssitz in der EG die Mindestlaufzeit auf drei Jahre begrenzt ist.[68]

---

66 Grundlegend BGH, GRUR 1988, 782, 783 – GEMA-Wertungsverfahren; BVerfG, ZUM 1997, 555.

67 So entschied dies der BGH für eine Klausel der Geschäftsordnung für das Wertungsverfahren der Komponisten in der Sparte E (GEMA-Jahrbuch 2005/2006, S. 347 ff.), die ebenfalls nur einen Teil der Berechtigten unangemessen benachteiligte; BGH, GRUR 2002, 332, 333 – Klausurerfordernis.

68 Vgl. Palandt-*Heinrichs* § 139 BGB Rn. 14; BGHZ 213, 221.

IV. Inhaltliche Reichweite der Rechteübertragung

1. Grundsätze zur inhaltlichen Reichweite der Rechteübertragung nach §§ 1, 16 BerV

§ 16 S. 1 und S. 3 BerV iVm § 3 Ziff. 2 GEMA-Satzung regeln, dass Angehörige der EG-Staaten die Übertragung ihrer Nutzungsrechte auf bestimmte Sparten beschränken können (sog. Spartenlizenzierung[69]). Nach dem Wortlaut des § 16 BerV besteht diese Möglichkeit für Angehörige von Drittländern nicht.[70] Diese Berechtigten übertragen daher ihre Rechte grundsätzlich umfassend nach § 1 BerV auf die GEMA. In der Praxis gewährt die GEMA allerdings – parallel zur Vertragsdauer[71] – den Angehörigen aus Drittländern mit steuerlichem Wohnsitz bzw. mit Geschäftssitz in einem Mitgliedstaat der Europäischen Gemeinschaft ebenfalls die besondere Möglichkeit zur Spartenlizenzierung.

2. Kommissionsentscheidungen als Hintergrund der Spartenlizenzierung

Die Spartenlizenzierung ist – zusammen mit der auf drei Jahre verkürzten Vertragsdauer – Folge der Kommissionsentscheidungen *GEMA I* und *GEMA II*.[72] Die Kommission bemängelte in diesen Entscheidungen die ursprünglich sachlich unbegrenzte Rechteübertragung nach § 1 BerV als missbräuchlich, da die Berechtigten in einer objektiv nicht gerechtfertigten Weise an die GEMA gebunden würden.[73] Sie schrieb daher zunächst eine Aufspaltung in sieben Sparten vor, wobei diese sieben Sparten den

69 *Riesenhuber*, Die Auslegung und Kontrolle des Wahrnehmungsvertrags, S. 146.

70 Die GEMA ist hier ohnehin nur im Rahmen des § 6 Abs. 1 UrhWG zum Abschluss eines Berechtigungsvertrags verpflichtet; dazu vorstehend § 2 II 1.

71 Dazu vorstehend § 4 III 3.

72 Dazu vorstehend § 4 III 2.

73 Kommission v. 2. 6. 1971, ABl. 1971 L 134, 15, 22 – GEMA I; insofern führt die Möglichkeit der Spartenlizenzierung dazu, dass einzelne „Sparten" auch auf ausländische Verwertungsgesellschaften übertragen werden können, die ihrerseits teilweise in ihrer Tätigkeit auf die Wahrnehmung einzelner Nutzungssparten beschränkt sind. Beispielweise ist die britische musikalische Verwertungsgesellschaft PRS (The Performing Right Society Ltd.) nur im Bereich der Aufführungs- und Senderechte, nicht jedoch im Bereich des „mechanischen Rechts" tätig.

Katalog der damals gültigen Fassung des § 1 BerV zusammenfassten. In der Entscheidung *GEMA II* korrigierte die Kommission die geforderte (Mindest-)Vertragslaufzeit auf drei Jahre[74] und forderte gleichzeitig eine größere Verfügungsfreiheit hinsichtlich der sachlichen Begrenzbarkeit der zu übertragenden Rechte. Demnach sollen die Berechtigten „alle wirtschaftlich trennbaren Formen der Ausübung des Urheberrechts unter Berücksichtigung der Unterschiede der nationalen Gesetzgebung über das Urheberrecht" gesondert übertragen können.[75] Die Kommission zählt – ausdrücklich beispielhaft – folgende Auswertungsformen auf:

- das allgemeine Aufführungsrecht
- das Senderecht für Rundfunk
- das Wiedergaberecht von im Rundfunk gesendeten Werken
- das Senderecht für Fernsehen
- das Wiedergaberecht von im Fernsehen gesendeten Werken
- das Filmaufführungsrecht
- das mechanische Vervielfältigungs- und Verbreitungsrecht
- das Wiedergaberecht mechanisch vervielfältigter Werke
- das Filmherstellungsrecht
- das Recht zur Herstellung, Vervielfältigung und Verbreitung von Trägern für Bildaufzeichnungsgeräte
- das Recht zur Wiedergabe von Trägern für Bildaufzeichnungsgeräte
- die Rechte für Benutzungshandlungen, die durch die technische Entwicklung oder eine Änderung der Gesetzgebung in Zukunft entstehen.

3. Auslegung der Regelung zur Spartenlizenzierung

§ 16 S. 3 BerV regelt, dass die nach § 16 BerV privilegierten Berechtigten „Sparten" aus der Rechteübertragung ausnehmen können. Die Kommission hingegen spricht in der Entscheidung *GEMA II* von einer Aufteilung in „Nutzungsarten".[76] Unklar ist damit, nach welchen Kriterien die an die GEMA grundsätzlich zu übertragenden Nutzungsrechte abgetrennt und damit aus der Rechteübertragung ausgenommen werden können.

Das Regelwerk der GEMA verwendet den Begriff der Sparte außerhalb des Berechtigungsvertrags – soweit ersichtlich – nur im Verteilungsplan, also im Zusammenhang mit der Tantiemenausschüttung. Diese erfolgt –

[74] Dazu vorstehend § 4 III 2.
[75] Kommission v. 6. 7. 1972, ABl. 1972 L 166, 22 – GEMA II.
[76] Kommission v. 6. 7. 1972, ABl. 1972 L 166, 22 f. – GEMA II.

etwa gemäß Abschnitt VIII der Ausführungsbestimmungen zum Verteilungsplan für das Aufführungs- und Senderecht[77] – entsprechend den verschiedenen Musikverwertungsgebieten innerhalb einzelner *(Verrechnungs-)Sparten*. Hier erfolgt die Aufteilung in Sparten allerdings zu Verrechnungszwecken. Sie eignet sich schon deshalb nicht als Trennungskriterium für die Rechteübertragung. Beispielsweise werden Lizenzeinnahmen für spezielle Nutzungen ausnahmsweise direkt verrechnet[78] und nicht nach bestimmten Kriterien des Verteilungsplans umverteilt.[79] Dabei sind in diesen getrennten Sparten jeweils unterschiedliche Verrechnungsarten erforderlich, was zur Bildung von jeweils einer eigenen *(Verrechnungs-)Sparte* führt. Mit einer Aufteilung nach bestimmten Nutzungsformen hat dies nichts zu tun.

Trotz der Formulierung in der Kommissionsentscheidung ist der Begriff der Sparte nach § 16 S. 3 BerV auch nicht derart zu verstehen, dass jede einzelne Nutzungsart im Sinne des § 31 UrhG aus dem Wahrnehmungsbereich der GEMA ausgenommen werden kann. Wie Verwertungsrechte spalten sich die diesen entsprechenden Nutzungsrechte meist in zahlreiche verschiedene Nutzungsarten im Sinne des § 31 UrhG auf.[80] Auf Grund der zahlreichen Möglichkeiten von selbstständigen Nutzungsarten ist es jedoch ausgeschlossen, dass die Kommission die GEMA entsprechend weitgehend verpflichten wollte. Die Abspaltung für jede einzelne Nutzungsart im Sinne des § 31 UrhG würde einen außerordentlichen Verwaltungsaufwand verursachen und somit dem Zweck der kollektiven Rechtewahrnehmung durch eine effektive und Kosten sparende Rechteverwaltung entgegenstehen. In diesem Sinne ist auch die Entscheidung *GEMA II* der Kommission zu verstehen, die als Nutzungsarten „alle *wirtschaftlich trennbaren* Formen der Ausübung des Urheberrechts" bezeichnet.[81] Dies bedeutet gleichzeitig, dass es im Ermessen der Verwertungsgesellschaft liegt, zu bestimmen, was sie für „wirtschaftlich trennbar" hält.

---

77 Abgedr. in: GEMA-Jahrbuch 2005/2006, S. 298.

78 Vgl. etwa Abschnitt XIII der Ausführungsbestimmungen zum Verteilungsplan A; abgedr. in: GEMA-Jahrbuch 2005/2006, S. 308 f.

79 Vgl. etwa Abschnitt XI der Ausführungsbestimmungen zum Verteilungsplan A; abgedr. in: GEMA-Jahrbuch 2005/2006 S. 305 f.

80 Schricker-*Schricker*, §§ 31/32 UrhG Rn. 38; *G. Schulze*, ZUM 1993, 255, 256; *Platho*, ZUM 1986, 572, 573; a. A.: *Dünnwald*, GRUR 1973, 245, 248, der davon ausgeht, dass der Begriff der Nutzungsarten mit den Verwertungsrechten in §§ 15–23 UrhG deckungsgleich ist.

81 Kommission v. 6. 7. 1972, Abl. L 1972, 166, S. 22 – GEMA II.

Zudem zeigt der von der Kommission aufgeführte Rechtekatalog entsprechend der damaligen Fassung des Berechtigungsvertrags, dass nur eine Aufspaltung nach den dort genannten Kategorien gewollt war. Die nur beispielhafte Aufzählung ist wohl einerseits darauf zurückzuführen, dass ein Verweis auf den Rechtekatalog des § 1 BerV nicht genügt hätte; dieser unterliegt laufenden Änderungen durch die Mitgliederversammlung. Andererseits ist anzunehmen, dass sich auch die weiteren europäischen musikalischen Verwertungsgesellschaften an diesem Rechtekatalog orientieren sollten.

Unter Berücksichtigung dieser Gesichtspunkte kann die Auslegung der Regelung in § 16 S. 3 BerV damit nur ergeben, dass die betroffenen Berechtigten grundsätzlich die Möglichkeit haben, die im Katalog des jeweils gültigen Berechtigungsvertrags getrennt aufgeführten Ausübungsformen einzeln aus der Rechteübertragung auszunehmen, soweit diese eigenständige Nutzungsarten darstellen. Voraussetzung ist dabei, dass die getrennte Aufzählung der einzelnen zu übertragenden Rechte im Berechtigungsvertrag nicht hinter den in der Entscheidung *GEMA II* aufgezählten Sparten zurückbleibt.[82] Sollte dies (in einer künftigen Fassung des Berechtigungsvertrags) der Fall sein, so bestimmt nicht der Rechtekatalog des Berechtigungsvertrags, sondern die Aufteilung nach der Entscheidung *GEMA II* als „Mindeststandard" die einzelnen abtrennbaren Ausübungsformen.[83]

82 In diesem Sinne entschied die griechische Wettbewerbskommission, dass die griechische Verwertungsgesellschaft AEPI sich nicht weigern dürfe, Wahrnehmungsverträge über einen Teil der Rechte abzuschließen. Dadurch würde sie ihre marktbeherrschende Stellung missbrauchen. Sie müsse es den Urhebern ermöglichen, bestimmte Ausübungsformen ihrer Verwertungsrechte vom Vertrag auszunehmen, wobei diese Ausübungsformen mindestens den in der Entscheidung *GEMA II* genannten entsprechen müssen; GRUR Int. 2004, 966 f.

83 Die von der Kommission genannten Rechte zu Benutzungshandlungen, die durch technische Entwicklungen oder eine Änderung der Gesetzgebung in der Zukunft entstehen, sind – für die Tätigkeit der GEMA – auf Grund der Unwirksamkeit dieser Klausel unbeachtlich.

4. Zulässigkeit der Spartenlizenzierung durch Angehörige von EG-Staaten bzw. der umfassenden Rechteübertragung durch Angehörige von Drittländern

a) Zulässigkeit der Spartenlizenzierung

Durch die Möglichkeit der Spartenlizenzierung erlangen die Angehörigen der EG-Staaten die von der Kommission geforderte Verfügungsfreiheit. Sie können einzelne Rechte einer anderen Verwertungsgesellschaft oder direkt individuell an die Verwerter übertragen, ohne dabei das Wahrnehmungsverhältnis mit der GEMA beenden zu müssen. Das Funktionsinteresse der GEMA ist demgegenüber nicht erheblich beeinträchtigt.[84] Zwar verursacht auch die Aufspaltung in einzelne Nutzungsrechte – ebenso wie die kürzere Vertragslaufzeit – höhere Verwaltungskosten, jedoch ist dieser Aufwand vertretbar, so lange sich die Zahl der abtrennbaren „Sparten“ in einem zu bewältigenden Rahmen – entsprechend den von der Kommission vorgeschlagenen elf „Nutzungsarten“ – bewegt. Soweit die Berechtigten die abgetrennten Rechte ausländischen Verwertungsgesellschaften übertragen, geht auch das für ihre Tätigkeit erforderliche Volumen nicht verloren; auf Grund der Gegenseitigkeitsverträge mit den Schwestergesellschaften ist die GEMA auch dann in der Lage, das „Weltrepertoire“ zu vertreten.[85]

b) Zulässigkeit der umfassenden Rechteübertragung durch Angehörige von Drittländern

Ebenso wie im Hinblick auf die nach § 16 BerV verkürzte Übertragungsdauer wird auch kritisch beurteilt, dass für Angehörige von Drittländern nach § 16 BerV iVm § 3 Ziff. 2 GEMA-Satzung nicht die Möglichkeit zur Spartenlizenzierung besteht.[86] Allerdings ist auch diese unterschiedliche Regelung – unabhängig von den anwendbaren Kontrollnormen[87] – dadurch gerechtfertigt, dass die Kosten für die Verwaltung der einzelnen Sparten-Rechte von Angehörigen aus Drittländern, die ihren steuerlichen

[84] A. A.: *v. Brunn*, WuW 1971, 777, der möglichst einheitliche Berechtigungsverträge im Sinne einer Kosten sparenden Verwaltung fordert.

[85] Kommission v. 2. 6. 1971, ABl. L 1971, 134, 22 – *GEMA I*; vgl. *Mauhs*, Der Wahrnehmungsvertrag, S. 91 f.

[86] So etwa *Mauhs*, Der Wahrnehmungsvertrag, S. 91 f.

[87] Dazu vorstehend § 3.

Wohnsitz nicht in den EG-Staaten haben, regelmäßig unverhältnismäßig hoch wären und diese höheren Kosten nicht der Gesamtheit aller Mitglieder aufgebürdet werden können. Dies gilt allerdings auch hier nicht für den Fall, dass Angehörige aus Drittländern ihren steuerlichen Wohnsitz oder ihren Geschäftssitz in der Europäischen Gemeinschaft haben. Deren unterschiedliche Behandlung ist nicht begründet und führt dazu, dass auch ihnen gegenüber die besonderen Vereinbarungen zur Spartenlizenzierung nach § 16 S. 1 und S. 3 BerV zur Anwendung kommen.[88]

5. Die von der Kommission erwogene Neubewertung der Sparten

In ihrer Mitteilung vom 16. 4. 2004 weist die Europäische Kommission darauf hin, dass die von ihr in den siebziger Jahren für den Bereich der „analogen" Musiknutzung entwickelten Grundsätze zur Spartenlizenzierung (d. h. die Aufteilung in sog. „GEMA-Kategorien") auf Grund der technischen Entwicklung, insbesondere im Bereich des Internets, neu bewertet werden müssen.[89] Unter Hinweis auf die entwickelten Systeme zur digitalen Rechteverwaltung will sie für die Rechteinhaber die Möglichkeit der individuellen Rechtewahrnehmung erweitern.[90] Ob sich der dafür erforderliche Rechterückruf[91] auf einzelne Werke oder auf bestimmte Verwertungsformen beziehen soll, ist allerdings unklar.

Zuzustimmen ist der Kommission darin, dass die von ihr in den siebziger Jahren entwickelten „Sparten" heute auf Grund der technischen Entwicklung überarbeitet werden müssen und auch einer fortlaufenden Anpassung an die sich wandelnden Nutzungsformen bedürfen. Eine Erweiterung der Möglichkeit der Spartenlizenzierung auf neue Auswertungsformen muss dabei noch nicht zwangsläufig mit den Grundsätzen der kollektiven Rechtewahrnehmung unvereinbar sein.[92] Soweit etwa klar abgrenzbare Auswertungsformen, die im Berechtigungsvertrag gesondert aufgeführt sind und eigenständige und damit verkehrsfähige Nutzungsarten darstellen,[93] von den Berechtigten aus dem Wahrneh-

88 Vgl. dazu vorstehend § 4 III 3.
89 KOM(2004) 261 endg. 3.4 lit. a.
90 KOM(2004) 261 endg. 3.5.3.
91 *Riesenhuber/v. Vogel*, EuZW 2004, 519, 522.
92 So aber *Riesenhuber/v. Vogel* EuZW 2004, 519, 522.
93 Dazu vorstehend 3.

mungsumfang ausgenommen werden können, führt dies nicht zwingend zu einer unangemessenen Beeinträchtigung des Funktionsinteresses der Verwertungsgesellschaft. Ob die Möglichkeit des Rückrufs für eventuell neu von der Kommission festgelegte „Kategorien" – etwa für den Internet-Bereich – gegen die Grundsätze der kollektiven Wahrnehmung verstößt, kann daher nur im Einzelfall entschieden werden. Fest steht jedoch, dass die Abwägung zwischen Funktionsinteresse der Verwertungsgesellschaft und Individualinteresse der Rechteinhaber mit jeder neu gewährten Rückrufmöglichkeit mehr zu Gunsten des Funktionsinteresses der Verwertungsgesellschaft ausfällt; die Möglichkeit der Aufteilung der der Verwertungsgesellschaft übertragenen Rechte kann nicht unbegrenzt sein, da die Verwertungsgesellschaften ab einem gewissen Grad der praktischen Aufspaltung der Rechte nicht mehr in der Lage sein werden, ihre Aufgabe zur kollektiven und effizienten Rechteverwaltung zu erfüllen.

6. Keine Möglichkeit der Beschränkung bezüglich einzelner Werke

Die Möglichkeit, einzelne „Sparten" aus der Rechtewahrnehmung auszunehmen, bedeutet nicht, dass die Berechtigten wählen könnten, welche Werke sie einbringen.[94] Eine solche Beschränkung würde gegen § 3 Ziff. 2 GEMA-Satzung verstoßen, wonach sich die Rechteübertragung nur auf Nutzungsarten von Rechten an allen Werken, nicht aber auf die Rechte an einzelnen Werken beziehen darf.[95] Die Berechtigten hätten sonst die Möglichkeit, für ihre erfolgreichen Werke mit den Verwertern individuell besonders günstige Konditionen auszuhandeln und der GEMA die wenig erfolgreichen Werke zur kollektiven Wahrnehmung zu überlassen.[96] Dies würde dem von Kommission und EuGH anerkannten Bedürfnis der GEMA, das gesamte (Welt-)Repertoire zu vertreten, entgegenstehen[97] und einen im Kosteninteresse der Gesamtheit aller Mitglieder nicht zu vertretenden Verwaltungsaufwand verursachen.

Ausgeschlossen ist ferner eine Begrenzung der Rechteübertragung in

94 Dazu auch vorstehend § 4 I.
95 OLG München, ZUM 1994, 303, 306 – Beatles CD.
96 *Seifert,* in: Handbuch der Musikwirtschaft, S. 981, 990.
97 Dazu vorstehend § 4 II 2 b.

„persönlicher" Hinsicht, indem bestimmte Nutzer vorgegeben werden, an die die Verwertungsgesellschaft keine Lizenzen vergeben darf. Eine solche Beschränkung würde dem Kontrahierungszwang der Verwertungsgesellschaften nach § 11 UrhWG entgegenstehen.[98]

7. Die Auffangklausel

a) Inhalt und Zweck der Regelung

Auch die sog. Auffangklausel[99] in § 1 lit. l BerV[100] wirkt sich auf die sachliche Reichweite der Rechteübertragung aus. Mit dieser Bestimmung sollen der GEMA auch solche Nutzungsrechte eingeräumt werden, die erst künftig durch die technische Entwicklung entstehen oder durch eine Gesetzesänderung begründet werden, soweit diese neuen Nutzungsrechte den in § 1 lit. a – i BerV aufgezählten Rechten entsprechen. Durch diese Klausel soll eine Anpassung der Berechtigungsverträge an die sich fortentwickelnden Bedingungen für die Rechtewahrnehmung erreicht werden.[101] Ziel ist es, eine lückenlose Übertragung neuer Auswertungsformen auf die GEMA – und zwar bereits im Zeitpunkt ihres Entstehens – zu erwirken. In dieser Zweckbestimmung ähnelt die Auffangklausel der antizipierten Rechteübertragung hinsichtlich der künftig entstehenden Werke des Urhebers iSd § 1 (Kopfteil) BerV.[102] In beiden Fällen wird der Urheber zwar in seiner Handlungsfreiheit eingeschränkt, gleichzeitig wird er aber auch als regelmäßig schwächerer Vertragspartner vor den Verwertern geschützt.[103] Die Möglichkeit der freien Verfügbarkeit über künftige Nutzungsrechte birgt – ebenso wie hinsichtlich der künftigen Werke – die Gefahr, dass sich der Urheber seiner Rechte begibt, ohne eine angemessene Vergütung dafür zu erhalten. Dem soll die Auffangklausel nach § 1 lit. l BerV entgegenwirken, indem diese neuen Nutzungsrechte in die lückenlose Rechteübertragung *a priori* einbezogen werden. Im Ergebnis wäre der Urheber zu keinem Zeitpunkt in der Lage, über diese

98 OLG München, ZUM 1994, 303, 306 – Beatles CD.
99 S. etwa *Platho*, ZUM 1987, 77, 78.
100 S. hierzu den Berechtigungsvertrag der GEMA in der Fassung v. 28./29. Juni 2005, abgedr. im Anhang.
101 Dazu bereits vorstehend § 3 I 3 a bb).
102 Dazu vorstehend § 4 II 2.
103 Zur Schutzfunktion der antizipierten Rechteübertragung hinsichtlich künftiger Werke Dreier/Schulze-*Schulze*, vor § 31 UrhG Rn. 129.

Rechte – gegebenenfalls auch zu seinem Nachteil – zu verfügen. Für den Bereich der verwertungsgesellschaftenpflichtigen Rechte liegt diese Vertragsgestaltung grundsätzlich in seinem Interesse, da er diese Ansprüche nur über eine Verwertungsgesellschaft wahrnehmen kann.[104] Dies gilt allerdings nur dann, wenn nicht die Möglichkeit besteht, dass der Urheber derartige Ansprüche auf eine andere Verwertungsgesellschaft überträgt.

b) Inhaltskontrolle

Gegen die Auffangklausel spricht, dass der Urheber bei Vertragsschluss diese neuen Nutzungs- und Auswertungsarten nicht kennt. Er verliert mit der Vorausverfügung der Möglichkeit, bei Bekanntwerden neuer Nutzungsarten jeweils einzeln zu entscheiden, ob er sein Recht individuell wahrnehmen will oder ob er einen Dritten mit der Wahrnehmung beauftragt. Damit widerspricht diese Vorschrift dem in § 31 Abs. 4 UrhG normierten Grundsatz, dass dem Urheber, wenn neue Nutzungsarten entwickelt werden, stets die Entscheidung darüber vorbehalten bleiben muss, ob und gegen welches Entgelt er mit der Nutzung seines Werks auch für die neu gefundene Art der Verwertung einverstanden ist.[105] Die Auffangklausel ist damit nichtig gemäß § 31 Abs. 4 UrhG[106] iVm § 134 BGB.[107]

Durch diesen Eingriff in die nach § 31 Abs. 4 UrhG geschützte Entscheidungsfreiheit wird der Berechtigte stärker als notwendig und damit unbillig[108] eingeschränkt. Nach den von Kommission und EuGH entwi-

---

104 *Goldmann*, Die kollektive Wahrnehmung musikalischer Rechte, S. 299; *Rossbach*, Die Vergütungsansprüche im deutschen Urheberrecht, S. 136 ff.; Schrikker-*Schricker*, §§ 31/31 UrhG, Rn. 29 ff.; vor §§ 28 ff. UrhG, Rn. 38.

105 Vgl. RegE UrhG, Begr. Erster Teil Fünfter Abschnitt 2. zu § 31, BT-Drs. IV/270, S. 56.

106 Diese Situation kann sich jedoch ändern, wenn die im RefE für ein Zweites Gesetz zur Regelung des Urheberrechts in der Informationsgesellschaft vorgesehene Streichung der Regelung in § 31 Abs. 4 UrhG in Kraft tritt; dazu vorstehend § 3 3 b.

107 BGH, GRUR 1986, 62, 65 – GEMA-Vermutung I; BGH, GRUR 1988, 296, 298 – GEMA-Vermutung IV; OLG Hamburg, ZUM 2002 480, 481 – Handy-Klingelton; *Mauhs*, Der Wahrnehmungsvertrag, S. 97 ff.; Dreier/Schulze-*Schulze*, § 31 UrhG Rn. 83; *Rehbinder*, DVBl. 1992, 216, 219.

108 Vgl. auch Kommission v. 4. 12. 1981, ABl. 1982 L 94/12 Tz. 36 – GEMA-Satzung.

ckelten Kriterien verstößt die Klausel damit auch gegen Art. 82 EG.[109] Sie ist folglich auch in kartellrechtlicher Hinsicht als unangemessene Geschäftsbedingung unwirksam[110] gemäß § 134 BGB iVm Art. 82 Abs. 2 lit. a EG.[111]

Nach der Rechtsprechung des BGH können zudem nach § 31 Abs. 4 UrhG „neue" Nutzungsarten jedenfalls wegen deren eigenständiger und wirtschaftlicher Bedeutung ohnehin nicht den in § 1 lit. a–i BerV genannten Rechten „entsprechen",[112] wie es § 1 lit. l BerV voraussetzt.[113] Dies gilt daher auch für jedes – nicht zwingend „unbekannte" – eigenständige Nutzungsrecht mit erheblicher Bedeutung, das nach § 1 lit. l BerV erfasst werden soll. Insofern hat etwa das Abspeichern eines Musikwerks in einer Datenbank zum Zweck der Online-Übertragung eine eigenständige erhebliche Bedeutung, so dass nicht angenommen werden kann, dass diese Nutzungen – bevor sie durch Vertragsänderung ohnehin Gegenstand der Rechteübertragung wurden – den nach § 1 lit. h BerV übertragenen Vervielfältigungs- und Verbreitungsrechten „entsprechen".[114] Demnach ist die Wirkung dieser Vorschrift gering.[115]

Im Ergebnis kann § 1 lit. l BerV jedenfalls keine Rechteeinräumung *a priori* für Nutzungsarten festlegen, die zum Zeitpunkt des Vertragsschlusses unbekannt sind. Daher erweitert sich die Rechteübertragung im Berechtigungsvertrag nicht automatisch um eine neu bekannt gewordene

---

109 *Steden*, Das Monopol der GEMA, S. 94, 96 f.

110 Am Maßstab des GWB stellt auch *Mauhs*, Der Wahrnehmungsvertrag, S. 101, fest, dass diese Klausel den Berechtigten zu eng an die Verwertungsgesellschaft binde.

111 Nach der überwiegenden Ansicht verstößt § 1 lit. l BerV zudem gegen § 6 UrhWG; vgl. beispielsweise *Mauhs*, Der Wahrnehmungsvertrag, S. 100. Allerdings ist, wie bereits oben § 3 II 1 dargelegt, § 6 UrhWG nicht zur Kontrolle der Rechteübertragungsklauseln geeignet. Eine Überprüfung des § 1 lit. l BerV an den AGB-rechtlichen Vorschriften kommt nicht in Betracht, da § 31 Abs. 4 UrhG nicht abdingbar ist (vgl. OLG München, GRUR 2003, 50, 53 – Zauberberg) und es sich damit bei § 1 lit. l nicht um eine Klausel des dispositiven Rechts handelt. Ihre Nichtigkeit ergibt sich bereits aus § 134 BGB; vgl. Palandt-*Heinrichs*, § 307 BGB, Rn. 26.

112 BGH, GRUR 1986, 62, 65 – GEMA-Vermutung I.

113 In diesem Sinne führt auch *Goldmann*, Die kollektive Wahrnehmung musikalischer Rechte, S. 300, aus, dass die materielle Deutung der Vorschrift unklar sei.

114 *Ventroni*, Das Filmherstellungsrecht, S. 295.

115 *Platho*, ZUM 1987, 78.

Nutzungsart.[116] Vielmehr behält der einzelne Berechtigte seine Verfügungsfreiheit; er kann damit über jede neue Nutzungsart gesondert verfügen.[117]

c) Die Praxis der GEMA

Die GEMA hat auf diese Situation reagiert. Sie hat hinsichtlich der Nutzungsformen, bei denen unklar ist bzw. war, ob es sich um wirtschaftlich eigenständige, neue Nutzungsarten handelt, in den Jahren 1988 und 1996 mit den Berechtigten jeweils einzeln Ergänzungsvereinbarungen abgeschlossen. Diese Ergänzungsvereinbarungen haben nahezu alle Berechtigten unterzeichnet. So wurde sichergestellt, dass sich der Wahrnehmungsumfang der GEMA auch auf diese Sachverhalte bezieht.[118] In der Ergänzungsvereinbarung aus dem Jahr 1988 wurden die Rechte zur Vervielfältigung und Verbreitung auf Bildtonträger, insbesondere auf Videoband (nochmals) ausdrücklich übertragen. In der Vereinbarung aus dem Jahr 1996 ging es um die Einräumung der Multimedia- und Online-Nutzungsrechte. Mit diesen Vereinbarungen genehmigten die Berechtigten im Sinne des § 185 Abs. 2 BGB zusätzlich diejenigen Verfügungen, mit denen die GEMA (möglicherweise als „Unberechtigte") bereits Dritten entsprechende Nutzungsrechte eingeräumt hatte. Damit wurde die Wahrnehmungsberechtigung der GEMA für die Berechtigten, die die Vereinbarungen unterzeichnet hatten, für den Fall sichergestellt, dass es sich bei den neuen Nutzungsformen um eigenständige Nutzungsrechte handelt.

116 *Platho*, ZUM 1987, 77 ff.

117 BGH, GRUR 1988, 296, 298 – GEMA-Vermutung IV.

118 Der Vorwurf, die GEMA hätte ihre Berechtigten mit der Ergänzungsvereinbarung aus dem Jahr 1996 bewusst irregeführt (so *Zapf*, Kollektive Wahrnehmung von Urheberrechten im Online-Bereich, S. 59 f.), ist nicht nachvollziehbar. Betrachtet man etwa die unterschiedliche Rechtsprechung der Instanzgerichte zur Frage, ob die Nutzung mittels DVDs eine eigenständige Nutzungsart darstellt (dazu nachfolgend § 10 III 1 b cc), so wird verständlich, dass die GEMA diese Ergänzungsvereinbarung mit den Berechtigten aus Gründen der Rechtssicherheit abgeschlossen hat. Der Wahrnehmungsumfang sollte auch die neuen Auswertungsformen – unabhängig davon, ob es sich dabei um eigenständige Nutzungsarten handelt, umfassen.

8. Die Klausel zur Einbeziehung von Änderungen des Berechtigungsvertrags

Eine weitere Frage der sachlichen Reichweite der Rechteübertragungen ist, inwiefern sich künftige Änderungen der Regelungen auf Berechtigungsverträge auswirken, die vor der Änderung abgeschlossen wurden. Für diese Altverträge[119] regelt die sog. Einbeziehungsklausel nach § 6 lit. a Abs. 2 BerV,[120] dass künftig von der Mitgliederversammlung beschlossene Abänderungen oder Ergänzungen des Berechtigungsvertrags als dessen Bestandteil gelten. Voraussetzung dafür ist, dass die Änderungen den Berechtigten schriftlich mitgeteilt werden und diese nicht innerhalb von zwölf Wochen widersprechen. Die Berechtigten müssen auf die Rechtsfolge ebenfalls schriftlich, in dem auf die Mitgliederversammlung folgenden, an alle Mitglieder versandten „GEMA-Brief", hingewiesen werden. Das Bedürfnis der Einbeziehung von Änderungen in sog. Altverträgen wird wegen der auf Dauer angelegten Berechtigungsverträge offensichtlich.[121]

a) Entstehungsgeschichte

Die aktuelle Fassung der Einbeziehungsklausel wurde von der Mitgliederversammlung 2002 beschlossen. Bis dahin lautete die Bestimmung (seit Einfügung durch die Mitgliederversammlung 1957) dahingehend, dass „künftige Änderungen des Vertrags Bestandteil der Berechtigungsverträge" werden. Dadurch sollten auch neu beschlossene Rechteübertragungen „automatisch" Gegenstand jener Verträge werden, die vor der jeweiligen Änderung abgeschlossen wurden (sog. Altverträge).

Hiergegen wandte der BGH in der Entscheidung *GEMA-Vermutung-IV*[122] ein, dass die in diesen Verträgen durch das Verbot der Vorausabtretung der Rechte für unbekannte Nutzungsarten in § 31 Abs. 4 UrhG entstandene Lücke nicht durch eine solche Einbeziehungsklausel geschlossen

---

119 Dazu auch vorstehend § 3 I 3 a bb).

120 S. hierzu den Berechtigungsvertrag der GEMA in der Fassung v. 28./29. Juni 2002, abgedr. im Anhang.ds.

121 *Riesenhuber*, Die Auslegung und Kontrolle des Wahrnehmungsvertrags, S. 116.

122 BGH, GRUR 1988, 296, 298 – GEMA-Vermutung IV; Zweifel an der wirksamen Einbeziehung äußerte der BGH auch schon zuvor in der Entscheidung *GEMA-Vermutung I;* BGH, NJW 1986, 1244.

werden könne. Ein Beschluss der Mitgliederversammlung über die Änderung des Vertrags in Bezug auf neue Nutzungsarten könne nur eine Verpflichtung des Berechtigten begründen, die Rechte an den neuen Nutzungsarten einzuräumen. Die Rechteeinräumung erfordere jedoch eine rechtsgeschäftliche Erklärung. Änderungen des Berechtigungsvertrags konnten somit mangels Verfügung nicht Gegenstand der „Altverträge" werden.[123] Dem trug die Mitgliederversammlung 2002 mit einer Neufassung der Bestimmung Rechnung.

b) Die Neufassung nach dem Vorbild der VG Wort und VG Bild-Kunst

Die Neufassung der Einbeziehungsklausel regelt ebenfalls eine pauschale Vertragsergänzung, die auch „Altverträge" betrifft. Sie entspricht den Wahrnehmungsverträgen der VG Wort und der VG Bild-Kunst. Die Wirksamkeit der Einbeziehungsklausel in deren Wahrnehmungsverträgen wurde bereits vom Deutschen Patent- und Markenamt[124] sowie von der Rechtsprechung[125] bestätigt. Das LG Hamburg legte dar, dass die dort geregelten Klauseln den AGB-rechtlichen Voraussetzungen für fingierte Erklärungen gemäß § 10 Nr. 5 AGBG (§ 308 Nr. 5 BGB n. F.) entsprechen.[126] Dem Berechtigten werde eine angemessene Möglichkeit eingeräumt, der Erweiterung des Berechtigungsvertrags zu widersprechen. Hierfür würde eine ausreichende Frist gewährt (vgl. § 308 Nr. 5 lit. a BGB). Das Gericht bestätigte außerdem[127], dass die Klauseln in den Wahrnehmungsverträgen der VG Wort und der VG Bild-Kunst dem Erfordernis in § 308 Nr. 5 lit. b BGB genügen, wonach auf den Beginn der Frist und die Bedeutung des Verhaltens besonders hinzuweisen ist.[128]

123 Eingehend *Mauhs*, Der Wahrnehmungsvertrag, S. 101 f.

124 S. hierzu den Hinweis in der Tagesordnung zur Mitgliederversammlung 2002, Antrag 12, GEMA-Nachrichten 2002 Nr. 166, S. 79.

125 LG Hamburg, ZUM 2001, 711 ff.

126 Da eine Inhaltskontrolle nach dem Klauselverbot des § 308 Nr. 5 BGB zu demselben Ergebnis führen würde wie die Kontrolle nach § 307 BGB, spielt die Unternehmer-Eigenschaft der Urheber (§ 14 UrhG) hier keine Rolle. Zur AGB-rechtlichen Inhaltskontrolle allgemein vorstehend § 3 III 3.

127 LG Hamburg, ZUM 2001, 711, 712.

128 Der Einwand von *Müller*, in: Handbuch Multimedia Recht, 7.12, Rn. 10, dass zu Unrecht außerhalb des kaufmännischen Verkehrs Rechtswirkungen an das Schweigen geknüpft wurden, ist nicht nachvollziehbar. Durch die Einbeziehungsklausel wurde unter Beachtung der Regelungen in § 308 Nr. 5 BGB in zulässiger Weise vertraglich vereinbart, dass in diesen Fällen das Schweigen

c) Inhaltskontrolle durch Vergleich mit diesen Vorbildern

Da die Regelung in § 6 lit. a Abs. 2 BerV gegenüber den Einbeziehungsklauseln der VG Wort bzw. der VG Bild-Kunst keine für die Berechtigten nachteiligen Unterschiede aufweist, ist auch diese Klausel nicht zu beanstanden. Hinsichtlich der Widerspruchsfrist hatte das LG Hamburg bereits sechs Wochen für angemessen gehalten.[129] Dem gegenüber sieht § 6 lit. a Abs. 2 BerV sogar eine Frist von zwölf Wochen vor. Auch der geforderten Hinweispflicht kommt die GEMA in ausreichendem Maß nach. Die GEMA-Mitglieder werden von den durch die Mitgliederversammlung beschlossenen Änderungen bzw. Ergänzungen des Berechtigungsvertrags durch Mitteilung an herausgehobener Stelle auf der ersten Seite des ersten GEMA-Briefes[130], der nach der Mitgliederversammlung versandt wird, unterrichtet. Die Mitteilung erfolgt demnach durch einen „drucktechnisch hervorgehobenen Hinweis".[131] Auch auf die Rechtsfolgen, dass die Zustimmung als erteilt gilt, wenn nicht binnen der vorgeschriebenen Frist widersprochen wird, wird in angemessener Weise hingewiesen.[132]

Im Hinblick auf die sich ständig weiterentwickelnden Nutzungsformen steht eine kollektive Ergänzung neuer Nutzungsarten im Kosteninteresse der Berechtigten;[133] die immer wieder notwendigen individuellen Ergänzungen würden einen nicht zu vertretenden Verwaltungs- und damit Kostenaufwand verursachen.[134] Schließlich entspricht eine solche pauschale Vertragsergänzung dem Bedürfnis der Gleichförmigkeit der Bedingungen[135] sowie der Rechtssicherheit.[136]

Erklärungswirkung haben soll (vgl. Palandt-*Heinrichs*, Einf v § 116 BGB, Rn. 9). So im Ergebnis auch *Meyer*, Verwertungsgesellschaften und ihre Kontrolle, S. 87 f.

129 LG Hamburg, ZUM 2001, 711 ff.

130 Ein Hinweis auf der ersten Seite war nach Auffassung des LG Hamburg ZUM 2001, 711, 712, für die Mitteilung in den „Bild-Kunst-Informationen" für einen besonderen Hinweis iSd § 308 Nr. 5 lit. b BGB nicht erforderlich.

131 LG Hamburg, ZUM 2001, 711 ff.

132 Eingehende Ausführungen enthält die Begründung zum entsprechenden Änderungsantrag Nr. 12 der Tagesordnung zur Versammlung der ordentlichen Mitglieder 2002, GEMA-Nachrichten 2002 Nr. 166, S. 79.

133 Hierzu auch LG Hamburg, ZUM 2001, 711 ff. mit Anmerkung *Schierholz*, 713.

134 Dreier/Schulze-*Schulze*, vor § 31 UrhG Rn. 128; a. A.: *Hoeren*, AfP 2001, 8 ff.

135 *Vogel*, GRUR 1993, 513, 525.

136 *Riesenhuber*, Die Auslegung und Kontrolle des Wahrnehmungsvertrags, S. 116.

Auf Grund dieser Vorgehensweise können sog. Altverträge „rechtssicher, schnell und kostengünstig“[137] um neu beschlossene Übertragungen von Rechten hinsichtlich unbekannter Nutzungsarten erweitert werden. § 6 lit. a Abs. 2 BerV verstößt nicht gegen AGB-rechtliche Vorschriften.[138]

V. Territoriale Reichweite der Rechteübertragung

1. Die Regelungen zur territorialen Reichweite

Nach § 1 BerV (Kopfteil) übertragen die Berechtigten ihre Rechte zur Wahrnehmung „für alle Länder“ auf die GEMA. Allerdings besteht auch hier nach § 16 S. 1 und S. 3 BerV iVm § 3 Ziff. 2 GEMA-Satzung eine Ausnahme für Angehörige der EG-Staaten; diese Berechtigten haben die Möglichkeit, einzelne Länder von der Rechteübertragung auszunehmen. Soweit ersichtlich, schließt die GEMA in der Praxis auch mit Angehörigen aus Drittländern, die ihren steuerlichen Wohnsitz oder ihren Geschäftssitz in einem EG-Mitgliedstaat haben, Verträge mit der besonderen Vereinbarung nach § 16 BerV ab. Damit besteht auch für diese Berechtigten die Möglichkeit, bestimmte Länder von der Rechteübertragung auszunehmen.

2. Kommissionsentscheidungen als Hintergrund

Auch die ursprünglich geregelte Rechteübertragung „für die ganze Welt“ bemängelte die Kommission als missbräuchlich iSd Art. 82 EG (Art. 86 EG a. F.), da hierdurch die Berechtigten in objektiv nicht gerechtfertigter Weise an die GEMA gebunden würden und insbesondere ein Wechsel zu

137 *Kreile/Becker*, in: Handbuch Multimedia Recht, 7.7, Rn. 7 f.

138 Der Ansicht von *Müller*, in: Handbuch Multimedia Recht, 7.12., Rn. 47 sowie *Hoeren*, AfP 2001, 8 ff., dass derartige Ergänzungen von Altverträgen – mangels ausdrücklichen Hinweises – mit § 305 Abs. 2 BGB unvereinbar sind, ist entgegenzuhalten, dass diese Vorschrift auf Vertragsschlüsse zwischen Unternehmern nach § 310 Abs. 1 BGB keine Anwendung findet; bei Abschluss des Berechtigungsvertrags sind die Berechtigten jedoch Unternehmer im Sinne des § 14 BGB (dazu vorstehend § 3 III 3 b.). *Riesenhuber*, Die Auslegung und Kontrolle des Wahrnehmungsvertrags, S. 118 ff.

einer anderen Gesellschaft unbillig erschwert würde.[139] Deshalb eröffnet § 16 S. 3 BerV für die Angehörigen der EG-Staaten seither die Möglichkeit der territorialen Begrenzung.[140] Damit ist gewährleistet, dass die betreffenden Berechtigten die Wahl haben, ob ihre Nutzungsrechte im Ausland direkt von der ausländischen Schwestergesellschaft oder durch das System der Gegenseitigkeitsverträge indirekt über die GEMA wahrgenommen werden sollen, oder ob sie eine individuelle Wahrnehmung wünschen.

3. Zulässigkeit der Regelungen über die territoriale Reichweite in §§ 1 und 16 BerV

Gegenüber der Rechteübertragung für alle Länder verursacht auch die Aufspaltung für einzelne Länder höhere Verwaltungskosten, da die Rechteverwaltung, wie etwa bereits die Dokumentation der Werke und Rechte, aber auch die Korrespondenz, aufwändiger ist. Das Interesse der Gesamtheit aller Mitglieder an einer Kosten sparenden Verwaltung tritt auch hier – entsprechend der Kommissions-Entscheidung *GEMA-I* – grundsätzlich hinter dem Interesse des Einzelnen an einer möglichst freien Verfügbarkeit hinsichtlich seiner Rechte zurück.

Wie bei (Mindest-)Vertragslaufzeit und Spartenlizenzierung ist die unterschiedliche Regelung für Angehörige von Drittländern, die keine territorialen Begrenzungen vornehmen können und daher nach § 1 BerV „für die ganze Welt" an die GEMA gebunden werden, durch einen regelmäßig höheren Kostenaufwand erforderlich.

Allerdings ist es auch hinsichtlich der territorialen Reichweite sachlich nicht angemessen, Angehörige von Drittländern mit steuerlichem Wohnsitz oder Geschäftssitz in der Europäischen Gemeinschaft aus der Privilegierung des § 16 BerV auszuschließen, da diese regelmäßig keinen höheren Verwaltungsaufwand verursachen als Angehörige der Mitgliedstaaten. § 1 BerV (Kopfteil) ist insofern nichtig. Daraus folgt jedoch auch hier nicht die Nichtigkeit des gesamten Vertrags oder der Klausel des § 1 BerV insgesamt. Vielmehr gilt die besondere Möglichkeit der territorialen Aufspaltung des § 16 als das „zulässige Maß" auch für die Angehörigen

139 Kommission v. 2. 6. 1971, ABl. 1971 L 134, 15, 23 – GEMA I.

140 § 31 Abs. 1 S. 2 UrhG sieht explizit die Möglichkeit der territorialen Beschränkung von Nutzungsrechten vor.

von Drittländern mit steuerlichem Wohnsitz oder Geschäftssitz in der Europäischen Gemeinschaft, wie es auch der Praxis der GEMA entspricht.[141]

VI. Zusammenfassung

Die Überprüfung der Vorschriften zur allgemeinen Reichweite der Rechteübertragung im Berechtigungsvertrag der GEMA nach §§ 1 (Kopfteil), 10 und 16 BerV hat ergeben, dass diese Vorschriften – soweit sie eine unterschiedliche Behandlung von Angehörigen von Drittländern regeln – insofern unwirksam sind, als die Berechtigten ihren steuerlichen Wohn- oder Geschäftssitz in der EG haben. Die Praxis der GEMA, die betroffenen Berechtigten im Hinblick auf die Reichweite der Rechteübertragung wie Angehörige von Mitgliedstaaten zu behandeln, entspricht der vertraglichen Situation. Die insofern nichtigen Regelungen werden nach dem mutmaßlichen Parteiwillen auf das zulässige Maß reduziert; auf diesem Wege gelten die besonderen Vereinbarungen des § 16 BerV auch für die Angehörigen von Drittländern mit steuerlichem Wohnsitz oder bei Unternehmen mit Geschäftssitz in der EG.

Die sog. Auffangklausel des § 1 lit. l BerV, die die Rechteübertragung in inhaltlicher Hinsicht „automatisch" um künftige Rechte, die durch technische Entwicklung oder durch Änderung der Gesetzgebung entstehen, erweitern will, ist nach der derzeitigen Gesetzeslage nichtig.

141 Dazu vorstehend § 4 III 3 und IV 4.

Abschnitt 2
Die einzelnen Rechteübertragungen

Die in § 1 BerV (Kopfteil) geregelten Grundsätze zur Reichweite stellen übergreifend die Rahmenbedingungen der Rechteübertragungen in zeitlicher, sachlicher und territorialer Hinsicht dar. An diesen Kopfteil des § 1 BerV schließt sich eine Aufzählung von Einzelrechten an (§ 1 lit. a–i BerV). In Anlehnung an die gesetzlichen Verwertungsrechte werden bestimmte Nutzungssachverhalte unter den Wahrnehmungsbereich der GEMA gestellt, d. h. das Recht zur Nutzung auf die in diesem Katalog im Einzelnen genannten Arten geht mit Abschluss des Berechtigungsvertrags auf die GEMA über. Es handelt sich um das Aufführungs- und Vortragsrecht nach § 1 lit. a BerV,[1] das Senderecht nach § 1 lit. b und d BerV,[2] das Recht der Lautsprecherwiedergabe nach § 1 lit. c BerV,[3] das Recht der Fernsehwiedergabe nach § 1 lit. d BerV,[4] das Filmvorführungsrecht nach § 1 lit. f BerV,[5] das Recht der Aufführung und Wahrnehmbarmachung mittels Bild- oder Tonträger nach § 1 lit. g BerV,[6] das Recht der Aufnahme sowie Vervielfältigungs- und Verbreitungsrechte nach § 1 lit. h Abs. 1 BerV,[7] das Recht zur Online-Nutzung nach § 1 lit. h Abs. 2 und 3 BerV,[8] das Recht zur Nutzung als Rufton- bzw. Freizeichenuntermalungsmelodie nach § 1 lit. h Abs. 4 BerV,[9] die Herstellungsrechte nach § 1 lit. i BerV[10] und die gesetzlichen Vergütungsansprüche nach § 1 lit. h Abs. 7 BerV.[11] Diese im Rechtekatalog aufgezählten Nutzungsformen werden in der nachfolgenden Untersuchung grundsätzlich der Reihe nach untersucht. Dabei wird nach einem einheitlichen Schema vorgegangen. Einer allgemeinen Darstellung der Entstehungsgeschichte der

---

1 Nachfolgend § 5.
2 Nachfolgend § 6.
3 Nachfolgend § 7.
4 Nachfolgend § 8.
5 Nachfolgend § 9.
6 Nachfolgend § 10.
7 Nachfolgend § 11.
8 Nachfolgend § 12.
9 Nachfolgend § 13.
10 Nachfolgend § 15.
11 Die gesetzlichen Vergütungsansprüche werden als Forderungen abgetreten, nachfolgend § 14.

jeweiligen Norm nach der Neufassung[12] des Berechtigungsvertrags im Jahr 1954[13] folgt die Bestimmung des Regelungsinhalts, d. h. die Auslegung der Norm. Dabei werden zunächst die urheberrechtlichen Grundlagen vorgestellt, an die sich die Einzelrechtsübertragungen – mehr oder weniger stark – anlehnen. Dieser Darstellung folgt die Bestimmung derjenigen Nutzungssachverhalte, die nach den Einzelrechtsübertragungen unter den Tätigkeitsbereich der GEMA fallen. Schließlich wird der so ermittelte Regelungsinhalt einer Kontrolle anhand der im allgemeinen Teil festgelegten Kontrolltatbestände[14] unterzogen.

12 Zur Entstehungsgeschichte des Berechtigungsvertrags vorstehend § 2 III 3.

13 Die Ausführungen zur Entstehungsgeschichte basieren auf den Tagesordnungen zu den Mitgliederversammlungen seit 1954. Diese sind nur teilweise veröffentlicht, wurden jedoch den Berechtigten nach den Vorschriften der GEMA-Satzung jeweils im Vorfeld der Mitgliederversammlung zugesandt.

14 Dazu vorstehend § 3.

§ 5 Das Aufführungs- und Vortragsrecht nach § 1 lit. a BerV[1]

I. Übersicht und Entstehungsgeschichte

1. Übersicht

§ 1 lit. a BerV regelt die Einräumung von Nutzungsrechten im Hinblick auf den Sachverhalt der „(Live-)Aufführung" von Musikwerken mit oder ohne Text.[2] Die Aufführung eines Musikwerks berührt zunächst das in § 19 Abs. 2 UrhG geregelte Aufführungsrecht. Dieses ist aufgespalten in das Recht, ein Musikwerk durch persönliche Darbietung öffentlich zu Gehör zu bringen (musikalisches Aufführungsrecht) und es öffentlich bühnenmäßig darzustellen (bühnenmäßiges Aufführungsrecht). Sobald ein textiertes Musikwerk „live" aufgeführt wird, ist zudem auch das Vortragsrecht betroffen, als Recht gemäß § 19 Abs. 1 UrhG, ein Sprachwerk (§ 2 Abs. 1 Nr. 1 UrhG) öffentlich zu Gehör zu bringen. Voraussetzung für die urheberrechtliche Relevanz dieser „Aufführungen" ist, dass sie öffentlich iSd § 15 Abs. 3 UrhG stattfinden; Werkaufführungen im privaten Bereich berühren nicht das Aufführungs- bzw. Vortragsrecht.

Ausdrücklich aus der Rechteübertragung ausgenommen sind die bühnenmäßigen Aufführungen dramatisch-musikalischer Werke.[3] Damit wird insbesondere der Zuständigkeitsbereich der GEMA von dem der Bühnen- bzw. Musikverleger,[4] die traditionell das Recht der bühnenmäßigen Aufführung wahrnehmen, abgegrenzt.[5] Gleichwohl fallen nach § 1 lit. a Abs. 2 BerV bestimmte Sachverhalte der Aufführungen „auf Bühnen", wie beispielsweise Kabarettaufführungen, nach der Regelung in § 1 lit. a BerV unter den Wahrnehmungsbereich der GEMA.

Als typisches Nutzungsrecht musikalischer Urheber, das seit Bestehen der musikalischen Verwertungsgesellschaften zur kollektiven Wahrneh-

---

1 S. hierzu den Berechtigungsvertrag der GEMA in der Fassung v. 28./29. Juni 2005, abgedr. im Anhang.

2 Zur Auslegung nachfolgend II.

3 Nachfolgend II 2 b.

4 Eingehend dazu *Rossbach/Joos*, in: FS Schricker, S. 333, 361.

5 *Schack*, Urheber- und Urhebervertragsrecht, Rn. 1068.

mung übertragen wird, bestehen gegen die Übertragung des Aufführungs- und gegebenenfalls Vortragsrechts in § 1 lit. a BerV keine Bedenken.[6]

2. Entstehungsgeschichte

Die Live-Aufführung bzw. der Vortrag eines Musikwerks betreffen den traditionellen Bereich der kollektiven Rechtewahrnehmung. Die vom einzelnen Rechteinhaber nicht zu kontrollierenden massenweisen Nutzungen durch Live-Aufführungen gaben den Anlass zur Gründung von musikalischen Verwertungsgesellschaften. Das Aufführungsrecht wurde damit von Beginn an zur kollektiven Wahrnehmung auf die musikalischen Verwertungsgesellschaften übertragen. Im „neuen Berechtigungsvertrag" aus dem Jahr 1954 wurden die Aufführungs- und Vortragsrechte mit einer Klausel übertragen, die mit der heutigen Fassung nahezu identisch ist. Zunächst unterschiedlich war in der ursprünglichen Fassung geregelt, dass nicht nur bühnenmäßig aufgeführte dramatisch-musikalische Werke – vollständig oder als Querschnitt – ausgenommen waren. Nur für die Aufführung größerer Teile dramatisch-musikalischer Werke wurden nach dieser Fassung bühnenmäßige Aufführungen nicht übertragen. Dies korrigierte jedoch bereits die Mitgliederversammlung 1955. Seither gilt der Ausschluss für die bühnenmäßige Aufführung dramatisch-musikalischer Werke in dem auch in der aktuellen Fassung geregelten Umfang. Die ursprüngliche Fassung von 1954 enthielt außerdem noch die Formulierung, dass nur „Vokaleinlagen" ausdrücklich Gegenstand sein sollten. Im Jahr 1957 wurde dies auf „Einlagen" allgemein erweitert. Der Wortlaut des § 1 lit. a BerV stammt aus einer Zeit vor Geltung des UrhG;[7] bereits die Satzung der STAGMA[8] enthielt eine ähnlich lautende Formulierung.[9]

---

6 Zur Inhaltskontrolle nachfolgend IV.

7 Zur historischen Entwicklung des Aufführungsrechts s. eingehend *Staats*, Aufführungsrecht und kollektive Wahrnehmung bei Werken der Musik, S. 13 ff.

8 Nähere Ausführungen zur STAGMA als Vorgängerin der GEMA vorstehend § 2 I 2.

9 *Staats*, Aufführungsrecht und kollektive Wahrnehmung bei Werken der Musik, S. 84.

II. Auslegung

1. Urheberrechtliche Grundlagen

Die Aufführung eines Musikwerks berührt zunächst das in § 19 Abs. 2 UrhG geregelte Aufführungsrecht. Dieses teilt sich in das Recht, ein Musikwerk durch persönliche Darbietung öffentlich zu Gehör zu bringen (musikalisches Aufführungsrecht) oder es öffentlich bühnenmäßig darzustellen (bühnenmäßiges Aufführungsrecht) auf. Sobald ein textiertes Musikwerk „live" aufgeführt wird, ist bezüglich des Textes zudem das Vortragsrecht als Recht, ein Sprachwerk öffentlich zu Gehör zu bringen, nach § 19 Abs. 1 UrhG betroffen. Bei dieser „Aufführung" wird neben dem Werk der Tonkunst nach § 2 Abs. 1 Nr. 2 UrhG gleichzeitig der Text, also ein Sprachwerk im Sinne des § 2 Abs. 1 Nr. 1 UrhG genutzt.[10]

Die Aufführung und gegebenenfalls auch der Vortrag sind nur dann urheberrechtlich relevant, wenn diese öffentlich im Sinne des § 15 Abs. 3 UrhG stattfinden. Dies ist dann der Fall, wenn die Wiedergabe an eine Mehrzahl von Personen gerichtet ist, die der Öffentlichkeit angehören; Voraussetzung für „Öffentlichkeit" ist, dass diese Mehrzahl von Personen keine persönlichen Beziehungen entweder zu demjenigen, der das Werk verwertet, oder mit den anderen Personen hat, denen das Werk in unkörperlicher Form wahrnehmbar gemacht wird.[11] Demnach fallen „private" Werkaufführungen nicht unter das Aufführungs- bzw. Vortragsrecht.

Auf dieser Grundlage ist der Regelungsgehalt des § 1 lit. a BerV zu bestimmen. Nach dieser Vorschrift gehen also für die dort näher festgelegten Sachverhalte die dem Rechteinhaber nach §§ 19 Abs. 1 und Abs. 2, 15 Abs. 2 Nr. 1 UrhG gewährten Aufführungs- und Vortragsrechte auf die GEMA über.[12] Nach dem Vertragszweck[13] sind für bestimmte Sachver-

---

10 Regelmäßig handelt es sich bei textierten Werken um einen Fall der Werkverbindung nach § 9 UrhG. Dazu vorstehend § 2 IV 1.

11 Dreier/Schulze-*Dreier*, § 15 UrhG Rn. 39.

12 Zu beachten sind allerdings die gesetzlichen Schrankenregelungen. Dazu nachfolgend 2 d.

13 Zur Auslegung auf der Grundlage des Vertragszwecks vorstehend § 3 I 2.

halte auch Bearbeitungs- bzw. Umgestaltungsrechte iSd § 23 UrhG umfasst.[14]

2. Eingeräumte Nutzungsarten

a) Die „Aufführungsrechte"

aa) Die Aufführung eines Musikwerks mit bzw. ohne Text

Unter § 1 lit. a Abs. 1 BerV fällt zunächst – mit Ausnahme der Aufführungen dramatisch-musikalischer Werke[15] – der Sachverhalt der Aufführung eines Musikwerks ohne Text. Diese Nutzung berührt das Aufführungsrecht nach § 19 Abs. 2 UrhG. Gleichermaßen geht nach dieser Regelung das Recht, ein textiertes Musikwerk – etwa ein Lied oder einen Popsong – aufzuführen, auf die GEMA über. Entgegen dem Wortlaut des § 1 lit. a Abs. 1 BerV, der vom „Aufführungsrecht" spricht, bringt damit auch der berechtigte Textdichter sein Vortragsrecht in die GEMA ein, soweit sein Sprachwerk musikalisch dargeboten wird.[16] Bezüglich der Sprachwerke sind nur die musikalischen Nutzungen, d. h. die Nutzungen eines Sprachwerks als Text eines Musikwerks erfasst. Sobald ein Musikstück den Vortrag des Sprachwerks nur untermalt, ist diese Nutzung nicht vom Wahrnehmungsbereich der GEMA umfasst.[17] Die auf die entsprechenden Nutzungen entfallenden Textdichtertantiemen schüttet die GEMA an die VG Wort aus, die diese an die betreffenden Textdichter auskehrt.[18]

---

14 Zur Übertragbarkeit von Bearbeitungsrechten nach § 23 UrhG zum Zweck der kollektiven Wahrnehmung vorstehend § 2 IV 2 d.

15 Nachfolgend b.

16 Schricker-*v. Ungern-Sternberg*, § 19 UrhG Rn. 27; *Staats*, Aufführungsrecht und kollektive Wahrnehmung bei Werken der Musik, S. 88.

17 *Staats*, Aufführungsrecht und kollektive Wahrnehmung bei Werken der Musik, S. 87.

18 *Melichar*, Die Wahrnehmung von Urheberrechten durch Verwertungsgesellschaften, S. 111; *E. Schulze*, Urhebervertragsrecht, S. 76; dies ist kein Fall von kollidierenden Mitgliedschaften bei GEMA und VG Wort, wie bei Schricker-*v. Ungern-Sternberg*, § 19 UrhG Rn. 27 und Möhring/Nicolini-*Kroitzsch*, § 19 UrhG Rn. 27 dargestellt. Im Fall der Doppelmitgliedschaft eines Textdichters bei GEMA und VG Wort rechnet die GEMA selbstständig an ihr Mitglied ab.

bb) Das Textierungs- und Vertonungsrecht

Vom Regelungsinhalt des § 1 lit. a BerV nicht umfasst ist das sog. „Textierungsrecht",[19] d. h. das Recht, ein Musikwerk mit einem (neuen) Text zu verbinden.[20] Dieser Sachverhalt fällt nach § 31 Abs. 5 UrhG – entsprechend dem Zweck des Berechtigungsvertrags – nicht unter den Wahrnehmungsbereich der GEMA.[21] Die Entscheidung, ob sein Werk mit einem (neuen) Text zu einer Einheit[22] verbunden werden darf, kann nur der Berechtigte selbst treffen. Die GEMA hingegen müsste nach § 11 UrhWG das Recht *jedermann* gewähren.[23] Gleichermaßen fällt auch das Recht zur (Neu-)Vertonung eines Sprachwerks nicht unter den Wahrnehmungsbereich der GEMA.[24]

cc) Die teilweise (verkürzte) Werkaufführung

Das Recht, ein Werk nur teilweise bzw. gekürzt aufzuführen, ist als Bearbeitungs- bzw. Umgestaltungsrecht nach § 23 UrhG grundsätzlich ebenfalls Gegenstand der Rechteübertragung nach § 1 lit. a BerV.[25] Unter das Recht der teilweisen bzw. gekürzten Werkaufführung fallen dabei einerseits Sachverhalte, in denen ein Werk als solches gekürzt aufgeführt wird, beispielsweise wenn nur einige Takte eines Schlagers dargeboten werden. Andererseits stellt auch die Aufführung eines von mehreren eigenständigen Werken, die als Gesamtkunstwerk zusammengefasst sind, eine Teilaufführung dar. So etwa, wenn aus einem Liederzyklus nur ein einzelnes Stück aufgeführt wird.[26]

---

19 *Staats*, Aufführungsrecht und kollektive Wahrnehmung bei Werken der Musik, S. 89 f.

20 OLG München, ZUM 1991, 432, 433 – Gaby wartet im Park. Diese Entscheidung betraf allerdings das Senderecht; eingehend *Staats*, Aufführungsrecht und kollektive Wahrnehmung bei Werken der Musik, S. 89 ff.

21 Zur Auslegung auf der Grundlage des Zweckübertragungsgedankens vorstehend § 3 I 2.

22 LG München, Schulze LGZ 91, 4 – Ich küsse Ihre Hand, Madame.

23 *Staats*, Aufführungsrecht und kollektive Wahrnehmung bei Werken der Musik, S. 91.

24 *Staats*, Aufführungsrecht und kollektive Wahrnehmung bei Werken der Musik, S. 92.

25 OLG Hamburg, ZUM 2002, 480, 483 – Handy-Klingelton.

26 *G. Schulze*, ZUM 1993, 255, 264.

Diesem Auslegungsergebnis steht nicht entgegen, dass der Berechtigungsvertrag die Übertragung dieser Rechte nicht ausdrücklich bezeichnet.[27] Obwohl zweifelsohne jede Teil-Werkaufführung den geistig-ästhetischen Gesamteindruck des Werks ändert,[28] folgt aus dem Zweck des Berechtigungsvertrags, dass das Recht zur teilweisen bzw. gekürzten Aufführung grundsätzlich im Sinne des Zweckübertragungsgedankens nach § 31 Abs. 5 UrhG auf die GEMA übergeht. Eine ausdrückliche Regelung ist nicht erforderlich.[29] So ist es – insbesondere im Bereich der Unterhaltungsmusik – kaum vorstellbar, dass jeder Nutzer, der ein Werk bei dessen Aufführung nicht bis auf den letzten Takt „ausspielt", jeweils die Einwilligung des Berechtigten einholen muss. Es würde zu einer erheblichen Rechtsunsicherheit führen, wenn ein Veranstalter – etwa von Barpiano-Musik – für die Werke, die der Pianist ausspielt, die Lizenz von der GEMA und für die, die er nur anspielt, vom Berechtigten individuell einholen müsste. Diese Rechtsunsicherheit ginge letztlich zu Lasten der Berechtigten, da sie diese massenweisen Nutzungen weder kontrollieren noch lizenzieren könnten. Begrenzt ist die Wahrnehmungsbefugnis der GEMA hinsichtlich der Verwertung veränderter Werke jedoch durch das Urheberpersönlichkeitsrecht.[30] Soweit eine teilweise Aufführung das Werk beeinträchtigt bzw. entstellt iSd §§ 14, 39 UrhG, ist die GEMA nicht mehr zur Lizenzvergabe befugt.[31] Dies ist jeweils im Einzelfall zu beurteilen. Wird jedoch dem Werk durch die gekürzte Aufführung keine fremde Aussage hinzugefügt, so ist wohl das Integritätsinteresse nur unerheblich beeinträchtigt.[32] In diesem Sinne hat das OLG Hamburg zu einer Werknutzung als Klingelton entschieden. Danach ist die GEMA grundsätzlich befugt, die Rechte zur Verwendung von Werkteilen sowie Werkbearbeitungen als häufig nachgefragte Formen der Werknutzung zu vergeben, sofern hierdurch nicht in das Urheberpersönlichkeitsrecht eingegriffen wird.[33]

---

27 So aber *G. Schulze*, ZUM 1993, 255, 259.
28 *G. Schulze*, ZUM 1993, 255, 265; *v. Gamm*, § 15 UrhG Rn. 10.
29 BGH, GRUR 2000, 228, 229 – Musical-Gala.
30 Allgemein zum Urheberpersönlichkeitsrecht vorstehend § 3 IV 2 b.
31 OLG Hamburg, ZUM 2002, 480, 483 – Handy-Klingelton.
32 Vgl. *Staats*, Aufführungsrecht und kollektive Wahrnehmung bei Werken der Musik, S. 93.
33 OLG Hamburg, ZUM 2002, 480, 483 – Handy-Klingelton.

Für die bühnenmäßige Aufführung dramatisch-musikalischer Werke gelten nach § 1 lit. a BerV bestimmte Ausnahmeregelungen, die nachfolgend[34] im Zusammenhang erörtert werden.

dd) Die Aufführung eines textierten Werks ohne Text

Daneben geht auch das Recht, ein textiertes Musikwerk als „Instrumentalfassung" – d. h. rein musikalisch – aufzuführen, als Bearbeitungs- bzw. Umgestaltungsrecht gemäß § 23 UrhG nach § 1 lit. a BerV auf die GEMA über. Auch diese Nutzung ist im Berechtigungsvertrag nicht ausdrücklich genannt. Dennoch ist im Bereich der massenweisen persönlichen Live-Darbietungen eine individuelle Wahrnehmung von Nutzungen als „Instrumentalfassung" ebenso schwierig wie bei Darbietungen in der textierten Originalfassung. Im Sinne des Zweckübertragungsgedankens nach § 31 Abs. 5 UrhG können daher auch diese Nutzungen aus tatsächlichen Gründen nur von der GEMA wahrgenommen werden.[35] Eine Verletzung des Urheberpersönlichkeitsrechts ist ausgeschlossen, da durch eine solche instrumentale Aufführung das Werk lediglich auf „seinen eigenen ästhetischen Gehalt" reduziert wird.[36]

b) Die Ausnahme der bühnenmäßigen Aufführung dramatisch-musikalischer Werke

Wie bereits aufgezeigt, gelten die in der vorangegangenen Erörterung dargestellten Übertragungen der Aufführungs- und gegebenenfalls Vortragsrechte nach § 1 lit. a BerV nicht ausnahmslos. Nach dem Wortlaut der Bestimmung sind bühnenmäßige Aufführungen dramatisch-musikali-

34 Unter b.

35 *Staats*, Aufführungsrecht und kollektive Wahrnehmung bei Werken der Musik, S. 92 f.

36 *Staats*, Aufführungsrecht und kollektive Wahrnehmung bei Werken der Musik, S. 93. Das OLG Hamburg führt dazu aus, dass in der Trennung von Musik und Text nicht zwangsläufig ein relevanter Eingriff liegen muss; OLG Hamburg, ZUM 2000, 480, 484 – Handy-Klingelton. Der Ansicht von Schricker-*Melichar*, § 61 UrhG Rn. 14, dass auch bei der Lizenzvergabe durch die Verwertungsgesellschaften beachtet werden muss, dass es urheberpersönlichkeitsrechtlich unzulässig ist, Instrumentalversionen anzufertigen, ist entgegenzuhalten, dass durch die Übertragung dieses Rechts im Sinne des Vertragszwecks ein relevanter Eingriff in das Urheberpersönlichkeitsrecht grundsätzlich nicht in Betracht kommt.

scher Werke, sei es vollständig, als Querschnitt oder in größeren Teilen, von der Rechteübertragung ausgeschlossen.

Dabei ist diese Ausnahmeregelung an den in § 19 Abs. 2 Alt. 2 UrhG geregelten Fall der bühnenmäßigen Aufführung angelehnt. Die gesetzliche Regelung und deren Auslegung des Begriffs der bühnenmäßigen Aufführung können dabei auch bei der Bestimmung der Rechteübertragung nach § 1 lit. a BerV herangezogen werden.[37] Allerdings gilt das Recht nach § 19 Abs. 2 Alt. 2 UrhG für alle Werke, unabhängig davon, zu welchem Zweck sie geschaffen wurden; § 1 lit. a BerV ist nach dem eindeutigen Wortlaut jedoch auf die bühnenmäßige Aufführung *dramatisch-musikalischer Werke* beschränkt. Die einzelnen Tatbestandsmerkmale dieser Ausnahmeregelung bedürfen näherer Erörterung.

aa) Das Recht der bühnenmäßigen Aufführung gemäß § 19 Abs. 2 Alt. 2 UrhG

Eine bühnenmäßige Aufführung liegt dann vor, wenn ein Musikwerk auf Grund eines engen inneren Zusammenhangs als integrierender – also in ästhetischer Hinsicht erforderlicher – Bestandteil eines für das Auge oder für das Auge und das Ohr bestimmten bewegten Spiels[38] dargeboten wird und die Musik unlösbarer Bestandteil der szenischen Darstellung ist.[39] Beides verschmilzt zu einem einheitlichen Ganzen. Der Zuschauer erlebt die Handlung und kann den Gedankeninhalt nachvollziehen. Ein Sinngehalt wird vermittelt[40] und in individueller Form ausgedrückt.[41] Dem stehen konzertmäßige, d. h. musikalische Aufführungen iSd § 19 Abs. 2 Alt. 1 UrhG gegenüber, bei denen Musikwerke lediglich öffentlich wahr-

---

37 Zur Auslegung auf der Grundlage der gesetzlichen Regelungen vorstehend § 3 III 2.

38 BGH, GRUR 2000, 228 – Musical-Gala; BGH, GRUR 1960, 604, 605 – Eisrevue I; BGH, GRUR 1962, 256, 257 – Im weißen Rößl; Möhring/Nicolini-*Kroitzsch* § 19 UrhG Rn. 16, 27; Fromm/Nordemann-*Nordemann*, § 19 UrhG Rn. 3; *Ulmer*, Urheber- und Verlagsrecht, S. 248; *Haberstumpf*, Handbuch des Urheberrechts, Rn. 266; Loewenheim-*Schlatter*, § 72 UrhG Rn. 28 spricht vom optisch oder optisch und akustisch wahrnehmbaren bewegten Spiel im Raum; *Staats*, Aufführungsrecht und kollektive Wahrnehmung bei Werken der Musik, S. 112 f.

39 *Karbaum*, GEMA-Nachrichten 1995 Nr. 152, S. 116, 119.

40 Schricker-*v. Ungern-Sternberg*, § 19 UrhG Rn. 20; *Ulmer*, Urheber- und Verlagsrecht, S. 143.

41 BGH, GRUR 1960, 604, 605 – Eisrevue I; *Haensel*, UFITA 28 (1959), S. 1, 24.

nehmbar gemacht werden. Eine solche konzertmäßige Aufführung liegt etwa dann vor, wenn Musikwerke „auf der Bühne", jedoch ohne szenische Darstellung zu Gehör gebracht werden. Auch dann, wenn die Musik das Spielgeschehen lediglich untermalt,[42] handelt es sich um eine „nur" konzertmäßige Musikaufführung.

bb) Der Begriff des dramatisch-musikalischen Werks

Bei einem dramatisch-musikalischen Werk werden Musikwerke mit pantomimischen oder choreographischen Werken bzw. mit Sprachwerken verbunden (§ 9 UrhG). Der Begriff steht nicht für einen eigenen Werktypus.[43] Die Musik muss integrierender Bestandteil und gleichberechtigter Faktor sein.[44] Beispielsweise handelt es sich traditionell bei Opern, Musicals oder Handlungsballetten um dramatisch-musikalische Werke.[45] Der BGH verlangt für die Einordnung als dramatisch-musikalisches Werk, dass es – unabhängig von seiner ursprünglichen Bestimmung – für die bühnenmäßige Aufführung[46] „in Szene gesetzt" werden kann,[47] also objektiv hierfür geeignet ist.[48] Dies sei insbesondere dann der Fall, wenn schon im Ablauf der Wiedergabe des Musikwerks ein geschlossenes, dramatisch angelegtes Geschehen vermittelt werde.[49]

cc) Die bühnenmäßige Aufführung eines dramatisch-musikalischen Werks

Der Ausschluss nach § 1 lit. a Abs. 1 BerV betrifft somit einerseits nicht den gesamten Bereich der Aufführung dramatisch-musikalischer Werke. Er umfasst andererseits aber auch nicht den gesamten Bereich der

---

42 BGH, GRUR 1960, 604, 605 – Eisrevue I; BGH, GRUR 1960, 606, 607 – Eisrevue II; BGH, GRUR 1962, 256, 257 – Im weißen Rößl.

43 *Staats*, Aufführungsrecht und kollektive Wahrnehmung bei Werken der Musik, S. 95.

44 *Staats*, Aufführungsrecht und kollektive Wahrnehmung bei Werken der Musik, S. 96; *Hubmann*, GEMA-Nachrichten 1959 Nr. 43, S. 10, 12.

45 *Karbaum*, GEMA-Nachrichten 1995 Nr. 152, S. 116, 119.

46 A. A.: OLG München, Schulze OLGZ 178, 5 – Pol(h)itparade. Das OLG München geht davon aus, dass ein musik-dramatisches Werk von seinem Schöpfer dazu bestimmt sein muss, bühnenmäßig aufgeführt zu werden.

47 BGH, GRUR 2000, 228, 230 – Musical-Gala.

48 *Staats*, Aufführungsrecht und kollektive Wahrnehmung bei Werken der Musik, S. 95.

49 BGH, GRUR 2000, 228, 230 – Musical-Gala.

bühnenmäßigen Aufführung gemäß § 19 Abs. 2 Alt. 2 UrhG, der für alle Werke, unabhängig davon, zu welchem Zweck sie geschaffen wurden, gilt.[50] Eine bühnenmäßige Aufführung eines dramatisch-musikalischen Werks liegt vielmehr dann vor, wenn ein Musikwerk, das *als solches* für die bühnenmäßige Aufführung objektiv geeignet ist, auf Grund eines engen inneren Zusammenhangs als integrierender Bestandteil eines für das Auge oder für das Auge und das Ohr bestimmten bewegten Spiels[51] dargeboten wird. Ein typisches Beispiel ist die szenische Aufführung einer Oper. Hintergrund dieser Ausnahmeregelung ist einerseits, dass hier die individuelle Wahrnehmung wegen der überschaubaren Anzahl von Bühnen tatsächlich möglich ist. Andererseits ist es für die Berechtigten – auch unter Berücksichtigung des Urheberpersönlichkeitsrechts – vorteilhaft, die Aufführungsbedingungen individuell auszuhandeln. Dies kann die GEMA schon wegen des Kontrahierungszwangs nicht leisten.[52]

Werden dramatisch-musikalische Werke jedoch konzertmäßig, d. h. ohne szenische Darstellung wiedergegeben, so handelt es sich nach dem Wortlaut der Bestimmung nicht um bühnenmäßige Aufführungen iSd § 1 lit. a Abs. 1 BerV. Teilweise wird jedoch bestritten, dass der GEMA im Rahmen von § 1 lit. a BerV tatsächlich das Recht zur konzertanten Aufführung dramatisch-musikalischer Werke vollständig bzw. als Querschnitt oder in größeren Teilen eingeräumt wird.[53] So hat das Kammergericht in der Entscheidung *Carmen* aus dem Jahr 1936 entschieden, dass auch die konzertante Aufführung von „größeren Teilen" eines dramatisch-musikalischen Werks als „bühnenmäßige Aufführung eines dramatisch-musikalischen Werks einzustufen sei.[54] Auch die Musikverlage sind der Ansicht, dass die Lizenzierung von vollständigen konzertanten Aufführungen dramatisch-musikalischer Werke unter ihren Tätigkeitsbereich und folglich nicht unter die Wahrnehmungsbefugnis der GEMA

---

50 BGH, GRUR 2000, 228, 229 f. – Musical-Gala.

51 BGH GRUR 2000, 228 – Musical-Gala; BGH, GRUR 1960, 604, 605 – Eisrevue I; BGH, GRUR 1962, 256, 257 – Im weißen Rößl; Fromm/Nordemann-*Nordemann*, § 19 UrhG Rn. 3; *Ulmer*, Urheber- und Verlagsrecht, S. 248; Loewenheim-*Schlatter*, § 72 Rn. 28 spricht vom optisch oder optisch und akustisch wahrnehmbaren bewegten Spiel im Raum; *Staats*, Aufführungsrecht und kollektive Wahrnehmung bei Werken der Musik, S. 96 f.

52 Hierzu eingehend *Staats*, Aufführungsrecht und kollektive Wahrnehmung bei Werken der Musik, S. 113.

53 So etwa *Bussmann*, in: FS Möhring, S. 201, 218.

54 KG Schulze KGZ 13, 1,4 – Carmen.

nach dem Berechtigungsvertrag fällt.[55] Diese Auffassung widerspricht jedoch dem eindeutigen Wortlaut des § 1 lit. a Abs. 1 BerV und dem Verständnis des Begriffs der bühnenmäßigen Aufführung.[56] Der GEMA wird somit das musikalische, also konzertante Aufführungsrecht (und gegebenenfalls das Vortragsrecht) bei dramatisch-musikalischen Werken insgesamt, unabhängig davon, ob das Werk ganz oder in Teilen aufgeführt wird, übertragen.[57]

dd) Die „Bühnenmäßigkeit" als Abgrenzungskriterium bei der Teilaufführung dramatisch-musikalischer Werke

Nach § 1 lit. a Abs. 1 BerV fallen bühnenmäßige Aufführungen dramatisch-musikalischer Werke, sei es vollständig, als Querschnitt oder in größeren Teilen, nicht unter den Tätigkeitsbereich der GEMA. Unproblematisch sind damit die Sachverhalte der vollständigen bühnenmäßigen Darstellungen und die eines Querschnitts eines dramatisch-musikalischen Werks ausgenommen. Eine Aufführung als Querschnitt liegt dann vor, wenn eine „Übersicht über das Werk in seiner Gesamtheit gegeben wird und dem Hörer ein Gesamteindruck des Werks vermittelt wird".[58]

Fraglich ist allerdings, ob aus dieser Bestimmung in einer Art „Umkehrschluss" hervorgeht, dass die Rechte an der bühnenmäßigen Darstellung von „kleineren Teilen" dramatisch-musikalischer Werke auf die GEMA übertragen werden. Die Ansicht, die dies bejaht, verweist insbesondere auf den Zweckübertragungsgedanken nach § 31 Abs. 5 UrhG; entsprechende Nutzungen wären individuell schwer zu kontrollieren[59] und ließen sich zudem kaum vom jeweiligen Rechteinhaber selbst aushandeln.[60] Demnach müsste allerdings eine Grenze zwischen „kleineren"

55 *Staats*, Aufführungsrecht und kollektive Wahrnehmung bei Werken der Musik, S. 99; Wandtke/Bullinger-*Ehrhardt*, § 19 UrhG Rn. 18.

56 Dazu vorstehend aa.

57 *E. Schulze*, GEMA-Nachrichten 1951 Nr. 11, S. 8; *Hubmann*, GEMA-Nachrichten 1959 Nr. 43, S. 10, 12; *Melichar*, Die Wahrnehmung von Urheberrechten durch Verwertungsgesellschaften, S. 21; *Karbaum*, GEMA-Nachrichten 1995 Nr. 152, S. 116, 117; *Staats*, Aufführungsrecht und kollektive Wahrnehmung bei Werken der Musik, S. 98.

58 KG Schulze, KGZ 13, 4 – Carmen.

59 *Russ*, ZUM 1995, 32, 33.

60 *Staats*, Aufführungsrecht und kollektive Wahrnehmung bei Werken der Musik, S. 115 f.

und „größeren" Teilen gefunden werden. Vorgeschlagen wurde, die in einer zwischen den Rundfunksendern und der GEMA geschlossenen Vereinbarung[61] zur Abgrenzung des Tätigkeitsbereichs bezüglich der *Sendung* dramatisch-musikalischer Werke festgelegten Kriterien entsprechend zu übernehmen.[62] Die Zuständigkeit der GEMA endet hier grundsätzlich bei Sendungen ab 25 Minuten im Fernsehen und ab 15 Minuten im Hörfunk.[63] Dagegen spricht jedoch, dass die Ausnahmeregelung für dramatisch-musikalische Werke im Bereich des *Senderechts* – anders als im Bereich des *Aufführungsrechts* – nicht von der bühnenmäßigen Darstellung abhängt. Eine – nur teilweise – („Live-")Aufführung eines dramatisch-musikalischen Werks kann bewirken, dass dessen Sinngehalt nicht mehr vermittelt wird und keine „bühnenmäßige" Darstellung mehr vorliegt. Zur Abgrenzung des bühnenmäßigen vom musikalischen Aufführungsrecht eignet sich damit keine festgelegte Aufführungszeit. Ob bei einer Aufführung eines dramatisch-musikalischen Werks noch ein Sinngehalt vermittelt wird, hängt vielmehr von der Beschaffenheit des dramatisch-musikalischen Werks im Einzelfall ab.

Entscheidendes Kriterium für die Ausnahme von der Rechteübertragung ist damit die „Bühnenmäßigkeit" der Aufführung. Eine solche ist jedenfalls dann gegeben, wenn der Handlungsablauf des Bühnenwerks trotz der evtl. nur teilweisen Aufführung insgesamt erkennbar bleibt. Ob das Werk vollständig oder in Teilen aufgeführt wurde, spielt dabei keine Rolle. Das belegt der Wortlaut der Bestimmung; die Formulierung „sei es" umschreibt die unterschiedlichen Möglichkeiten der bühnenmäßigen Aufführung dramatisch-musikalischer Werke und nennt keine weiteren Sachverhalte.

Die Formulierung zieht somit die Grenze zwischen bühnenmäßigen und konzertmäßigen Darstellungen dramatisch-musikalischer Werke. Sie geht (insoweit als Umkehrschluss) davon aus, dass dem Publikum durch die Aufführung kleinerer Teile dramatisch-musikalischer Werke der Inhalt des dramatisch-musikalischen Werks nicht mehr dargeboten werden kann. Vielmehr werden in einem solchen Fall von der Handlung abgetrennte Einzelstücke aufgeführt. Die Auslegung der Bestimmung ergibt somit, dass durch die Formulierung „sei es vollständig, als Quer-

61 GEMA-Jahrbuch 2005/2006, S. 190 f.

62 So vorgeschlagen von *E. Schulze*, Anmerkung zu KG Schulze KGZ 13 (Carmen) und 17 (Musikalischer Bilderbogen), 11, 13.

63 Dazu nachfolgend § 6 II 2 b bb.

schnitt oder in größeren Teilen" der Begriff der bühnenmäßigen Aufführung dramatisch-musikalischer Werke erläutert wird.[64]

Für den Sonderfall, dass ein kleinerer Teil eines dramatisch-musikalischen Werks als Bestandteil einer bühnenmäßigen Aufführung eines anderen musikalisch-dramatischen Werks verwendet wird, und damit ausnahmsweise ebenfalls bühnenmäßig und nicht als abgetrenntes Einzelstück aufgeführt wird, verdeutlicht § 1 lit. a Abs. 2 a. E., dass auch dieser Spezialfall der bühnenmäßigen Darstellung nicht in den Wahrnehmungsbereich der GEMA fällt.

ee) Sonderfall: Nicht-dramatisch-musikalische Werke als integrierender Bestandteil einer Bühnenaufführung

In seiner Entscheidung „Musical-Gala" stellt der BGH klar, dass die bühnenmäßige Aufführung eines Werks, das nicht als dramatisch-musikalisches Werk angelegt ist, nicht von der Rechteübertragung an die GEMA nach § 1 lit. a BerV ausgenommen ist.[65] Die Aufführung eines solchen Einzelwerks ist somit keine bühnenmäßige Aufführung eines dramatisch-musikalischen Werks nach § 1 lit. a Abs. 1 BerV.[66] Mit dieser Entscheidung wendet sich der BGH gegen die bis dahin verbreitete Auffassung, die Nutzung eines Einzelwerks falle – unabhängig von dessen Eigenschaft als dramatisch-musikalisches Werk – unter die Ausnahmeregelung des § 1 lit. a Abs. 1 BerV, wenn nur seine Wiedergabe „bühnenmäßig" ist, es also integrierender Bestandteil eines dramatisch-musikalischen Werks wird.[67] Als Begründung führt der BGH – unter Bezugnahme auf den Zweckübertragungsgedanken –

---

64 In diesem Sinne bezeichnet auch das OLG Braunschweig in der Entscheidung *Ideal-Operette*, ZUM 1989, 134, 136, seine Erörterungen hinsichtlich der bühnenmäßigen Aufführung eines dramatisch-musikalischen Werks im Sinne des § 1 lit. a BerV als Auslegung des Begriffs „größere Teile" eines dramatisch-musikalischen Werks.

65 BGH, GRUR 2000, 228 ff. – Musical-Gala; zustimmend *Loewenheim*, Anm. zu BGH – Musical-Gala, LM § 19 UrhG Nr. 2; *Schricker*, Kurzkommentar zu BGH – „Musical-Gala", EWiR 2000, 99, 100; a. A.: *Staats*, Aufführungsrecht und kollektive Wahrnehmung bei Werken der Musik, S. 117 ff.

66 Zustimmend *Loewenheim*, Anm. zu BGH – Musical-Gala, LM § 19 UrhG Nr. 2; *Schricker*, Kurzkommentar zu BGH – „Musical-Gala", EWiR 2000, 99, 100.

67 So auch noch die Entscheidung *Im weißen Rößl*, BGH, GRUR 1962, 256, 257; ebenso LG Hamburg, ZUM 1996, 980, 981.

aus, dass eine individuelle Wahrnehmung der Rechte hier kaum möglich sei.[68]

Dieser Entscheidung lag der Sachverhalt zu Grunde, dass ein Schlager integrierender Bestandteil der Bühnenaufführung eines Musicals ist. Obwohl der Schlager bühnenmäßig aufgeführt worden sei, handle es sich nicht um ein dramatisch-musikalisches Werk, da es nicht geeignet sei, „in Szene gesetzt zu werden"; es vermittle kein geschlossenes, dramatisch angelegtes Geschehen. Erst in Verbindung mit der Handlung der Bühnenaufführung werde es Teil der szenischen Handlung.[69]

Gegen diese Entscheidung wird insbesondere eingewandt, sie widerspreche der Regelung in § 1 lit. a Abs. 2 BerV; bei dem bühnenmäßig aufgeführten Schlager handle es sich gerade um „Bühnenmusik" im Sinne des § 1 lit. a Abs. 2 BerV,[70] die integrierender Bestandteil eines Bühnenwerks ist. § 1 lit. a Abs. 2 BerV regle für diese Fälle ausdrücklich die Ausnahme aus der Wahrnehmungsbefugnis der GEMA.[71]

Dem ist allerdings schon deshalb nicht zuzustimmen, weil sich der Begriff der Bühnenmusik lediglich auf Musik im Sprechtheater bezieht.[72] Ein Schlager, der innerhalb eines Musicals zur Aufführung kommt, kann damit schon begrifflich nicht unter den Sachverhalt der Aufführung von Bühnenmusik fallen.

ff) „Vertanzte Musik"

Ob die Aufführung von Musikwerken in Verbindung mit einer Choreographie als bühnenmäßige Aufführung dramatisch-musikalischer Werke nach § 1 lit. a BerV aus dem Wahrnehmungsumfang der GEMA ausgenommen ist, ist ebenfalls anhand dieser vom BGH in der Entscheidung „Musical Gala" festgelegten Kriterien zu beurteilen. So spielt es keine Rolle, ob das „vertanzte" Werk vom Urheber als Bühnenwerk

68 BGH, GRUR 2000, 228, 230 – Musical-Gala; in der Entscheidung *Eisrevue I*, BGH, GRUR 1960, 604, 606, war der BGH noch der Auffassung, dass die GEMA lediglich das musikalische Aufführungsrecht wahrnimmt.

69 BGH, GRUR 2000, 228, 230 – Musical-Gala.

70 Zum Begriff der Bühnenmusik nachfolgend c aa).

71 *Staats*, Aufführungsrecht und kollektive Wahrnehmung bei Werken der Musik, S. 117 ff. *Staats* hat zudem urheberpersönlichkeitsrechtliche Bedenken, da bei einer bühnenmäßigen Aufführung immer Werke in einen inneren Zusammenhang gebracht werden müssen.

72 Dazu nachfolgend c aa).

bestimmt war. Entscheidend ist allein, ob das Musikwerk in der Weise dramatisch-musikalischer Art ist, dass es als solches in Szene gesetzt werden kann.[73] „Objektiv für die Bühnenaufführung geeignet" ist damit auch ein ursprünglich für den Konzertgebrauch geschaffenes Werk, das in Verbindung mit einer Choreographie zum Handlungsballett wird („vertanzte Werke").[74] Andererseits weisen aneinander gereihte Einzelwerke ohne inneren Zusammenhang kein geschlossenes Geschehen auf. Werden solche Einzelwerke „vertanzt", also mit einer Choreographie verbunden, so werden diese zwar bühnenmäßig aufgeführt, allerdings fehlt der Charakter als dramatisch-musikalisches Werk. Im Ergebnis bedeutet das, dass Musikwerke, die keine dramatisch-musikalischen Werke darstellen, auch dann nicht aus dem Wahrnehmungsbereich der GEMA ausgenommen sind, wenn sie durch eine Choreographie mit einer szenischen Handlung verbunden und damit bühnenmäßig aufgeführt werden.

c) Bühnenmusiken, Bühnenschauen, Filmbegleitmusik, Einlagen, melodramatische Aufführungen und Kabarettaufführungen

§ 1 lit. a Abs. 2 BerV regelt, dass Bühnenmusiken, soweit sie nicht integrierender Bestandteil des Bühnenwerks sind, Bühnenschauen, Filmbegleitmusik, Einlagen in Revuen, Einlagen in Operetten, Possen und Lustspielen, melodramatische und Kabarettaufführungen Gegenstand der Rechteübertragung sind, soweit es sich nicht um die Aufführung von Bestandteilen dramatisch-musikalischer Werke in anderen Bühnenwerken handelt. Diese Bestimmung enthält damit ergänzende Regelungen für bestimmte Musikaufführungen „auf der Bühne", die explizit vom Wahrnehmungsbereich der GEMA umfasst sind. Diese Sachverhalte fallen in den Grenzbereich zwischen bühnenmäßiger und rein musikalischer (konzertanter) Darbietung von Musikwerken. Die aufgezählten Alternativen beziehen sich nach ihrem Wortlaut einerseits auf bestimmte Formen der Verwendung von Musik, wie z. B. Bühnenmusik oder Filmbegleitmusik, andererseits regeln sie bestimmte Arten von Aufführungen „auf Bühnen", wie z. B. Bühnenschauen oder Kabarettaufführungen. Eine Unterausnahme enthält der letzte Halbsatz des § 1 lit. a Abs. 2 BerV. Hiernach sind die Sachverhalte des Absatzes 2 nur dann Gegenstand des

---

73 BGH, GRUR 2000, 228, 230 – Musical-Gala.

74 *Karbaum*, GEMA-Nachrichten 1995 Nr. 152, S. 116, 118.

Vertrags, soweit es sich nicht um die Aufführung von Bestandteilen dramatisch-musikalischer Werke in anderen Bühnenwerken handelt. Gleichzeitig bedeutet dies eine Ergänzung zu Absatz 1; für den Ausnahmefall, dass auch ein kleinerer Teil eines dramatisch-musikalischen Werks ausnahmsweise – im Rahmen der Aufführung eines anderen Bühnenwerks – bühnenmäßig aufgeführt wird, soll dieser Sachverhalt wiederum vom Tätigkeitsbereich der GEMA ausgenommen sein. Obwohl der Wortlaut nur von „Aufführung" spricht, gilt das nur für die Fälle der bühnenmäßigen Aufführung solcher Bestandteile.[75] Das entspricht der Grundregel, dass das Recht der bühnenmäßigen Aufführung dramatisch-musikalischer Werke nicht von der GEMA, sondern individuell – meist von Bühnen- bzw. Musikverlegern – wahrgenommen wird.

aa) Bühnenmusiken

Nach § 1 lit. a Abs. 2 Alt. 1 BerV sind Bühnenmusiken, soweit sie nicht integrierender Bestandteil des Bühnenwerkes sind, nicht Gegenstand des Vertrags. Die Auslegung des Begriffs anhand der fachsprachlichen Bedeutung[76] ergibt, dass unter dem Begriff „Bühnenmusik" Musik im Sprechtheater, also Schauspielmusik[77], zu verstehen ist. Soweit also Musik im Sprechtheater integrierender Bestandteil des (dramatischen) Bühnenwerks ist, geht das Nutzungsrecht nicht auf die GEMA über. Damit ist der Bereich der sog. Inzidenzmusik, d. h. der Bühnenmusik im engeren Sinne, aus der Wahrnehmungsbefugnis der GEMA ausgenommen; der Begriff der Inzidenzmusik steht für Musikaufführungen im Sprechtheater, bei denen die Musik Bestandteil der äußeren oder Ausdruck der inneren Handlung ist.[78] In diesem Sinne handelt es sich bei Inzidenzmusik um dramatisch-musikalische Werke, die als solche in Szene gesetzt werden können. Gemäß § 1 lit. a Abs. 2 Alt. 1 BerV werden folglich etwa die Aufführungen von Schauspielouvertüren, Zwischenaktmusiken und Schlussmusiken unter den Zuständigkeitsbereich der GEMA gestellt, wohingegen beispielsweise die vom Autor des dramatischen Werks in Regieanweisungen (als Bestandteil der Handlung) geforderte Tanzmusik ausgenommen ist.[79]

75 BGH, GRUR 1960, 604, 606 – Eisrevue I; a. A.: *Staats*, Aufführungsrecht und kollektive Wahrnehmung bei Werken der Musik, S. 111 f.
76 Zur Auslegung anhand der fachsprachlichen Bedeutung vorstehend § 3 III 2.
77 MGG, zum Begriff „Bühnenmusik", Sp. 255.
78 MGG, zum Begriff „Bühnenmusik", Sp. 255.
79 Vgl. MGG, zum Begriff „Bühnenmusik", Sp. 255.

Hintergrund der Ausnahme für Inzidenzmusik ist auch hier, dass die Aufführungsbedingungen vorzugsweise vom Berechtigten selbst auszuhandeln sind, da die GEMA bei ihrer kollektiven Wahrnehmung keine urheberpersönlichkeitsrechtlichen Belange berücksichtigen kann. Andererseits kann der Einzelne die massenweise Verwendung seines Werks als Schauspielmusik, die nicht integrierender Bestandteile der Handlung wird, kaum kontrollieren. Da in diesem Fall das Werk nicht Teil der Handlung wird, bleibt es eigenständig. Die kollektive Wahrnehmung dieser Sachverhalte durch die GEMA entspricht dem Zweckübertragungsgedanken nach § 31 Abs. 5 UrhG.

Dass die Regelung des § 1 lit. a Abs. 2 Alt. 1 BerV nicht in der weitesten Bedeutung des Begriffs der Bühnenmusik jede Art von Musik umfasst, die in Verbindung mit der Aufführung eines Bühnenwerks genutzt wird,[80] folgt schon daraus, dass diese Alternative anderenfalls auch alle weiteren Alternativen dieser Bestimmungen umfassen würde. Eine Differenzierung, wie sie die normgebende Mitgliederversammlung in Absatz 2 vorgenommen hat, wäre in diesem Fall hinfällig. Aus systematischen Gründen kann somit der Begriff der Bühnenmusik nicht in diesem weiten Sinn verstanden werden.[81]

Dem steht auch nicht die Entscheidung des BGH *Musical-Gala* entgegen.[82] Wenn danach die bühnenmäßige Aufführung eines Schlagers innerhalb eines Musicals unter den Wahrnehmungsbereich der GEMA fällt, so ist damit ein zu Absatz 2 Alternative 1 unterschiedlicher Sachverhalt berührt. Diese Regelung betrifft lediglich Musik, die im Rahmen von Sprechtheater zur Aufführung kommt. Eine Schlageraufführung in einem Musical fällt damit schon begrifflich nicht unter den von § 1 lit. a Abs. 2 Alt. 1 BerV erfassten Sachverhalt der Nutzung von „Bühnenmusik".

bb) Filmbegleitmusik

Unter der Aufführung von Filmbegleitmusik nach Absatz 2 Alternative 3 ist die „Live-Aufführung" von Musikstücken im Zusammenhang mit der

80 MGG, zum Begriff „Bühnenmusik", Sp 255.

81 So aber *Staats*, Aufführungsrecht und kollektive Wahrnehmung bei Werken der Musik, S. 118 f. Nach seiner Auffassung fällt jede Nutzung von Musik in Verbindung mit Bühnenwerken unter den Begriff der Bühnenmusik, soweit es sich nicht um Musik zu dramatisch-musikalischen Werken handelt.

82 So aber *Staats*, Aufführungsrecht und kollektive Wahrnehmung bei Werken der Musik, S. 118.

Vorführung von (Stumm-)Filmen zu verstehen (sog. Filmkonzerte).[83] Ein heute noch bekanntes Beispiel ist die Vorführung des Stummfilms „Ich küsse Ihre Hand, Madame“ mit Marlene Dietrich aus dem Jahr 1929, zu dem ein Orchester „live“ die Filmmusik spielt. Dieser Sachverhalt ist von der Wiedergabe der Filmmusik vom Bildtonträger zu unterscheiden. Das zeigt bereits die Einordnung der „Filmbegleitmusik“ unter die Übertragung der Aufführungs- und Vortragsrechte nach § 1 lit. a BerV. In solchen Fällen der Musikaufführungen kann das Musikwerk nicht bühnenmäßig dargestellt werden, da der Film selbst – mangels „persönlicher“ Darbietung – nicht Gegenstand einer bühnenmäßigen Aufführung sein kann. Durch § 1 lit. a Abs. 2 Alt. 3 BerV wird somit klargestellt, dass auch die musikalische Aufführung der Filmbegleitmusik – entsprechend der Regelung in Absatz 1 der Bestimmung – unter die Wahrnehmungsbefugnis der GEMA fällt.

cc) Einlagen

Ausdrücklich auf die GEMA übertragen wird gemäß Absatz 2 Alternative 4 außerdem der Bereich der Aufführung von Einlagen in Revuen, Operetten, Possen und Lustspielen.[84] Der Begriff der Einlage bezeichnet ein geschlossenes, das Bühnengeschehen unterbrechendes Musikstück, das mit dem Textbuch in keinem direkten inneren Zusammenhang steht.[85] Es ist also ausgeschlossen, dass diese Musikstücke als integrierender Bestandteil eines Bühnenwerks und damit „bühnenmäßig“ aufgeführt werden. Die in Absatz 2 Alternative 4 erwähnten Revuen, Possen und Lustspiele stellen Bühnenwerke dar, in denen solche Einlagen üblicherweise vorkommen können.[86]

Auch diese Regelung stimmt mit dem Grundsatz in Absatz 1 überein, dass jedenfalls das musikalische Aufführungsrecht auf die GEMA übertragen wird. Dies gilt auch für Einlagen in anderen als den in § 1 lit. a Abs. 2 Alt. 4 BerV erwähnten Bühnenwerken; diese Formulierung ist

83 Vgl. *Staats*, Aufführungsrecht und kollektive Wahrnehmung bei Werken der Musik, S. 105.

84 Der in Absatz 2 der Bestimmung verwendete Begriff der „Einlage“ bezieht sich – wenngleich missverständlich formuliert – auch auf Possen und Lustspiele; andere Musikaufführungen als Einlagen kommen innerhalb dieser literarischen „Aufführungsformen“ ohnehin nicht in Betracht.

85 LG Leipzig, UFITA 13 (1940), 82 – Hänsel und Gretel.

86 *Staats*, Aufführungsrecht und kollektive Wahrnehmung bei Werken der Musik, S. 108.

lediglich beispielhaft. In diesem Sinne stellt auch der Tarif BM der GEMA,[87] der sich auf die Nutzung von Musikeinlagen in Bühnenwerken bezieht, nicht auf die in § 1 lit. a Abs. 2 Alt. 4 BerV zu Einlagen genannten Bühnenwerke ab. Für den Fall, dass Musikstücke als Einlagen im Sprechtheater genutzt werden, liegt eine Überschneidung mit der Regelung für Bühnenmusik vor.[88] Dabei handelt es sich bei Einlagen jedenfalls um Bühnenmusik, die nicht integrierender Bestandteil des Bühnenwerks wird. Urheberpersönlichkeitsrechtliche Belange stehen auch hier einer kollektiven Wahrnehmung nicht entgegen; die musikalischen Einlagen sind gegenüber den jeweiligen Bühnenwerken eigenständig.[89]

dd) Bühnenschauen und Kabarettaufführungen

Nach dem Wortlaut des Absatz 2 Alternativen 2 und 5 sind Bühnenschauen sowie Kabarettaufführungen[90] Gegenstand des Berechtigungsvertrags. Diese Aufführungen „auf Bühnen" werden als Ganzes, d. h. „schlechthin" unter die Wahrnehmungsbefugnis der GEMA gestellt.[91] Es geht hier folglich nicht um die Nutzung einzelner Musikwerke im Rahmen einer Musikaufführung. Da es im Einzelfall schwierig sein kann, zu unterscheiden, ob eine solche Einzelaufführung rein musikalisch oder bühnenmäßig erfolgt, umfasst der Berechtigungsvertrag diese Veranstaltungsart insgesamt. Damit wird eine lückenlose Rechtewahrnehmung sichergestellt.[92] Auch im Hinblick auf den Zweckübertragungsgedanken besteht daher kein Anlass, den Wortlaut des § 1 lit. a Abs. 2 BerV einschränkend auszulegen.[93]

Der Begriff „Bühnenschau" wird heute nicht mehr verwendet. Gemeint sind Veranstaltungen wie Varietés oder Revuen, im Rahmen derer bestimmte Programmpunkte lediglich aneinander gereiht werden, ohne eine innere Einheit zu bilden, so dass die Musikwerke nicht integrieren-

---

87 Abrufbar unter www.gema.de („Kunden" – „Tarife im Überblick").

88 Dazu oben aa).

89 Eingehend *Staats*, Aufführungsrecht und kollektive Wahrnehmung bei Werken der Musik, S. 107 f.

90 Zu melodramatischen Aufführungen sogleich ee).

91 Für Kabarettaufführungen KG, Schulze KGZ 17, 9 – Musikalischer Bilderbogen; auch OLG.

92 Auf dieses Interesse der Urheber hat das Kammergericht in seiner Entscheidung *Musikalischer Bilderbogen*, Schulze, KGZ 17, 7, hingewiesen.

93 So aber *Staats*, Aufführungsrecht und kollektive Wahrnehmung bei Werken der Musik, S. 109.

der Bestandteil einer Handlung sind und damit auch nicht bühnenmäßig aufgeführt werden können.[94] Das gilt gleichermaßen für Kabarettaufführungen. Ein Beispiel für eine solche „Bühnenschau“ wäre etwa eine Operettengala, wenn bei einer solchen Veranstaltung Stücke aus verschiedenen Operetten aneinandergereiht und teilweise szenisch dargestellt werden. Im Ergebnis erweitert die Regelung die Rechteübertragung nach Absatz 1 für die Fälle, dass Musikaufführungen innerhalb von Bühnenschauen und Kabarettaufführungen bühnenmäßige Aufführungen dramatisch-musikalischer Werke darstellen.

ee) Melodramatische Aufführungen

Schließlich gehören nach § 1 lit. a Abs. 2 Alt. 5 BerV auch melodramatische Aufführungen zum Zuständigkeitsbereich der GEMA. Zur Auslegung dieser Bestimmung ist die fachsprachliche Bedeutung des Begriffs „Melodram“ heranzuziehen.[95] „Melodram“ steht für gesprochenen Text mit Instrumentalbegleitung, d. h. die Verbindung von literarischem Text und untermalender Musik.[96] Bereits auf Grund dieses untermalenden Charakters steht fest, dass die Aufführung von Musikwerken innerhalb eines Melodrams nicht iSd § 19 Abs. 2 Alt. 2 UrhG bühnenmäßig sein kann. Allerdings ist nicht davon auszugehen, dass mit dieser Regelung auch melodramatische Einschübe, d. h. vom Komponisten festgelegte Teile in dramatisch-musikalischen Werken, erfasst sein sollen. Die Wahrnehmung der bühnenmäßigen Aufführung dramatisch-musikalischer Werke fällt traditionsgemäß nicht unter den Wahrnehmungsbereich der GEMA. So wäre z. B. die Kerkerszene aus Beethovens Fidelio als melodramatischer Einschub[97] in einer Oper nicht von der Regelung in Absatz 2 erfasst.[98] Vielmehr lizenziert der Berechtigte bzw. Bühnenverleger individuell die bühnenmäßige Aufführung der Oper insgesamt. Nach Absatz 2 fallen demnach nur Melodrame als Bühnenwerke insgesamt unter den Wahrnehmungsbereich der GEMA.

---

94 *Staats*, Aufführungsrecht und kollektive Wahrnehmung bei Werken der Musik, S. 104 f.

95 Zur Auslegung auf der Grundlage der fachsprachlichen Bedeutung vorstehend § 3 III 2.

96 *Honegger/Massenkeil*, Das große Lexikon der Musik, Band 5, S. 274 f.

97 *Honegger/Massenkeil*, Das große Lexikon der Musik, Band 5, S. 275.

98 Anders offensichtlich *Staats*, Aufführungsrecht und kollektive Wahrnehmung bei Werken der Musik, S. 108, insbesondere Fn. 509.

d) Schrankenregelungen

Soweit bereits das Gesetz vorsieht, dass bestimmte Aufführungssachverhalte das Recht des Urhebers nicht berühren, ist der Berechtigte selbst nicht in der Lage, entsprechende Rechte an die GEMA weiterzugeben. Das an die GEMA übertragene Aufführungs- und gegebenenfalls Vortragsrecht wird gesetzlich durch die Bestimmungen in § 52 UrhG und in § 45 UrhG beschränkt.

Die Privilegierung nach § 52 UrhG bedeutet für die Übertragung des Aufführungsrechts, dass Aufführungen, die unter § 52 Abs. 1 S. 1 und S. 3 UrhG fallen, vom Wahrnehmungsbereich der GEMA ausgenommen sind, soweit diese Aufführungen keine bühnenmäßigen Darstellungen nach § 52 Abs. 3 UrhG sind und auch keinem Erwerbszweck eines Dritten dienen (Satz 4). Beispielsweise fallen damit (konzertante) Musikaufführungen im Rahmen einer Schulveranstaltung nach Maßgabe des Absatz 1 Satz 3 aus dem Wahrnehmungsbereich der GEMA, soweit die Veranstaltung nicht den Erwerbszwecken des Veranstalters oder eines Dritten dient, die Teilnehmer ohne Entgelt zugelassen werden und keiner der Interpreten eine Vergütung erhält. Die Sachverhalte, die lediglich unter § 52 Abs. 1 S. 1 UrhG (kein Erwerbszweck des Veranstalters und kein Eintrittsgeld etc.), nicht aber unter Satz 3 (Veranstaltungen der Altenpflege oder Schulveranstaltungen etc.) fallen, sind dagegen vom Wahrnehmungsbereich der GEMA umfasst, jedoch gewährt das Gesetz dem Urheber nur einen Vergütungsanspruch, kein Verbotsrecht.[99]

Des Weiteren regelt § 45 Abs. 3 UrhG eine Schranke des Aufführungs- und Vortragsrechts. Hiernach werden öffentliche Wiedergaben zum Zweck der Rechtspflege und öffentlichen Sicherheit freigestellt. Auch diese Nutzungssachverhalte fallen daher nicht unter den Zuständigkeitsbereich der GEMA.

3. Abgrenzung der individuellen und kollektiven Wahrnehmung im Bereich des „Aufführungsrechts"

Die Abgrenzung der Zuständigkeitsbereiche im Bereich des „Aufführungsrechts", d. h. der Wahrnehmungsbefugnis der GEMA im Verhältnis

99 Zur Abtretung der Vergütungsansprüche nachfolgend § 14.

zur individuellen Wahrnehmung stellt sich zusammenfassend wie folgt dar:

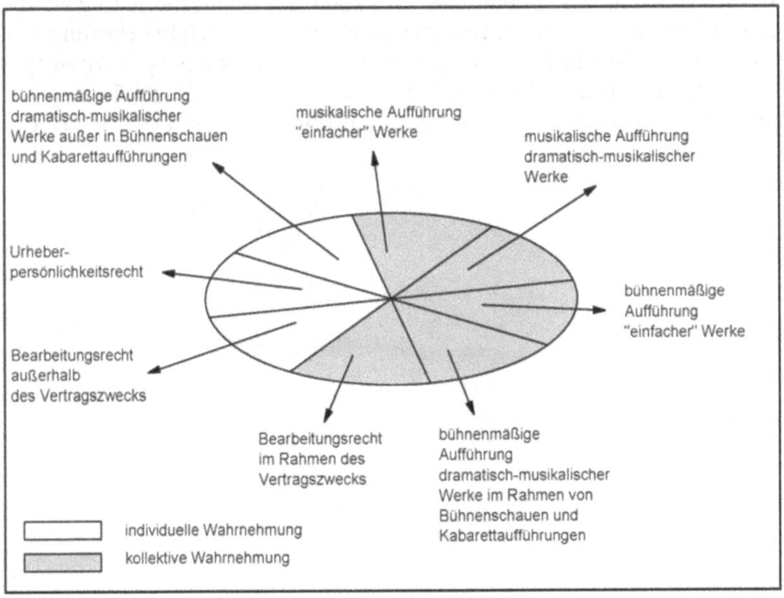

III. Inhaltskontrolle

Gegen die Wirksamkeit der Rechteübertragung in § 1 lit. a BerV bestehen keine Bedenken. Das Aufführungsrecht und die praktische Unmöglichkeit seiner individuellen Wahrnehmung waren ausschlaggebend für die Gründung von musikalischen Verwertungsgesellschaften. Es wurde folglich von Beginn an auf diese übertragen.[100] Ihre Grenze findet die Übertragung des Aufführungsrechts traditionell im Bereich der bühnenmäßigen Aufführung dramatisch-musikalischer Werke. Wie bei allen Sachverhalten ist die Rechteübertragung durch das Urheberpersönlichkeitsrecht beschränkt; es eignet sich nicht zur kollektiven Wahrnehmung.[101]

100 *Riesenhuber/Rosenkranz*, Das deutsche Wahrnehmungsrecht 1903–1933, IV. 2.
101 Dazu vorstehend § 2 IV 2 b.

Nicht im Wege der Kontrolle, sondern vielmehr durch Auslegung insbesondere anhand der Zweckübertragungslehre nach § 31 Abs. 5 UrhG wurde ermittelt, dass in bestimmten Fällen das Recht, die Werke verändert aufzuführen bzw. vorzutragen, auch unter die Wahrnehmungsbefugnis der GEMA fällt. So entspricht es dem Zweck des Berechtigungsvertrags, dass nach § 1 lit. a BerV das Recht, ein Werk in gekürzter oder auch in instrumentaler Fassung aufzuführen, grundsätzlich auf die GEMA übergeht.

§ 6 Das Senderecht nach § 1 lit. b und d BerV[1]

I. Übersicht und Entstehungsgeschichte

Das gesetzlich umschriebene Senderecht gemäß § 20 UrhG geht nach den Vorschriften des § 1 lit. b und d BerV als Recht der Hörfunk- bzw. Fernsehsendung grundsätzlich inhaltlich unbeschränkt auf die GEMA über.[2] Wie im Bereich des Aufführungsrechts ist es dem einzelnen Urheber auf Grund der massenweisen Werknutzungen auch hier nicht möglich, seine Rechte individuell wahrzunehmen. Das Senderecht fällt damit klassischerweise unter den Tätigkeitsbereich der Verwertungsgesellschaft. Obwohl im Wortlaut nicht ausdrücklich erwähnt, bezieht sich die Einräumung der Senderechte – wie bei § 1 lit. a BerV – sowohl auf Werke der Tonkunst mit als auch ohne Text.[3] Von der Rechteübertragung ausgenommen sind die Rechte der Hörfunk- und Fernsehsendung dramatisch-musikalischer Werke, sei es vollständig, als Querschnitt oder in größeren Teilen.[4] Die Nutzungen dieser besonderen Werke werden wiederum von den Berechtigten individuell wahrgenommen. Wann ein dramatisch-musikalisches Werk nur „zu einem kleineren Teil" im Rundfunk gesendet wird, legt die zwischen der GEMA und den öffentlichen Rundfunkveranstaltern geschlossene Abgrenzungsvereinbarung fest. Diese Vereinbarung grenzt somit den Bereich der „Kleinen Senderechte" von den „Großen Senderechten" ab. Das Recht, ein dramatisch-musikalisches Werk in Fernseh- und Hörfunkprogrammen zeitgleich, unverändert und vollständig weiterzuleiten, wird der GEMA als „Unterausnahme" in der Fußnote (2) – ergänzend zum Berechtigungsvertrag[5] – auf Grund eines gesonderten Mandats übertragen.[6]

Die Regelungen des § 1 lit. b und d BerV sind seit der Neufassung des

---

1 S. hierzu den Berechtigungsvertrag der GEMA in der Fassung v. 28./29. Juni 2005, abgedr. im Anhang.
2 Zur Auslegung nachfolgend II.
3 Dazu vorstehend § 2 IV 1.
4 Nachfolgend II 2 b.
5 S. hierzu den Berechtigungsvertrag der GEMA in der Fassung v. 28./29. Juni 2005, abgedr. im Anhang.
6 Nachfolgend II 2 d.

Berechtigungsvertrags im Jahr 1954 unverändert geblieben. Sie erfassen grundsätzlich auch die sich stetig weiterentwickelnden Sendeformen und -technologien. Ob es sich dabei um technisch und wirtschaftlich eigenständige Nutzungsarten handelt, ist nach der derzeitigen Rechtslage dafür entscheidend, ob die Rechteübertragungen der Kontrolle nach § 31 Abs. 4 UrhG[7] standhalten.[8]

II. Auslegung

1. Urheberrechtliche Grundlagen

Die Rechteeinräumung nach § 1 lit. b und d BerV umfasst inhaltlich den Bereich des gesetzlich in §§ 20 und 20 a UrhG normierten[9] Senderechts.[10] Die Regelungen beziehen sich somit grundsätzlich auf die Sachverhalte, in denen ein Musikwerk durch Funk, wie Ton- und Fernsehrundfunk, Satellitenrundfunk, Kabelfunk oder ähnliche technische Mittel der Öffentlichkeit zugänglich gemacht wird. Allerdings beschränkt § 50 UrhG das Senderecht für den Bereich der Tagesberichterstattung.[11] In bestimmten Grenzen gehen nach dem Zweck des § 1 lit. b und d BerV auch Bearbeitungs- bzw. Umgestaltungsrechte iSv § 23 UrhG auf die GEMA über.

2. Eingeräumte Nutzungsarten

a) Die Senderechte nach § 1 lit. b und d BerV

aa) Das gesetzliche Recht der Hörfunk- und Fernsehsendung

Die Rechteeinräumung gemäß § 1 lit. b und d BerV umfasst – mit der grundsätzlichen Ausnahme für dramatisch-musikalische Werke – den

7 Zur Kontrollnorm des § 31 Abs. 4 UrhG vorstehend § 3 I 3.

8 Zur Inhaltskontrolle nachfolgend III.

9 Zur Auslegung auf der Grundlage der gesetzlichen Regelungen vorstehend § 3 III 2.

10 Als ausschließliches Recht ist das Senderecht seit dem *Rundfunk-Urteil* des Reichsgerichts aus dem Jahr 1926 anerkannt; RGZ 113, 413–424; *Riesenhuber/Rosenkranz*, Das deutsche Wahrnehmungsrecht 1903–1933, II.1.g).

11 Dazu nachfolgend 2 c.

Bereich des gesetzlich in §§ 20 und 20 a UrhG normierten Senderechts. § 1 lit. b und lit. d BerV benennen pauschal das „Recht der Sendung". Nach dem Zweck dieser Regelungen ist davon der gesamte Bereich des Lebenssachverhalts der „Sendung" eines Musikwerks umfasst.

(1) Sendung „durch Funk"

Nach den Voraussetzungen des § 20 UrhG fallen alle Sachverhalte der Zugänglichmachung eines Musikwerks „durch Funk" und damit alle Arten der Hörfunk- und Fernseh-Sendungen, unabhängig von der verwendeten Ausstrahlungstechnik, unter die Wahrnehmungsbefugnis der GEMA. Der Umfang der Rechteübertragung in § 1 lit. b und d BerV ist aber nicht auf klassische Rundfunksendungen beschränkt: Er erstreckt sich vielmehr auf sämtliche Arten von Sendungen. Insofern handelt es sich etwa auch bei sog. Rundfunkverteileranlagen in Hotels um „Sendungen" in diesem Sinne.[12] Dies entspricht dem Zweckübertragungsgedanken (§ 31 Abs. 5 UrhG), da bei allen Sachverhalten der Sendung eine individuelle Lizenzierung grundsätzlich ausscheidet; es ist dem Einzelnen nicht möglich, alle Sendevorgänge zu kontrollieren.

Erfasst wird jede Übertragung von Tönen durch elektromagnetische Wellen, die von einer Sendestelle ausgesandt und an anderen Orten von einer beliebigen Zahl von Empfangsanlagen aufgefangen und wieder in Töne zurück verwandelt werden können.[13] Derartige Übertragungen können nach § 20 UrhG durch Tonrundfunk, Fernsehrundfunk, Satellitenrundfunk, Kabelfunk oder ähnliche technische Mittel erfolgen. Auf die Art der Sendung, d. h., ob es sich um eine Live-Sendung oder Wiederholungssendung bzw. um eine – gleichzeitige – Weitersendung eines gesendeten Werks handelt, kommt es nicht an.[14] Auch spielt es keine Rolle, ob es sich um analoge oder digitale Übertragungen handelt.[15] Gleichermaßen fallen auch die nur gegen besonderes Entgelt zugänglichen, verschlüsselt gesendeten Hörfunk- und Fernseh-Programme (sog. Pay-Radio bzw. Pay-TV)[16] nach § 1 lit. b und d BerV unter den Wahrnehmungsbereich der GEMA.

---

12 Dreier/Schulze-*Dreier*, § 20 UrhG Rn. 7.

13 RegE UrhG, erster Teil, vierter Abschnitt 3. zu § 20 BT-Drs. IV/270, S. 49 f.

14 Schricker-*v. Ungern-Sternberg*, § 20 UrhG Rn. 6.

15 Dreyer/Kothoff/Meckel-*Dreyer*, § 20 UrhG Rn. 6; Schricker-*v. Ungern-Sternberg*, § 20 UrhG Rn. 4; a. A.: *Thurow*, in: FS Kreile, S. 763, 770.

16 Wandtke/Bullinger-*Ehrhardt*, §§ 20–20 b UrhG Rn. 9.

Im Einzelnen werden zunächst die Rechte hinsichtlich der herkömmlichen terrestrischen[17] Sendung von Musikwerken auf die GEMA übertragen. Des Weiteren handelt es sich auch bei Satellitensendungen iSd § 20 UrhG bzw. bei europäischen Satellitensendungen gemäß § 20 a UrhG um Nutzungen, die unter den Berechtigungsvertrag fallen. Schließlich erfasst die Rechteübertragung nach § 1 lit. b und d BerV auch die Sendung eines Musikwerks durch Kabelfunk iSd § 20 UrhG. Bei einer Kabelsendung werden die Funksignale von einer Sendestelle aus leitungsgebunden einer Mehrzahl von Empfangsanlagen übermittelt.[18] Betroffen sind dabei zunächst die direkten leitungsgebundenen Ausstrahlungen durch den Kabelnetzbetreiber, entweder als selbstständig gestaltetes Programm oder als veränderte oder zeitlich versetzte Weiterleitung eines zugeführten Programms.[19] Unter den Wahrnehmungsbereich der GEMA nach § 1 lit. b und d BerV fallen aber nicht nur die Übertragungen mit rundfunkartiger Breitenwirkung auf dem Gebiet des klassischen Rundfunks.[20] Vielmehr werden auch die Übertragungen von Musikwerken über eine Verteileranlage in einzelne Räume – wie etwa in Hotels oder Justizvollzugsanstalten – unter Benutzung von Ton- oder Bildtonträgern als eigenständiges Programm von der Rechteübertragung nach § 1 lit. b und d BerV erfasst.[21] Auch Übertragungen mittels sog. Gemeinschaftsantennen fallen als „Sendungen“ nach § 20 UrhG unter die Wahrnehmungsbefugnis der GEMA. Durch diese Vorrichtungen werden empfangene Sendungen in angeschlossene Wohnungen weitergeleitet. In der Praxis hat sich eine Grenze von 75 Wohneinheiten etabliert; ab dieser Anzahl wird die GEMA folglich im Rahmen ihrer Wahrnehmungsbefugnis tätig.[22]

Auch das Recht der Kabelweitersendung gemäß § 20 b Abs. 1 S. 1 UrhG geht nach § 1 lit. b und d BerV auf die GEMA über. Es umfasst die Fälle, in denen ein gesendetes Werk im Rahmen eines zeitgleich, unverändert und vollständig über Kabelsysteme weiter zu übertragenden Programms

17 Dreier/Schulze-*Schulze*, § 20 UrhG Rn. 7.

18 BGHZ 79, 350, 353 – Kabelfernsehen in Abschattungsgebieten.

19 Wandtke/Bullinger-*Ehrhardt*, §§ 20–20 b UrhG Rn. 19.

20 Vgl. Schricker-*v. Ungern-Sternberg*, § 20 UrhG Rn. 23.

21 BGH, GRUR 1994, 45 ff. – Verteileranlagen; BGH, GRUR 1994, 797 f. – Verteileranlage im Krankenhaus; Schricker-*v. Ungern-Sternberg*, § 20 UrhG Rn. 24; kritisch Möhring/Nicolini-*Kroitzsch*, § 20 UrhG Rn. 7.

22 Referentenentwurf für ein Zweites Gesetz zur Regelung des Urheberrechts in der Informationsgesellschaft v. 27. 9. 2004, Begr. A II. 4., S. 41, abrufbar unter www.bmj.bund.de.

durch Kabelsystem oder Mikrowellensysteme weiter übertragen wird.[23] Dieses Recht stellt einen Ausschnitt des Kabelfunks und damit des Senderechts nach § 20 UrhG dar.[24] Nach § 20 b UrhG ist die Geltendmachung des Rechts nur über eine Verwertungsgesellschaft möglich. Das bedeutet, dass bei musikalischen Werken grundsätzlich nur die GEMA aus dem genannten Recht vorgehen kann. Nur sie kann die Nutzung untersagen und Lizenzen vergeben. Die GEMA überträgt das Kabelweitersenderecht direkt an die Kabelunternehmer. Da das Recht der Kabelweitersendung durch die Umsetzung der Satelliten- und Kabelrichtlinie[25] als ausschließliches Nutzungsrecht bestätigt wurde, steht fest, dass auch jede integrale Weitersendung im Versorgungsbereich des Sendeunternehmens einschließlich sog. Abschattungsgebiete urheberrechtlich relevant ist.[26] Soweit der Berechtigte das Recht der Kabelweitersendung auf Sendeunternehmen oder Tonträger- und Filmhersteller übertragen hat, tritt er nach § 1 lit. b und d BerV auch den gesetzlichen Vergütungsanspruch nach § 20 b Abs. 2 UrhG – als Teil des Senderechts gemäß § 20 UrhG – an die GEMA ab. Eine gesonderte Übertragung nach § 1 lit. h Abs. 7 BerV[27] ist somit nicht erforderlich.

(2) Öffentlichkeit

Voraussetzung für die urheberrechtliche Relevanz dieser Nutzungen durch Sendung ist auch hier deren „Öffentlichkeit" nach § 15 Abs. 3 UrhG.[28] Die Signalübermittlungen müssen für die Öffentlichkeit bestimmt sein; einer „breiteren, rundfunkmäßigen Verbreitung"[29] bedarf

23 *Mand,* GRUR 2004, 395, 399, plädiert für eine Freistellung der Kabelweitersendungen innerhalb des Versorgungsbereichs des Ursprungssendeunternehmens. Im Fall der öffentlich-rechtlichen Sender hat er wegen der Doppelbelastung der Verbraucher durch Rundfunkgebühr und Vergütung für die Kabelweitersendung sogar verfassungsrechtliche Bedenken. Dies steht allerdings im Widerspruch zur Rechtsprechung des BGH; BGH, GRUR 2000, 699.

24 Wandtke/Bullinger-*Ehrhardt* §§ 20–20 b UrhG Rn. 5.

25 ABl. Nr. L 248 v. 6. 10. 1993, S. 15.

26 Die Entscheidungen des BGH zur Weitersendung in Abschattungsgebieten (BGHZ 79, 350 ff. – Kabelfernsehen in Abschattungsgebieten; BGH, GRUR 1988, 206, 209 ff. – Kabelfernsehen II) haben insofern ihre Bedeutung verloren.

27 Dazu nachfolgend § 14.

28 Schricker-*v. Ungern-Sternberg,* § 20 UrhG Rn. 8; BGHZ 79, 350, 354 – Kabelfernsehen in Abschattungsgebieten.

29 Vgl. *Ulmer,* Urheber- und Verlagsrecht, S. 255 ff.

es jedoch nicht.[30] In diesem Sinne werden Hörfunk- und Fernseh-Programme durch Verteileranlagen – etwa in Krankenhäusern[31] oder Justizvollzugsanstalten[32] – iSd § 20 UrhG „öffentlich zugänglich gemacht". Auch die Weiterleitung von Rundfunkprogrammen mittels Gemeinschaftsantennen richtet sich an die Öffentlichkeit. Entscheidendes Kriterium für eine Zugänglichmachung an die Öffentlichkeit ist, dass das Werk von einer größeren Personenmenge (die nicht untereinander freundschaftlich oder familiär verbunden ist) gleichzeitig empfangen werden kann.[33] Ein solcher gleichzeitiger Empfang liegt z. B. auch bei der Übermittlung von Musik in Telefonwarteschleifen vor, sei es als Radiomusik oder als Musik vom Tonträger; Empfänger werden jeweils einem fortlaufenden Programm zugeschaltet. Bei dieser Werkübermittlung handelt es sich um eine Funksendung durch „ähnliche technische Mittel" iSd § 20 UrhG. Auch die Übertragung von Telefonwarteschleifenmusik unterfällt somit als „Hörfunk-Sendung" dem Tätigkeitsbereich der GEMA.

Auch bei den Auswertungen durch Web-Radio[34] und Web-TV ist davon auszugehen, dass die Werke der Öffentlichkeit gleichzeitig[35] zugänglich gemacht werden iSd § 20 UrhG.[36] Bei dieser Auswertungsform werden Hörfunk- bzw. Fernsehprogramme ausschließlich im Internet oder zeitgleich zur terrestrischen Ausstrahlung bzw. über Satellit oder Kabel

30 BGH, GRUR 1988, 206, 209 – Kabelfernsehen II.

31 BGH, GRUR 1994, 797 f. – Verteileranlage im Krankenhaus.

32 BGH, GRUR 1994, 45 ff. – Verteileranlagen.

33 Dreier/Schulze-*Dreier*, § 20 UrhG Rn. 8 f.

34 Derzeit findet man im Internet etwa 5.000 Radiosender; *Spehr*, FAZ v. 19. 9. 2004, S. 60.

35 *Siebert*, Die Auslegung der Wahrnehmungsverträge, S. 67 f.; vgl. *Schwarz*, ZUM 2000, 816, 821 f.; a. A.: Wandtke/Bullinger-*Ehrhardt*, §§ 20–20 b UrhG Rn. 12, der das Live-Streaming eher als Zugriffsdienst und damit nicht als Sendung im Sinne des § 20 UrhG sieht. Mit der Begründung, dass immer eine – zumindest geringe – Zeitverschiebung und eine im Vergleich zur Sendung erheblich gesteigerte Nutzungsmöglichkeit besteht, will auch Dreier/Schulze-*Dreier*, § 20 UrhG Rn. 16, den Anwendungsbereich des Senderechts auf die historischen Fälle der Rundfunksendung begrenzen.

36 Bei dieser Übermittlung von Musikwerken im Internet über Telefonleitungen handelt es sich um „Kabelfunk" iSd § 20 UrhG; *Siebert*, Die Auslegung der Wahrnehmungsverträge, S. 67 f.; a. A.: Dreyer/Kotthoff/Meckel-*Dreyer*, § 20 UrhG Rn. 15.

bereit gestellt (sog. Web-[37] bzw. Simulcasting[38]).[39] Bei Übertragungen von Internet-Radio bzw. Internet-Fernsehen handelt es sich um fortlaufende Sendungen, auf die der Empfänger keinen Einfluss nehmen kann. Es besteht nicht die Möglichkeit zum Download von Musikbeiträgen;[40] die Werknutzungen sind nicht interaktiv.[41] Bei diesem sog. „Live-Streaming"[42] unterscheidet sich die Sachlage – abgesehen von den technischen Voraussetzungen – funktional nicht von den übrigen Sendevorgängen. Der Empfänger hat nur die Möglichkeit, seinen Computer „einzuschalten".[43] Zwar belegt er im Internet individuell einen der in technischer Hinsicht begrenzten „freien Plätze"[44] und erhält keine einheitlichen Signale, sondern nur Datenpakete.[45] Dennoch handelt es sich um eine gleichzeitige Ausstrahlung an die Öffentlichkeit iSd § 20 UrhG. Ebenso verhält es sich bei sog. Near-On-Demand-Diensten.[46] Hierbei werden bestimmte Sendungen, wie etwa ein Spielfilm, fortlaufend wiederholt, ohne dass der Nutzer interaktiv auf den Ablauf des Programms einwirken könnte. Auch diese Sachverhalte berühren das Senderecht und fallen somit nach § 1 lit. b und d BerV unter den Wahrnehmungsbereich der GEMA. Die Nutzungen durch elektronische Zugriffs- bzw. Abrufdienste auf Einzelabruf (sog. On-Demand-Nutzungen) – wie sie auch teilweise beim interaktiven Webcasting möglich sind – fallen jedoch nicht unter die Rechteübertragung nach § 1 lit. b und d BerV; die Werkübertragungen erfolgen hier nicht gleichzeitig,[47] sondern gezielt und zeitversetzt, so dass die Öffentlichkeit nur sukzessive angesprochen wird.[48] Diese Nutzungen

37 Dieser Begriff bezeichnet eigenständig für das Internet produzierte Programmangebote; *Bortloff,* GRUR Int. 2003, 669.

38 Hierbei werden herkömmlich verbreitete Programme zeitgleich und unverändert übertragen; *Bortloff,* GRUR Int. 2003, 669.

39 Eingehend zu Technologie und wirtschaftlicher Bedeutung von „Simulcasting" *Bortloff,* GRUR Int. 2003, 669, 670 ff.

40 *Siebert,* Die Auslegung der Wahrnehmungsverträge, S. 65; Vgl. *Leupold/Demisch,* ZUM 2000, 379.

41 Dreier/Schulze-*Dreier,* § 20 UrhG Rn. 16.

42 *Kreile/Becker,* in: Handbuch der Musikwirtschaft, Das Internet und digitales Rechtemanagement aus der Sicht der GEMA, S. 632, 642.

43 *Sasse/Waldhausen,* ZUM 2000, 837, 842.

44 *Siebert,* Die Auslegung der Wahrnehmungsverträge, S. 64.

45 Dreier/Schulze-*Dreier,* § 20 UrhG Rn. 16.

46 *Reinbothe,* GRUR Int. 2001, 733, 736.

47 A. A.: Dreyer/Kotthoff/Meckel-*Dreyer,* § 20 UrhG Rn. 25.

48 *Siebert,* Die Auslegung der Wahrnehmungsverträge, S. 76; Dreier/Schulze-*Dreier* § 20 UrhG Rn. 16.

sind daher auch nicht von der Übertragung des Senderechts nach § 1 lit. b und d BerV erfasst. Einschlägig ist hier allerdings die Rechteübertragung gemäß § 1 lit. h Abs. 2 und 3 BerV.[49]

(3) Zugänglichmachen

Sendungen von Musikwerken berühren das Recht in § 20 UrhG nicht erst dann, wenn das Werk tatsächlich empfangen wird. Vielmehr genügt die reine Möglichkeit des Empfangs einer Sendung.[50] Der Begriff der Sendung steht für eine Mitteilung, die einseitig erfolgt und nur empfangen werden kann.[51] Im Gegensatz zur Zugänglichmachung eines Werks ist dessen Empfang von jeher urheberrechtlich irrelevant.[52] Die Besonderheit des Senderechts liegt darin, dass die Endnutzer ein Werk im Rahmen eines vom Sendenden in zeitlicher Hinsicht festgelegten Programms zwar gleichzeitig empfangen bzw. empfangen können, im Zeitpunkt des Werkgenusses jedoch – anders als beim Aufführungsrecht – nicht am selben Ort versammelt sein müssen.[53] Insofern fallen bereits die Vorgänge des Zugänglichmachens eines Musikwerks durch eine Sendung unter den Wahrnehmungsbereich der GEMA. Ein tatsächlicher Empfang des Musikwerks durch den Endnutzer ist nicht erforderlich.

bb) Das Recht der Werkverbindung

Daneben gilt auch für den Bereich des Senderechts, dass weder das Recht, ein Musikwerk mit einem (neuen) Text, noch das Recht, ein Sprachwerk (neu) vertont zu senden, auf die GEMA übergeht.[54] Das Recht der Werkverbindung verbleibt – bis auf bestimmte Fälle der Filmherstellung[55] – beim Berechtigten. Werkverbindungen dürfen grundsätzlich nur dann gesendet werden, wenn der Berechtigte dieser Werkverbindung zugestimmt hat. Die Rechte zur Sendung verbundener Werke, für die der ursprünglich Berechtigte jedoch seine Einwilligung erteilt hat, gehen gemäß der Regelung in § 1 BerV (Kopfteil) „automatisch" auf die GEMA über.

---

49 Dazu nachfolgend § 11.
50 Dreier/Schulze-*Dreier*, § 20 UrhG Rn. 10.
51 Fromm/Nordemann-*Nordemann*, § 20 UrhG Rn. 1.
52 *Schack*, Urheber- und Urhebervertragsrecht, Rn. 408.
53 Dreier/Schulze-*Dreier*, § 20 UrhG Rn. 1.
54 Für den Bereich des Aufführungsrechts vorstehend § 4 II 2 a.
55 Nachfolgend § 14.

cc) Die Sendung einer Instrumentalfassung bzw. die teilweise (verkürzte) Sendung eines Werks

Nach dem Zweck des Berechtigungsvertrags umfassen § 1 lit. b und d BerV auch das Recht, ein Musikwerk „instrumental", also ohne Text zu senden. Gleichermaßen gehen regelmäßig auch die Rechte, ein Werk nur teilweise zu senden, auf die GEMA über; in diesen Fällen ist – ebenso wie im Bereich des Aufführungsrechts[56] – eine individuelle Rechtewahrnehmung nicht sinnvoll. Voraussetzung ist allerdings auch hier, dass durch die Nutzung das Urheberpersönlichkeitsrecht nicht verletzt ist. In diesem Umfang beinhaltet die Rechteübertragung damit auch das Recht der Bearbeitung bzw. Umgestaltung nach § 23 UrhG.

b) Die Ausnahme der Sendung dramatisch-musikalischer Werke vollständig, als Querschnitt oder in größeren Teilen

Der Umfang der Rechteübertragung ist nach § 1 lit. b und d BerV dadurch beschränkt, dass Hörfunk- bzw. Fernschsendungen dramatisch-musikalischer Werke, sei es vollständig, als Querschnitt oder in größeren Teilen, ausgenommen sind.

aa) Dramatisch-musikalisches Werk

Der Begriff des dramatisch-musikalischen Werks entspricht jenem in § 1 lit. a BerV zum Aufführungsrecht.[57] Entscheidend ist, dass das Musikwerk für die bühnenmäßige Aufführung objektiv geeignet ist, d. h. für die bühnenmäßige Aufführung „in Szene gesetzt" werden kann. Dies ist insbesondere dann der Fall, wenn bei der Wiedergabe des Musikwerks ein geschlossenes, dramatisch angelegtes Geschehen vermittelt wird.[58]

bb) Vollständig, als Querschnitt oder in größeren Teilen

Das Recht der Sendung dramatisch-musikalischer Werke, sei es vollständig, als Querschnitt oder in größeren Teilen, ist nach § 1 lit. b und d BerV von der Rechteübertragung ausgenommen. Auch hier muss bestimmt

---

56 Dazu vorstehend § 5 II 2 a.

57 Vorstehend § 5 II 2 b bb.

58 BGH, GRUR 2000, 228, 230 – Musical-Gala.

werden, welche Sachverhalte von den Berechtigten individuell wahrgenommen werden und welche der GEMA zur kollektiven Wahrnehmung überlassen werden. Zu dieser Abgrenzung haben die Rundfunkveranstalter und die GEMA – allerdings für das zwischen diesen Parteien bestehende Lizenzvertragsverhältnis – eine Vereinbarung getroffen.[59] Obwohl das Interesse der Rundfunksender als Nutzer für die Auslegung des Berechtigungsvertrags unerheblich ist,[60] ist die Vereinbarung dennoch geeignet, die Reichweite der Rechteübertragung nach § 1 lit. b und d BerV zu bestimmen.[61] Sie entspricht dem erkennbaren Willen der GEMA als Partei beider Vertragsverhältnisse. Da sie die Bedingungen im Berechtigungsvertrag als Allgemeine Geschäftsbedingungen einseitig stellt, ist ihr Wille bei der Auslegung ausschlaggebend; auf den Willen des einzelnen Berechtigten kann es nicht ankommen.

(1) Die Sendung vollständig oder als Querschnitt

§ 1 lit. b und d BerV regeln, dass die vollständige Sendung eines dramatisch-musikalischen Werks nicht unter den Wahrnehmungsbereich der GEMA fällt. Ebenso wenig umfasst die Rechteübertragung die Sendung von Querschnitten dramatisch-musikalischer Werke. Missverständlich sind hierzu die Regelungen in Abschn. I Ziff. 1 a) und Ziff. 2 a) der Abgrenzungsvereinbarung. Der Wortlaut sieht vor, dass Querschnitte in einer bestimmten Länge unter den Wahrnehmungsbereich der GEMA fallen, soweit nicht das szenische Geschehen des gesamten Werks in seinen wesentlichen Zügen dargeboten wird. Dem steht jedoch die Bedeutung des Begriffs „Querschnitt" entgegen; ein „Querschnitt" setzt zwingend voraus, dass eine Übersicht über das Werk in seiner Gesamtheit gegeben wird und ein Gesamteindruck des Werks vermittelt wird.[62] Der in der Abgrenzungsvereinbarung genannte Sachverhalt eines „Querschnitts" ist damit – allerdings ohne praktische Auswirkungen – nicht denkbar.

Die individuelle Rechtewahrnehmung ist in dem so festgelegten Bereich der dramatisch-musikalischen Werke durchaus möglich. Von einer mas-

---

59 Abgedr. in GEMA-Jahrbuch 2005/2006 S. 190 f.

60 Vgl. *Riesenhuber*, Die Auslegung und Kontrolle des Wahrnehmungsvertrags, S. 49.

61 Vgl. Möhring/Nicolini-*Kroitzsch*, § 20 UrhG Rn. 41; vgl. auch: Loewenheim-*Castendyk*, § 75 Rn. 295.

62 Dazu vorstehend § 5 II 2 b dd.

senweisen Nutzung kann hier nicht die Rede sein. Nur wenige Hörfunk- und Fernsehsender führen derartige Sendungen durch. Zudem eignet sich auch nicht jedes dramatisch-musikalische Werk ohne Weiteres für eine Sendung.[63] Die Regelung entspricht daher dem Vertragszweck.

(2) Die Sendung in größeren Teilen

Welche Sachverhalte nach § 1 lit. b und d BerV als „Sendungen dramatisch-musikalischer Werke in größeren Teilen" aus dem Wahrnehmungsbereich der GEMA fallen, ist der Abgrenzungsvereinbarung zu entnehmen.[64] Demnach ist die GEMA zur Rechtewahrnehmung befugt, wenn ein dramatisch-musikalisches Werk im Hörfunk weniger als 25 Minuten und im Fernsehen weniger als 15 Minuten (20 Minuten beim internationalen Programmaustausch) gesendet wird. Diese Teilwiedergaben dürfen nicht mehr als 25% der Sendedauer des ganzen Werks beanspruchen und nicht das szenische Geschehen des ganzen Werks in seinen wesentlichen Zügen darbieten. Auch „fernseheigene" Choreografien konzertanter Werke fallen unter den Wahrnehmungsbereich der GEMA.[65] So sollen die Sender z. B. für die aktuelle Berichterstattung über kulturelle Ereignisse[66] die Rechte an der Sendung kleinerer Teile dramatisch-musikalischer Werke bereits durch die mit der GEMA abgeschlossenen Pauschalverträge erhalten. Bereits aus Zeitgründen wäre es nicht möglich, die Rechte jeweils einzeln bei den Berechtigten einzuholen. Zudem wäre in diesen nicht seltenen Fällen der Teilwerksendungen die Einholung der Rechte bei den Urhebern und Verlegern unzumutbar aufwändig.[67]

c) Schrankenregelungen

Vom Wahrnehmungsbereich der GEMA ausgenommen sind jedoch die Sendungen musikalischer Werke, die nach § 50 UrhG freigestellt sind. In diesen Fällen steht dem Berechtigten kein ausschließliches Nutzungs-

63 *Hubmann*, GEMA-Nachrichten 1959 Nr. 43, S. 10, 16.

64 Diese Vereinbarung enthält den erkennbaren Willen der GEMA, der für die Auslegung ausschlaggebend ist; dazu vorstehend § 3 III 2.

65 Abschnitte I und II der Abgrenzungsvereinbarung, abgedr. in GEMA-Jahrbuch 2005/2006, S. 190 f.; *Karbaum*, GEMA-Nachrichten 1995 Nr. 152, S. 116, 117.

66 *Karbaum*, GEMA-Nachrichten 1995 Nr. 152, S. 116, 117.

67 Zu berücksichtigen ist dabei die Schrankenregelung des § 50 UrhG.

recht zu, das er auf die GEMA übertragen könnte. Soweit musikalische Werke im Verlauf von Tagesereignissen in Erscheinung treten, ist deren Sendung – im Interesse der Allgemeinheit an einer raschen Berichterstattung – nach den Voraussetzungen des § 50 UrhG ohne Zustimmung des Berechtigten erlaubt.[68] In den Grenzen des § 50 UrhG fallen diese Sendesachverhalte damit nicht unter den Wahrnehmungsbereich der GEMA.

Als öffentliche Wiedergabe im Sinne des § 15 Abs. 2 UrhG unterliegt auch die Sendung von Musikwerken grundsätzlich der Schranke des § 52 UrhG, wonach bestimmte Sachverhalte der öffentlichen Wiedergabe im Interesse der Allgemeinheit urheberrechtlich privilegiert sind. Allerdings nimmt § 52 Abs. 3 UrhG die Fälle der Funksendungen explizit vom Anwendungsbereich dieser Schrankenvorschrift aus. Im Ergebnis hat die Regelung des § 52 UrhG damit keinerlei Auswirkungen auf die Übertragung des Senderechts nach § 1 lit. b und d BerV auf die GEMA.

d) Das gesonderte Mandat

Wie in der Fußnote 2) zum Berechtigungsvertrag[69] geregelt, können die Berechtigten die Rechte der zeitgleichen, unveränderten und vollständigen Weiterverbreitung dramatisch-musikalischer Werke in Fernseh- und Hörfunkprogrammen im Sinne und im Umfang der Satelliten- und Kabelrichtlinie[70] durch gesondertes Mandat auf die GEMA übertragen. Dies bedeutet, dass die Berechtigten der GEMA das Recht der Kabelweitersendung gemäß § 20 b UrhG auch für die Sendung dramatisch-musikalischer Werke vollständig, als Querschnitt oder in größeren Teilen auf die GEMA übertragen können. Bei diesem gesonderten Mandat handelt es sich somit um eine „Ausnahme von der Ausnahme". Da das Recht der Kabelweitersendung heute ohnehin verwertungsgesellschaftenpflichtig ist, ist eine solche Möglichkeit zur Rechteeinräumung unverzichtbar.

Im Jahr 1981 haben GEMA und VG Wort die Arbeitsgemeinschaft (ARGE) DRAMA als BGB-Gesellschaft mit dem Zweck der Wahrung der Rechte dramatischer Autoren und Verleger bei gleichzeitiger, vollständiger und unveränderter Übermittlung von Ton- und Fernsehrundfunkprogram-

68 Vgl. Schricker-*Melichar/Vogel* § 50 UrhG Rn. 1 f.

69 S. hierzu den Berechtigungsvertrag der GEMA in der Fassung v. 28./29. Juni 2005, abgedr. im Anhang.

70 Abl. Nr. L 248 v. 6. 10. 1993, S. 15.

men durch in- und ausländische Kabelsysteme (vgl. § 2 des Gesellschaftsvertrags[71]) gegründet.[72] Die berechtigten musikalischen Urheber und deren Verleger haben die Möglichkeit, der GEMA durch Mandatsvertrag in Ergänzung des Berechtigungsvertrags das Recht zur gleichzeitigen, vollständigen und unveränderten Übermittlung dramatisch-musikalischer Werke (vgl. § 3 Abs. 2 des Mandatsvertrags[73]) von Tonrundfunk- und Fernsehprogrammen durch in- und ausländische Kabelunternehmen sowie daraus entstehende Vergütungsansprüche zu übertragen.

Diese Rechteübertragung ist laut Mandatsvertrag auf die Rechtewahrnehmung im Rahmen von Gesamtverträgen, d. h. auf den Fall der pauschalen Rechteeinräumung hinsichtlich des gesamten GEMA-Repertoires, beschränkt. Da jedoch mit der Einfügung des § 20 b Abs. 1 UrhG eine individuelle Geltendmachung der Kabelweitersenderechte auch für dramatisch-musikalische Werke vollständig, als Querschnitt oder in größeren Teilen nicht möglich ist, dürfte diese Beschränkung auf den Bereich der Gesamtverträge hinfällig sein.

Aus dem Gesellschaftsvertrag der ARGE DRAMA in Verbindung mit den Regelungen des Mandatsvertrags geht hervor, dass es sich hierbei nicht um eine eigene Verwertungsgesellschaft, sondern lediglich um eine formlose Arbeitsgemeinschaft der GEMA und der VG Wort ohne eigenen Treuhandcharakter handelt. Gemäß § 3 des Gesellschaftsvertrags erfolgt die Übertragung der entsprechenden Kabelweitersenderechte durch Mandatsverträge als Ergänzung der Wahrnehmungs- bzw. Berechtigungsverträge der VG Wort bzw. der GEMA.

Dabei bezieht sich die genannte Ergänzung des Berechtigungsvertrags der GEMA nur auf die Kabelweitersendung von Sendungen dramatisch-musikalischer Werke. Das entsprechende Recht der ursprünglichen nicht-integralen Hörfunk- und Fernseh-Sendung verbleibt auch unter Berücksichtigung dieses gesonderten Mandats bei den Berechtigten bzw. bei deren Verlegern.

---

71 Gesellschaftsvertrag abgedr. in GEMA-Jahrbuch 2005/2006 S. 463 f.

72 *Kreile*, GRUR 1999, 885, 889.

73 Mandatsvertrag für das In- und Ausland, GEMA-Jahrbuch 2005/2006 S. 465.

III. Inhaltskontrolle nach § 31 Abs. 4 UrhG

Bei der Rechteübertragungen nach § 1 lit. b und d BerV handelt es sich nicht um unwirksame Verfügungen iSd § 31 Abs. 4 UrhG.[74] Die von diesen Regelungen umfassten Nutzungsformen der Sendungen stellen keine technisch bzw. wirtschaftlich eigenständigen Verwertungsformen dar, wie sie der BGH in der Entscheidung *GEMA-Vermutung I* für das Vorliegen einer neuen Nutzungsart iSd § 31 Abs. 4 UrhG festlegt.[75]

1. Kabel- und Satellitenfernsehen

Für das Kabel- und Satellitenfernsehen hat der BGH entschieden, dass diese Sachverhalte gegenüber dem terrestrischen Fernsehen keine neue Nutzungsarten, sondern nur technische Forschritte darstellen; aus der Sicht der Endverbraucher bleibt die „Fernsehnutzung“ unverändert.[76]

2. Pay-TV

Auch bei der Werknutzung durch Pay-TV handelt es sich nicht um eine technisch eigenständige Verwertungsform im Sinne dieser Rechtsprechung, da sich die dabei in Anspruch genommene „neue Technik“ nur auf die Verschlüsselung und Decodierung, nicht aber auf die Werknutzung an sich bezieht. Die Art und Weise der Ausstrahlung des Sendevorgangs ist davon aber nicht betroffen; die bekannte Nutzungsart der „Fernsehsendung“ wird in ihrem Wesen nicht verändert.[77] Die Gegen-

---

74 Zur Kontrolle der Rechteübertragungen nach § 31 Abs. 4 UrhG vorstehend § 3 I 3.

75 BGH, GRUR 1986, 62 ff. – GEMA-Vermutung I.

76 BGH, GRUR 1997, 215, 217 – Klimbim; OLG Hamburg GRUR 1989, 590; LG München ZUM 1986, 484, 486; Dreier/Schulze-*Schulze*, § 31 UrhG Rn. 90; a. A.: *Donhauser*, Der Begriff der unbekannten Nutzungsart gemäß § 31 Abs. 4 UrhG, S. 147.

77 Vgl. *Platho*, ZUM 1986, 572, 578; KG, ZUM-RD 2000, 384, 386; a. A.: Dreier/Schulze-*Dreier*, § 31 UrhG Rn. 91; *Donhauser*, Der Begriff der unbekannten Nutzungsart gemäß § 31 Abs. 4 UrhG, S. 149; *Siebert*, Die Auslegung der Wahrnehmungsverträge, S. 84 ff.

meinungen überzeugen schon deshalb nicht, weil sie lediglich auf die wirtschaftliche Eigenständigkeit dieser Nutzungsform abstellen. So würden durch Pay-TV die Zweitverwertungskette verlängert und damit neue Erwerbsmöglichkeiten geschaffen.[78] Die technische Eigenständigkeit muss jedoch zur – gegebenenfalls nach der Rechtsprechung zu den Risikogeschäften[79] eingeschränkten – wirtschaftlichen Selbstständigkeit kumulativ vorliegen.[80]

3. Internet-Radio, Internet-TV

Auch die Musiknutzung durch Internet-Radio stellt keine gegenüber der herkömmlichen Hörfunk-Sendung eigenständige Nutzungsart dar. Zwar ist nicht zuletzt wegen der Möglichkeiten der interaktiven Nutzung durchaus von einer technischen Eigenständigkeit auszugehen, allerdings liegt keine wirtschaftliche Eigenständigkeit vor; Online-Radio ist nur eine technische Weiterentwicklung des herkömmlichen Rundfunks, ohne dessen wirtschaftliches Potenzial zu verändern. Es werden keine neuen Verbraucherkreise erschlossen und es entsteht auch kein eigenständiger Markt.[81] Insofern handelt es sich auch bei Internet-TV, also bei der Übertragung eines Fernsehprogramms – meist neben der herkömmlichen Ausstrahlung des Programms per Satellit oder Kabel – im Internet nicht um eine technisch und wirtschaftlich eigenständige Nutzungsart im Sinne des § 31 Abs. 4 UrhG.[82] Die Gegenmeinung, die von einer eigenständigen Nutzungsart ausgeht, stellt ausschließlich auf die wirtschaftliche Eigenständigkeit ab. Die Ausdehnung des Empfangsbereichs ziehe eine intensivere Werknutzung nach sich, ein zusätzlicher Vertriebsweg werde trotz der noch nicht ausgereiften Technik erschlossen.[83] Dem kann schon deshalb nicht gefolgt werden, weil technische und wirtschaft-

78 *Siebert*, Die Auslegung der Wahrnehmungsverträge, S. 85 f.
79 Dazu vorstehend § 3 I 3 a aa).
80 BGH, GRUR 1986, 62 ff. – GEMA-Vermutung I; *Platho*, ZUM 1986, 572, 575.
81 *Siebert*, Die Auslegung der Wahrnehmungsverträge, S. 65 f.; Dreyer/Kotthoff/Meckel-*Kotthoff*, § 31 UrhG Rn. 117; *Schardt*, ZUM 2000, 849, 853.
82 *Siebert*, Die Auslegung der Wahrnehmungsverträge, S. 68 f.; Dreyer/Kotthoff/Meckel-*Kotthoff*, § 31 UrhG Rn. 117; *Schardt*, ZUM 2000, 849, 852; vgl. *Frohne*, ZUM 2000, 810, 813.
83 *Donhauser*, Der Begriff der unbekannten Nutzungsart gemäß § 31 Abs. 4 UrhG, S. 150, für den Bereich des Internet-TV; im Ergebnis so auch *Kornmeier/Cichon*, in: Handbuch der Musikwirtschaft, S. 894, 937.

liche Eigenständigkeit kumulativ vorliegen müssen, um eine eigenständige Nutzungsart zu begründen.[84]

[84] Dazu vorstehend § 3 I 3 a aa.

§ 7 Das Recht der Lautsprecherwiedergabe nach § 1 lit. c BerV[1]

I. Übersicht und Entstehungsgeschichte

Das „Recht der Lautsprecherwiedergabe" einschließlich der Wiedergabe von dramatisch-musikalischen Werken durch Lautsprecher übertragen die Berechtigten nach der seit der Neufassung des Berechtigungsvertrags im Jahr 1954 unveränderten Klausel des § 1 lit. c BerV. Gegenstand der Rechteübertragung sind auch hier Werke der Tonkunst mit oder ohne Text entsprechend der Formulierung in § 1 lit. a BerV.[2] Entgegen der umfassenden Bedeutung des Wortes „Lautsprecher" ergibt die Auslegung, dass von dieser Bestimmung nur die unter §§ 19 Abs. 3 und 22 UrhG fallenden Sachverhalte, und im Rahmen des § 22 UrhG nur die rein akustischen Wiedergaben erfasst sind.[3] Damit fallen einerseits die Sachverhalte der Übertragung einer Live-Musikaufführung an einen anderen Ort über Lautsprecher, Bildschirm oder ähnliche technische Mittel (z. B. ein Pop-Konzert über Großleinwand auf den Vorplatz des Veranstaltungsraums) unter den Wahrnehmungsbereich der GEMA. Andererseits sind aber auch die rein akustischen öffentlichen Wiedergaben von vorangegangenen Funksendungen (d. h. das „Recht der Wiedergabe einer Hörfunk-Sendung") oder öffentlichen Zugänglichmachungen durch Lautsprecher erfasst.[4] Die Auslegung ergibt zudem, dass auch die Folgenutzung, die akustische Wiedergabe von vorangegangenen Funksendungen oder von öffentlicher Zugänglichmachung außerhalb des Raums der Wiedergabe öffentlich wahrnehmbar zu machen (vgl. §§ 21 S. 2 UrhG iVm 19 Abs. 3 UrhG), nach § 1 lit. c BerV auf die GEMA übergeht.[5] Etwas anderes gilt für audiovisuelle Wiedergaben von Sendungen und öffentlicher Zugänglichmachung und deren Übertragungen in einen anderen

---

1 S. hierzu den Berechtigungsvertrag der GEMA in der Fassung v. 28./29. Juni 2005, abgedr. im Anhang.

2 Dazu vorstehend § 2 IV 1.

3 Zur Auslegung nachfolgend II.

4 So auch *Hubmann*, GEMA-Nachrichten 1959 Nr. 43, S. 10, 17, wonach unter Lautsprecherwiedergabe iSd § 1 lit. c BerV die „Wiedergabe von Rundfunksendungen und die Lautsprecherübertragung auf eine andere Veranstaltung" zu verstehen ist.

5 Nachfolgend II 2 c dd.

Raum. Diese Sachverhalte fallen unter die Übertragung der Fernseh-Wiedergabe nach § 1 lit. e BerV.[6] Auch die Wiedergaben von Bild- und Tonträgern, die ebenfalls mittels „Lautsprecher" erfolgen, sind nicht von dieser Regelung erfasst. Hier ist die speziellere Bestimmung des § 1 lit. g BerV einschlägig.[7] Gegen die kollektive Wahrnehmung des Rechts der „Lautsprecherwiedergabe" durch die GEMA bestehen keine Bedenken.[8]

II. Auslegung

1. Urheberrechtliche Grundlagen

§ 1 lit. c BerV erfasst zwei vom Gesetzgeber unterschiedlich geregelte Sachverhalte.[9] Einerseits übertragen die Berechtigten das von § 19 Abs. 3 UrhG erfasste Recht, Vorträge und Aufführungen außerhalb des Raums, in dem die persönliche Darbietung stattfindet, durch Lautsprecher, Bildschirm oder ähnliche technische Einrichtungen öffentlich wahrnehmbar zu machen. Andererseits geht auch das in § 22 UrhG gewährte Recht der Wiedergabe von Funksendungen und von öffentlicher Zugänglichmachung – allerdings nur hinsichtlich der rein akustischen Wiedergabe – nach § 1 lit. c BerV auf die GEMA über. Obwohl vom Wortlaut des § 1 lit. c BerV nicht ausdrücklich erwähnt, geht auch das Recht, diese akustischen Wiedergaben durch Lautsprecher oder ähnliche technische Einrichtungen außerhalb des Raums der Wiedergabe öffentlich wahrnehmbar zu machen iSd §§ 21 S. 2 UrhG iVm 19 Abs. 3 UrhG, auf die GEMA über. Im Rahmen dieser Nutzungen werden die Werke regelmäßig nicht verändert. Die Übertragung von Bearbeitungs- bzw. Umgestaltungsrechten gemäß § 23 UrhG ist hier folglich nicht von Bedeutung.

6 Nachfolgend § 8.
7 Nachfolgend § 10.
8 Zur Inhaltskontrolle nachfolgend III.
9 Zur Auslegung auf der Grundlage der gesetzlichen Regelungen vorstehend § 3 III 2.

2. Eingeräumte Nutzungsarten

a) Das Recht der Übertragung in „andere Räume“

Nach § 1 lit. c BerV überträgt der Berechtigte zunächst das in § 19 Abs. 3 UrhG ausgestaltete Recht der Lautsprecher- und Bildschirmwiedergabe außerhalb des Raums der persönlichen Darbietung. Eine solche Wiedergabe von Live-Musikaufführungen erfolgt häufig in den Fällen, in denen die Größe des Orts der Werkaufführung nicht ausreicht.[10]

Obwohl der Wortlaut „Lautsprecher“ darauf hindeuten könnte, dass davon nur rein akustische Übertragungen erfasst sind, ergibt die Auslegung, dass nach § 1 lit. c BerV auch derartige audiovisuelle Übertragungen auf Bildschirmen, Leinwänden oder ähnlichen technischen Mitteln unter den Wahrnehmungsbereich der GEMA fallen. Für diese Auslegung spricht, dass zum Zeitpunkt der Fassung dieser Bestimmung im Jahr 1954 audiovisuelle Übertragungen außerhalb des Veranstaltungsraums auf Bildschirm bzw. Leinwand noch nicht üblich waren. Aus der Sicht des Rechteinhabers unterscheidet sich die audiovisuelle Nutzung jedoch nicht wesentlich von der rein akustischen. Die Erweiterung des Anwendungsbereichs des § 1 lit. c BerV um die Fälle der audiovisuellen Übertragung auf Bildschirm oder ähnliche technische Mittel entspricht somit dem hypothetischen Parteiwillen.[11]

Trotz der engen Verbindung der Aufführungs- und Übertragungsrechte in § 19 UrhG (das Übertragungsrecht ist vom Vortrags- und Aufführungsrecht nach § 19 Abs. 3 UrhG „umfasst“), ist davon auszugehen, dass das Übertragungsrecht des § 19 Abs. 3 UrhG nicht nach § 1 lit. a BerV, sondern gemäß § 1 lit. c BerV auf die GEMA übergeht. Dafür spricht der Wortlaut des § 1 lit. c BerV, der nicht – parallel zu § 1 lit. e BerV – vom Recht der „Hörfunk-Übertragung“, sondern vom „Recht der Lautsprecherwiedergabe“ spricht.[12]

---

10 Dreyer/Kotthoff/Meckel-*Dreyer,* § 19 UrhG Rn. 33–35.

11 Hinzu kommt, dass das Musikwerk auch bei audiovisuellen Übertragungen mittels *Lautsprecher* wiedergegeben wird.

12 Wandtke/Bullinger-*Ehrhardt,* § 19 UrhG Rn. 42, der ebenfalls davon ausgeht, dass das Recht der Wahrnehmbarmachung durch Lautsprecher gemäß § 19 Abs. 3 UrhG grundsätzlich gemäß § 1 lit. c BerV auf die GEMA übertragen wird.

Die Formulierung „außerhalb des Raums“ in § 19 Abs. 3 UrhG ist nicht wörtlich zu verstehen[13], so dass auch beispielsweise Sachverhalte der Lautsprecherwiedergabe von Veranstaltungen im Freien[14] hierunter fallen. Bei einem Lautsprecher handelt es sich um „ein elektroakustisches Gerät, welches niederfrequente Tonfrequenzströme in Schall umwandelt“. Unter einem Bildschirm versteht man „sowohl eine Bild- bzw. Projektionsleinwand als auch den Leichtschirm in Fernseh- und Datensichtgeräten, auf denen Informationen sichtbar gemacht werden“. Dem sollen Einrichtungen gleichstehen, durch die – mittels eines vergleichbaren Verfahrens – der Öffentlichkeit eine Werkaufführung wahrnehmbar gemacht wird.[15]

Entscheidend für die öffentliche Wahrnehmbarmachung iSd § 19 Abs. 3 UrhG ist, dass die persönliche Darbietung durch eine technische Maßnahme übermittelt wird, die ergänzenden, untergeordneten Charakter hat. Bei der Übermittlung darf es sich mit anderen Worten nicht um eine eigenständige urheberrechtliche und von der persönlichen Darbietung unabhängige Verwertungsform, wie etwa eine Sendung iSd § 20 UrhG handeln.[16] Bei der Lautsprecherwiedergabe gemäß § 19 Abs. 3 UrhG geht es lediglich um das Recht zu entscheiden, ob die mangelnde Größe des „Raums“ der Werkaufführung durch technische Mittel überwunden werden darf.[17]

b) Die Ausnahme des § 1 lit. g bb) BerV für die Wahrnehmbarmachung in Theatern

Obwohl der Wortlaut des § 1 lit. c BerV keine Beschränkung vorsieht, gehen die Rechte „zur Lautsprecherübertragung“ im Bereich der Nutzungen dramatisch-musikalischer Werke nicht vollumfänglich auf die GEMA über. Trotz ihrer Stellung innerhalb der Regelung des § 1 lit. g BerV und damit innerhalb der Regelungen zur Wahrnehmbarmachung von Werkaufnahmen gilt die Ausnahmeregelung des § 1 lit. g bb) BerV nach ihrem Sinn und Zweck auch für die Rechteübertragung nach § 1 lit. c BerV. Es handelt sich hierbei offensichtlich um ein redaktionelles Versehen.

---

13 Fromm/Nordemann-*Nordemann*, § 19 UrhG Rn. 4.
14 Schricker-*v. Ungern-Sternberg*, § 19 UrhG Rn. 32.
15 Dreyer/Kotthoff/Meckel-*Dreyer*, § 19 UrhG Rn. 30.
16 Vgl. Wandtke/Bullinger-*Ehrhardt*, § 19 UrhG Rn. 39.
17 Dreyer/Kotthoff/Meckel-*Dreyer*, § 19 UrhG Rn. 33.

§ 1 lit. g bb) BerV bestimmt, dass die Sachverhalte der Wahrnehmbarmachung dramatisch-musikalischer Werke in Theatern iSd § 19 Abs. 3 UrhG nicht unter den Wahrnehmungsbereich der GEMA fallen. Demnach handelt es sich also vorrangig um einen Ausnahmefall zu § 19 Abs. 3 UrhG, d. h. für den Fall der Wahrnehmbarmachung von persönlichen Darbietungen (über Lautsprecher). § 1 lit. g bb) BerV regelt folglich zunächst eine Ausnahme zur Rechteübertragung nach § 1 lit. c BerV für die Fälle der Übertragungen von Live-Aufführungen im Sinne des § 19 Abs. 3 UrhG.[18] § 1 lit. g bb) BerV verdrängt daher § 1 lit. c BerV als speziellere Vorschrift für bestimmte Fälle der öffentlichen Wahrnehmbarmachung der Live-Aufführungen außerhalb des Veranstaltungsraums über Lautsprecher.

Neben der Formulierung des Anwendungsbereichs dieser Ausnahmebestimmung ist auch der weitere Wortlaut unscharf. Obwohl die Ausnahme auf die Wahrnehmbarmachung in „Theatern“ begrenzt sein soll, ergibt die Auslegung einerseits, dass grundsätzlich auch die Sachverhalte der Lautsprecherübertragungen von Aufführungen dramatisch-musikalischer Werke außerhalb des Theatergebäudes oder die Wahrnehmbarmachung von Freiluftveranstaltungen außerhalb des Aufführungsortes unter diese Ausnahme fallen.

Andererseits gilt die Ausnahmeregelung nach dem Zweck des Berechtigungsvertrags nur für die Übertragungen von Live-Aufführungen, die nach § 1 lit. a BerV nicht unter den Wahrnehmungsbereich der GEMA fallen, also regelmäßig für bühnenmäßige Aufführungen dramatisch-musikalischer Werke. Hinter dieser Ausnahmeregelung stehen praktische Erwägungen. Die Zweitverwertung durch die Lautsprecherübertragung außerhalb des Veranstaltungsorts schließt unmittelbar an die Live-Aufführung des Werkes an. Ein Nutzer, der die Aufführung des Werks gleichzeitig außerhalb des Veranstaltungsraums mittels Lautsprecher wahrnehmbar machen will, wird für beide Nutzungen gleichzeitig die Lizenz bei einem Rechteinhaber einholen wollen. Diese einfache Lizenzierung „aus einer Hand“ steht dabei im wirtschaftlichen Interesse der

18 Vgl. Wandtke-Bullinger-*Ehrhardt*, § 19 UrhG Rn. 42; a. A.: *Hubmann*, GEMA-Nachrichten 1959 Nr. 43, S. 10, 17, der bei der „Lautsprecherwiedergabe von unmittelbaren Aufführungen musikalisch-dramatischer Werke auf eine andere Veranstaltung“ von „kleinem Recht“, also von der Wahrnehmungsbefugnis der GEMA ausgeht. Auch *Staats*, Aufführungsrecht und kollektive Wahrnehmung bei Werken der Musik, S. 124, äußert Bedenken, da sich § 1 lit. g bb) BerV auf die Wiedergabe durch Bild- oder Tonträger beziehe.

Berechtigten. Der Gleichlauf der Ausnahmeregelungen in § 1 lit. a und lit. g bb) BerV für die Fälle des § 1 lit. c BerV ist auch im Einklang mit den gesetzlichen Regelungen; das Recht nach § 19 Abs. 3 UrhG ist ohnehin vom Aufführungsrecht nach § 19 Abs. 2 UrhG „umfasst" und daher mit diesem eng verbunden.

In der Praxis sind von der Ausnahme des § 1 lit. g bb) BerV etwa die Fälle der Übertragungen bühnenmäßiger Aufführungen dramatisch-musikalischer Werke ins Foyer eines Theaters umfasst. Die Lizenzierung solcher Nutzungen bleibt den Bühnenverlagen vorbehalten, die den Theatern diese Rechte nur für den Sachverhalt zu spät kommender Besucher übertragen.[19]

c) Das Recht der Wiedergabe von Funksendungen und von öffentlicher Zugänglichmachung

aa) Das Recht der Wiedergabe von Funksendungen

Neben dem in § 19 Abs. 3 UrhG ausgestalteten Recht der Lautsprecherwiedergabe umfasst § 1 lit. c BerV auch das in § 22 UrhG festgelegte Recht der Wiedergabe von Funksendungen und von öffentlicher Zugänglichmachung, allerdings nur soweit es sich um rein akustische Wahrnehmbarmachungen handelt. Anders als bei der Fernseh-Wiedergabe nach § 1 lit. e BerV enthält der Berechtigungsvertrag für den Bereich der „Hörfunk-Wiedergabe" keine spezielle Regelung. Die Wiedergabe einer rein akustischen Sendung (idR „Hörfunk-Sendung") fällt daher unter das Recht der Lautsprecherwiedergabe nach § 1 lit. c BerV.[20]

Die mit § 1 lit. c und e BerV getrennte Übertragung der rein akustischen und der audiovisuellen Wiedergaben von Funksendungen ist historisch begründet. § 1 lit. c BerV ist seit der Neufassung des Berechtigungsvertrags im Jahr 1954 unverändert. Damals war umstritten, ob dem Urheber gesetzlich die ausschließliche Befugnis zur öffentlichen Wahrnehmbarmachung von Funksendungen seines Werks vorbehalten sein soll.[21] Art. 11bis der Brüsseler Fassung der Berner Übereinkunft sah dieses Recht

---

19 Dreier/Schulze-*Dreier*, § 19 UrhG Rn. 24.

20 In diesem Sinn unterscheidet auch *Hubmann*, GEMA-Nachrichten 1955 Nr. 43, S. 10, 18, zwischen der Wiedergabe nur für das Ohr (Rundfunkwiedergabe) und der Wahrnehmbarmachung für Auge und Ohr (Fernseh-Wiedergabe).

21 RegE UrhG, Begr. erster Teil vierter Abschnitt 3. zu § 22, BT-Drs. IV/270, S. 50.

damals schon vor (ohne zwischen rein akustischen und audiovisuellen Wiedergaben zu unterscheiden). Wohl vor diesem Hintergrund wurde das „Recht der Lautsprecherwiedergabe" – als Vorgriff auf die Umsetzungsverpflichtung – in den Berechtigungsvertrag der GEMA aufgenommen.[22] Weil der „Bildfunk" damals eine verhältnismäßig neue Entwicklung darstellte, ist zu vermuten, dass deshalb das Recht der Fernseh-Wiedergabe in § 1 e BerV gesondert geregelt wurde. Dies ist überraschend, da Art. 11bis der Brüsseler Fassung der Berner Übereinkunft damals das Recht der „funkelektrischen Verbreitung" insgesamt und damit auch das Recht an „Rundfunksendungen für das Auge (Television)" umfasste.[23]

Der typische Fall der akustischen Wiedergabe einer solchen Funksendung ist, dass ein Gastwirt in seiner Gaststätte Radiomusik spielt.[24] Auch eine rein akustische Wiedergabe einer Fernsehsendung ist unter § 1 lit. c BerV zu fassen. Die Rechteübertragung in § 1 lit. c BerV betrifft nur die direkte Wiedergabe von Sendungen. Sobald etwa eine Hörfunk-Sendung aufgenommen und dann diese Aufnahme öffentlich wiedergegeben wird, ist § 21 UrhG[25], und damit die Regelung des § 1 lit. g iVm lit. h Abs. 1 BerV betroffen.[26]

bb) Das Recht der Wiedergabe von „öffentlicher Zugänglichmachung"

Das Recht der Lautsprecherwiedergabe nach § 1 lit. c BerV umfasst auch das Recht, ein im Sinne des § 19 a UrhG durch öffentliche Zugänglichmachung erlangtes Musikwerk[27] öffentlich durch Lautsprecher oder ähnliche technische Mittel akustisch wahrnehmbar zu machen. Erfasst

---

22 Der deutsche Gesetzgeber normierte dieses Recht zeitlich nachfolgend erst im Jahr 1965. Erstmals anerkannt wurde das „Recht der öffentlichen Lautsprecherwiedergabe" mit Urteil des LG Berlin v. 16. 6. 1955 (Schulze, LGZ 36); *Hubmann*, GEMA-Nachrichten 1955 Nr. 43, S. 10, 17.

23 *E. Schulze*, GEMA-Nachrichten 1949 Nr. 4, S. 28 f.

24 Dreyer/Kotthoff/Meckel-*Dreyer*, § 22 UrhG Rn. 2, 6, 18.

25 BGH NJW 1963, 651, 653 – Fernsehwiedergabe von Sprachwerken; a. A.: Dreier/Schulze-*Dreier*, § 22 UrhG Rn. 6; Schricker-*v. Ungern-Sternberg*, § 22 UrhG Rn. 4. Bei § 21 UrhG Rn. 11 plädiert v. Ungern-Sternberg jedoch ebenfalls für eine Einordnung unter § 21 UrhG.

26 Dreier/Schulze-*Dreier*, § 22 UrhG Rn. 6; Dreyer/Kotthoff/Meckel-*Dreyer*, § 22 UrhG Rn. 9; a. A.: Schricker-*v. Ungern-Sternberg*, § 22 UrhG Rn. 4.

27 Zum Recht der öffentlichen Zugänglichmachung nachfolgend § 12.

wäre davon beispielsweise die Wiedergabe von Musikwerken in einer Gaststätte, wenn die wiedergegebenen Musikwerke direkt aus dem Internet abgerufen werden. Auch hier sind wiederum nur rein akustische Wiedergaben erfasst. Diese Fälle dürften in der Praxis derzeit kaum bedeutend sein.

cc) Die öffentliche Wahrnehmbarmachung über Lautsprecher oder ähnliche technische Mittel

Voraussetzung für eine nach § 22 UrhG relevante Nutzung ist (ebenso wie für die Übertragung in andere Räume nach § 19 Abs. 3 UrhG), dass ein Werk unmittelbar für die menschlichen Sinne wiedergegeben wird.[28] Hier wird der Unterschied zu den Sachverhalten der Sendung nach § 20 UrhG deutlich; für das Senderecht reicht die bloße Empfangbarkeit.[29]

Der Urheber hat nach § 15 Abs. 2 UrhG das ausschließliche Recht, sein Werk in unkörperlicher Form öffentlich wiederzugeben. Öffentlich ist die Wiedergabe gemäß § 15 Abs. 3 UrhG dann, wenn sie für eine Mehrzahl von Mitgliedern der Öffentlichkeit bestimmt ist. Dabei ist grundsätzlich – aus einer objektiven Sicht – darauf abzustellen, vor wem eine Hörfunksendung (oder öffentliche Zugänglichmachung) wiedergegeben wird.[30] Allerdings setzt der Tatbestand der Wiedergabe von Funksendungen und von öffentlicher Zugänglichmachung nach § 22 UrhG voraus, dass das Werk für einen Empfängerkreis wiedergegeben wird, der es an einem Ort gemeinsam wahrnehmen kann.[31] In diesem Sinn hat auch der BGH festgestellt, dass die öffentliche Wiedergabe einer Funksendung nach § 22 UrhG voraussetzt, dass die Funksendung für eine Mehrzahl von Personen wahrnehmbar ist.[32] Sind die Personen, denen die Funksendung bzw. die öffentliche Zugänglichmachung wiedergegeben werden – wie vom BGH für Patienten im Zweibettzimmer entschieden[33] – allerdings durch persönliche Beziehungen miteinander verbunden, so gilt die Wie-

28 Schricker-*v. Ungern-Sternberg*, § 22 UrhG Rn. 5.

29 Dreier/Schulze-*Dreier*, § 22 UrhG Rn. 1.

30 Hierzu kürzlich AG Bremen, Urteil v. 26. 2. 2004, Az. 23 C 0214/03 (rkr.) unter Hinweis auf AG Kassel, NJW 2000, 493.

31 Schricker-*v. Ungern-Sternberg* § 15 UrhG Rn. 58.

32 BGH GRUR 1996, 875, 876 – Zweibettzimmer im Krankenhaus.

33 BGH GRUR 1996, 875, 876 – Zweibettzimmer im Krankenhaus.

dergabe nicht als öffentlich. Diese Sachverhalte werden dann auch nicht vom Wahrnehmungsbereich der GEMA erfasst.

dd) Die Ausnahmeregelung des § 1 lit. g bb) BerV

Die Ausnahme des § 1 lit. g bb) BerV ist hier nicht einschlägig. Nach dem Wortlaut ist sie auf die Fälle der Übertragung von Live-Aufführungen beschränkt. Die Rechte der audiovisuellen Wiedergabe dramatisch-musikalischer Werke in Hörfunksendungen und dramatisch-musikalischer Werke, welche durch öffentliche Zugänglichmachung im Sinne des § 19a UrhG erlangt wurden, werden damit uneingeschränkt gemäß dem Wortlaut des § 1 lit. c BerV auf die GEMA übertragen. Anders als im Fall der Übertragung einer Live-Aufführung außerhalb des Veranstaltungsraums sind hier regelmäßig der Sendende als Erstnutzer und der Wiedergebende als Zweitnutzer nicht personenidentisch. Eine Ausnahme ist hier nach dem Sinn und Zweck des Berechtigungsvertrags auch nicht erforderlich.

ee) Das Recht der Wiedergabe von Funksendung und öffentlicher Zugänglichmachung außerhalb des Raums der Wiedergabe

Schließlich sind auch die Sachverhalte, dass eine wiedergegebene Funksendung (oder ein durch öffentliche Zugänglichmachung erlangtes Werk) in einen anderen Raum als den ursprünglichen Wiedergabeort über Lautsprecher weiter übertragen wird, von der Rechteübertragung nach § 1 lit. c BerV erfasst. Betroffen ist in diesen Fällen das Recht nach § 22 S. 2 UrhG, die Wiedergabe einer Funksendung (oder öffentlichen Zugänglichmachung) auch außerhalb des Raums der Wiedergabe durch Lautsprecher oder ähnliche technische Mittel wahrnehmbar zu machen. Auch dies entspricht dem Zweck des Vertrags im Sinne des § 31 Abs. 5 UrhG, da eine individuelle Wahrnehmung hier ebenso wenig möglich ist, wie im Rahmen der zu übertragenden Wiedergabe.

d) Schrankenregelungen

Für die unter § 1 lit. c BerV fallenden Sachverhalte der öffentlichen Wiedergabe ist – wie schon im Bereich des § 1 lit. a BerV – die Schrankenregelung des § 52 UrhG einschlägig. Die Sondersachverhalte des § 52 Abs. 1 S. 3 UrhG (Veranstaltungen der Jugendhilfe, Altenpflege etc.)

fallen unter den Voraussetzungen des § 52 Abs. 1 UrhG als privilegierte Sachverhalte aus dem Wahrnehmungsbereich der GEMA. Außerhalb dieser Sonderfälle geht bei Sachverhalten nach § 52 Abs. 1 und Abs. 2 (Veranstaltungen ohne Erwerbszweck und ohne Eintrittsgeld sowie Kirchenveranstaltungen) zwar nicht das Verbotsrecht, aber der Anspruch auf angemessene Vergütung auf die GEMA über. Die „Unterausnahme" in § 52 Abs. 3 UrhG greift nach dem Wortlaut nicht bei der Wiedergabe von Funksendungen, sondern nur bei den Sachverhalten der Sendung selbst.

Neben § 52 UrhG regelt der Gesetzgeber in §§ 45, 50 und 56 UrhG weitere Fälle, in denen zu Gunsten der Allgemeinheit dem Urheber keine ausschließlichen Nutzungsrechte zustehen, die er nach § 1 lit. c BerV auf die GEMA zur Wahrnehmung übertragen könnte.

e) Das Recht der teilweisen Übertragung bzw. Werkwiedergabe

Werknutzungen, die unter § 1 lit. c BerV fallen, führen regelmäßig nicht zu Substanzänderungen der genutzten Werke. Möglich ist lediglich, dass das Werk gegenüber der Erstnutzung verkürzt wiedergegeben, idS also bearbeitet bzw. umgestaltet wird. Soweit die GEMA zur Vergabe der Rechte nach § 1 lit. c BerV befugt ist, bezieht sich diese Befugnis – wie bei der Übertragung des Aufführungsrechts – im Sinne des Zweckübertragungsgedankens nach § 31 Abs. 5 UrhG dann auch auf diese verkürzte Wiedergabe. Der kollektiven Wahrnehmung dieser Sachverhalte stehen auch keine persönlichkeitsrechtlichen Belange entgegen.

III. Inhaltskontrolle

Der Inhaltskontrolle des § 1 lit. c BerV ist voranzustellen, dass es sich bei den Sachverhalten der „Lautsprecherübertragung" um Zweit- also Folgeverwertungen handelt, die typischerweise unter den Bereich der kollektiven Wahrnehmung fallen.

Dadurch, dass sich im Bereich der Übertragung an einen anderen Veranstaltungsort der Umfang der Rechteübertragung nach § 1 lit. c BerV in Übereinstimmung mit dem Zweck des Berechtigungsvertrags an § 1 lit. a

BerV orientiert, dürfte es ausgeschlossen sein, dass hier § 1 lit. c BerV die Berechtigten zu eng an die GEMA bindet. Denkbar wäre eine Missbräuchlichkeit etwa für den Fall, dass ein Berechtigter das Recht der bühnenmäßigen Aufführung seines dramatisch-musikalischen Werks, nicht aber das Recht der Lautsprecherübertragung nach § 19 Abs. 3 UrhG selbst lizenzieren könnte. Dies verhindert jedoch die Ausnahmeregelung des § 1 lit. g bb) BerV, die den Gleichlauf zwischen § 1 lit. a und lit. c BerV bewirkt; für diesen Fall ist auch das Recht der Lautsprecherübertragung aus der Rechteübertragung ausgenommen.

Die Rechteübertragung kann auch nicht im Hinblick auf die akustische Wiedergabe von öffentlicher Zugänglichmachung eine unwirksame Verfügung (in Altverträgen) nach § 31 Abs. 4 UrhG darstellen.[34] Dem Recht der Wiedergabe von öffentlicher Zugänglichmachung fehlt es insbesondere an wirtschaftlicher Eigenständigkeit, da die Art der Werknutzung aus der Sicht der Endverbraucher unverändert geblieben ist.[35] In diesem Sinne stellt § 1 lit. c BerV keine unwirksame Verfügung über eine unbekannte Nutzungsart dar.

Das Auslegungsergebnis, dass auch das Recht der Übertragung der Wiedergabe außerhalb des Veranstaltungsraums nach §§ 22 S. 2 iVm 19 Abs. 3 UrhG übergeht, steht auch nicht im Widerspruch zur Regelung des § 37 Abs. 3 UrhG, da der Übergang des Nutzungsrechts dem Vertragszweck nach § 31 Abs. 5 UrhG entspricht.[36]

34 Zur Kontrolle nach § 31 Abs. 4 UrhG vorstehend § 3 I 3.

35 Vgl. BGH GRUR 1997, 215, 217 – Klimbim.

36 Zur Anwendbarkeit des § 37 Abs. 3 UrhG auf Wahrnehmungsverträge und zum Verhältnis des § 37 UrhG zu § 31 Abs. 5 UrhG: Schricker-*Schricker*, § 37 UrhG, Rn. 3 f.

§ 8 Das Recht der Fernsehwiedergabe nach § 1 lit. e BerV[1]

I. Übersicht und Entstehungsgeschichte

§ 1 lit. e BerV umfasst – als Ergänzung zu § 1 lit. c BerV – die Sachverhalte, bei denen Funksendungen audiovisuell und nicht rein akustisch wiedergegeben werden, d. h. regelmäßig die Fälle der öffentlichen Wiedergaben von Fernsehsendungen.[2] Wiederum sind Werke der Tonkunst mit oder ohne Text Gegenstand der Rechteübertragung.[3] Auch die in der Praxis relativ unbedeutenden Sachverhalte der audiovisuellen öffentlichen Wahrnehmbarmachungen von Musikwerken mittels öffentlicher Zugänglichmachung, d. h. „direkt über das Internet", fallen unter die Rechteübertragung nach § 1 lit. e BerV. Dieser Regelung liegt ebenfalls die urheberrechtliche Bestimmung des § 22 UrhG zu Grunde. Dem Vertragszweck entsprechend fällt darüber hinaus – wie bei § 1 lit. c BerV – das Recht der audiovisuellen „Übertragung" von audiovisuell wiedergegebenen Funksendungen außerhalb des Veranstaltungsraums nach § 22 S. 2 iVm § 19 Abs. 3 UrhG unter die Rechteübertragung nach § 1 lit. e BerV. Audiovisuelle Übertragungen von Live-Aufführungen nach § 19 Abs. 3 UrhG sind dagegen nicht von § 1 lit. e BerV, sondern vom Recht der „Lautsprecherwiedergabe" nach § 1 lit. c BerV umfasst.[4] Die Wahrnehmungsbefugnis der GEMA an diesen Massennutzungen ist hier ebenfalls bedenkenlos gegeben.[5]

1 S. hierzu den Berechtigungsvertrag der GEMA in der Fassung v. 28./29. Juni 2005, abgedr. im Anhang.
2 Zur Auslegung der Bestimmung nachfolgend II.
3 Dazu vorstehend § 2 IV 1.
4 Dazu vorstehend § 7.
5 Zur Inhaltskontrolle nachfolgend III.

II. Auslegung

1. Urheberrechtliche Grundlagen

Parallel zur Rechteübertragung nach § 1 lit. c BerV liegt auch der Regelung in § 1 lit. e BerV die urheberrechtliche Bestimmung des § 22 UrhG zu Grunde.[6] Die Übertragung der Rechte der „Fernseh-Wiedergabe" bezieht sich auf die Fälle der audiovisuellen Wiedergaben von Funksendungen und öffentlicher Zugänglichmachung im Sinne der Bestimmung. Dem Vertragszweck entsprechend fällt auch hier das Recht der audiovisuellen „Übertragung" von audiovisuell wiedergegebenen Funksendungen außerhalb des Veranstaltungsraums nach §§ 22 S. 2 iVm 19 Abs. 3 UrhG unter den Wahrnehmungsbereich der GEMA. Audiovisuelle Übertragungen von Live-Aufführungen nach § 19 Abs. 3 UrhG, also etwa die Bildschirmübertragung einer Open-Air-Veranstaltung außerhalb des Veranstaltungsraums sind dagegen nicht von § 1 lit. e BerV erfasst. Sie fallen unter das Recht der „Lautsprecherwiedergabe" nach § 1 lit. c BerV.[7]

2. Eingeräumte Nutzungsarten

a) Das Recht der Wiedergabe von Funksendungen und von öffentlicher Zugänglichmachung

Obwohl die audiovisuelle Wiedergabe von Funksendungen regelmäßig auch über einen „Lautsprecher" erfolgt, enthält der Berechtigungsvertrag mit § 1 lit. e eine eigene Bestimmung für die Übertragung der Wiedergaberechte an Fernseh-Sendungen. Diese getrennte Regelung ist historisch begründet.[8] Das Recht der öffentlichen Fernsehwiedergabe wurde erstmalig im Jahr 1955 durch ein Urteil des Landgerichts Berlin[9] anerkannt. Im Übrigen kann auf die Ausführungen zur Übertragung des Rechts der Wiedergabe von Hörfunk-Sendungen gemäß § 1 lit. c BerV verwiesen werden.[10] Eine „Fernseh-Wiedergabe" findet z. B. dann statt,

---

6 Zur Auslegung auf der Grundlage der gesetzlichen Regelungen vorstehend § 3 III 3.
7 Dazu vorstehend § 7 II 2 b.
8 Dazu vorstehend § 6 II 2 c aa).
9 Schulze, LGZ 36.
10 Dazu vorstehend § 7 II 2 c.

wenn in einer Gaststätte Fernsehsendungen mit Musik mittels eines Fernsehapparates wiedergegeben werden. Auch die Fälle der direkten Wiedergabe von Web-TV fallen beispielsweise unter die Regelung des § 1 lit. e BerV.

Die Auslegung der Bestimmung ergibt ferner, dass auch die öffentlichen audiovisuellen Wiedergaben von Musikwerken, wie etwa in Filmen, welche durch öffentliche Zugänglichmachung im Sinne des § 19 a UrhG erlangt wurden,[11] von der Rechteübertragung gemäß § 1 lit. e BerV erfasst sind. Auch diese Wiedergaben fallen unter den Begriff der „funkelektrischen Verbreitung“ gemäß Art. 11bis der Brüsseler Fassung der Berner Übereinkunft.[12] Insofern geht etwa das Recht, Filmmusikwerke zu Filmen, die aus dem Internet abgerufenen werden, in einer Gaststätte über einen Bildschirm direkt wiederzugeben, auf die GEMA über.

Die Ausnahme des § 1 lit. g bb) BerV ist auch hier nicht einschlägig, da sie sich nicht auf die Wiedergabe von Sendungen bezieht.[13]

b) Das „Übertragungsrecht“ nach §§ 22 S. 2 iVm 19 Abs. 3 UrhG

§ 1 lit. e BerV ist – parallel zur Regelung des § 1 lit. c BerV – dahingehend auszulegen, dass auch das Recht, diese audiovisuellen Wiedergaben von Funksendungen durch Bildschirm oder ähnliche technische Einrichtungen außerhalb des Raums der Wiedergabe öffentlich wahrnehmbar zu machen, iSd §§ 22 S. 2 iVm 19 Abs. 3 UrhG auf die GEMA übergeht.

c) Schrankenregelungen

Auch die Übertragung des Rechts der Fernsehwiedergabe nach § 1 lit. e BerV kann nicht die Fälle erfassen, die der Gesetzgeber im Interesse der Allgemeinheit von der Zustimmungspflicht des Urhebers ausgenommen hat. Da es sich bei den Rechten der Fernsehwiedergabe ebenso wie bei den Rechten der Lautsprecherwiedergabe um Sachverhalte der öffentlichen Wiedergabe nach § 15 Abs. 2 UrhG handelt, fallen auch hier neben § 52 UrhG die nach §§ 45, 50 und 56 UrhG privilegierten Nutzungssachverhalte nicht unter die Wahrnehmungsbefugnis der GEMA.

---

11 Zum Recht der öffentlichen Zugänglichmachung nachfolgend § 11.

12 Dazu vorstehend § 7 II 2 c aa).

13 Dazu vorstehend § 7 II 2 b bb).

d) Das Recht der teilweisen Übertragung bzw. Werkwiedergabe

Bei Werknutzungen, die unter § 1 lit. c BerV fallen, handelt es sich regelmäßig um Folgenutzungen, bei denen keine Werkveränderungen vorgenommen werden. Damit sind meist auch keine Bearbeitungs- oder Umgestaltungsrechte nach § 23 UrhG berührt. Möglich ist allerdings, dass das Werk gegenüber der Erstnutzung verkürzt wiedergegeben wird. Für den Fall geht das Recht zur Verwertung im Rahmen des Vertragszwecks auf die GEMA über.

III. Inhaltskontrolle

Die Übertragung der Rechte zur Fernsehwiedergabe nach § 1 lit. e BerV kann ebenso wenig wie die Übertragung nach § 1 lit. c BerV (in Altverträgen) eine Verfügung über eine unbekannte Nutzungsart darstellen und damit nach § 31 Abs. 4 UrhG unwirksam sein.[14] Auch hier mangelt es an der wirtschaftlichen Eigenständigkeit dieser Nutzungsart.[15]

Ebenso wenig steht der Übertragung des Rechts der Wiedergabe außerhalb des Veranstaltungsraums nach § 22 S. 2 iVm § 19 Abs. 3 UrhG die Vorschrift des § 37 Abs. 3 UrhG entgegen. Die Übertragung entspricht dem Vertragszweck nach § 31 Abs. 5 UrhG.[16]

14 Zur Kontrolle nach § 31 Abs. 4 UrhG vorstehend § 3 I 3.
15 Vgl. BGH GRUR 1997, 215, 217 – Klimbim.
16 Zur Auslegung nach § 31 Abs. 5 UrhG vorstehend § 3 I 2.

§ 9 Das Filmvorführungsrecht nach § 1 lit. f BerV[1]

I. Übersicht und Entstehungsgeschichte

1. Übersicht

Nach § 1 lit. f BerV übertragen die Berechtigten die Filmvorführungsrechte einschließlich der Rechte an dramatisch-musikalischen Werken.[2] Unter diese Regelung fallen die Sachverhalte der Musiknutzungen innerhalb von Filmvorführungen. Entsprechend dem Tätigkeitsbereich der GEMA als musikalische Verwertungsgesellschaft geht es folglich nicht um das Recht, ein *Filmwerk* vorzuführen, sondern im Speziellen um das Recht der Wiedergabe der Filmmusik. Diese Regelung unterscheidet sich somit von der Übertragung des Rechts, ein Musikwerk bei der Herstellung eines Films zu benutzen, gemäß § 1 lit. i BerV.[3] Das Recht der Filmvorführung ist hierzu die Nachfolgenutzung, indem die mit Einwilligung des Berechtigten oder der GEMA zur Filmherstellung verwendete Musik mit der Vorführung des Films der Öffentlichkeit wahrnehmbar gemacht wird. Dabei bezieht sich die Übertragung auch hier wie in § 1 lit. a BerV nicht nur auf Musikwerke, sondern auch auf deren Texte als Sprachwerke.[4] In der Praxis geht es insbesondere um die Fälle der Musiknutzungen innerhalb von Kinofilm-Vorführungen. Aber auch andere Sachverhalte der Filmvorführungen, wie etwa in Flugzeugen, fallen unter diese Rechteübertragung. Gegen die Wirksamkeit dieser Rechteübertragungsklausel bestehen keine Bedenken.[5]

2. Entstehungsgeschichte

Die Bestimmung zur Übertragung des Filmvorführungsrechts war bereits im neuen Berechtigungsvertrag von 1954 enthalten (damals als § 1

---

1 S. hierzu den Berechtigungsvertrag der GEMA in der Fassung v. 28./29. Juni 2005, abgedr. im Anhang.
2 Zur Auslegung der Bestimmung nachfolgend II.
3 Dazu nachfolgend § 15.
4 Zur Berechtigung der Textdichter vorstehend § 2 IV 1.
5 Zur Inhaltskontrolle nachfolgend III.

lit. g BerV).[6] Ursprünglich waren die Bezeichnungen „Tonfilm und Fernsehfilm usw.“ in Klammern als typische Fälle, in denen das Filmvorführungsrecht auf die GEMA übertragen wurde, genannt. Da insbesondere das Recht der Fernsehwiedergabe aber bereits explizit in § 1 lit. e BerV geregelt war und schließlich auch das Urhebergesetz von 1965 für diese Nutzungsart mit § 21 UrhG ein gesondertes Nutzungsrecht gewährte, wurde diese Aufzählung mit Beschluss der Mitgliederversammlung 1976 gestrichen. Damit sollten laut dem Änderungsantrag zur Mitgliederversammlung Missverständnisse vermieden werden. Bereits im Jahr zuvor hatte die Mitgliederversammlung 1975 „zur Anpassung an den geltenden Gesetzestext“ die Formulierung „Filmaufführungsrechte“ in „Filmvorführungsrechte“ geändert. Seit dem Jahr 1976 ist die Klausel unverändert.

II. Auslegung

1. Urheberrechtliche Grundlagen

Urheberrechtliche Grundlage für die Nutzung von Filmmusik innerhalb einer Filmvorführung ist das von § 21 UrhG umfasste Recht der Wiedergabe durch Tonträger.[7] Bei der Herstellung eines Films werden entweder Live-Aufführungen direkt aufgenommen oder Aufnahmen auf die Tonspur des Bildtonträgers übertragen. Bei der Filmvorführung ist das Mittel der Wiedergabe iSd § 21 UrhG folglich die Tonspur des Films als Tonträger[8] iSd § 16 Abs. 2 UrhG. Entgegen dem Wortlaut des § 1 lit. f BerV ist das Filmvorführungsrecht nach § 19 Abs. 4 UrhG hier nicht einschlägig.[9] § 19 Abs. 4 UrhG regelt nur das Vorführungsrecht hinsichtlich des Filmwerks. Musikwerke fallen – auch als Filmmusik – nicht unter den Anwendungsbereich dieser Norm.[10] Die Filmmusik ist nach

6 Zur Historie des Berechtigungsvertrags vor 1954 vorstehend § 2 III 3.

7 Zur Auslegung auf der Grundlage der gesetzlichen Regelungen vorstehend § 3 III 2.

8 Fromm/Nordemann-*Nordemann*, § 19 UrhG Rn. 5.

9 Vgl. Wandtke/Bullinger-*Ehrhardt*, § 19 UrhG Rn. 48; Fromm/Nordemann-*Nordemann*, § 19 UrhG Rn. 5; Möhring/Nicolini-*Kroitzsch*, § 19 UrhG Rn. 34. a. A.: Vgl. *Rehbinder*, Urheberrecht, Rn. 177, 216; *Ulmer*, Urheber- und Verlagsrecht, S. 250.

10 Loewenheim-*Hoeren*, § 21 Rn. 43; Wandtke/Bullinger-*Ehrhardt*, § 19 UrhG

§ 89 Abs. 3 UrhG nicht Bestandteil des Filmwerks,[11] so dass die selbstständige Berechtigung der Komponisten (und gegebenenfalls der Textdichter) erhalten bleibt. Gegenstand der Rechteübertragung ist auch hier – entsprechend der Regelung in § 1 lit. a BerV – das Werk der Tonkunst mit oder ohne Text.

Der Sachverhalt der Filmvorführung berührt somit sowohl das Recht des § 19 Abs. 4 UrhG im Hinblick auf das Filmwerk, wie auch das von § 21 UrhG umfasste Recht der Wiedergabe mittels Tonträger hinsichtlich der Filmmusik. Die Filmmusik kommt über die Tonspur – als Tonträger im Sinne des § 21 UrhG –, das Filmwerk dagegen durch eine technische Einrichtung im Sinne des § 19 Abs. 4 UrhG zur Darbietung.[12] Die Begründung der Gegenmeinung, dass das Gesetz von einem einheitlichen Filmwerk ausgeht,[13] überzeugt nicht. Musikwerke sind nach § 89 Abs. 3 UrhG unabhängig vom Filmwerk selbstständig geschützt;[14] sie bleiben auch nach der Verwendung als Filmmusik getrennt verwertbar.[15]

Da der Sachverhalt der Filmvorführung – auf § 1 lit. f BerV abstellt – sowohl das Recht nach § 19 Abs. 4 UrhG wie auch das Recht nach § 21 UrhG berührt, können grundsätzlich beide Normen zur Bestimmung des Regelungsinhalts herangezogen werden. Als Nutzung, die der Filmherstellung nachfolgt, wird zum Zwecke der Filmvorführung regelmäßig nicht mehr in die Werksubstanz eingegriffen. Bearbeitungs- und Umgestaltungsrechte nach § 23 UrhG spielen daher eine nur untergeordnete Rolle.

2. Eingeräumte Nutzungsarten

a) Das „Filmvorführungsrecht" innerhalb des Veranstaltungsraums

Voraussetzung einer Musiknutzung iSd § 1 lit. f BerV ist der Sachverhalt einer Filmvorführung. Nach § 19 Abs. 4 UrhG ist jede Art der öffentlichen

---

Rn. 48; s. auch RegE UrhG, erster Teil vierter Abschnitt 3. zu § 19, BT-Drs. IV/270, S. 49.

11 Schricker-*v. Ungern-Sternberg* § 19 UrhG Rn. 37.

12 Fromm/Nordemann-*Nordemann*, § 19 UrhG Rn. 5.

13 *Rehbinder*, Urheberrecht, Rn. 216; *Ulmer*, Urheber- und Verlagsrecht, S. 250.

14 Loewenheim-*Hoeren*, § 21 Rn. 43.

15 *Schack*, Urheber- und Urhebervertragsrecht, Rn. 212.

Wahrnehmbarmachung eines Filmwerks gemäß § 2 Abs. 1 Ziff. 6 UrhG[16] durch technische Einrichtungen eine Filmvorführung im Sinn dieser Bestimmung. Ein Filmwerk liegt dann vor, wenn eine bewegte Bild- oder Bild-Tonfolge durch Aneinanderreihung von Einzelbildern den Eindruck eines bewegten Bilds entstehen lässt.[17] Unter dem Begriff „Vorführung" versteht man – im Gegensatz dem der „Aufführung" – eine Werkwiedergabe auf der Fläche.[18] Damit handelt es sich nicht nur bei Filmvorführungen in Kinos um Filmvorführungen im Sinne des § 19 Abs. 4 UrhG. Auch Videofilmvorführungen in den Gemeinschaftsräumen eines Hotels[19] oder in Flugzeugen fallen beispielsweise unter diesen Sachverhalt. Die mit der Filmvorführung einhergehende Wiedergabe der Filmmusik nach § 21 UrhG ist jedoch in urheberrechtlicher Sicht nur dann relevant, wenn die Vorführung des Films (und damit auch die Wiedergabe vom Tonträger) iSd § 15 Abs. 3 UrhG öffentlich stattfindet. Dafür ist erforderlich, dass der Empfängerkreis die Wiedergabe gemeinsam wahrnehmen kann.[20]

Da die Einräumung des Rechts der Wiedergabe von Bild- oder Tonträgern gemäß § 21 UrhG jedoch in § 1 lit. g BerV[21] – als Recht der Aufführung und Wahrnehmbarmachung mittels Ton- und Bildtonträger – geregelt ist, hat § 1 lit. f BerV keinen eigenen Regelungsinhalt. Das Recht, die Filmmusik bei einer Filmvorführung wiederzugeben, wird nach § 1 lit. g BerV auf die GEMA übertragen. Ein Kinoveranstalter muss vom Filmmusikurheber nicht das Recht zur Nutzung des Films einholen; die Musik ist nicht Teil des Films nach § 89 Abs. 3 UrhG. Für die Wiedergabe der Filmmusik im Rahmen der Filmvorführung genügt es, das Recht, ein Musikwerk mittels Tonträger öffentlich wahrnehmbar zu machen, vom Rechteinhaber einzuholen. § 1 lit. f BerV erfasst lediglich Sonderfälle der Wiedergaben von Musikstücken durch Tonträger nach § 21 UrhG. Damit ist die gesonderte Rechteübertragung nach § 1 lit. f BerV nicht erforderlich. Dies bestätigt ein Änderungsantrag zu dieser Vorschrift zur Mit-

---

16 Filmwerke sind Werke eigener Art, bei denen die benutzten Werke (z. B. Sprachwerke oder Musikwerke) zu einer Einheit verschmolzen und ins Bildliche umgewandelt werden; RegE UrhG, erster Teil zweiter Abschnitt zu § 2, BT-Drs. IV/270, S. 38.

17 Schricker-*Loewenheim*, § 2 UrhG Rn. 181.

18 *Hubmann*, GEMA-Nachrichten 1959 Nr. 43, S. 10, 14; Schulze, RGZ 8, 18 f.

19 Schricker-*v. Ungern-Sternberg*, § 19 UrhG Rn. 41.

20 BGH GRUR 1994, 45 – Verteileranlagen; Schricker-*v. Ungern-Sternberg*, § 21 UrhG Rn. 9.

21 Nachfolgend § 10.

gliederversammlung 1976. Dort wird ausgeführt, dass § 1 lit. f BerV ersatzlos gestrichen werden könnte, wenn sich die Wahrnehmung nur auf Deutschland beschränken würde. Dabei ist die Einschränkung für die Wahrnehmung außerhalb Deutschlands unnötig. Soweit der Berechtigte der GEMA das Recht überträgt, ein Musikwerk mittels Tonträger öffentlich wahrnehmbar zu machen, so gilt dies nach § 1 BerV (Kopfteil) „weltweit". In diesem Sinne könnte die GEMA auch auf der Grundlage der Rechteeinräumung nach § 1 lit. g BerV den ausländischen Schwestergesellschaften das Recht weiter übertragen, Musikwerke im Rahmen von Filmaufführungen zu nutzen.

Die gesonderte Übertragung der Filmvorführungsrechte hat historische Gründe. Zum Zeitpunkt der Neufassung des Berechtigungsvertrags im Jahr 1954[22] gewährte das deutsche Urhebergesetz kein besonderes Recht der Wiedergabe eines Musikwerks mittels Tonträger. Demgegenüber anerkannte damals § 15 a KUG die ausschließliche Befugnis der Urheber von Filmwerken, das Werk öffentlich aufzuführen. Zudem regelte Art. 13 Abs. 1 Nr. 2 der Brüsseler Fassung der Berner Übereinkunft das ausschließliche Recht der Musikurheber an der öffentlichen Aufführung ihrer Werke mittels mechanischer Vorrichtungen zur mechanischen Wiedergabe – und damit auch „mittels Filmvorführung". Es ist anzunehmen, dass die Verfasser des „neuen Berechtigungsvertrags" nach diesem Vorbild die Rechteübertragung für die bei der Filmvorführung benutzte Musik regeln wollten. Dabei war ihnen offensichtlich nicht bewusst, dass die Wiedergabe von Filmmusik bei einer Filmvorführung von der Bestimmung des damaligen § 1 lit. i iVm lit. h BerV bereits erfasst war. Nach diesen Bestimmungen wurden die Rechte an Aufführungen mittels „Vorrichtungen, die der mechanischen Wiedergabe dienen" bereits an die GEMA eingeräumt. Schon damals war demnach die Regelung des heutigen § 1 lit. f BerV überflüssig.

Ob die Musik im Rahmen der Filmvorführung von der Tonspur des Films abgespielt wird oder aber, wie z. B. zur Begleitung eines Stummfilms, von einem gesonderten Tonband, ist nicht erheblich. Die Qualität der Werknutzung ist identisch. Eine abweichende Interessenlage der Betroffenen ist ausgeschlossen. Somit besteht kein Zweifel daran, dass auch diese Sachverhalte unter die Wahrnehmungsbefugnis der GEMA nach § 1 lit. f bzw. g BerV fallen. Soweit die Filmbegleitmusik nicht vom Tonband abgespielt wird, sondern persönlich („live") dargeboten wird, fallen diese

22 Zur Historie des Berechtigungsvertrags vorstehend § 2 III 3.

Nutzungssachverhalte allerdings nach § 1 lit. a BerV unter den Wahrnehmungsbereich der GEMA.[23]

Die Rechteübertragung gemäß § 1 lit. f BerV erfolgt einschließlich der dramatisch-musikalischen Werke,[24] gleich ob es sich um vollständige oder nur teilweise Wiedergaben handelt. Dies bedeutet, dass etwa die Rechte an der Kinovorführung eines Opernfilms, bei dem die Opernmusik szenisch dargestellt wird, kollektiv von der GEMA und nicht von den Berechtigten selbst wahrgenommen werden. Hintergrund dieser unbeschränkten Rechteübertragung ist wohl, dass die Berechtigten bereits im Rahmen der Filmherstellung die Gelegenheit haben, ihre wirtschaftlichen und persönlichkeitsrechtlichen Interessen zu verfolgen (vgl. § 1 lit. i Ziff. 4 BerV). Bei der Vorführung der hergestellten Filme handelt es sich somit um einen besonderen Fall der Zweitverwertung.

Im Ergebnis müssen damit die Filmtheater und sonstige Filmvorführer die Rechte hinsichtlich der Filmmusik bei der GEMA einholen. Der Filmhersteller wird zu keinem Zeitpukt Inhaber der Nutzungsrechte bezüglich der Musik. Damit kann er diese auch nicht an die „Filmvorführer" vergeben.[25]

b) Das „Filmvorführungsrecht" außerhalb des Veranstaltungsraums

Auch das Recht, die Filmmusik gleichzeitig mit der Vorführung eines Films außerhalb des Vorführungsraums öffentlich wahrnehmbar zu machen, wird nach § 21 S. 2 iVm § 19 Abs. 3 UrhG vom Recht der Wiedergabe mittels Tonträger umfasst. Es wird ebenfalls nach § 1 lit. f bzw. lit. g BerV auf die GEMA übertragen. Es ist kein Grund ersichtlich, weshalb diese Sachverhalte aus dem Wahrnehmungsbereich der GEMA ausgenommen sein sollten. Wie auch schon in den anderen Fällen der Übertragungen außerhalb des Veranstaltungsorts, entspricht es dem Interesse aller Betroffenen, diese Übertragung außerhalb des Vorführungsraums wie die Vorführung selbst „aus einer Hand" zu lizenzieren.

23 Vorstehend § 5.
24 Zum Begriff des dramatisch-musikalischen Werks vorstehend § 5 II 2 b bb.
25 *Rehbinder*, Urheberrecht, Rn. 181 a. E.

c) Nutzung des Werks in veränderter Form

Zum Zweck der Vorführung eines Films erfolgt regelmäßig keine relevante Veränderung des Musikwerks mehr. Eingriffe in die Substanz der Musikwerke finden bereits bei der Herstellung des Filmwerks statt, bei der gegebenenfalls Werke bearbeitet werden, um sie dem Film anzupassen.[26] Der Filmproduzent musste bereits bei der Herstellung die Rechte der berechtigten Urheber berücksichtigen. Eine Werkänderung im Rahmen der Filmvorführung als Anschlussnutzung ist höchstens denkbar, wenn ein Film und damit möglicherweise auch die darin enthaltene Musik nicht in der vorgesehenen Länge wiedergegeben werden. Auch dieses Recht der Teilnutzung eines Musikstücks geht entsprechend dem Zweckübertragungsgedanken nach § 31 Abs. 5 UrhG auf die GEMA zur kollektiven Wahrnehmung über. Für den Sonderfall der Filmbegleitmusik zu Stummfilmen könnte außerdem eine Änderung des Werks dann vorliegen, wenn durch diese Nutzung das Werk in einen anderen Sachzusammenhang gestellt wird. Soweit dabei allerdings ein organischer Zusammenhang zwischen der bildlichen und akustischen Wiedergabe besteht, handelt es sich um einen Sachverhalt, der unter das Filmherstellungsrecht nach § 1 lit. i BerV fällt.[27]

d) Die Schranke des § 52 UrhG

Obwohl nach dem Wortlaut des § 52 Abs. 3 UrhG nur die Vorführung eines Filmwerks aus den Privilegierungen des § 52 Abs. 1 und 2 UrhG ausgenommen ist, fällt auch die Wiedergabe der Filmmusik im Rahmen der Filmvorführung nach § 21 UrhG unter diese Ausnahme. Schließlich handelt es sich bei der Vorführung der Musik und des Films um einen einheitlichen Sachverhalt. Es ist nicht möglich, den Sachverhalt der Filmvorführung von dem der Wiedergabe der Filmmusik zu trennen; da die Filmvorführung nicht privilegiert ist, gilt das auch nicht für die gleichzeitige Filmmusikwiedergabe.

26 Dazu nachfolgend § 15 II 1 b.
27 LG München I, ZUM 1993, 289, 291 – Michael Jackson-Show.

III. Inhaltskontrolle

Wenngleich die Musiknutzungen im Bereich der Filmvorführung weniger häufig sind als etwa die Wiedergaben von Radiosendungen, so dürfte auch hier eine weltweite Lizenzierung durch den Berechtigten oder seinen Verleger kaum möglich sein. Selbst dann, wenn die Filmvorführungen auf die weltweiten Lichtspieltheater begrenzt wären und auch angesichts der Tatsache, dass die Werke eines Berechtigten regelmäßig nicht massenweise als Filmmusik verwendet werden, ist eine solche individuelle Wahrnehmung beschwerlich. Möglicherweise wären einzelne erfolgreiche Filmmusikkomponisten über die *Produzenten oder Verleiher* in der Lage, ihre Rechte an der Filmmusik durchzusetzen. Dies gilt jedoch sicherlich nicht für die Gesamtheit aller Mitglieder, die bei der Verfolgung ihrer Rechte regelmäßig nicht auf die Hilfe dieser Auftraggeber hoffen können. Die kollektive Wahrnehmung steht damit einerseits im Interesse der Gesamtheit der Mitglieder. Andererseits entspricht die Rechtevergabe aus der Hand der Verwertungsgesellschaft dem Interesse des Nutzers, der sich nicht mit den einzelnen Filmkomponisten selbst auseinandersetzen muss. Gegen die Übertragung des Filmvorführungsrechts nach § 1 lit. f BerV bestehen daher (etwa in kartellrechtlicher Hinsicht[28]) keine Bedenken. Hinzu kommt, dass der Berechtigte regelmäßig bereits im Rahmen der Herstellung des Films Gelegenheit hatte, in die Verwendung seiner Musik in dem konkreten Film einzuwilligen und dafür bestimmte Konditionen auszuhandeln (vgl. § 1 lit. i BerV). Urheberpersönlichkeitsrechtliche Belange sind damit ausreichend berücksichtigt.

Auch die Übertragung der Filmvorführung außerhalb des Veranstaltungsraums nach § 1 lit. f iVm § 1 lit. g BerV entspricht dem Zweck des Vertrags. Damit steht auch hier die Auslegungsregel des § 37 Abs. 3 UrhG nicht entgegen.

28 Zur kartellrechtlichen Missbrauchskontrolle vorstehend § 3 IV.

§ 10 Das Recht der Aufführung und Wahrnehmbarmachung mittels Bild- oder Tonträger nach § 1 lit. g BerV[1]

I. Übersicht und Entstehungsgeschichte

1. Übersicht

Nach der Regelung des § 1 lit. g BerV übertragen die Berechtigten die Rechte zur Wiedergabe ihrer zuvor auf Bild- und Tonträger im Sinne des § 1 lit. h Abs. 1 BerV aufgenommenen Werke.[2] Rechtliche Grundlage ist das Recht der Wiedergabe von Bild- oder Tonträgern nach § 21 UrhG. Unter diese Bestimmung fallen Sachverhalte wie etwa das Abspielen von Ton- oder Bildtonträgern in Gaststätten und Diskotheken oder die Hintergrundmusik durch in Geschäftslokalen abgespielte CDs. Gegenstand der Rechteübertragung sind auch hier Werke der Tonkunst mit oder ohne Text entsprechend der Regelung in § 1 lit. a BerV.[3] Die Rechte an diesen Nutzungen fallen klassischerweise unter den Wahrnehmungsbereich der GEMA. Gegen ihre Übertragung bestehen keine Einwände; überall wird der Öffentlichkeit Musik „vom Band" vorgespielt. Der Einzelne kann unmöglich diese unzähligen Nutzungen seiner Werke kontrollieren.[4]

2. Entstehungsgeschichte

Nach dem Berechtigungsvertrag von 1954 übertrugen die Berechtigten unbeschränkt die Rechte für „Aufführungen mittels der in § 1 Abs. h BerV bestimmten Vorrichtungen." Die zunächst eingefügte generelle Ausnahme für die Aufführung dramatisch-musikalischer Werke in Theatern wurde durch die Mitgliederversammlung 1973 spezifiziert. Seither gelten die Vorbehalte des § 1 lit. g aa) und bb) BerV hinsichtlich der bühnenmäßigen Aufführung dramatisch-musikalischer Werke und der

1 S. hierzu den Berechtigungsvertrag der GEMA in der Fassung v. 28./29. Juni 2005, abgedr. im Anhang.
2 Zur Auslegung nachfolgend II.
3 Dazu vorstehend § 2 IV 1.
4 Zur Inhaltskontrolle nachfolgend III.

Wahrnehmbarmachung dramatisch-musikalischer Werke in Theatern iSv § 19 Abs. 3 UrhG. Im Jahr 1996 wurde schließlich die Formulierung dahingehend ergänzt, dass neben dem „Aufführungsrecht" das Recht der Wahrnehmbarmachung übergehen soll.

II. Auslegung

1. Urheberrechtliche Grundlagen

Urheberrechtliche Grundlage des „Rechts der Aufführung und Wahrnehmbarmachung" mittels körperlicher Trägermedien nach § 1 lit. g BerV ist das Recht der Wiedergabe durch Bild- oder Tonträger gemäß § 21 UrhG.[5] Entgegen dem Wortlaut des Berechtigungsvertrags wird durch diese Nutzungen nicht das Aufführungsrecht nach § 19 Abs. 2 UrhG berührt, da es nicht persönlich dargeboten wird. Diese Formulierung ist darauf zurückzuführen, dass § 1 lit. g BerV bereits zu Zeiten der Geltung des LUG formuliert wurde. Damals fiel die Wiedergabe durch Bild- oder Tonträger unter den Begriff „Aufführungen".[6] Wie schon bei § 1 lit. c BerV und § 1 lit. e BerV geht auch nach § 1 lit. g BerV das Recht der „Übertragung" der Wiedergabe außerhalb des Veranstaltungsraums nach § 21 S. 2 iVm § 19 Abs. 3 UrhG auf die GEMA über. Das Recht der Wiedergabe durch Bild- oder Tonträger ist das Zweitverwertungsrecht zum Erstverwertungsrecht der Vervielfältigung gemäß § 16 Abs. 2 UrhG; der Wiedergabe geht zwangsläufig die Aufnahme einer Werkaufführung voraus.[7] Insofern steht § 1 lit. g BerV mit lit. h Abs. 1 BerV ebenso im Zusammenhang wie etwa die Einräumung der Rechte zur Fernsehsendung gemäß § 1 lit. d BerV und deren Wiedergabe gemäß § 1 lit. e BerV. Da es sich auch hier um ein Zweitverwertungsrecht handelt, wird es bei dieser Nutzung kaum zu Substanzveränderungen am Werk kommen. Bearbeitungs- bzw. Umgestaltungsrechte nach § 23 UrhG spielen daher nur eine untergeordnete Rolle.

---

5 Zur Auslegung auf der Grundlage der gesetzlichen Regelungen vorstehend § 3 III 2.

6 *Staats*, Aufführungsrecht und kollektive Wahrnehmung bei Werken der Musik, S. 123; Schricker-*v. Ungern-Sternberg*, § 21 UrhG Rn. 3.

7 Wandtke/Bullinger-*Ehrhardt*, § 21 UrhG Rn. 1.

2. Eingeräumte Nutzungsarten

a) Das Recht der Wiedergabe durch Bild- oder Tonträger

Das Recht der Wiedergabe durch Bild- oder Tonträger ist nach dem Wortlaut des § 21 iVm § 15 Abs. 3 UrhG nur dann berührt, wenn Musikwerke öffentlich wahrnehmbar gemacht werden. Dabei ist es, wie der Verweis in § 21 S. 2 UrhG auf § 19 Abs. 3 UrhG zeigt,[8] erforderlich, dass der Empfängerkreis an einem Ort versammelt ist und die Wiedergabe gemeinsam wahrnehmen kann.[9]

Nach dem Wortlaut des § 1 lit. g BerV gehen die Rechte zur öffentlichen Wiedergabe von Musikwerken mittels der gemäß § 1 lit. h BerV hergestellten Trägermedien auf die GEMA über. Erfasst sind die Wiedergaben anhand der in § 1 lit. h Abs. 1 BerV erwähnten Vorrichtungen. Es handelt sich um Ton-, Bildton-, Multimedia- und andere Datenträger einschließlich z. B. Speichercard, DATAPlay Disc, DVD, Twin Disc, Ton- und Bildtonträger mit ROM-part und entsprechende Träger mit Datenlink.[10] Da unter den gesetzlichen Begriff der Bild- und Tonträger des § 16 Abs. 2 UrhG sämtliche Vorrichtungen zur wiederholbaren Wiedergabe von Bild- und Tonfolgen fallen,[11] ist die Rechteübertragung in § 1 lit. g BerV ebenso wenig wie der Begriff der Bild- und Tonträger nach § 16 Abs. 2 UrhG auf bestimmte Trägermedien beschränkt.

Auch der Sachverhalt der Wiedergabe von Filmmusik bei der Vorführung eines Films fällt unter das Recht der Wiedergabe durch Bild- oder Tonträger nach § 1 lit. g BerV. § 1 lit. f BerV hat insofern keinen eigenen Regelungsgehalt.[12] Soweit die Musikwiedergabe innerhalb der Vorführung von bewegten Bildern stattfindet, die keine Filmwerke nach § 2 Abs. 1 Ziff. 6 UrhG[13] sind, dürften diese Nutzungen nach dem Wortlaut des § 1 lit. f BerV ebenfalls unter § 1 lit. g BerV fallen.

---

8 Dreyer/Kotthoff/Meckel-*Dreyer*, § 21 UrhG Rn. 11.

9 BGH GRUR 1994, 45 – Verteileranlagen.

10 Zu den einzelnen Trägermedien nachfolgend § 11 II 2 a bb).

11 Wandtke/Bullinger-*Ehrhardt*, § 21 UrhG Rn. 3.

12 Vorstehend § 9.

13 Dabei handelt es sich um sog. Laufbilder (§ 95 UrhG) wie etwa Nachrichten, oder Fernseh-Live-Übertragungen von Konzerten.

b) Die Ausnahme für die „bühnenmäßige Wiedergabe“ eines dramatisch-musikalischen Werks

Die Regelung des § 1 lit. g aa) BerV sieht eine Ausnahme zur Rechteübertragung nach § 1 lit. g BerV vor. Demnach sind bühnenmäßige Aufführungen dramatisch-musikalischer Werke, sei es vollständig, als Querschnitt oder in größeren Teilen, von der Übertragung des Rechts der Aufführung und Wahrnehmbarmachung mittels Ton- oder Bildtonträger ausgenommen.

Diese Formulierung ist verwirrend, da nicht ersichtlich ist, weshalb der Sachverhalt der bühnenmäßigen Aufführung eines dramatisch-musikalischen Werks von der Übertragung des Rechts der Wiedergabe durch Bild- oder Tonträger ausgenommen werden sollte. Der Sinn dieser Formulierung erschließt sich jedoch durch den gewöhnlichen Sprachgebrauch des Begriffs der „Aufführung“. Im gewöhnlichen Sprachgebrauch wird etwa auch die Darbietung eines Ballettstücks, bei der die Musik vom Band gespielt wird, als *Ballettaufführung* bezeichnet. Insofern fällt die öffentliche Wahrnehmbarmachung eines dramatisch-musikalischen Werks,[14] bei der die Musik vom Band gespielt wird, als bühnenmäßige Aufführung nach § 1 lit. g aa) BerV dann nicht unter den Wahrnehmungsbereich der GEMA, wenn diese Wiedergabe „bühnenmäßig“ erfolgt.[15] In Anlehnung an das bühnenmäßige Aufführungsrecht nach § 19 Abs. 2 UrhG muss damit das vom Band wiedergegebene dramatisch-musikalische Werk, „bühnenmäßig dargestellt“ werden, also integrierender Bestandteil des Spielgeschehens sein. Der typische Fall dieser Ausnahme ist die Aufführung eines Handlungsballetts, bei dem die Musik vom Tonband wiedergegeben wird. Die Lizenzierung einer Wiedergabe des Musikwerks „Der Nussknacker“ von Tschaikowsky zur Aufführung als Handlungsballett fällt damit beispielsweise nicht unter den Wahrnehmungsbereich der GEMA. Hintergrund ist auch hier der Gleichlauf zur Übertragung des Aufführungsrechts nach § 1 lit. a BerV. Im Hinblick auf die Interessen der Berechtigten besteht kein Unterschied zur Live-Aufführung des Musikstücks im Rahmen der bühnenmäßigen Aufführung eines dramatisch-musikalischen Werks.

---

14 Zum Begriff des dramatisch-musikalischen Werks vorstehend § 5 II 2 b bb.

15 Ähnlich *Staats*, Aufführungsrecht und kollektive Wahrnehmung bei Werken der Musik, S. 124.

Nach dem Wortlaut der Bestimmung könnte auch die öffentliche Wahrnehmbarmachung von Aufnahmen bühnenmäßig aufgeführter dramatisch-musikalischer Werke – sei es vollständig, als Querschnitt oder in größeren Teilen – auf Ton- oder Bildtonträger aus dem Wahrnehmungsbereich der GEMA ausgenommen sein.[16] Dagegen spricht jedoch bereits, dass die „Bühnenmäßigkeit" einer Aufführung eines dramatisch-musikalischen Werks bei der Aufnahme auf einen Tonträger schwerlich nachzuvollziehen ist. Soweit ein dramatisch-musikalisches Werk auf Tonträger aufgenommen wird, ist es nicht möglich, ein „bewegtes Spiel" zu erkennen. Bei einer Wiedergabe vom Tonträger ist es daher unerheblich, ob das Werk bühnenmäßig oder konzertant aufgeführt wurde.[17] Eine entsprechende Auslegung wäre widersinnig. Hinzu kommt, dass es sich bei der Wiedergabe von Aufnahmen dramatisch-musikalischer Werke, ebenso wie bei der Wiedergabe von Funksendungen nach § 1 lit. c und e BerV um massenweise Werknutzungen handelt, die der Einzelne unmöglich kontrollieren und lizenzieren kann; er ist beispielsweise nicht in der Lage, weltweit alle Wiedergaben von Opernaufnahmen in Restaurants zu überprüfen. Auch diese Zweitverwertungen fallen unter Berücksichtigung des Zweckübertragungsgedankens gemäß § 31 Abs. 5 UrhG unter den Wahrnehmungsbereich der GEMA.

c) Die ergänzende Ausnahmeregelung des § 1 lit. g bb) BerV

Wie bereits festgestellt, handelt es sich bei der Ausnahmevorschrift nach § 1 lit. g bb) BerV wegen der Bezugnahme auf § 19 Abs. 3 UrhG vorrangig um eine Ausnahme zur Rechteübertragung nach § 1 lit. c BerV.[18] Die Auslegung ergibt jedoch, dass diese Vorschrift zusätzlich einen Ausnahmefall zur Rechteübertragung nach § 1 lit. g BerV und zwar als Ergänzung der Ausnahmebestimmung des § 1 lit. g aa) BerV regelt. Da hiernach die Fälle der bühnenmäßigen Wiedergabe dramatisch-musikalischer Werke, bei denen die Musik nicht „live" aufgeführt, sondern vom Band abgespielt wird, aus dem Wahrnehmungsbereich der GEMA ausscheiden, ist auch der Fall der Übertragung dieser Aufführung in einen anderen Raum von der Rechteübertragung ausgenommen. Dieses Recht der Über-

16 So *Staats*, Aufführungsrecht und kollektive Wahrnehmung bei Werken der Musik, S. 124.

17 Zur Abgrenzung der bühnenmäßigen von der konzertanten Aufführung nach § 19 Abs. 2 UrhG vorstehend § 5 II 2 b aa.

18 Vorstehend § 7 II 2 b.

tragung der Wiedergabe von Ton- und Bildtonträger außerhalb des Veranstaltungsraums regelt §§ 21 Abs. 2 iVm 19 Abs. 3 UrhG. Die Ausnahmeregelung nach § 1 lit. g bb) BerV bedeutet in diesem Zusammenhang, dass auch der Sachverhalt, dass etwa eine Ballettaufführung, bei der Musik vom Tonband abgespielt wird, über Lautsprecher oder Bildschirm ins Foyer eines Theaters übertragen wird, ebenfalls nicht unter den Wahrnehmungsbereich der GEMA fällt. Gleichermaßen wie bei § 1 lit. c BerV im Bereich des Aufführungsrechts erstreckt sich diese Ausnahme nicht nur auf entsprechende Wahrnehmbarmachungen in Theatern, sondern auf sämtliche Übertragungen derartiger Aufführungen dramatisch-musikalischer Werke außerhalb des Veranstaltungsortes, also etwa auf den Vorplatz eines Theaters. Auch hier ergibt die Auslegung somit einen Gleichlauf zwischen der Wahrnehmungsbefugnis hinsichtlich des Rechts der Wiedergabe mittels Bild- oder Tonträger und der Übertragung dieser Nutzung außerhalb des Veranstaltungsraums. Ebenso wie das Abspielen eines dramatisch-musikalischen Werks vom Band zur Darbietung eines Handlungsballetts vom Tätigkeitsbereich der GEMA ausgenommen wird, wird auch das Recht, diese Darbietung mit der wiedergegebenen Musik außerhalb des Veranstaltungsraums zu übertragen, nicht von der GEMA wahrgenommen. Die Gründe für dieses Auslegungsergebnis sind identisch zur Auslegung der Ausnahmeregelung in § 1 lit. c BerV. Insbesondere entspricht die Lizenzierung beider eng zusammenhängender Sachverhalte aus einer Hand den Interessen aller Beteiligten.

d) Das Recht der „Übertragung" der Wiedergabe mittels Bild- oder Tonträger außerhalb des Veranstaltungsraums

Wie aus dem Umkehrschluss zu § 1 lit. g bb) BerV hervorgeht, überträgt der Berechtigte nach § 1 lit. g BerV grundsätzlich auch das Recht der Übertragung der Wiedergabe mittels Bild- oder Tonträger außerhalb des Veranstaltungsraums nach § 21 S. 2 UrhG iVm § 19 Abs. 3 UrhG. Ausgenommen sind die soeben dargestellten Fälle der Wiedergaben dramatisch-musikalischer Werke. Dieses Auslegungsergebnis entspricht auch hier dem Vertragszweck. Soweit nicht auch die zu übertragende Nutzung durch den Berechtigten individuell lizenziert wird, wie dies die Ausnahmeregelung des § 1 lit. g bb) BerV für bestimmte Fälle der dramatisch-musikalischen Werke vorsieht, ist auch hier eine individuelle Wahrnehmung dieser massenweisen Nutzungen unmöglich.

e) Das Recht der teilweisen Werkwiedergabe mittels Bild- oder Tonträger

Wie auch bei den anderen Folgeverwertungen von Musikwerken kommt auch für den Fall der Wiedergabe von Aufnahmen eines Musikwerks außer der Werkkürzung keine Werkveränderung in Betracht. Auch das Recht an diesen gekürzten Werkwiedergaben fällt als Bearbeitungs- bzw. Umgestaltungsrecht nach dem Zweckübertragungsgedanken nach § 31 Abs. 5 UrhG unter die massenweisen Werknutzungen, die ein einzelner unmöglich kontrollieren kann. Es ist ausgeschlossen, dass sich die weltweiten Nutzer von Musikaufnahmen an den Berechtigten selbst wenden müssen, wenn sie sein Werk in der Öffentlichkeit nicht ganz ausspielen wollen.

f) Schrankenregelungen

Auch die nach § 1 lit. g BerV übertragenen Rechte der Aufführung und Wahrnehmbarmachung mittels Ton- oder Bildtonträger sind als Rechte, die unter die öffentliche Wiedergabe nach § 15 Abs. 2 UrhG fallen, durch den Gesetzgeber beschränkt und können daher nur in diesem beschränkten Umfang auf die GEMA übergehen. Wie auch bei den Rechten nach § 1 lit. c und e BerV sind die Rechte der Aufführung und Wahrnehmbarmachung mittels Ton- und Bildtonträger durch die Schrankenregelungen in §§ 45, 50, 52, 56 UrhG begrenzt.

III. Inhaltskontrolle

Gegen die Übertragung dieses Rechts auf die GEMA bestehen keine Bedenken. Es handelt sich hierbei um einen klassischen Fall der massenweisen Zweitverwertung. Überall wird der Öffentlichkeit Musik vom Band vorgespielt. Eine individuelle Wahrnehmung scheidet aus. Wie schon bei § 1 lit. c und e BerV steht der Übergang der Rechte zur „Übertragung" der Wiedergaben außerhalb des Veranstaltungsraums auch nicht die Auslegungsregel des § 37 Abs. 3 UrhG entgegen.[19]

---

19 Dazu vorstehend § 7 III und § 8 III.

§ 11 Das Recht der Aufnahme sowie Vervielfältigungs- und Verbreitungsrechte nach § 1 lit. h Abs. 1 BerV[1]

I. Übersicht und Entstehungsgeschichte

1. Übersicht

Nach § 1 lit. h Abs. 1 BerV räumen die Berechtigten der GEMA ihre ausschließlichen Vervielfältigungs- und Verbreitungsrechte, das sog. „mechanische Recht", ein. Es geht hier also beispielsweise um das Recht, CDs herzustellen und zu verkaufen.[2] Urheberrechtliche Grundlage sind die gesetzlichen Verwertungsrechte des Vervielfältigungs- und Verbreitungsrechts nach §§ 16, 17 UrhG. Gegenstand der Rechteeinräumung sind auch hier Werke der Tonkunst mit oder ohne Text.[3] Bestimmte Vervielfältigungshandlungen wie etwa vorübergehende Vervielfältigungen entsprechend der Schranke des § 44 a UrhG oder Vervielfältigungen zum privaten und sonstigen eigenen Gebrauch nach § 53 UrhG (sog. Geräte- und Leerkassettenabgabe) sind jedoch gesetzlich freigestellt; für diese Nutzungssachverhalte steht dem Urheber ein gesetzlicher Vergütungsanspruch zu.[4] Eine dingliche Beschränkung der Übertragung des Vervielfältigungsrechts nach § 1 lit. h Abs. 1 BerV enthält der „Vorbehalt" des § 1 lit. k BerV. Demnach fallen die Sachverhalte, in denen ein Musikwerk zur Herstellung eines Werbespots verwendet wird, nicht unter die Wahrnehmungsbefugnis der GEMA.[5] Für die Herstellung von audiovisuellen Produktionen, d. h. von „Filmen" im weitesten Sinn, sieht der Berechtigungsvertrag spezielle Regelungen vor. Die Rechteübertragung nach § 1 lit. h Abs. 1 BerV steht hier – wie § 1 lit. h Abs. 5 BerV regelt – unter dem Vorbehalt der Bestimmungen in § 1 lit. i BerV.[6] Diese sind bei Sachverhalten der audiovisuellen Erstfixierung von Musikstücken anwendbar.

---

1 S. hierzu den Berechtigungsvertrag der GEMA in der Fassung v. 28./29. Juni 2005, abgedr. im Anhang.
2 Zur Auslegung nachfolgend II.
3 Dazu vorstehend § 2 IV 1.
4 Zu den Schrankenregelungen nachfolgend II 2 a cc).
5 Nachfolgend II 2 a dd) und ee).
6 Nachfolgend § 15.

Die wiederholte Vervielfältigung von Bildtonträgern fällt dagegen unter die Rechteübertragung nach § 1 lit. h Abs. 1 BerV, da hier der „Film" bereits hergestellt ist. Darüber hinaus nimmt § 1 lit. h Abs. 6 BerV ausdrücklich die grafischen Rechte (einfach gesprochen das „Recht an Noten") von der Rechteübertragung nach § 1 lit. h Abs. 1 BerV aus. Diese werden traditionell von den Verlegern wahrgenommen.[7] Eine weitere Ausnahme regelt § 1 lit. h Abs. 8 BerV für die Vervielfältigungen dramatisch-musikalischer Werke durch Theater zum eigenen Gebrauch. Auch diese Rechte werden traditionell von Musik- bzw. Bühnenverlegern vertreten.[8]

Neben dem Vervielfältigungsrecht räumt der Berechtigte der GEMA nach § 1 lit. h Abs. 1 BerV auch das Verbreitungsrecht ein.[9] Damit fallen auch die Sachverhalte, dass Vervielfältigungsstücke der Öffentlichkeit zugänglich gemacht werden, unter den Wahrnehmungsbereich der GEMA. Von Bedeutung ist dabei, dass sich dieses Recht gemäß § 17 Abs. 2 UrhG erschöpft.

Die Rechteübertragungsklausel des § 1 lit. h Abs. 1 UrhG zur Übertragung der Vervielfältigungs- und Verbreitungsrechte auf die GEMA hält zudem der Inhaltskontrolle stand.[10]

2. Entstehungsgeschichte

§ 2 der STAGMA-Satzung[11] enthielt bereits die Ermächtigung, die Rechte betreffend die „Übertragung auf Schallvorrichtungen" treuhänderisch zu verwalten. Obwohl in den Vorberatungen zum „neuen Berechtigungsvertrag" von 1954 noch erörtert wurde, die Übertragung der mechanischen Vervielfältigungsrechte nicht gemeinsam mit der Übertragung der Aufführungs- und Senderechte, sondern in einem gesonderten Vertrag zu regeln, wurde schließlich doch ein einheitlicher Berechtigungsvertrag verabschiedet. Mit Beschluss der Mitgliederversammlung 1954 wurde die in der ersten Fassung („Neufassung") enthaltene Ausnahme für dramatisch-musikalische Werke bereits wieder gestrichen. Die zunächst

---

7 Nachfolgend II 2 a ff.).
8 Nachfolgend II 2 a gg).
9 Nachfolgend II 2 b.
10 Zur Inhaltskontrolle nachfolgend III.
11 Abgedr. bei *E. Schulze*, Geschätzte und geschützte Noten, S. 305.

noch einbezogenen „Werke der Literatur" wurden im Jahr 1958 aus dem Vertragstext entfernt. Dass neben den mechanischen Vervielfältigungs- und Herstellungsrechten auch die Verbreitungsrechte auf die GEMA übergehen, ist seit 1962 geregelt. Im Jahr 1981 wurde erneut eine Einschränkung für den Bereich der dramatisch-musikalischen Werke – allerdings nur gegenüber Bühnen – aufgenommen (vgl. § 1 lit. h Abs. 8 BerV). Unter Bezugnahme auf die Weiterentwicklung der Musiknutzungen im Multimedia-Zeitalter wurde der Wortlaut des § 1 lit. h Abs. 1 BerV im Jahr 1996 dahingehend erweitert, dass nicht nur das Recht der Aufnahme auf Ton- und Bildtonträger, sondern auch auf Multimedia- und andere Datenträger (sowie die Vervielfältigungs- und Verbreitungsrechte an diesen Trägern) auf die GEMA übergeht. Schließlich ergänzte die Mitgliederversammlung 2002 diese Bestimmung dahingehend, dass unter die genannten Datenträger beispielsweise Speichercard, DataPlay Disc, DVD (Digital Versatile Disc), Twin Disc, Ton- und Bildtonträger mit ROM-part und entsprechende Träger mit Datenlink fallen. Begründet wurde dieser Änderungsantrag damit, dass es sich bei solchen Datenträgern um noch nicht bekannte Nutzungen von Musikwerken handle, die vom seinerzeit gültigen Berechtigungsvertrag noch nicht erfasst waren. Hintergrund war eine Entscheidung des LG München, in der die Auswertung durch DVDs als gegenüber der herkömmlichen Auswertung über Videokassetten eigenständige Nutzungsart qualifiziert wurde.[12]

Gleichzeitig mit der Änderung des § 1 lit. h BerV dahingehend, dass erstmals auch die Rechte der Aufnahme auf Bildtonträger neben den bereits geregelten Vervielfältigungs- und Verbreitungsrechten an Bildtonträgern genannt wurden, ergänzte die Mitgliederversammlung 1976 auch § 1 lit. h Abs. 5 BerV, der die „Vervielfältigung auf Bildtonträger" unter den Vorbehalt des § 1 lit. i BerV stellt. § 1 lit. h Abs. 6 BerV wurde durch Beschluss der Mitgliederversammlung 1996 in den Berechtigungsvertrag aufgenommen. Seither ist explizit geregelt, dass die sog. grafischen Rechte, d. h. die Vervielfältigungs- und Verbreitungsrechte an Notenmaterial,[13] nicht unter den Wahrnehmungsbereich der GEMA fallen. Diese Ergänzung des Berechtigungsvertrags war auf Grund der Neuregelungen in § 1 lit. h Abs. 1 BerV durch die Mitgliederversammlung 1996 notwendig geworden; die ergänzten Trägermedien waren im Ge-

12 Diese Entscheidung des LG München I, ZUM 2002, 71 ff. – DVD, ist inzwischen überholt durch das Berufungsurteil des OLG München (GRUR 2003, 50, 52 ff.) und das Revisionsurteil des BGH (NJW 2005 3354 ff.) – Der Zauberberg.

13 *Rehbinder*, Urheberrecht, Rn. 441.

gensatz zur früheren Regelung auch zur Vervielfältigung und Verbreitung von digitalisierten Notenwerken als Vervielfältigungsstücke von Musikwerken geeignet. Da jedoch die auch als „Druckrechte"[14] bezeichneten Befugnisse traditionell vom Tätigkeitsbereich der GEMA ausgenommen sind, musste dieser Bereich ausgeklammert werden. Vor der Ergänzung der neuen digitalen Trägermedien im Jahr 1996 war das Recht auf Vervielfältigungen und Verbreitungen mittels Tonträger oder Bildtonträger beschränkt. Die grafischen Rechte waren damit regelmäßig nicht betroffen. Die Neuregelung des § 1 lit. h Abs. 6 BerV sichert den Tätigkeitsbereich der Musikverlage, indem sie das grafische Recht – auch im Hinblick auf die Möglichkeiten der Digitalisierung von Notenmaterial – ausdrücklich aus der Rechteübertragung ausnimmt.

II. Auslegung

1. Urheberrechtliche Grundlagen

Urheberrechtliche Grundlage der Rechteübertragung nach § 1 lit. h Abs. 1 BerV ist das Vervielfältigungs- und Verbreitungsrecht nach §§ 16, 17, 15 Abs. 1 Ziff. 1 und 2 UrhG.[15] Für die hier relevanten Fälle der Vervielfältigung von Bild- und Tonfolgen regelt § 16 Abs. 2 UrhG ein besonderes Vervielfältigungsrecht. Das aus dem Wahrnehmungsbereich der GEMA nach § 1 lit. h Abs. 6 BerV ausgenommene grafische Recht betrifft ebenso Vervielfältigungs- und Verbreitungsrechte im Sinne der genannten Bestimmungen.[16] Von Bedeutung sind bestimmte Schrankenregelungen, insbesondere §§ 44 a und 53 UrhG, die die Befugnisse des Urhebers gemäß § 16 UrhG und damit die von der Rechteübertragung umfassten Sachverhalte einschränken. Bearbeitungs- bzw. Umgestaltungsrechte gemäß § 23 UrhG können bei den von § 1 lit. h Abs. 1 BerV erfassten Nutzungen nur in geringem Umfang berührt sein.

---

14 *Lichte*, in: Handbuch der Musikwirtschaft, S. 1067, 1071.

15 Zur Auslegung auf der Grundlage der gesetzlichen Regelungen vorstehend § 3 III 2.

16 OLG München, GRUR 1972, 141 – Konzertveranstalter.

2. Eingeräumte Nutzungsarten

a) Das Vervielfältigungsrecht

aa) Das gesetzliche Vervielfältigungsrecht gemäß § 16 UrhG

Nach § 1 lit. h Abs. 1 BerV werden die Rechte der Aufnahme auf bestimmte Ton- und Bildtonträger sowie entsprechende Vervielfältigungsrechte (und Verbreitungsrechte) auf die GEMA übertragen. Diese Bestimmung unterteilt damit gleichermaßen wie § 16 Abs. 2 UrhG das Vervielfältigungsrecht in den Sachverhalt der „Aufnahme" und den der „Vervielfältigung im engeren Sinne". Letzterer wird in § 16 Abs. 2 UrhG als „Übertragung des Werks von einem Bild- oder Tonträger auf den anderen" bezeichnet. Von § 1 lit. h Abs. 1 BerV ist damit nicht nur die wiederholte Festlegung eines bereits körperlich festgelegten Werks, sondern auch dessen erstmalige Festlegung (Erstfixierung),[17] wie die Aufnahme von Live-Musikaufführungen auf Tonträger erfasst.[18]

Der Begriff der Vervielfältigung iSd § 16 UrhG und damit auch des § 1 lit. h Abs. 1 BerV steht für jede körperliche Festlegung eines Werks, dic geeignet ist, das Werk den menschlichen Sinnen unmittelbar oder mittelbar wahrnehmbar zu machen.[19] Im Sinne einer richtlinienkonformen[20] Auslegung ist der Begriff der Vervielfältigung weit zu fassen.[21]

Unerheblich ist, wie und mittels welchem technischen Verfahren das Musikwerk fixiert wird.[22] Erforderlich ist aber jedenfalls, dass die Vervielfältigung körperlich erfolgt. Auch neu entwickelte Vervielfältigungsformen, wie etwa das Abspeichern eines Werks auf der Festplatte fallen unter den weit zu fassenden Vervielfältigungsbegriff.[23] Ob die – erst-

---

17 BGH, GRUR 1982, 102, 103 – Masterbänder.

18 BGHZ 17, 266, 269 f. – Grundig-Reporter.

19 RegE UrhG, Erster Teil, Vierter Abschnitt 3. zu § 16 BT-Drs. IV/270, S. 47.

20 Zum Begriff der Vervielfältigung s. insbesondere Art. 2 der Richtlinie 2001/29/EG zur Harmonisierung bestimmter Aspekte des Urheberrechts und der verwandten Schutzrechte in der Informationsgesellschaft, ABl. L 167 v. 22. 5. 2001. Die richtlinienkonforme Auslegung nationaler Gesetze stellt für die Gerichte eine sog. Sekundärpflicht dar, da hier Richtlinien nicht unmittelbar anwendbar sind; *Riesenhuber/Domröse* RIW 2005, 47, 48.

21 Loewenheim-*Loewenheim* § 20 Rn. 3 f.; § 53 Rn. 5.

22 Loewenheim-*Loewenheim*, § 20 Rn. 5.

23 Dreier/Schulze-*Schulze*, § 16 UrhG Rn. 7.

malige[24] oder wiederholte – Fixierung des Musikwerks mittels digitaler oder analoger Technik erfolgt, spielt keine Rolle.[25] Gleichermaßen ist es unerheblich, auf welchen körperlichen Trägermedien das Musikwerk fixiert wird; Vervielfältigungen können auf analogen Trägermedien wie Videobändern oder auf digitalen Speichern wie CDs oder DVDs erfolgen.[26]

Schon die Vorstufen zur Herstellung eines Vervielfältigungstücks berühren das Recht zur Vervielfältigung, soweit das Werk bereits verkörpert ist, wie etwa bei der Herstellung eines Masterbands; der Gebrauchszweck der Vervielfältigungsstücke ist ebenso wie deren Anzahl unerheblich.[27] Insbesondere kommt es nicht darauf an, dass das Vervielfältigungsstück für den Endverbraucher bestimmt ist.[28] Auch diesbezüglich gehen die Nutzungsrechte gemäß § 1 lit. h Abs. 1 BerV auf die GEMA über.

Wie aus dem Wortlaut des § 16 Abs. 1 UrhG („... vorübergehend oder dauerhaft ...") ersichtlich, spielt auch grundsätzlich die Dauer der Festlegung keine Rolle. Damit gilt zunächst jede – auch flüchtige – körperliche Niederlegung eines Werks, wie etwa beim „Browsen"[29] oder „Cachen",[30] als Vervielfältigungshandlung.[31] Zu beachten ist allerdings die Schranke des § 44 a UrhG.[32]

Das Vervielfältigungsrecht gemäß § 16 UrhG erstreckt sich auf Verviel-

---

24 Zur erstmaligen audiovisuellen Fixierung auf einem Bildtonträger ist allerdings der Vorbehalt des § 1 lit. h Abs. 5 BerV, der auf die Spezialbestimmungen in § 1 lit. i BerV verweist, zu beachten; dazu nachfolgend § 15.

25 Dreier/Schulze-*Schulze*, § 16 UrhG Rn. 7; BGH GRUR 1999, 325, 327 – Elektronische Pressearchive.

26 In diesem Sinn wird die Ergänzung der Multimedia- und anderer Datenträger durch die Mitgliederversammlung 1996 auch lediglich als „Klarstellung aus Gründen der Rechtssicherheit" bezeichnet.

27 Dreier/Schulze-*Schulze* § 16 UrhG Rn. 8.

28 BGH GRUR 1982, 102, 103 – Masterbänder; BGH GRUR 1963, 441, 443 – Mit dir allein.

29 Als „Browsing" bezeichnet man das einfache „Blättern" im Internet; Wandtke/Bullinger-*Heerma*, § 16 UrhG Rn. 15.

30 Beim „Caching" werden Websites, die ein Browser anfordert, nicht direkt vom eigentlichen Server beschafft, sondern von einem sog. Proxy Server, der – entsprechend seinem Namen – in der Nähe des Browsers eingerichtet ist; Wandtke/Bullinger-*Heerma*, § 16 UrhG Rn. 15.

31 Dreyer/Kotthoff/Meckel-*Dreyer*, § 16 UrhG Rn. 29 f.

32 Nachfolgend cc) (1).

fältigungen jeglicher Art.[33] § 16 UrhG regelt keine Beschränkung auf Vorgänge in der Öffentlichkeit. Allerdings sind die Befugnisse des Urhebers und damit der Wahrnehmungsbereich der GEMA in bestimmten Fällen durch gesetzliche Schranken begrenzt.[34]

bb) Die in § 1 lit. h Abs. 1 BerV aufgeführten körperlichen Trägermedien

(1) Allgemein

§ 1 lit. h Abs. 1 BerV zählt Vorrichtungen auf, die zur wiederholbaren Wiedergabe von Bild- oder Tonfolgen geeignet sind: Ton-, Bildton-, Multimedia- und andere Datenträger einschließlich z. B. Speichercard, DataPlayDisc, DVD, Twin Disc, Ton- und Bildtonträger mit ROM-part und entsprechende Träger mit Datenlink.[35] Diese Trägermedien können anhand verschiedener Kriterien unterschieden werden: Zum einen ist die verwendete Technik – entweder analog (Schallplatten und Musikkassetten) oder digital (CDs) – verschieden. Soweit es sich um Verkörperungen in digitaler Form handelt, spricht man von sog. „Offline-Produkten“.[36] Zum anderen kann auch differenziert werden, ob ein Trägermedium lediglich ein Musikwerk zur akustischen Wahrnehmung verkörpert, oder ob mittels dieses Mediums ein Musikwerk mit anderen Werkgattungen, welche (auch) zur optischen Wahrnehmung bestimmt sind, verbunden ist.

(2) Tonträger

Unter den Begriff des Tonträgers fällt nach § 16 Abs. 2 UrhG eine Vorrichtung zur wiederholbaren Wiedergabe von Tonfolgen. Nach § 1 lit. h Abs. 1 BerV gehen somit einerseits die Rechte hinsichtlich der traditionellen Tonträger wie Schallplatten oder Tonbänder auf die GEMA über. Übertragen werden daneben auch die Rechte hinsichtlich digitaler Tonträger, wie etwa die handelsübliche CD (Compact Disc Digital Audio) mit

33 Dreier/Schulze-*Dreier* § 16 UrhG Rn. 4.

34 Nachfolgend cc.

35 Es entwickeln sich auch fortlaufend neue körperliche Trägermedien, wie etwa die „Dual-Disc“, die – auf der Vorderseite CD, auf der Rückseite DVD – neben Musik auch Videoinhalte (etwa „ein Star führt durch seine Heimatstadt“) enthält; *Postinett*, in: Handelsblatt, Ausgabe v. 4. 4. 2005.

36 *Siebert*, Die Auslegung der Wahrnehmungsverträge, S. 15.

ihrer digitalen Tonqualität.[37] Daneben gibt es noch weitere digitale Tonträger zur rein akustischen Wahrnehmbarmachung, wie etwa die Digital Compact Cassette[38] oder die DVD-Audio; der Unterschied zur handelsüblichen CD besteht jeweils in der verwendeten digitalen Technik.[39] Bei den in § 1 lit. h Abs. 1 BerV genannten Tonträgern „mit ROM-part" handelt es sich nicht um einen Tonträger, sondern um ein Multimedia-Produkt;[40] soweit ein Tonträger einen ROM-part aufweist, bedeutet dies, dass hier neben Werken der Musik auch andere Werkarten fixiert und miteinander verbunden werden können.[41]

(3) Bildtonträger

§ 1 lit. h Abs. 1 BerV nennt als weiteres Trägermedium den Begriff des Bildtonträgers. Nach § 16 Abs. 2 UrhG handelt es sich dabei um Vorrichtungen zur wiederholbaren Wiedergabe von Bild- und Tonfolgen. Außerhalb des digitalen Bereichs sind dies z. B. Filmstreifen oder Videobänder.[42] Soweit die Vervielfältigung mittels digitaler Bildtonträger erfolgt, lassen sich solche Träger in die Gruppe der ebenfalls aufgezählten Multimedia-Datenträger einordnen.

(4) Multimedia-Datenträger

Multimedia-Datenträger sind audiovisuelle Trägermedien, bei denen Musikwerke mit anderen Werkgattungen in digitalisierter Form verbunden werden. Zur Wiedergabe der gespeicherten Werke sind spezielle Abspielgeräte erforderlich.[43] Inhalt solcher Multimedia-Datenträger, et-

---

37 Eingehend zu den digitalen Tonträgern *Siebert*, Die Auslegung der Wahrnehmungsverträge, S. 15 f., 33, 39 f.

38 Sie weist im Vergleich mit der CD eine geringere Tonqualität auf; ein direkter Zugriff auf die einzelnen Tracks ist möglich. Obwohl sie die gleiche Größe hat wie eine MC ist dennoch ein spezielles Abspielgerät erforderlich; GEMA-Nachrichten 1994 Nr. 150, S. 76.

39 *Siebert*, Die Auslegung der Wahrnehmungsverträge, S. 39.

40 Sogleich (4).

41 *Siebert*, Die Auslegung der Wahrnehmungsverträge, S. 15 f.

42 Schricker-*Loewenheim* § 16 UrhG Rn. 26.

43 *Siebert*, Die Auslegung der Wahrnehmungsverträge, S. 17, 33; *Müller*, in: Handbuch Multimedia Recht, 7.12, Rn. 36; die Europäische Kommission bezeichnet in ihrem Grünbuch aus dem Jahr 1995 Multimedia-Erzeugnisse als Kombinationen von Daten und Werken unterschiedlicher Natur wie Bild, Text, Musik, Software (KOM(95) 382 endg., 1. Kapitel, II.); *Kreile/Becker*, GRUR Int. 1996, 677,

wa als Multimedia-CD-ROM sind beispielsweise Computerspiele oder Firmenpräsentationen.[44] Im Gegensatz zur reinen Audio-CD weisen Multimedia-Datenträger ein anderes Speicherformat und eine erhöhte Speicherkapazität[45] sowie gegebenenfalls die Möglichkeit der interaktiven Nutzung auf.[46]

(5) Beispielhaft genannte Trägermedien

In § 1 lit. h BerV werden beispielhaft einige Trägermedien genannt: Speichercard, DataPlayDisc, DVD, Twin Disc, Ton- und Bildtonträger mit ROM-part und entsprechende Datenträger mit Datenlink.

Bei einer DVD (Digital Versatile Disc) handelt es sich um einen Multimedia-Datenträger, der insbesondere der Wiedergabe von Filmwerken dient. Von den herkömmlichen Videokassetten unterscheiden sich DVDs vor allem durch eine verbesserte Bildqualität, verschiedene Sprachfassungen, zusätzliche Informationen zum Film sowie etwa durch die Möglichkeit, einzelne Passagen erneut abzurufen oder zwischen verschiedenen Bildeinstellungen zu wechseln.[47] Ton- und Bildtonträger mit ROM-parts weisen die Besonderheit auf, dass über den ROM-part der Zugang zu weiteren Informationen zum Film etc. – etwa auch aus dem Internet – möglich ist.[48] Beispielweise kann auf einer DVD mit CD-ROM-part ein zum Film passendes Computerspiel abgespeichert sein; zur Nutzung des Computerspiels legt der Endverbraucher die DVD in das CD-ROM-Laufwerk seines Computers ein.[49] Ähnlich funktioniert eine sog. Twin Disc. Sie enthält einen Audio- und einen „angehängten" DVD-Teil und ist ebenfalls über das CD-ROM-Laufwerk abspielbar. Die beispielhaft aufgezählten Trägermedien Speichercard[50] und DataPlay Disc[51] stellen

689 gehen nur dann vom Vorliegen eines Multimedia-Werks aus, wenn der Nutzer „interaktiv" ins Geschehen eingreifen kann. Für die Rechteübertragung nach § 1 lit. h BerV ist diese Unterscheidung unerheblich, da der Wortlaut der Bestimmung auch die Rechte an „anderen Datenträgern" umfasst.

44 *Siebert*, Die Auslegung der Wahrnehmungsverträge, S. 41.

45 *Siebert*, Die Auslegung der Wahrnehmungsverträge, S. 15 f., 40.

46 *Castendyk*, ZUM 2002, 332, 347.

47 *Stieper/Frank*, MMR 2000, 643, 646.

48 LG München ZUM 2002, 71 – DVD.

49 LG München ZUM 2002, 71, 75 – DVD.

50 Auf diesem Medium werden etwa die Daten von MP3-Abspielgeräten gespeichert.

51 Eine DataPlay Disc funktioniert ähnlich wie eine CD, ist aber kleiner und

ebenfalls neue digitale Multimedia-Datenträger dar. Auch die Nutzungsrechte bezüglich weiterer Datenträger mit Datenlinks sollen gemäß § 1 lit. h BerV auf die GEMA übergehen. Über einen solchen Datenlink kann mit dem Datenträger direkt auf das Internet zugegriffen werden.

cc) Schrankenregelungen

Die nach § 16 UrhG gewährten Vervielfältigungsrechte stehen dem Urheber nicht unbeschränkt zu. Der Gesetzgeber sieht in §§ 44 a, 45, 46 Abs. 1 UrhG und §§ 47, 50, 51, 53, 55, 56 UrhG bestimmte privilegierte Sachverhalte vor; hier fehlt es bereits an der urheberrechtlichen Befugnis, die der Berechtigte auf die GEMA übertragen könnte.

(1) Die Privilegierung vorübergehender Vervielfältigungen

§ 44 a UrhG schränkt die Befugnis des Urhebers nach § 16 Abs. 2 UrhG insofern ein, als bestimmte vorübergehende Vervielfältigungen privilegiert sind.[52] Mit dieser – in Umsetzung der Richtlinie 2001/29/EG zur Informationsgesellschaft[53] im Jahr 2003 neu in das UrhG eingefügten – Schrankenregelung werden diejenigen Speichervorgänge freigestellt, die stattfinden, bevor der vom Nutzer gewollte Nutzungsvorgang einsetzt. Begleitende Vervielfältigungen sind insbesondere die Fälle der vorübergehenden Vervielfältigung im Arbeitsspeicher eines PC; hier wird das Vervielfältigungsrecht des Urhebers nicht tangiert.[54] Betroffen sind z. B. die Sachverhalte der sog. Caches[55] als flüchtige Vervielfältigungen. Hierbei handelt es sich um zeitlich begrenzte Zwischenspeicherungen bereits aufgerufener Netzinhalte auf dem Server des Anbieters, die einen schnellen Zugriff des Nutzers auf diese Inhalte bei erneutem Abruf gewährleisten und das Netz entlasten sollen.[56] Auch Vervielfältigungen, die unter den Sachverhalt des „Browsings"[57] fallen, sind nach § 44 a UrhG

---

derzeit nur einmal beschreibbar; Internet-Lexikon abrufbar unter www.atmix.de.

52 Dreyer/Kotthoff/Meckel-*Dreyer*, § 16 UrhG Rn. 4.

53 Richtlinie 2001/29/EG zur Harmonisierung bestimmter Aspekte des Urheberrechts und der verwandten Schutzrechte in der Informationsgesellschaft, ABl. L 167 v. 22. 5. 2001, Erwägungsgrund 33.

54 Dreyer/Kotthoff/Meckel-*Dreyer*, § 44 a UrhG Rn. 5 ff.

55 Dazu oben aa).

56 RegE UrhG, Begr. zu § 44 a, BT-Drs. 15/38, S. 18.

57 Vorstehend Fn. 28.

privilegiert.[58] Andererseits sind auch die vorübergehenden Vervielfältigungen von Musikwerken, die beim E-Mail-Versand angefertigt werden, hiernach freigestellt.[59] Im Rahmen dieser Nutzungen erfolgen keine dauerhaften Speicherungen, da in der Regel der Inhalt der E-Mails bei Abruf vom Server gelöscht wird.[60]

(2) Die Privilegierung der „Privatkopie"

§ 16 Abs. 2 unterscheidet nicht, ob die Vervielfältigung für öffentliche oder private Zwecke erfolgt. Allerdings regelt § 53 UrhG für bestimmte Sachverhalte der Vervielfältigung zum privaten und sonstigen eigenen Gebrauch, dass diese zulässig sind und der Urheber die Vervielfältigung hinnehmen muss. Voraussetzung ist allerdings, dass diese Vervielfältigung von einer „legalen Quelle" und nicht von einer offensichtlich rechtswidrig hergestellten Vorlage erstellt wird.[61] Keine Kopie zum privaten oder sonstigen eigenen Gebrauch stellt etwa der „Upload" von Dateien im Rahmen eines Musik-Online-Angebots dar; schließlich geht es dem Anbieter darum, die vervielfältigten Werke dem Zugriff der Öffentlichkeit zugänglich zu machen.[62]

Die Rechteübertragung gemäß § 1 lit. h Abs. 1 BerV und damit der Wahrnehmungsbereich der GEMA beziehen sich folglich nicht auf die nach § 53 Abs. 2 Ziff. 1 bis 3 UrhG iVm § 53 Abs. 1 UrhG freigestellten Sachverhalte. Dem Urheber steht hier nach § 54 UrhG ein gesetzlicher Vergütungsanspruch zu. Diesen Anspruch tritt er nach § 1 lit. h Abs. 7 BerV an die GEMA ab.[63]

---

58 *Schippan*, ZUM 2003, 378, 380.
59 *Haupt*, ZUM 2002, 798 f.
60 *Sieber*, Verantwortlichkeit im Internet, Rn. 73.
61 Künftig soll es für eine Privilegierung außerdem erforderlich sein, dass die Vorlage nicht offensichtlich rechtswidrig im Internet zum Download angeboten, also „legal" öffentlich zugänglich gemacht wird. So können die Rechteinhaber gegen die Nutzer von sog. Musiktauschbörsen vorgehen. Dies war bislang nicht möglich, da es sich um zulässige Privatkopien und damit nicht um „illegale Quellen", sondern nur um illegale öffentliche Zugänglichmachungen handelte; Referentenentwurf für ein Zweites Gesetz zur Regelung des Urheberrechts in der Informationsgesellschaft v. 27. 9. 2004, Begr. A II. 1. S. 29, 52 f.; abrufbar unter www.bmj.bund.de.
62 *Cichon*, K&R 1999, 547, 548.
63 Dazu nachfolgend § 14.

(3) Weitere Schrankenregelungen

§ 51 Ziff. 3 UrhG privilegiert des Weiteren Sachverhalte, in denen einzelne Stellen eines erschienenen Werks der Musik in einem anderen selbstständigen Werk der Musik angeführt werden.[64] Freigestellt sind außerdem bestimmte Vervielfältigungen zum Zweck der Rechtspflege und öffentlichen Sicherheit iSd § 45 UrhG, Vervielfältigungen von Musikwerken als Element einer Sammlung für den Schul- oder Unterrichtsgebrauch nach § 46 Abs. 1 und Abs. 2 UrhG, Vervielfältigungen bezüglich Schulfunksendungen nach § 47 UrhG, Vervielfältigungen im Rahmen der Berichterstattung über Tagesereignisse nach § 50 UrhG, Vervielfältigungen durch Sendeunternehmen nach § 55 UrhG sowie in Geschäftsbetrieben nach § 56 UrhG. Auch diese Sachverhalte werden somit nicht von der Rechteübertragung nach § 1 lit. h Abs. 1 BerV erfasst.

dd) Der Einwilligungsvorbehalt des § 1 lit. k Abs. 1 BerV bei der Produktion *rein akustischer* Werbespots

(1) Allgemeines

Die Befugnis, die Einwilligung zur Benutzung eines Werks (mit oder ohne Text) zur Herstellung von Werbespots der Werbung betreibenden Wirtschaft, z. B. im Rundfunk (Hörfunk oder Fernsehen) zu erteilen, bleibt gemäß § 1 lit. k Abs. 1 BerV dem Berechtigten vorbehalten. Dieser „Einwilligungsvorbehalt“ ist Ausdruck des Grundsatzes, dass das Recht zur werblichen Nutzung eines Musikwerks in jedem Fall beim Berechtigten verbleibt.

Zu unterscheiden sind – entsprechend der Unterscheidung in „Hörfunk und Fernsehen“ – die Sachverhalte der *rein akustischen Werbespots* als sog. „Werbejingles“ und der *audiovisuellen* Werbespots, d. h. der „Werbefilme“. In beiden Bereichen sind davon nicht nur die klassischen Produktwerbespots betroffen. Der Begriff ist vielmehr weit auszulegen und umfasst damit auch Produktionen zur Sendereigenwerbung, wie sog. „Trailer“. Ob die Musikstücke als Illustrationsmusik oder als „Werbeslogan“ unter Benutzung eines vorbestehenden Werks bzw. einer Auf-

---

[64] So etwa die Übernahme eines Ausschnitts der Marseillaise in dem Beatles-Titel „All You Need is Love“; *Kornmeier/Cichon*, in: Handbuch der Musikwirtschaft, S. 894, 929.

tragskomposition verwendet werden, spielt keine Rolle.[65] Für den Bereich der audiovisuellen Werbeproduktionen („Werbefilme") regelt § 1 lit. k Abs. 1 BerV eine direkte Einschränkung der Rechteübertragung nach § 1 lit. i BerV und nur mittelbar eine Einschränkung des in § 1 lit. h Abs. 1 BerV geregelten Vervielfältigungsrechts.[66]

Die Vervielfältigungssachverhalte im Rahmen von *rein akustischen* Werbeproduktionen („Werbejingles") stehen jedoch direkt unter dem Vorbehalt des § 1 lit. k Abs. 1 BerV. Demnach bleibt es allein dem Urheber vorbehalten, darüber zu entscheiden, ob sein Musikwerk bei der Herstellung eines solchen Werbejingles verwendet, also zusammen mit der Werbeaussage auf einem Tonträger vervielfältigt werden darf. Hintergrund dieses „Einwilligungsvorbehalts" ist einerseits der bei werblichen Nutzungen insbesondere zu berücksichtigende Schutz des Persönlichkeitsrechts.[67] Andererseits entspricht diese Regelung dem wirtschaftlichen Interesse der Urheber, die in diesen Fällen die Vergütung für die Nutzung individuell aushandeln können.

(2) Urheberrechtlicher Hintergrund

Die Nutzung eines Musikwerks (mit oder ohne Text) zur Herstellung eines Werbespots berührt regelmäßig das Bearbeitungs- bzw. Umgestaltungsrecht des Urhebers nach § 23 UrhG.[68] Die tatsächliche Verbindung von Musik mit dem werbenden Text ist mit Umgestaltungen oder Bearbeitungen nach § 23 UrhG vergleichbar, so dass das Bearbeitungs- bzw. das Umgestaltungsrecht betroffen sind.[69] Auch die Herstellung eines rein akustischen Werbejingles erfolgt nicht im Privatbereich für den „eigenen Gebrauch", so dass auch hier schon bei der Herstellung und nicht erst bei der Verwertung das Bearbeitungsrecht nach § 23 UrhG berührt ist.[70]

---

65 *V. Welser,* Die Wahrnehmung urheberpersönlichkeitsrechtlicher Befugnisse durch Dritte, S. 129.

66 Dazu nachfolgend § 15 II 5.

67 *Staats,* Aufführungsrecht und kollektive Wahrnehmung bei Werken der Musik, S. 126 f.; LG Düsseldorf, ZUM 1986, 160; *P. Schulz,* in: Handbuch der Musikwirtschaft, Werbemusikverträge, S. 1342, 1345; *Rossbach/Joos,* in: FS Schricker, S. 333, 350.

68 Vgl. Loewenheim-*Czychowski,* § 68 Rn. 89.

69 *G. Schulze,* ZUM 1993, 255, 267.

70 Vgl. Nordemann-*Vinck* § 23 UrhG Rn. 2; *Schack,* Urheber- und Urhebervertragsrecht, Rn. 425; RegE UrhG, erster Teil, vierter Abschnitt, 3. zu § 23, BT-Drs. IV IV/270, S. 51.

Daneben berührt jede werbemäßige Nutzung eines Musikwerks das „droit moral“, also das Urheberpersönlichkeitsrecht des Urhebers. Durch die Verbindung des Musikwerks mit der Werbeaussage wird der geistig-ästhetische Gesamteindruck des Werks verändert und in dessen Integrität eingegriffen.[71] Soweit das Musikwerk dabei in seiner Substanz verändert wird, liegt ein direkter Eingriff in das Urheberpersönlichkeitsrecht vor. Aber auch die unbearbeitete Verwendung eines Musikwerks zur Herstellung eines „Werbespots“ verändert den Gesamteindruck des Werks. Es entsteht „ein das Werk beeinträchtigender neuer Sachzusammenhang“.[72] Hier liegt ein indirekter Eingriff in das Urheberpersönlichkeitsrecht vor; es geht hauptsächlich um das beworbene Produkt und nicht um die Musik.[73] Zudem kann die werbemäßige Nutzung des Musikwerks dessen weitere Verwertbarkeit beeinflussen, weil es nach einer solchen Nutzung möglicher Weise nur noch als akustisches Erkennungszeichen für ein bestimmtes Produkt wahrgenommen wird.[74]

Der Einwilligungsvorbehalt bewirkt hier eine dingliche Beschränkung (vgl. § 31 UrhG) der Rechteübertragung in § 1 lit. h Abs. 1 BerV;[75] der Berechtigte überträgt diese Befugnis nicht auf die GEMA. Er kann gesondert über das eigenständige Recht zur werbemäßigen Nutzung verfügen.[76]

(3) Individuelle Wahrnehmung im Sinne des Zweckübertragungsgedankens

Diese gesonderte, individuelle Wahrnehmung des Rechts zur werbemäßigen Nutzung eines Musikwerks in einem rein akustischen (wie auch audiovisuellen[77]) Werbespot entspricht dabei auch den Anforderungen der Zweckübertragungslehre nach § 31 Abs. 5 UrhG. Eine kollektive

71 *P. Schulz*, in: Handbuch der Musikwirtschaft, Werbemusikverträge, S. 1342, 1345.

72 Dreier/Schulze-*Schulze*, § 14 UrhG Rn. 20.

73 Schulze OLGZ 315, Anmerkung *G. Schulze*, S. 9.

74 *Rossbach/Joos*, in: FS Schricker, S. 333, 350; *Russ*, ZUM 1995, 32, 35.

75 Schulze OLGZ 315, 6; *Schack*, Urheber- und Urhebervertragsrecht, Rn. 545; a. A.: *Staats*, Aufführungsrecht und kollektive Wahrnehmung bei Rechten der Musik, S. 128.

76 LG Düsseldorf, ZUM 1986, 58; OLG Hamburg ZUM 1991, 599; OLG Hamburg GRUR 1991, 90; OLG München ZUM 1997, 275 – Trailer-Werbung.

77 Nachfolgend § 15 II 5.

Wahrnehmung dieser Befugnis durch die GEMA würde dem Zweck des Berechtigungsvertrags widersprechen. Auf Grund des Abschlusszwangs nach § 11 UrhWG wäre sie verpflichtet, *jedermann* zu erlauben, ein Musikwerk bei der Herstellung eines Werbespots zu verwenden. Dem steht jedoch das durch die werbemäßige Nutzung berührte Persönlichkeitsrecht des Urhebers entgegen. Er muss selbst entscheiden können, ob sein Werk für einen bestimmten Werbespot verwendet werden darf.[78] Zudem hat die individuelle Wahrnehmung für diejenigen Berechtigten, die gegenüber ihren Auftraggebern eine entsprechende Verhandlungsposition (etwa über ihre Verleger) innehaben, den Vorteil, dass sie hinsichtlich der Verwendung ihres Werks frei verhandeln können und dabei die jeweiligen Umstände wie z. B. die Bekanntheit von Werk oder Produkt oder auch das Budget der Werbeproduktion berücksichtigen können.[79] Auch ist nicht ersichtlich, dass die Berechtigten mit der individuellen Wahrnehmung überfordert wären. Die Auslegung ergibt somit, dass die GEMA nicht berechtigt ist, dieses Recht der Verwendung eines Musikwerks in einem „Werbespot" einem Nutzer einzuräumen.[80]

(4) Der Begriff des (rein akustischen) Werbespots der Werbung betreibenden Wirtschaft

Nachdem nun festgestellt ist, dass die Übertragung des Vervielfältigungsrechts nach § 1 lit. h Abs. 1 iVm lit. k Abs. 1 BerV nicht das Recht umfasst, das Werk zur Herstellung eines rein akustischen Werbespots zu benutzen, sondern diese Sachverhalte vielmehr vom Berechtigten selbst wahrgenommen werden müssen, gilt es zu bestimmen, welche Einzelsachverhalte im Bereich der rein akustischen Nutzung unter den Begriff des „Werbespots der Werbung betreibenden Wirtschaft"[81] iSd § 1 lit. k Abs. 1 BerV fallen.

---

78 OLG Hamburg, GRUR 1991, 599, 600 – Rundfunkwerbung; OLG München, ZUM 1997, 275, 279 – Trailer-Werbung; Dreier/Schulze-*Schulze*, vor § 31 UrhG Rn. 130.

79 *G. Schulze*, Anm. zu Schulze OLGZ 315, 8. Allerdings sind – wie immer im Bereich der individuellen Wahrnehmung – „schwächere" Urheber der Marktmacht der Nutzer ausgesetzt.

80 OLG München ZUM 1997, 275 – Trailer-Werbung.

81 Ausführlich zu diesem Begriff nachfolgend § 15 II 5 b.

Umfasst ist zunächst die klassische Produktwerbung im Radio. Auch rein akustische Senderkennungen oder Senderlogos, d. h. rein akustische Produktionen zur sog. Station Promotion (Eigenwerbung des Rundfunkveranstalters),[82] fallen unter den Begriff der „Werbespots der Werbung betreibenden Wirtschaft“ iSd § 1 lit. k BerV.[83] Es kommt dabei nicht darauf an, dass die Merkmale eines klassischen Werbespots erfüllt sind.[84] Senderkennung oder Senderlogos weisen zwar nicht auf ein konkretes Produkt hin, jedoch dienen sie der stärkeren Einprägung des Namens des Senders und fördern die Wiedererkennung und seine Präsenz. Damit soll der Absatz der Dienstleistungen des Senders gesteigert werden. Folglich ist nicht nur die „kommerzielle“ Werbung im Sinn einer der Sendeanstalt zu vergütenden Fremdwerbung von der Wahrnehmungsbefugnis der GEMA ausgenommen.[85] Die Formulierung „Werbung betreibende Wirtschaft“ hat historische Hintergründe und muss heute – unter Berücksichtigung der urheberpersönlichkeitsrechtlichen Belange des Urhebers – anders ausgelegt werden.[86] Auch die Einstufung im rundfunkrechtlichen Sinn ist nicht entscheidend; hierdurch kann Dritten gegenüber nicht festgelegt werden, welche Sachverhalte unter den Begriff der „Werbung“ fallen.[87] Demnach kann die GEMA das Recht, ein Werk zur Herstellung eines Senderlogos oder einer Senderkennung zu verwenden, nicht im Rahmen der Pauschalverträge an die Sender übertragen.

Die Auslegung des § 1 lit. k Abs. 1 BerV ergibt darüber hinaus, dass dieser Vorbehalt ebenso für rein akustische Werbejingles gilt, die nicht für die Sendung im Hörfunk produziert wurden. Beispielsweise fällt die Musiknutzung zur Produktion eines Werbejingles für ein bestimmtes Produkt, der in regelmäßigen Abständen in einem Kaufhaus über Lautsprecher abgespielt wird, unter den Vorbehalt des § 1 lit. k Abs. 1 BerV. Auch hier muss der Berechtigte selbst entscheiden können, ob er die werbemäßige Nutzung seines Werks will und was sie kosten soll.

---

82 Zum Begriff der „Station Promotion“ *Hartstein/Ring/Kreile/Dörr/Stettner* B5 § 7 RStV Rn. 10.

83 Denkbar sind außerdem auch Sponsoring-Jingles in Hörfunksendungen („diese Sendung widmete Ihnen ...“). Auch diese Musiknutzungen fallen auf Grund ihres werbenden Charakters unter die Ausnahme des § 1 lit. k BerV. s. hierzu nachfolgend § 15 II 5 b dd.

84 OLG München, ZUM 1997, 275, 278 – Trailer-Werbung.

85 Loewenheim-*Castendyk*, § 75 Rn. 302.

86 Schulze OLGZ 315, 4; *Ventroni*, Das Filmherstellungsrecht, S. 242.

87 OLG München, ZUM 1997, 275, 277 – Trailer-Werbung.

(5) Kollektive Wahrnehmung der Rechte an der mit Einwilligung benutzten Werbemusik

Sobald der Berechtigte jedoch seine Einwilligung zu dieser speziellen Vervielfältigung im Sinne der Herstellung nach § 1 lit. k Abs. 1 BerV erteilt hat, fällt das Recht der weiteren Vervielfältigungen und deren Nutzungen, wie etwa im Rahmen der Hörfunkausstrahlung eines Produktwerbejingles (vgl. § 1 lit. b BerV), unter die Wahrnehmungsbefugnis der GEMA. Durch die Einwilligung in die Herstellung konnte der Urheber seine individuellen Interessen ausreichend verfolgen.

(6) Zusammenfassung zum Vorbehalt bei rein akustischen Produktionen

Die Übertragung des Vervielfältigungsrechts nach § 1 lit. h Abs. 1 BerV umfasst nach § 1 lit. k Abs. 1 BerV nicht die Sachverhalte der rein akustischen Werbeproduktionen; es ist insofern dinglich beschränkt. Da die werbemäßige Nutzung eines Musikstücks regelmäßig in erheblichem Maße in urheberpersönlichkeitsrechtliche Befugnisse eingreift, eignet sich dieser Bereich der rein akustischen „Werbejingles" nicht zur kollektiven Wahrnehmung. Die entsprechenden Einwilligungen und Bearbeitungs- bzw. Umgestaltungsrechte nach § 23 UrhG können nur vom Berechtigten selbst bzw. von seinem Verleger vergeben werden. Dabei bezieht sich der Vorbehalt nicht nur auf klassische Produktwerbungen für den Hörfunk, sondern etwa auch auf Sendereigenwerbungen.

ee) Der Einwilligungsvorbehalt des § 1 lit. k Abs. 1 bei der Herstellung *audiovisueller* „Werbespots"

Die Übertragung des Vervielfältigungsrechts steht auch für den Bereich der Werbefilme im weitesten Sinne, d. h. der *audiovisuellen* werbemäßigen Nutzung, unter dem Vorbehalt des § 1 lit. k Abs. 1 BerV. Auch hier verbleibt das Recht, diese Nutzung zu erlauben, beim Berechtigten. Allerdings stellt § 1 lit. k Abs. 1 BerV nur eine mittelbare Einschränkung des in § 1 lit. h Abs. 1 BerV geregelten Vervielfältigungsrechts dar. Direkt betroffen ist im Bereich der audiovisuellen Werbespots – gemäß dem Vorbehalt des § 1 lit. h Abs. 5 BerV – die Übertragung des sog. Herstellungsrechts nach § 1 lit. i BerV.[88] Im Regelungsbereich des § 1 lit. h Abs. 1 BerV

88 Nachfolgend § 15 II 5.

legt § 1 lit. i BerV besondere Bedingungen für die Verwendung von Musikwerken bei der Herstellung von audiovisuellen Produktionen, sei es als Filmwerke oder etwa auf Multimedia-Datenträger fest. Hinsichtlich der Übertragung des Rechts der Vervielfältigung und Verbreitung betrifft der Vorbehalt des § 1 lit. h Abs. 5 BerV damit nur die Sachverhalte, in denen ein Musikwerk (mit oder ohne Text) auf Bildtonträgern vervielfältigt oder gegebenenfalls bearbeitet wird.[89]

ff) Keine Übertragung der grafischen Rechte

Nach § 1 lit. h Abs. 6 BerV[90] sind ausdrücklich die grafischen Rechte, d. h. die Vervielfältigungs- und Verbreitungsrechte[91] an Notenmaterial,[92] nicht von der Rechteübertragung nach § 1 lit. h Abs. 1 BerV erfasst. Für den Bereich des Vervielfältigungsrechts sind folglich – als einfaches Beispiel – die Sachverhalte des „Notenkopierens" vom Wahrnehmungsbereich der GEMA ausgenommen. Unter das „grafische Recht" fallen dabei nicht nur die reinen „Musikalien" als Druckausgaben, sondern etwa auch Notendarstellungen in Dateiform.[93] Dieser Bereich wird traditionell von den Verlegern wahrgenommen. Die Klausel wurde durch Beschluss der Mitgliederversammlung 1996 in den Berechtigungsvertrag aufgenommen. Sie war auf Grund der Neuregelungen in § 1 lit. h Abs. 1 BerV durch die Mitgliederversammlung 1996 notwendig geworden; die ergänzten Trägermedien waren im Gegensatz zur früheren Regelung auch zur Vervielfältigung und Verbreitung von digitalisierten Notenwerken als Vervielfältigungsstücke von Musikwerken geeignet. Da jedoch die als „Druckrechte"[94] bezeichneten Befugnisse traditionell vom Tätigkeitsbereich der GEMA ausgenommen sind, musste dieser Bereich ausdrücklich ausgeklammert werden.

Einerseits betrifft die Ausnahmeregelung für das „grafische Recht" das Vervielfältigungsrecht (und Verbreitungsrecht) im Hinblick auf Musik- und Sprachwerke selbst. So wird etwa durch die Kopie eines Notenbilds das Musik- bzw. Sprachwerk selbst vervielfältigt. Andererseits werden

89 Zur Rechteübertragung nach § 1 lit. i BerV nachfolgend § 15.

90 S. hierzu den Berechtigungsvertrag der GEMA in der Fassung v. 28./29. Juni 2005, abgedr. im Anhang.

91 Zum Verbreitungsrecht nachfolgend b.

92 *Rehbinder*, Urheberrecht, Rn. 441.

93 *Hanser-Strecker*, in: FS Kreile, S. 269 ff.

94 *Lichte*, in: Handbuch der Musikwirtschaft, S. 1067, 1071.

hiervon auch die Sachverhalte erfasst, in denen das Noten- oder Textbild ausnahmsweise selbst Werkschutz genießt. Auch dieses Recht ist nach dem Vorbehalt in § 1 lit. h Abs. 6 BerV – als Recht am Notenbild oder am Textbild – ausdrücklich aus dem Wahrnehmungsbereich der GEMA ausgenommen.

gg) Vorbehalt der Vervielfältigung dramatisch-musikalischer Werke zum eigenen Gebrauch gegenüber Theatern

Eine weitere Ausnahme zur Übertragung des Vervielfältigungsrechts nach § 1 lit. h Abs. 1 BerV enthält die Regelung in § 1 lit. h Abs. 8 BerV, die vorsieht, dass die Fälle, in denen Theater zu Archivzwecken rein akustische oder audiovisuelle Aufnahmen der auf ihren Bühnen aufgeführten dramatisch-musikalischen Werke anfertigen, nicht unter den Wahrnehmungsbereich der GEMA fallen.

Nach dem Wortlaut der Bestimmung sind bestimmte Vervielfältigungen dramatisch-musikalischer Werke – vollständig, im Querschnitt[95] oder in größeren Teilen – zum persönlichen oder sonstigen eigenen Gebrauch mittels Ton- oder Bildtonträgern von der Rechteübertragung an die GEMA ausgenommen. Bei dramatisch-musikalischen Werken handelt es sich, wie bereits festgestellt,[96] um Musikwerke, die grundsätzlich zur bühnenmäßigen Aufführung geeignet sind.[97] Zur Abgrenzung, wann ein dramatisch-musikalisches Werk „in größeren Teilen" vervielfältigt und damit von der Ausnahmeregelung erfasst wird, können die zwischen den Rundfunksendern und der GEMA in einer Vereinbarung zur Abgrenzung des Tätigkeitsbereichs bezüglich der Sendung dramatisch-musikalischer Werke[98] festgelegten Kriterien entsprechend herangezogen werden,[99] da es nach dem Wortlaut auf eine „Bühnenmäßigkeit" nicht ankommt. Somit fallen die ausschließlich akustischen Vervielfältigungen dramatisch-musikalischer Werke durch Theater unter 25 Minuten auf Tonträger und die audiovisuellen Vervielfältigungen unter 15 Minuten auf Bildtonträger als Vervielfältigungen dramatisch-musikalischer Werke zu „kleineren Teilen" unter den Wahrnehmungsbereich der

95 KG Schulze, KGZ 13, 4 – Carmen.
96 Vorstehend § 5 II 2 b bb.
97 BGH, GRUR 2000, 228 ff. – Musical-Gala.
98 GEMA-Jahrbuch 2005/2006, S. 190 f.
99 So vorgeschlagen von *E. Schulze*, Anmerkung zu KG, Schulze KGZ 13 (Carmen) und 17 (Musikalischer Bilderbogen), 11, 13.

GEMA. Ob es sich um eine Aufnahme einer Live-Aufführung („Erstfixierung“) oder um eine Übertragung von einem Ton- oder Bildtonträger auf einen anderen („Vervielfältigung im engeren Sinne“) handelt, ist unerheblich.

Voraussetzung für diese Ausnahme ist allerdings, dass diese Vervielfältigungen durch „Theater zum persönlichen oder sonstigen eigenen Gebrauch“ vorgenommen werden. Entsprechend der Auslegung der Regelung in § 1 lit. g hh) BerV fallen unter den Begriff des „Theaters“ nach § 1 lit. h Abs. 8 BerV sämtliche Veranstalter von Aufführungen dramatisch-musikalischer Werke, also etwa auch ein „Open-Air-Veranstalter“. Nach dem Wortlaut der Ausnahmeregelung ist es hier jedoch unerheblich, ob es sich um eine konzertmäßige oder eine bühnenmäßige Aufführung handelt. Entscheidend ist der Verwendungszweck „zum persönlichen oder sonstigen eigenen Gebrauch“. Davon sind auch die Sachverhalte, in denen ein Theater einen Gesamt-Mitschnitt einer Opernaufführung auf Videoband zu Archivzwecken anfertigt, erfasst.

hh) Die Übertragung des Rechts der Bearbeitung und Werkverbindung

Ob nach § 1 lit. h Abs. 1 BerV auch das Recht, ein Werk (außerhalb des Privatbereichs) nur *teilweise zu vervielfältigen* als Bearbeitungs- bzw. Umgestaltungsrecht gemäß § 23 UrhG[100] auf die GEMA übertragen wird, geht aus dem Wortlaut der Regelung nicht hervor. Die Auslegung auf der Grundlage des Vertragszwecks iSd § 31 Abs. 5 UrhG ergibt jedoch, dass diese Sachverhalte der teilweisen Vervielfältigung unter den Bereich der kollektiven Wahrnehmung fallen.[101] Obwohl die (bleibende) Aufnahme oder Vervielfältigung eines Musikwerks gegenüber der temporären Nutzung der reinen Aufführung einen stärkeren Eingriff in die Werksubstanz darstellt, fällt das Recht der Teilwerk-Nutzung auch im Bereich des Vervielfältigungsrechts unter den Zweck des Berechtigungsvertrags. So ist davon auszugehen, dass im Bereich der Unterhaltungs- und Tanzmusik erfolgreiche Musikwerke von unterschiedlichen Interpreten „massenweise“ nicht in exakt der vom Komponisten vorgesehenen Länge „eingespielt“ werden. Oft wird den Bands die vom Komponisten vorgesehene Werklänge noch nicht einmal bekannt sein. In solchen Fällen ist der einzelne Berechtigte nicht in der Lage, die Nutzungen selbst zu

100 Zum Recht der Teilwerknutzung als Bearbeitungsrecht vorstehend § 2 IV 2 d.
101 A. A.: Dreier/Schulze-*Schulze*, vor § 31 UrhG Rn. 135.

kontrollieren und zu lizenzieren. Allerdings begrenzt auch hier das Urheberpersönlichkeitsrecht den Umfang der Rechteübertragung. Soweit Werkveränderungen in die Integrität des Werks eingreifen und dadurch das Urheberpersönlichkeitsrecht verletzt wird, kommt eine kollektive Wahrnehmung der Sachverhalte durch die GEMA nicht mehr in Betracht. Durch Digitalisierung und Interaktivität gewinnt das Urheberpersönlichkeitsrecht an Bedeutung: Eingriffe in die Werkintegrität werden durch die neuen technischen Möglichkeiten zunehmend leichter.[102]

Allerdings ist das Recht der *Werkverbindung* im Bereich des Vervielfältigungsrechts nicht vom Vertragszweck umfasst. Für den Spezialfall der Verbindung eines Musikwerks mit einer Werbeaussage auf einem Ton- oder Bildtonträger regelt dies ausdrücklich § 1 lit. k BerV. Das genannte Recht verbleibt beim Berechtigten. Es eignet sich nicht zur kollektiven Wahrnehmung.

b) Das Verbreitungsrecht

Neben den Vervielfältigungsrechten überträgt der Berechtigte nach § 1 lit. h Abs. 1 BerV der GEMA auch die entsprechenden Verbreitungsrechte, d. h. das ausschließliche Recht zur Nutzung seines auf einem Ton- oder Bildtonträger vervielfältigten Werks der Tonkunst mit oder ohne Text[103] durch Verbreitung des Trägermediums.

aa) Das gesetzliche Verbreitungsrecht gemäß § 17 UrhG

Grundlage der Rechteübertragung nach § 1 lit. h Abs. 1 BerV ist neben dem Vervielfältigungsrecht nach § 16 UrhG das Verbreitungsrecht nach § 17 UrhG.[104] Es umfasst die Sachverhalte, in denen die hergestellten Vervielfältigungsstücke der Öffentlichkeit zugänglich gemacht werden. Obwohl das Vervielfältigungs- und Verbreitungsrecht eng miteinander verbunden sind und die Vervielfältigung und Verbreitung meist von ein und demselben Nutzer, etwa dem Tonträgerhersteller, veranlasst werden, handelt es sich jeweils um ein eigenständiges Nutzungsrecht. So muss für die Verbreitung eines nach § 53 UrhG privilegiert angefertigten Vervielfältigungsstücks der Nutzer gleichwohl das Recht zur Verbreitung

102 *Kornmeier/Cichon*, in: Handbuch der Musikwirtschaft, S. 894, 922.
103 Dazu vorstehend § 2 IV 1.
104 Zur Auslegung auf der Grundlage der gesetzlichen Regelungen vorstehend § 3 III 2.

bei der GEMA einholen. Auch die Verbreitung von Trägermedien, die unrechtmäßig hergestellt wurden, fällt unter den Anwendungsbereich des § 17 Abs. 1 UrhG. Allerdings ist die GEMA hier nicht nach dem Kontrahierungszwang des § 11 UrhWG zur Lizenzierung verpflichtet.[105] Vielmehr wird sie auf Grund ihrer Treuhandstellung im Rahmen des ihr zur Rechtsdurchsetzung eingeräumten Ermessens[106] gegebenenfalls gegen die Rechtsverletzung vorgehen müssen.

Das Verbreitungsrecht ist dann berührt, wenn Vervielfältigungsstücke des Werks, z. B. die in § 1 lit. h Abs. 1 BerV erwähnten Bild- oder Tonträger, in der Öffentlichkeit angeboten oder in Verkehr gebracht werden. Unerheblich ist, ob dies gewerbsmäßig erfolgt.[107] Ein öffentliches Angebot ist dabei jede Aufforderung zum Eigentums- oder Besitzerwerb; es muss sich nicht zwingend um ein Kaufangebot handeln.[108] So stellen etwa Werbemaßnahmen durch Kataloge oder Inserate derartige Verbreitungshandlungen dar.[109] Allerdings muss das Angebot „öffentlich" sein; es darf nicht gegenüber Personen ausgesprochen werden, mit denen man in persönlicher Verbindung steht. Ausreichend ist aber das Angebot an einem abgegrenzten Personenkreis oder auch nur an eine einzelne Person.[110] Von § 17 Abs. 1 UrhG und damit auch von § 1 lit. h Abs. 1 BerV werden zudem die Sachverhalte erfasst, in denen die erwähnten Trägermedien in den Verkehr gebracht werden. Inverkehrbringen ist eine Handlung, durch die Vervielfältigungsstücke aus der internen Betriebssphäre der Öffentlichkeit zugeführt werden.[111] Auch hier ist der Privatbereich ausgenommen.[112] Für das Inverkehrbringen nach § 17 Abs. 1 UrhG reicht jede Form der Besitzüberlassung aus. Somit sind neben Veräußerung oder Tausch auch die Fälle des Vermietens oder Verleihens der Trägermedien von der Rechteübertragung nach § 1 lit. h Abs. 1 BerV erfasst. Dabei genügt das Inverkehrbringen eines einzigen Werkexemplars.[113]

---

105 Die unrechtmäßige Vervielfältigung rechtfertigt diese Ausnahme vom Kontrahierungszwang; vgl. Fromm/Nordemann-*Nordemann*, § 11 UrhWG Rn. 2.
106 Zur Treuhandstellung der GEMA vorstehend § 2 III 4.
107 Vgl. Loewenheim-*Loewenheim*, § 20 Rn. 22.
108 Gemeint ist nicht das Angebot im privatrechtlichen (iSv §§ 145 ff. BGB), sondern im wirtschaftlichen Sinn; Loewenheim-*Loewenheim*, § 20 Rn. 23.
109 Loewenheim-*Loewenheim*, § 20 Rn. 23.
110 Loewenheim-*Loewenheim*, § 20 Rn. 24.
111 BGH, GRUR 1991, 316, 317 – Einzelangebot; OLG Hamburg, GRUR 1972, 375, 376 – Polydor II.
112 BGH, GRUR 1991, 316, 317 – Einzelangebot.
113 Loewenheim-*Loewenheim*, § 20 Rn. 25.

bb) Die Erschöpfung des Verbreitungsrechts

Allerdings kann der Berechtigte das Verbreitungsrecht nicht zur kollektiven Wahrnehmung einbringen, wenn es nach § 17 Abs. 2 UrhG bereits erschöpft ist. Mit Ausnahme des Vermietrechts tritt nach § 17 Abs. 2 UrhG dann Erschöpfung ein, wenn die Vervielfältigungsstücke mit Zustimmung des Urhebers oder eines zur Verbreitung Berechtigten im Gebiet der Europäischen Union oder des EWR im Wege der Veräußerung in Verkehr gebracht wurden. Dies bedeutet, dass etwa ein Berechtigter, der seine Verbreitungsrechte für ein anderes Land des Europäischen Wirtschaftsraums bereits auf eine Schwestergesellschaft der GEMA übertragen hat,[114] keine Verbreitungsrechte mehr in die GEMA einbringen kann, wenn die Schwestergesellschaft „als zur Verbreitung Berechtigte" die Zustimmung zur Veräußerung der Vervielfältigungsstücke in ihrem Territorium – etwa gegenüber einem Tonträgerhersteller – erteilt hat; durch die bewilligte Veräußerung ist das Verbreitungsrecht erschöpft. Die GEMA kann dann nur noch das Vermietrecht geltend machen.

cc) Der Sonderfall des Vermietrechts

Unter die Rechteübertragung nach § 1 lit. h BerV fällt auch das Vermietrecht[115] gemäß § 17 Abs. 3 UrhG als Unterfall der Verbreitung. Demnach fallen die Sachverhalte der Vermietung eines in § 1 lit. h Abs. 1 BerV genannten Trägermediums unter den Wahrnehmungsbereich der GEMA. Als Ausnahmefall zu den Verbreitungssachverhalten tritt gemäß § 17 Abs. 2 UrhG keine Erschöpfung des Vermietrechts ein mit der Folge, dass z. B. ein Erwerber seinen Tonträger zwar weiterverkaufen, aber nicht vermieten darf. Er muss das Vermietrecht gesondert erwerben.[116]

Das Vermietrecht umfasst nach § 17 Abs. 3 UrhG die Sachverhalte der zeitlich begrenzten, unmittelbar oder mittelbar Erwerbszwecken dienenden Gebrauchsüberlassung. Der Begriff „Vermietung" ist daher in einem

114 Eine räumliche Aufteilung der Rechte ist nach § 16 BerV möglich. Dazu vorstehend Abschn. 1 V.

115 Seit Umsetzung der Richtlinie zum Vermietrecht und Verleihrecht sowie zu bestimmten dem Urheberrecht verwandten Schutzrechten im Bereich des geistigen Eigentums, ABl. EG Nr. L 346/61, ist das Vermietrecht als ausschließliches Recht anerkannt; Dreier/Schulze-*Schulze*, § 17 UrhG Rn. 41.

116 Dreier/Schulze-*Schulze*, § 17 UrhG Rn. 41.

weiten Sinn zu verstehen. Er ist nicht auf die Fälle der §§ 535 ff. BGB beschränkt.[117] Unter das Vermietrecht fällt jede kommerzielle Nutzung, die es bei einer wirtschaftlichen Betrachtungsweise nahe legt, dass es sich um eine urheberrechtliche Vermietung handelt.[118] Von § 1 lit. h Abs. 1 BerV sind damit u. a. das gewerbsmäßige „Verleihen" von Videos oder DVDs, aber auch bestimmte Formen des Kaufs mit Rückkaufgarantie[119] erfasst. Für den Fall, dass die GEMA einem Hersteller das ihr übertragene Vermietrecht an Bild- oder Tonträgern an einen Bild- oder Tonträgerhersteller einräumt, behält der Berechtigte einen unverzichtbaren und verwertungsgesellschaftenpflichtigen Vergütungsanspruch nach § 27 Abs. 1 UrhG, den er nach § 1 lit. h Abs. 7 BerV an die GEMA abtritt.[120]

dd) Der Sonderfall des Verleihrechts

Da beim Verleihen die (unentgeltliche) Gebrauchsüberlassung nicht zu Erwerbszwecken erfolgt iSd § 27 Abs. 2 S. 2 UrhG, gibt es hier keinen wirtschaftlichen Vorgang, an dem der Urheber beteiligt werden könnte.[121] Aus diesem Grund hat der Gesetzgeber das Verleihrecht – im Gegensatz zum Vermietrecht – nicht als eigenständiges Recht ausgestaltet. Das bedeutet, dass es sich beim ersten Inverkehrbringen erschöpft. Die Wahrnehmungsbefugnis hinsichtlich der Sachverhalte des Verleihens beschränkt sich daher auf die Fälle, in denen ein Vervielfältigungsstück erstmalig verbreitet wird. Das Verleihrecht begründet nach § 27 Abs. 2 UrhG jedoch für bestimmte Sachverhalte einen gesetzlichen, nach § 27 Abs. 3 UrhG verwertungsgesellschaftenpflichtigen Vergütungsanspruch, der nach § 1 lit. h Abs. 7 BerV ebenfalls an die GEMA abgetreten wird.[122]

---

117 RegE UrhG, Begr. B zu Artikel 1 BT-Drs. 13/115, S. 12.

118 RegE UrhG, Begr. B zu Artikel 1 BT-Drs. 13/115, S. 12.

119 BGH NJW-RR 1986, 1183 – Schallplattenvermietung; BGH, GRUR 1989, 417, 418 – Kauf mit Rückgaberecht; vgl. auch BGH GRUR 2001, 1036, 1037 – Kauf auf Probe.

120 Zum gesetzlichen Vergütungsanspruch nach § 27 Abs. 1 UrhG nachfolgend § 14 II 2 b aa.

121 Trotzdem ist in § 27 Abs. 2 UrhG mit dem sog. Bibliotheksgroschen ein gesetzlicher Vergütungsanspruch für die Sachverhalte des Verleihens durch der Öffentlichkeit zugängliche Einrichtungen – zur Kompensation dieser besonders intensiven Werknutzungen – vorgesehen; zum Bibliotheksgroschen nachfolgend § 14 II 2 a bb.

122 Nachfolgend § 14 II 2 a bb.

ee) Keine Übertragung der grafischen Rechte

Wie auch schon für den Bereich des Vervielfältigungsrechts gilt auch hier die Ausnahme des § 1 lit. h Abs. 6 BerV für das sog. grafische Recht. Die Sachverhalte, in denen „Noten", also Druckausgaben oder Notendarstellungen in Dateiform der Öffentlichkeit angeboten oder in Verkehr gebracht werden, berühren zwar das Verbreitungsrecht bezüglich des Musikwerks nach § 17 UrhG, werden aber nach § 1 lit. h Abs. 6 BerV explizit von der Rechteübertragung ausgenommen. Hierunter fällt beispielsweise das im Musikverlagswesen gebräuchliche Verleihen von Notenmaterial für eine konkrete Aufführung.[123] Für derartige gewerbliche Nutzungen muss das Vermietrecht nach § 17 Abs. 3 UrhG von den Verlagen erworben werden.

Sobald allerdings Notenmaterial durch öffentliche Bibliotheken verliehen wird, fällt die Geltendmachung des hierfür gewährten verwertungsgesellschaftenpflichtigen Vergütungsanspruchs nach § 27 Abs. 2 UrhG – trotz der Ausnahme für grafische Rechte nach § 1 lit. h Abs. 6 BerV – unter den Wahrnehmungsbereich der GEMA. Daher tritt der Berechtigte den Vergütungsanspruch aus § 27 Abs. 2 UrhG für Musiknoten explizit gemäß § 1 lit. h Abs. 7 Hs. 2 BerV an die GEMA ab.[124]

ff) Das Erstveröffentlichungsrecht

Das Recht, ein Musikstück erstmals auf Tonträger erscheinen zu lassen (Erstveröffentlichungsrecht), kann schon im Hinblick auf persönlichkeitsrechtliche Belange nach § 12 Abs. 1 UrhG nicht im Rahmen des Berechtigungsvertrags auf die GEMA zur kollektiven Wahrnehmung übergehen.[125] Eine kollektive Wahrnehmung des Erstveröffentlichungsrechts würde außerdem dem Zweck der Rechteübertragung widersprechen. Schon die Bezeichnung des Rechts als „Erstveröffentlichungsrecht" steht der kollektiven Wahrnehmung entgegen; auf Grund des Wahrnehmungszwanges nach § 11 UrhWG ist die GEMA verpflichtet, die von ihr vertretenen Rechte *jedermann* und nicht dem „ersten Nutzer" einzuräumen.

---

123 Dreier/Schulze-*Schulze*, § 17 UrhG Rn. 15.

124 Nachfolgend § 14 II 2 a bb.

125 Dreier/Schulze-*Schulze*, vor § 31 UrhG Rn. 135; *G. Schulze*, ZUM 1993, 255, 260.

gg) Schrankenregelungen

Auch hinsichtlich des Verbreitungsrechts sind nach §§ 45, 46 Abs. 1 UrhG und §§ 50 und 51 Ziff. 3 UrhG im Interesse der Allgemeinheit bestimmte Nutzungssachverhalte privilegiert.[126] Auf Grund der genannten Schrankenregelungen stehen dem Urheber diesbezüglich keine ausschließlichen Nutzungsrechte zu, die er zur kollektiven Wahrnehmung auf die GEMA übertragen könnte.

III. Inhaltskontrolle

Der soeben festgestellte Regelungsinhalt des § 1 lit. h Abs. 1 BerV ist insbesondere anhand der Kontrolltatbestände nach § 31 Abs. 4 UrhG, nach den AGB-rechtlichen Regelungen und außerdem nach den kartellrechtlichen Missbrauchsvorschriften[127] zu überprüfen.

1. Kontrolle am Maßstab des § 31 Abs. 4 UrhG

Neue Vervielfältigungs- und Verbreitungstechniken haben wiederholt die Frage aufgeworfen, ob die Rechteeinräumung an die GEMA an der Kontrollnorm des § 31 Abs. 4 UrhG scheitert.

a) Auswirkungen des § 31 Abs. 4 UrhG auf die Rechteübertragungen

§ 31 Abs. 4 UrhG regelt, dass Verfügungen und Verpflichtungen über unbekannte Nutzungsarten unwirksam sind. Für die pauschalen Rechteeinräumungen im Berechtigungsvertrag bedeutet dies, dass nur die Rechte an solchen Nutzungsarten auf die GEMA übergehen, die zum Zeitpunkt des Vertragsschlusses nach § 31 Abs. 4 UrhG bereits „bekannt" waren. Für Nutzungsarten, die nach Vertragsschluss bekannt werden, muss eine erneute Rechteeinräumung nach dem Zeitpunkt des Bekanntwerdens erfolgen. Eine durch die Mitgliederversammlung allgemeinverbindlich beschlossene Änderung des Berechtigungsvertrags, die die in-

[126] Zu den Schranken des Vervielfältigungsrechts vorstehend 2 a cc.
[127] Allgemein zu den Kontrollvorschriften vorstehend § 3.

zwischen bekannt gewordene Nutzungsart benennt, wirkte sich bis zur Änderung der Einbeziehungsklausel nach § 6 lit. a Abs. 2 BerV nicht auf Altverträge aus. Die betreffenden Rechte konnten nur durch einzelvertragliche Ergänzungen auf die GEMA übergehen.[128]

b) Die Überprüfung einzelner Nutzungsarten

aa) Die sog. Videozweitauswertung

Unter den Begriff der Videozweitauswertung fallen die Vervielfältigung und Verbreitung von Werken mittels Videobändern. Zur Frage, ob und bis wann es sich hierbei um eine unbekannte Nutzung handelt, sind zahlreiche Gerichtsentscheidungen ergangen. In der Entscheidung *GEMA-Vermutung I* definiert der BGH den Begriff der Nutzungsart im Sinne des § 31 Abs. 4 UrhG als „jede technisch und wirtschaftlich eigenständige Verwendungsform eines Werks". Unter Hinweis auf die einfache Handhabung der Video-Kassette in technischer Hinsicht und dem entstandenen Massenvertrieb im Hinblick auf die wirtschaftlichen Möglichkeiten bejaht er die Eigenständigkeit der Videozweitauswertung gegenüber der Schmalfilmauswertung.[129] Uneinigkeit besteht jedoch darüber, ab wann diese Videozweitauswertung als „bekannt" angesehen werden kann. Unter der Voraussetzung, dass eine Nutzungsart bekannt ist, wenn sie sich als technisch möglich und wirtschaftlich relevant abzeichnet, auch wenn die Praktizierung noch in den Anfängen steckt,[130] werden Zeitpunkte zwischen 1968 und 1977/78 genannt.[131]

Berechtigungsverträge, die vor diesem Zeitpunkt des Bekanntwerdens geschlossen wurden, berechtigten die GEMA wegen der Regelung in § 31 Abs. 4 UrhG zunächst nicht, das Recht zur Nutzung von Musik in Filmen, die auf Videokassetten ausgewertet werden, zu lizenzieren. Allerdings

128 Dazu vorstehend § 3 I 3 a bb).

129 BGH, GRUR 1986, 62 ff. – GEMA-Vermutung I. In den nachfolgenden Gerichtsentscheidungen wurde die Selbstständigkeit dieser Nutzungsart allerdings wieder in Zweifel gezogen; vgl. etwa OLG München, GRUR 1994, 115, 116 – Audiovisuelle Verfahren.

130 BGH, GRUR 1986, 62, 65 – GEMA-Vermutung I.

131 BGH, GRUR 1991, 133, 136 – Videozweitauswertung I; OLG München, GRUR 1994, 115, 116; OLG München, ZUM-RD 1997, 354, 357; BGH, NJW 1995, 1496 – Videozweitauswertung III; OLG München, ZUM 1989, 146, 148.

hat sie im Jahr 1988 mit einem Großteil der betroffenen Berechtigten eine Ergänzungsvereinbarung zu den bestehenden Verträgen („Erklärung zu Paragraph 1 H) des Berechtigungsvertrags") abgeschlossen, in der u. a. dieses Recht explizit auf die GEMA übertragen wurde und die von der GEMA bereits vorgenommenen Verfügungen iSd § 185 Abs. 2 S. 1 BGB genehmigt wurden.

bb) Die Musik-CD

Demgegenüber wird das Recht, ein Musikwerk mittels einer Musik-CD zu vervielfältigen und zu verbreiten nicht erst ab einem bestimmten Zeitpunkt des Abschlusses des Berechtigungsvertrags auf die GEMA übertragen, da es sich hierbei nicht um eine eigenständige neue Nutzungsart im Sinne des § 31 Abs. 4 UrhG handelt.[132] Die Musik-CD weist gegenüber der Schallplatte keine technisch-wirtschaftliche Eigenständigkeit auf. Da die Einführung der CD nicht zur Bildung eines neuen signifikanten Marktes geführt hat, ist diese Nutzungsart nicht wirtschaftlich eigenständig.[133] Mit der Musik-CD wurde also eine bisher übliche Nutzungsmöglichkeit durch den technischen Fortschritt erweitert, ohne sich aber dadurch aus der Sicht der Endverbraucher, deren Werknutzung durch das System der Verwertungsrechte letztlich erfasst werden soll, in ihrem Wesen entscheidend zu verändern.[134] Dies gilt auch für die weiteren derzeit am Markt erhältlichen digitalen Tonträger zur rein akustischen Wahrnehmbarmachung, wie etwa die Digital Compact Cassette oder die DVD-Audio. Die GEMA kann derartige Nutzungen auch dann lizenzieren, wenn die betroffenen Urheber der GEMA in bereits weit zurück liegenden Berechtigungsverträgen die Vervielfältigungs- und Verbreitungsrechte pauschal eingeräumt haben.

cc) Die DVD

Ebenso unterfällt die Auswertung eines Musikstücks mittels DVD der pauschalen Übertragung des Vervielfältigungs- und Verbreitungsrechts

132 OLG Köln, ZUM 2001, 166, 172; *Schack*, Urheber- und Urhebervertragsrecht, Rn. 551; *Castendyk*, ZUM 2002, 332, 344 f.; a. A.: OLG Düsseldorf, ZUM 2001, 164, 165 f.; KG, NJW- RR 2000, 270, 271. Fromm/Nordemann-*Hertin* § 31/32 UrhG Rn. 18.

133 *Castendyk*, ZUM 2002, 332, 345.

134 BGH GRUR 1997, 215 – Klimbim.

nach § 1 lit. h Abs. 1 BerV. Einer gesonderten Übertragung dieser Auswertungsform bedarf es nicht, da es sich nicht um eine „unbekannte Nutzungsart“ iSd § 31 Abs. 4 UrhG handelt.[135] Wie das OLG München – nun bestätigt vom BGH – zutreffend ausführt, fehlt es an der Eigenständigkeit der Nutzungsart, insbesondere gegenüber der Verwertung eines Musikwerks auf Videokassette.[136] Diese Auswertungsform ist weder technisch noch wirtschaftlich eigenständig. Zwar ist die Technik verbessert, jedoch bleibt der Vorgang der Werkvermittlung aus der Sicht der Konsumenten unverändert.[137] Auch in wirtschaftlicher Hinsicht wird kein neuer Markt erschlossen, sondern lediglich der Markt der Videokassetten langfristig substituiert.[138] In der Vorinstanz vertrat das LG München insbesondere unter Hinweis auf die viel intensivere Möglichkeit zur Werknutzung die Ansicht, dass es sich bei der DVD um eine eigenständige Nutzungsart iSd § 31 Abs. 4 UrhG handle.[139] Als Reaktion auf das erstinstanzliche Urteil des LG München I ergänzte die Mitgliederversammlung 2002 diese Nutzungsform ausdrücklich im Berechtigungsvertrag. Für Altverträge, die vor Bekanntwerden der Nutzungsform im Jahr 1996[140] abgeschlossen wurden, wurden zudem einzelvertragliche Ergänzungsvereinbarungen für Multimedia-Datenträger – wie schon im Bereich der Videozweitauswertung – abgeschlossen.[141] Für einen Großteil der Berechtigten wären damit die Rechte zur Auswertung mittels DVD selbst dann auf die GEMA übergegangen,

135 BGH, NJW 2005, 3354 ff.; ebenso *v. Petersdorff-Campen*, Anmerkungen zu LG München, ZUM 2002, 71 ff. – DVD, ZUM 2002, 74, 75; *Donhauser*, Der Begriff der unbekannten Nutzungsart gemäß § 31 Abs. 4 UrhG, S. 146; *Castendyk*, ZUM 2002, 332, 345.

136 OLG München, GRUR 2003, 50, 52 ff.– Der Zauberberg, bestätigt durch BGH NJW 2005, 3354 ff.

137 OLG München, GRUR 2003, 50, 53 f. – Der Zauberberg, bestätigt durch BGH NJW 2005, 3354 ff.; a. A.: Katzenberger, GRUR Int. 2005, 215, 216 der darauf hinweist, dass sich die Qualität der Nutzung dadurch erheblich verändert, dass der Konsument die Filme nun etwa auch mittels eines PCs ansehen könne.

138 OLG München, GRUR 2003, 50, 54 – Der Zauberberg, bestätigt durch BGH NJW 2005, 3354 ff.; a. A.: *Katzenberger*, der in GRUR Int. 2005, 215, 217 f., detaillierte Zahlen dafür vorlegt, dass die DVD gegenüber der Videokassette einen erheblichen Zugewinn zu verzeichnen hätte.

139 LG München I, ZUM 2002, 71, 73 – DVD.

140 LG München I, ZUM 2002, 71, 73 – DVD; *v. Petersdorff-Campen*, ZUM 1996, 1037, 1041.

141 Dazu vorstehend aa.

wenn der BGH – entgegen der Auffassung des OLG München – die Eigenständigkeit der Auswertung mittels DVD festgestellt hätte.

dd) Die Multimedia-CD-ROM

Für den Sachverhalt der Multimedia-CD-ROM wird die technische und wirtschaftliche Selbstständigkeit nicht bestritten.[142] Diese Auswertungsform existiert erst seit Anfang der 90er Jahre.[143] Vorher handelte es sich demnach um eine unbekannte Nutzungsart iSd § 31 Abs. 4 UrhG. Durch die vorher abgeschlossenen Berechtigungsverträge konnten die Berechtigten das Recht zu dieser Nutzung nicht wirksam auf die GEMA übertragen. Diese Lücke wurde mit einem Großteil der Berechtigten durch die Ergänzungsvereinbarung hinsichtlich der Multimedia-Datenträger aus dem Jahr 2002 geschlossen.[144]

ee) Die Multimedia-Datenträger des § 1 lit. h Abs. 1 BerV

Die Auswertungen mittels der Multimedia-Datenträger „Speichercard, Dataplay Disc, Twin Disc, Ton- und Bildtonträger mit ROM-part und Träger mit Datenlink“ waren im Jahr ihrer Ergänzung im Berechtigungsvertrag im Jahr 2002 jedenfalls als wirtschaftlich bedeutsam und verwertbar bekannt, so dass die Ergänzung zu diesem Zeitpunkt im Sinne der Rechtsprechung zu den Risikogeschäften[145] – unabhängig von der technischen Eigenständigkeit – nicht gemäß § 31 Abs. 4 UrhG unwirksam war.[146] Dabei gilt diese Änderung auch für Verträge, die vor dem Jahr 2002 abgeschlossen wurden, soweit die Berechtigten nicht iSd § 6 lit. a Abs. 2 S. 2 BerV ausdrücklich widersprochen haben.[147]

---

142 OLG Hamburg, ZUM 1999, 78 – SPIEGEL-CD-ROM; *Castendyk*, ZUM 2002, 332, 346; *Siebert*, Die Auslegung der Wahrnehmungsverträge, S. 41.

143 *Siebert*, Die Auslegung der Wahrnehmungsverträge, S. 41.

144 Zur Ergänzungsvereinbarung vorstehend § 4 IV 7 c.

145 BGH, GRUR 1995, 212, 214 – Videozweitauswertung III.

146 Zur Rechtsprechung bezüglich Risikogeschäfte vorstehend § 3 I 3 a aa.

147 Zur Einbeziehungsklausel des § 6 lit. a Abs. 2 BerV vorstehend § 4 IV 8.

2. Überprüfung der Wirksamkeit anhand der AGB-rechtlichen Regelungen[148]

Bei der Rechteübertragung gemäß 1 lit. h Abs. 1 BerV stellt sich die Frage, ob die pauschalen Formulierungen wie „Ton- Bildton- und *andere Datenträger*“ bzw. „*entsprechende* Träger mit Datenlink“ nicht gegen das Transparenzgebot des § 307 Abs. 1 S. 2 BGB verstoßen, da nicht klar ist, welche konkreten Nutzungsarten darunter fallen und möglicherweise künftig fallen können. Dem steht jedoch entgegen, dass sich der Gesetzgeber selbst ebenso pauschal fasst wie etwa in § 88 Abs. 1 UrhG („alle bekannten Nutzungsarten“).[149]

3. Die kartellrechtliche Missbrauchskontrolle

Die Klausel des § 1 lit. h Abs. 1 BerV ist auch nicht kartellrechtlich missbräuchlich im Sinn der Art. 82 Abs. 2 lit. a EG bzw. § 19 Abs. 4 Nr. 2 GWB.[150] Es handelt sich nicht um eine unangemessene Geschäftsbedingung. Obwohl möglicherweise einzelne Rechteinhaber daran interessiert sein könnten, ihre Vervielfältigungs- und Verbreitungsrechte individuell gewinnbringender an die Nutzer zu vergeben, stellt die grundsätzlich unbeschränkte Übertragung nach § 1 lit. h Abs. 1 BerV keinen kartellrechtlichen Missbrauch dar. Das Interesse des Einzelnen an der freien Verfügbarkeit über seine Werke überwiegt nicht das Gesamtinteresse aller Mitglieder an einer effektiven und wirkungsvollen Verwertung ihrer Rechte.[151] Eine solche Möglichkeit der Individuallizenzierung für alle Berechtigten würde die Position der GEMA gefährden, da ihr dadurch das für die Erfüllung ihrer Aufgabe erforderliche Volumen und Gewicht[152] abhanden kommen könnte.

---

148 Zur AGB-rechtlichen Inhaltskontrolle vorstehend § 3 III 3.

149 Da der Verwender von ABGs grundsätzlich unbestimmte Rechtsbegriffe aus der Gesetzessprache übernehmen darf (vgl. Palandt-*Heinrichs*, § 307 BGB Rn. 18), kann auch die Verwendung dieser Pauschalformulierung nicht zu einer unangemessenen Benachteiligung im Sinne des § 307 Abs. 1 S. 2 BGB führen.

150 Zur Inhaltskontrolle nach den kartellrechtlichen Missbrauchsvorschriften vorstehend § 3 IV.

151 Vgl. EuGH v. 27. 3. 1974 – Rs. 127/73, BRT II, Slg. 1974, 313 Rn. 9; a. A.: wohl *Mauhs*, Der Wahrnehmungsvertrag, S. 91, 99.

152 EuGH v. 27. 3. 1974 – Rs. 127/73, BRT II, Slg. 1974, 313 Rn. 9/11.

Auch durch die Einsatzmöglichkeit sog. Digital Rights Management Systeme wird die unbeschränkte Rechteübertragungsklausel nicht zur unangemessenen Geschäftsbedingung. Die kollektive Wahrnehmung der Vervielfältigungsrechte aus einer Hand wird auch angesichts der grundsätzlichen technischen Möglichkeit einer Individuallizenzierung durch derartige Systeme nicht überflüssig.[153] Dagegen spricht einerseits, dass die klassischen Vervielfältigungssachverhalte, wie z. B. das Mitschneiden von Sendungen über solche Systeme nicht erfasst werden können.[154] Außerdem steht die grundsätzlich umfassende Rechteübertragung im Gesamtinteresse aller Mitglieder an einer effektiven kollektiven Wahrnehmung. Die Verwertungsgesellschaft ist – anders als zumeist der Rechteinhaber – nicht der „schwache Verhandlungspartner“, der sich dem „einseitigen Diktat“ übermächtiger Nutzer (und gleichzeitig Auftraggeber) unterwerfen muss.[155] Neben dieser Verhandlungsstärke verfügt die Verwertungsgesellschaft außerdem über das erforderliche wirtschaftliche und rechtliche „Know-how“.[156] Auch für die Nutzer ist die kollektive und damit pauschalierte Rechtewahrnehmung vorteilhaft, da die festen Tarife Planungssicherheit gewährleisten[157]. Hinzu kommt, dass die Nutzer ohne die Vermittlung der Verwertungsgesellschaften aufwändig weltweit nach jedem einzelnen Rechteinhaber suchen müssten.[158] Schließlich sind die Angehörigen der EG-Mitgliedstaaten ohnehin nach den besonderen Vereinbarungen des § 16 BerV berechtigt, im Wege der Spartenlizenzierung die Vervielfältigungs- und Verbreitungsrechte im Umfang des § 1 it. h Abs. 1 BerV aus der Rechteübertragung auszunehmen, da diese Rechte gesondert im Berechtigungsvertrag aufgeführt sind und an der Verkehrsfähigkeit dieser getrennten Nutzungsrechte kein Zweifel besteht.

153 So im Ergebnis aber *Möschel/Bechtold*, MMR 1998, 571, 576.
154 *Kreile/Becker*, in: FS Nordemann, S. 279, 298.
155 *Meyer*, Verwertungsgesellschaften und ihre Kontrolle, S. 27.
156 *Becker*, in: Becker/Dreier S. 45, 50.
157 *Kreile*, in: INTEGRU 135, 137.
158 *Kreile/Becker*, in: Handbuch der Musikwirtschaft, Das Internet und digitales Rechtemanagement aus der Sicht der GEMA, S. 632, 634.

§ 12 Das Recht zur „Online-Nutzung" nach § 1 lit. h Abs. 2 und 3 BerV[1]

I. Überblick und Entstehungsgeschichte

1. Überblick

Das Recht, Werke der Tonkunst (mit oder ohne Text) in Datenbanken, Dokumentationssystemen oder in Speicher ähnlicher Art einzubringen, geht nach § 1 lit. h Abs. 2 BerV auf die GEMA über. § 1 lit. h Abs. 3 BerV regelt, dass auch das Recht, derartig eingebrachte Werke elektronisch oder in ähnlicher Weise zu übermitteln, einschließlich z. B. für mobile Internetnutzung und für Musiktauschsysteme übertragen wird. Die Auslegung dieser Bestimmungen ergibt, dass davon insbesondere die Sachverhalte der Musiknutzungen im Internet erfasst sind.[2] Bei den Sachverhalten des „Einbringens" handelt es sich um spezielle Vervielfältigungen. Hauptsächlich übertragen die Berechtigten nach diesen Bestimmungen das heute gesetzlich verankerte Recht der öffentlichen Zugänglichmachung gemäß § 19 a UrhG. Die öffentliche Zugänglichmachung ist dabei rechtliches „Weniger" gegenüber der ausdrücklichen Übertragung des Übermittlungsrechts. Unter dieses Recht der öffentlichen Zugänglichmachung fallen Sachverhalte wie das Unterlegen einer Homepage mit Musik oder die sog. Musik-Abrufdienste. Der Umfang der übertragenen Rechte ist insbesondere durch die Schranke des § 52 a UrhG begrenzt. Die Spezialfälle der Vervielfältigungen bei der Herstellung von Online-Produkten stehen unter dem Vorbehalt des § 1 lit. h Abs. 5 iVm § 1 lit. i BerV. Außerhalb des Rechts der Herstellung von multimedialen Online-Produkten nach § 1 lit. i Ziff. 1 Abs. 1 Alt. 3 BerV[3] und der Spezialsachverhalte der Klingeltonnutzung nach § 1 lit. h Abs. 4 BerV[4] spielen Bearbeitungs- bzw. Umgestaltungsrechte eine nur untergeordnete Rolle.

Bei der Inhaltskontrolle der Rechteübertragungsklauseln nach § 1 lit. h

---

1 S. hierzu den Berechtigungsvertrag der GEMA in der Fassung v. 28./29. Juni 2005, abgedr. im Anhang.
2 Zur Auslegung nachfolgend II.
3 Nachstehend § 15 II 3.
4 Nachstehend § 13.

Abs. 2 und Abs. 3[5] geht es einerseits um die Frage, ob und ab wann die Berechtigten nach § 31 Abs. 4 UrhG wirksam die Rechte zur Online-Nutzung an die GEMA übertragen haben. Im Hinblick auf sog. Digital Rights Management Systeme wird außerdem auch hier erörtert, ob die dadurch eventuell mögliche Individuallizenzierung nach § 6 Abs. 1 UrhWG zwingend Vorrang vor der kollektiven Wahrnehmung durch die GEMA hat. Schließlich wird für den aktuellen Zeitpunkt ein kartellrechtlicher Missbrauch durch diese Klauseln ausgeschlossen.

2. Entstehungsgeschichte

Durch Beschluss der Mitgliederversammlung 1996 wurden in § 1 lit. h BerV die aktuellen Absätze 2 und 3 ergänzt. Nach der Begründung des Änderungsantrages war eine Klarstellung dahingehend beabsichtigt, dass sich der Wahrnehmungsbereich der GEMA auch auf sog. Online-Nutzungen von Musikwerken erstreckt.[6] Ebenfalls klarstellend wurde schließlich von der Mitgliederversammlung 2002 Absatz 3 der Bestimmung dahingehend erweitert, dass das Recht, Werke zu übermitteln, die in Datenbanken, Dokumentationssystemen oder Speichern ähnlicher Art eingebracht sind, auch die mobile Internetnutzung und Musiktauschsysteme umfasst.

II. Auslegung

1. Urheberrechtliche Grundlagen

Urheberrechtlicher Hintergrund dieser Regelungen ist einerseits das auch schon vor Schaffung des § 19 a UrhG anerkannte Recht[7] des Urhebers, sein Werk auf Abruf öffentlich zugänglich zu machen.[8] Mit der Schaffung der Regelung in § 19 a UrhG wurde im Jahr 2003 das aus-

5 Zur Inhaltskontrolle nachfolgend III.

6 Kritisch zur Frage, ob es sich lediglich um eine Klarstellung handelt, *Zapf*, Kollektive Wahrnehmung von Urheberrechten im Online-Bereich, S. 60.

7 BGH, GRUR 2003, 958 – Paperboy; Dreier/Schulze-*Dreier*, § 19 a UrhG Rn. 3.

8 Zur Auslegung auf der Grundlage der gesetzlichen Regelungen vorstehend § 3 III 2.

schließliche Recht, ein geschütztes Werk dadurch zu nutzen, dass es in Netzwerken wie z. B. dem Internet öffentlich zugänglich gemacht wird,[9] im Gesetz ergänzt.[10] Bei diesem Recht der öffentlichen Zugänglichmachung handelt es sich um einen Teil des Rechts der öffentlichen Wiedergabe nach § 15 Abs. 2 UrhG. Es umfasst insbesondere die Sachverhalte der netzvermittelten Übertragung von Werken auf Abruf, also die sog. Ondemand-Nutzungen von Werken im Internet.[11] Da die Zugänglichmachung sich nicht auf ein körperliches Werkstück bezieht, kam eine direkte Subsumtion dieser Sachverhalte unter das Verbreitungsrecht gemäß § 17 UrhG nicht in Betracht.[12] § 19 a UrhG regelt, dass bereits der Vorgang des bloßen Zugänglichmachens – ohne dass darauf zwingend ein Übermittlungsvorgang folgen muss[13] – als Vorstufe zum Abruf bzw. zur Übermittlung eines Werks unter das ausschließliche Recht der öffentlichen Zugänglichmachung fällt. Betroffen sind folglich die Sachverhalte, in denen Dritten der Zugriff auf die geschützten Werke eröffnet wird. Da die Ergänzung der § 1 lit. h Abs. 2 und 3 BerV bereits im Jahr 1996 erfolgte, konnte sich die Formulierung noch nicht auf die erst im Jahr 2003 eingefügte Bestimmung des § 19 a UrhG beziehen.

Die Regelung des § 1 lit. h Abs. 3 BerV, die die Sachverhalte der Übermittlung von Werken regelt, geht über den Regelungsgehalt des § 19 a UrhG hinaus. In den Fällen, in denen ein bestimmtes Geschäftsmodell vorsieht, dass der Nutzer das „bestellte Werk nicht zu Zeiten seiner Wahl“ abrufen kann, sondern es etwa per SMS zugeschickt bekommt, kann nach der Begründung des Gesetzes ein unbenanntes Verwertungsrecht nach § 15 Abs. 2 UrhG berührt sein.[14]

9 Dreier/Schulze-*Dreier*, § 19 a UrhG Rn. 1 f.

10 Mit Einführung des § 19 a UrhG wurde Art. 3 Abs. 1 und 2 der Richtlinie 2001/29/EG zur Harmonisierung bestimmter Aspekte des Urheberrechts und der verwandten Schutzrechte in der Informationsgesellschaft, ABl. L 167 v. 22. 5. 2001 umgesetzt; Grundlage sind außerdem die WIPO-Verträge vom Dezember 1996; *Kreile/Becker*, in: Handbuch der Musikwirtschaft, Das Internet und digitales Rechtemanagement aus der Sicht der GEMA, S. 632, 645.

11 Wandtke/Bullinger-*Bullinger*, § 19 a UrhG Rn. 2.

12 Vgl. *Kornmeier/Cichon*, in: Handbuch der Musikwirtschaft, S. 894, 914.

13 Wandtke/Bullinger-*Bullinger*, ErgBd. § 19 a UrhG Rn. 3.

14 RegE UrhG, Begr. B zu den Nummern 2, 5 und 6 (§§ 15, 19 a, 22), S. 17.

2. Eingeräumte Nutzungsarten

a) Das „Einbringen" der Werke nach § 1 lit. h Abs. 2 BerV

Das Abspeichern („Einbringen") von Werken in Datenbanken, Dokumentationssysteme und andere Speicher als Vorbereitungshandlung zur Zugänglichmachung bzw. Übermittlung regelt § 1 lit. h Abs. 2 BerV. Diese Vorgänge stellen Vervielfältigungen gemäß § 16 Abs. 2 UrhG dar. Daher handelt es sich bei § 1 lit. h Abs. 2 BerV insofern um einen Unterfall von § 1 lit. h Abs. 1 BerV. Die Musikdaten werden auf der Speicherplatte eines Computers und damit auf ein Trägermedium zur Wiedergabe übertragen. Diese sog. Annex-Vervielfältigungen, also Vervielfältigungen, die für die Nutzungsform der öffentlichen Zugänglichmachung erforderlich sind, erwähnt der Gesetzgeber ausdrücklich in § 52 a Abs. 3 UrhG. Als Vervielfältigungen fallen diese Sachverhalte grundsätzlich auch unter die Rechteübertragung nach § 1 lit. h Abs. 1 BerV.

b) Das „Übermitteln" der Werke nach § 1 lit. h Abs. 3 BerV

aa) Die öffentliche Zugänglichmachung als rechtliches „Weniger" gegenüber der Übermittlung

§ 1 lit. h Abs. 3 BerV regelt vorrangig die Übertragung des Rechts der öffentlichen Zugänglichmachung nach § 19 a UrhG. Umfasst sind damit die Sachverhalte, in denen die zunächst „eingebrachten" Werke zum interaktiven Abruf bereitgestellt werden. Zum Schutz des Urhebers lässt der Gesetzgeber in § 19 a UrhG diese bloße Bereitstellung zum Abruf ausreichen. Eine tatsächliche Übermittlung bzw. ein tatsächlicher Abruf sind dabei nicht erforderlich.[15] Als „Weniger" gegenüber der ausdrücklich benannten Übermittlung umfasst § 1 lit. h Abs. 3 BerV neben dem Sachverhalt der Übermittlung selbst[16] daher auch das Bereitstellen eines Werks für eine Übermittlung bzw. einen Abruf iSd § 19 a UrhG. Die mit dem Zugriff des Nutzers grundsätzlich einhergehende Abspeicherung des Werks – etwa auf der Festplatte seines Computers – wird nicht von § 1 lit. h Abs. 2 und 3 BerV erfasst. Dieser Sachverhalt

15 Wandtke/Bullinger-*Bullinger*, ErgBd, § 19 a UrhG Rn. 10 f.

16 Auch der Sachverhalt der Übermittlung wird von § 19 a UrhG umfasst; Dreier/Schulze-*Dreier*, § 19 a UrhG Rn. 6.

fällt als Vervielfältigung unter die Rechteübertragung nach § 1 lit. h Abs. 1.[17]

bb) Abgrenzung von „Sendungen“

Die von § 1 lit. h Abs. 3 BerV erfassten Sachverhalte sind von den Sendevorgängen zu unterscheiden. Diese fallen unter § 1 lit. b und d BerV. In beiden Fällen sind zwar Werke für eine Mehrzahl von Mitgliedern der Öffentlichkeit bestimmt. Allerdings erfolgt der Online-Abruf im Fall der öffentlichen Zugänglichmachung lediglich sukzessive; § 19 a UrhG sieht ausdrücklich eine Wahlmöglichkeit für den Zugriff vor. Daraus folgt, dass die Sachverhalte der zeitgleichen Übermittlung eines Programms, d. h. die Fälle der Sendung nach § 20 UrhG, hiervon nicht erfasst sind.[18] Nach dem Wortlaut der § 1 lit. h Abs. 2 und 3 BerV wäre zwar auch die abrufunabhängige Online-Übertragung,[19] wie etwa Internet-Radio (als „eingebracht“ und „übermittelt“) umfasst. Derartige abrufunabhängige Online-Nutzungen fallen jedoch bereits als „Sendungen“ unter die Rechteübertragung gemäß § 1 lit. b und d BerV. Entsprechend der gesetzlichen Regelung in § 19 a UrhG beziehen sich § 1 lit. h. Abs. 2 und 3 BerV nur auf die Fälle, in denen die Nutzer frei wählen können, wann sie das Werk abrufen. Ihr Anwendungsbereich ist daher auf die Nutzungssachverhalte im Rahmen von „abrufabhängiger Individualkommunikation“[20] beschränkt.

cc) Einzelsachverhalte

Vorgänge nach § 1 lit. h Abs. 3 BerV sind dabei z. B. das sog. Ins-Netz-Stellen[21] von Musikwerken auf Homepages, sei es zu kommerziellen oder nicht-kommerziellen Zwecken. Auch On-Demand-Dienste, bei denen Musikwerke (sog. Audio-On-Demand-Dienste) oder Videos (sog. Video-On-Demand-Dienste) zum individuellen Abruf, als Download oder nur zum Anhören bzw. Ansehen (sog. Streaming) im Internet bereitgehalten

17 Dazu vorstehend § 11 II 2 a.

18 Wandtke/Bullinger-*Bullinger*, ErgBd. § 19 a UrhG Rn. 16.

19 *Siebert*, Die Auslegung der Wahrnehmungsverträge, S. 63 f. unterscheidet diese „abrufunabhängige Kommunikation“, bei der für den Nutzer keine Möglichkeit besteht, auf das Programm Einfluss zu nehmen, von der der „Individualabfrage“, also dem individuellen Online-Abruf von Daten und Inhalten.

20 *Siebert*, Die Auslegung der Wahrnehmungsverträge, S. 69 ff.

21 Wandtke/Bulliner-*Bullinger*, ErgBd. § 19 a UrhG Rn. 22.

werden, fallen in den Wahrnehmungsbereich der GEMA nach § 1 lit. h Abs. 3 BerV.

Andere Formen der öffentlichen Zugänglichmachung durch Netze, die dem Internet ähnlich sind, wie etwa durch WAP (Wireless Application Protocol) oder durch SMS (Short Message Service), sind ebenfalls von der Rechteübertragung nach § 1 lit. h Abs. 3 BerV umfasst. In diesem Sinn nennt die aktuelle Fassung des § 1 lit. h Abs. 3 BerV ausdrücklich die mobile Internetnutzung und Musiktauschsysteme. Zu den mobilen Internet-Nutzungen (einschließlich der Nutzung auf der Grundlage vergleichbarer Datennetze) zählt z. B. iMode. Bei iMode handelt es sich um einen dem Internet ähnlichen mobilen Dienst für Handys – das „Internet für die Westentasche". Über dieses Geschäftsmodell können multimediale Inhalte wie Nachrichten, Spiele oder auch Klingeltöne vom Handy aus abgerufen werden.[22] Ebenfalls klarstellend werden Musiktauschsysteme genannt, die auf der Grundlage bestimmter Software den Austausch von Anbieter zu Anbieter, auch auf der Ebene der Endkonsumenten, ermöglichen.[23] Bei diesen Musiktauschsystemen handelt es sich um sog. File-Sharing-Systeme (z. B. Napster), bei denen Nutzer Werke für den öffentlichen Zugriff anderer Teilnehmer auf ihren PCs anbieten.[24] Auch die Werknutzung mittels Intranet, die ebenfalls unter § 19 a UrhG fällt, kann von § 1 lit. h Abs. 2 und 3 BerV erfasst sein. Voraussetzung ist, dass die angeschlossenen Teilnehmer nicht persönlich miteinander verbunden sind.[25]

dd) „Übermittlungen" außerhalb der öffentlichen Zugänglichmachung

Neben den Übermittlungen, die nach § 19 a UrhG davon abhängen, dass der Nutzer „zu Zeiten seiner Wahl" auf das Werk zugreift, sind im Bereich der digitalen Netze auch Geschäftsmodelle denkbar, in denen dieses Tatbestandsmerkmal des § 19 a UrhG nicht erfüllt ist.[26] Betroffen sind davon etwa sog. Push-Dienste,[27] bei denen z. B. der Nutzer bestellte

22 Nachzulesen bei *Online Focus*, Stichwort „iMode" unter www.focus.msn.de.

23 *Kreile/Becker*, in: Handbuch Multimedia Recht, 7.7, Rn. 7.

24 Dreier/Schulze-*Dreier*, § 19 a UrhG Rn. 6.

25 Dreier/Schulze-*Dreier*, § 19 a UrhG Rn. 7.

26 RegE UrhG, Begr. zu B Artikel 1 Absatz 1 Nummern 2, 5, 6, BT-Drs. 15/38, S. 17.

27 Dreier/Schulze-*Dreier* § 19 a UrhG Rn. 10.

Musikwerke über das Mobilfunknetz per SMS geschickt bekommt. Nach der Begründung zur Ergänzung des § 19 a UrhG ist bei solchen Geschäftsmodellen ein unbenanntes Recht nach § 15 Abs. 2 UrhG berührt.[28] Auch dieses Recht übertragen die Berechtigten nach § 1 lit. h Abs. 3 BerV auf die GEMA.

c) Datenbanken, Dokumentationssysteme und Speicher ähnlicher Art

Der Begriff der Datenbank gemäß § 1 lit. h Abs. 2 und 3 BerV, in die die Musikstücke zur „Übermittlung“ eingebracht sind, meint eine „Sammlung von Musikdaten, die systematisch oder methodisch angeordnet und mit Hilfe elektronischer Mittel zugänglich sind“.[29] Die weiterhin aufgezählten „Dokumentationssysteme und Speicher ähnlicher Art“ haben daneben keine eigenständige Bedeutung, da auch diese Speichermedien unter die oben genannte Definition der „Datenbank“ fallen.[30] Damit werden öffentlich zugänglich gemachte Musikwerke immer in einer Datenbank abgespeichert und aus einer solchen übermittelt.

d) Die Schrankenregelungen

Der Gesetzgeber stellt nach § 52 a UrhG bestimmte Fälle der öffentlichen Zugänglichmachung in Schulen und Wissenschaft frei. Diesbezüglich kann der Urheber nach § 1 lit. h Abs. 2 und 3 BerV keine Rechte auf die GEMA übertragen. Nach § 52 a Abs. 4 UrhG erhält der Urheber für diese privilegierten Nutzungshandlungen einen verwertungsgesellschaftenpflichtigen Vergütungsanspruch, den er an die GEMA abtritt.[31] Neben der Schrankenregelung in 52 a UrhG sieht der Gesetzgeber auch noch in §§ 45, 46 Abs. 1 und 2 §§ 50, 56 UrhG weitere privilegierte Nutzungen vor, die das Recht der Urheber an der Online-Nutzung ihrer musikalischen Werke und damit die Wahrnehmungsbefugnis der GEMA beschränken. Die Schrankenregelung des § 52 UrhG greift für die Fälle der öffentlichen Zugänglichmachung nach § 52 Abs. 3 UrhG ausdrücklich nicht.

---

28 RegE UrhG, Begr. zu B Artikel 1 Absatz 1 Nummern 2, 5, 6, BT-Drs. 15/38, S. 17.

29 *Siebert*, Die Auslegung der Wahrnehmungsverträge, S. 56 ff.

30 *Siebert*, Die Auslegung der Wahrnehmungsverträge, S. 61.

31 Dazu nachfolgend § 14 II 2 a cc.

e) Der Vorbehalt des § 1 lit. h Abs. 5 BerV

Auch die Übertragung der Online-Nutzungsrechte steht nach § 1 lit. h Abs. 5 BerV unter dem Vorbehalt des § 1 lit. i BerV. Dies bedeutet, dass das Recht, ein Werk der Tonkunst (mit oder ohne Text) mit Werken anderer Gattungen in Datenbanken, Dokumentationssysteme oder in Speicher ähnlicher Art, u. a. mit der Möglichkeit der interaktiven Nutzung einzubringen, unter einer auflösenden Bedingung auf die GEMA übertragen wird. Beispielsweise fällt der Sachverhalt, dass ein Nutzer seine mit Grafiken und Fotografien ausgestattete Homepage mit Musik unterlegt, unter die von § 1 lit. i BerV erfassten Sachverhalte. Betroffen sind jedoch ausschließlich der Sachverhalt der „Herstellung" und damit nur der Vorgang des „Einbringens" nach § 1 lit. h Abs. 2 BerV.

Obwohl dies aus dem Wortlaut nicht eindeutig hervorgeht, beläuft sich das Herstellungsrecht für multimediale Online-Produkte nach § 1 lit. i BerV nur auf audiovisuelle Musiknutzungen. Dafür spricht bereits, dass rein akustische Online-Nutzungen kaum vorstellbar sind. Zudem ergibt sich die Beschränkung auf audiovisuelle Musiknutzungen aus der systematischen Stellung innerhalb des Filmherstellungsrechts im weitesten Sinne. Die Vorschrift des § 1 lit. i BerV bezieht sich somit insgesamt auf die Verwendung von Musikwerken bei der Herstellung audiovisueller Produktionen. Hintergrund ist, dass bei audiovisuellen Werkverbindungen urheberpersönlichkeitsrechtliche Belange regelmäßig stärker berührt sind, als bei rein akustischen Musiknutzungen.

Das Herstellungsrecht für Online-Produkte geht somit nach § 1 lit. i BerV unter einer auflösenden Bedingung auf die GEMA über. Sobald der Berechtigte fristgerecht mitteilt, das Online-Herstellungsrecht selbst wahrnehmen zu wollen, fällt das Recht für den zu bestimmenden Fall an den Berechtigten zurück.[32] Auch hier gilt jedoch der „Vorbehalt" des § 1 lit. k BerV. Folglich geht das Recht zur Herstellung von Online-Werbespots in keinem Fall auf die GEMA über.[33]

f) Die Übertragung des Bearbeitungsrechts

Bei den von § 1 lit. h Abs. 2 und 3 BerV umfassten Sachverhalten des Abspeicherns und Übermittelns ist regelmäßig davon auszugehen, dass

32 *Kornmeier/Cichon*, in: Handbuch der Musikwirtschaft, S. 894, 939.
33 Zur Rechteübertragung nach § 1 lit. i BerV nachfolgend § 15.

der Nutzer sich einer bereits vorhandenen Aufnahme eines Musikwerks bedient. Diese Aufnahme wird er in einer Datenbank abspeichern und diese dann der Öffentlichkeit zugänglich machen. In diesen Fällen werden keine Bearbeitungs- bzw. Umgestaltungsrechte durch Neu-Textierungen oder Instrumentalfassungen berührt sein. Möglich ist aber zunächst die teilweise (verkürzte) Nutzung des Musikwerks. Wie schon bei den vorangegangenen Rechteübertragungen entspricht die Übertragung der entsprechenden Bearbeitungs- bzw. Umgestaltungsrechte nach § 23 UrhG dem Zweck des Berechtigungsvertrages nach § 31 Abs. 5 UrhG. Es ist nicht vorstellbar, dass etwa jeder, der Musik zum Abruf im Internet bereitstellt, individuell klären muss, ob die Aufnahme das Werk vollständig wiedergibt und ob er die verkürzte Fassung ins Internet stellen darf. Wie bereits mehrfach festgestellt, ist die verkürzte und anderenfalls unveränderte Nutzung eines Musikwerks ein typischer Fall der Massennutzung. Auch ist nicht ersichtlich, dass die kollektive Vergabe dieses Rechts an *jedermann* urheberpersönlichkeitsrechtliche Belange berühren könnte; dem Werk werden keine fremden Inhalte hinzugefügt. Allerdings wird das Bearbeitungs- bzw. Umgestaltungsrecht des Urhebers gemäß § 23 UrhG bei der Herstellung multimedialer Online-Produkte – etwa durch die Werkverbindung oder die Möglichkeit zur interaktiven Werkveränderung – in nicht unerheblichem Umfang berührt. Diese individuellen Interessen werden im Rahmen des § 1 lit. i BerV durch die auflösend bedingte Rechteübertragung berücksichtigt. Jedenfalls endet die Wahrnehmungsbefugnis auch hier, wenn die Grenzen der §§ 14, 39 UrhG überschritten werden.

III. Inhaltskontrolle

1. Kontrolle am Maßstab des § 31 Abs. 4 UrhG

a) Die Wirkung des § 31 Abs. 4 UrhG

Nach der derzeitigen Rechtslage gehen gemäß § 31 Abs. 4 UrhG nur die Rechte an solchen Nutzungsarten auf die GEMA über, die zum Zeitpunkt des Vertragsschlusses bereits „bekannt“ waren. Altverträge müssen nach Bekanntwerden der neuen Nutzungsart ergänzt werden. Pauschale Rechteübertragungen enthalten nicht automatisch die Übertragung der neuen Nutzungsart.[34]

34 Dazu vorstehend § 3 I 3 a bb.

b) Die „Online-Nutzung“

Bei der öffentlichen Zugänglichmachung von Musikwerken iSd § 19a UrhG handelt es sich um eine eigenständige Nutzungsart.[35] Die hierunter fallenden Werknutzungen durch Music-On-Demand und Video-On-Demand sowie das Ins-Netz-Stellen von Musik auf Homepages sind als jeweils selbstständige Nutzungsformen einzustufen.[36] Bei den sog. Musiktauschsystemen handelt es sich um einen Unterfall der Nutzungsart „Music-On-Demand“ und damit nicht um eine eigenständige Auswertungsform.[37] Ebenso stellt die mobile Internetnutzung einen unselbstständigen Unterfall der Nutzungsart „Music-On-Demand“ dar.

c) Video-On-Demand, Music-On-Demand und Nutzungen mittels Internet-Homepages

Die Abrufdienste Video-On-Demand und Music-on-Demand sind, unabhängig davon, ob die Werke zum Download freistehen oder lediglich „gestreamt“ werden, als eigenständige Nutzungsarten iSd § 31 Abs. 4 UrhG einzustufen. Sie sind mit den herkömmlichen Mitteln der Werknutzung nicht zu vergleichen; es entstehen ganz neue Absatzmärkte.[38] Das OLG München hat festgestellt, dass diese Nutzungsart bereits im Jahr 1995 bekannt war.[39]

Auch die Nutzung eines Musikwerks auf einer Internet-Homepage ist mit herkömmlichen Werknutzungen nicht zu vergleichen. Hierbei handelt es sich ebenfalls um eine eigenständige Nutzungsart; sie wird ab 1995/1996 als bekannt angesehen.[40]

d) Auswirkungen auf die Berechtigungsverträge

Da die Formen der Online-Nutzung von Musik im Jahr 1996 jedenfalls bekannt waren, ist die Übertragung des Rechts der Online-Nutzung in den

35 *Siebert*, Die Auslegung der Wahrnehmungsverträge, S. 63, 73.

36 Für die On-Demand-Dienste s. Wandtke/Bullinger-*Wandtke/Grunert*, § 31 UrhG Rn. 61 ff.

37 *Müller*, in: Handbuch Multimedia Recht, 7.12, Rn. 57.

38 Wandtke/Bullinger-*Wandtke/Grunert*, § 31 UrhG Rn. 61 f.

39 OLG München ZUM 1998, 413, 416 (betreffend Video-On-Demand); a. A.: Wandtke/Bullinger-*Wandtke/Grunert*, § 31 UrhG Rn. 63, die eine Bekanntheit der On-Demand-Dienste erst in jüngster Zeit annehmen.

40 OLG Hamburg ZUM 2000, 870, 873.

Verträgen, die nach der Änderung des Berechtigungsvertrags durch die Mitgliederversammlung Mitte 1996 abgeschlossen wurden, wirksam. Für die Verträge, die zum Zeitpunkt der genannten Vertragsänderung bereits bestanden (Altverträge), war es nach der Rechtsprechung des BGH und der derzeitigen Rechtslage erforderlich, dass jedes einzelne Mitglied die Änderung ausdrücklich zum Gegenstand seines Berechtigungsvertrags macht.[41] Diese Zustimmung ist für mehr als 80% aller „Altverträge" erfolgt.[42] Zwar haben die fünf wichtigsten Musikverlage die Ergänzungsvereinbarung nicht unterzeichnet, allerdings mandatieren diese „Majors" die GEMA hinsichtlich ihrer Online- bzw. Mobilfunk-Nutzungsrechte – soweit ersichtlich – mit der Wahrnehmung der betroffenen Rechte.

2. § 6 Abs. 1 UrhWG als Kontrollmaßstab

a) Die Rechteübertragungen als „angemessene Bedingungen"

Die Bestimmungen zur Übertragung des Rechts der Online-Nutzung in § 1 lit. h Abs. 2 und 3 BerV sehen – wie auch die übrigen Rechteübertragungsklauseln – keine unterschiedlichen Regelungen für Mitglieder und Nicht-Mitglieder im kooperationsrechtlichen Sinn vor. Eine Unangemessenheit nach § 6 Abs. 1 UrhWG scheidet folglich aus.[43]

b) § 6 Abs. 1 UrhWG – kein Vorrang der individuellen Rechtewahrnehmung

Die Übertragung der Rechte in § 1 lit. h Abs. 2 und 3 BerV ist auch nicht deshalb unwirksam, weil durch sog. Digital Rights Management Systeme die Möglichkeiten der Individuallizenzierung deutlich zunehmen[44] und die Individuallizenzierung gegenüber der kollektiven Wahrnehmung vorrangig wäre. Eine solche Vorrangigkeit der Individuallizenzierung ergibt sich gerade nicht aus § 6 Abs. 1 UrhWG.[45] Diese Bestimmung verpflichtet die Verwertungsgesellschaften lediglich zur kollektiven

41 Dazu vorstehend § 4 IV 8.
42 *Kreile/Becker*, in: Handbuch der Musikwirtschaft, Das Internet und digitales Rechtemanagement aus der Sicht der GEMA, S. 632, 633 f.
43 Zur Kontrollnorm des § 6 Abs. 1 UrhWG vorstehend § 3 II.
44 Zu den Digital Rights Management Systemen nachfolgend § 12 III 3.
45 So aber *Müller*, in: Handbuch Multimedia Recht, 7.12, Rn. 11.

Wahrnehmung im Sinn eines Kontrahierungszwangs; sie können die Rechtewahrnehmung nicht ablehnen, wenn eine wirksame Wahrnehmung anders nicht möglich ist. Die Schutzrichtung dieser Vorschrift zielt daher darauf ab, die Möglichkeit der kollektiven Wahrnehmung für die einzelnen Rechteinhaber zu gewährleisten.[46] Daher ist die Verwertungsgesellschaft nach § 6 Abs. 1 UrhWG z. B. nicht berechtigt, die Wahrnehmung der Online-Nutzungsrechte abzulehnen, soweit dies zu ihrem Tätigkeitsbereich gehört.

Ein absoluter Vorrang der Individuallizenzierung würde dem Zweck des Berechtigungsvertrags widersprechen.[47] Der einzelne Berechtigte ist mit Abschluss des Berechtigungsvertrags auch verpflichtet, seinen Beitrag zu einer effektiven Wahrnehmung durch die Verwertungsgesellschaften zu leisten.[48] Insofern kann allein die Möglichkeit einzelner, ihre Rechte in diesem Bereich individuell („besser“) wahrzunehmen, nicht zur Unangemessenheit der Übertragungsklauseln nach § 1 lit. h Abs. 2 und 3 BerV führen.

3. Kein kartellrechtlicher Missbrauch

Die grundsätzlich unbeschränkte Übertragung der „Online-Nutzungsrechte“ nach § 1 lit. h Abs. 2 und 3 BerV könnte jedoch in kartellrechtlicher Hinsicht eine unangemessene Geschäftsbedingung iSv Art. 82 Abs. 2 lit. a EG darstellen.[49] Auch nach diesem Prüfungsmaßstab stellt sich die Frage der Unangemessenheit wegen der in § 1 lit. h Abs. 2 und 3 BerV nicht vorgesehenen Möglichkeit, die Rechte – trotz Abschluss des Berechtigungsvertrags – individuell, etwa mittels sog. Digital Rights Management Systeme, wahrzunehmen. Durch solche Systeme können individuelle Nutzungsvorgänge erfasst werden.[50] Der Zugang zum Werk kann davon abhängig gemacht werden, dass sich der Nutzer registriert, dass er eine Lizenzgebühr entrichtet oder das Werk nur in den vereinbarten Formen genutzt werden kann.[51] Derartige Systeme eröffnen damit die Möglichkeit, Werke auf einer sog. „pay-per-use-

46 RegE UrhWG, Begr. B. zweiter Abschnitt, zu § 6, S. 15.
47 Dazu vorstehend § 2 II 1.
48 *Riesenhuber*, Die Auslegung und Kontrolle des Wahrnehmungsvertrags, S. 41.
49 Zur kartellrechtlichen Missbrauchskontrolle vorstehend § 3 IV.
50 *Flechsig*, in: FS Nordemann, S. 313, 315.
51 *Müller*, in: Handbuch Multimedia Recht, 7.12, Rn. 31.

Ebene" zu nutzen;[52] der Berechtigte könnte die Vergütung für die Nutzung seiner Werke im Einzelnen aushandeln und dabei möglicherweise Vergütungen erzielen, die höher sind als die Tantiemenausschüttungen der GEMA.[53]

Der Europäische Gerichtshofs ging in seiner Entscheidung *BRT II*[54] dann von einer unangemessen Bedingung im Sinne der gemeinschaftsrechtlichen Missbrauchskontrolle aus, wenn zwischen dem Höchstmaß an Freiheit für die Berechtigten, über ihr Werk zu verfügen („Verfügungsfreiheit") und einer wirkungsvollen Verwaltung der Rechte dieser Personen durch die Verwertungsgesellschaft („Funktionsinteresse") kein ausgewogenes Verhältnis besteht.[55] Die Verwertungsgesellschaft dürfe ihren Mitgliedern keine Verpflichtungen auferlegen, die für die Erreichung des Gesellschaftszweckes nicht unentbehrlich sind und die Freiheit des Mitglieds, sein Urheberrecht auszuüben, unbillig beeinträchtigen würden.[56] So wird vorgetragen, dass künftig zumindest die „starken" Rechteinhaber in der Lage sein werden, die abrufabhängigen Online-Nutzungen ihrer Werke mittels dieser Systeme individuell zu lizenzieren.[57] Deren Verfügungsfreiheit könnte ohne die Möglichkeit der Herausnahme dieses Bereichs aus dem Übertragungsumfang in missbräuchlicher Weise beeinträchtigt sein.

Die Europäische Kommission äußert sich zur unbeschränkten Übertragung der Online-Nutzungsrechte in den Wahrnehmungsverträgen der musikalischen Verwertungsgesellschaften in der sog. *Daft-Punk-Entschei-*

---

52 Referentenentwurf für ein Zweites Gesetz zur Regelung des Urheberrechts in der Informationsgesellschaft v. 27. 9. 2004, Begr. A II. 1., S. 21, abrufbar unter www.bmj.bund.de.

53 *Möschel/Bechtold*, MMR 1998, 571, 576, vertreten, dass auf Grund dieser elektronischen Rechteverwaltungssysteme das herkömmliche System der kollektiven Rechtewahrnehmung an Bedeutung verlieren wird. Prinzipiell stehen diese Systeme jedoch nicht im Gegensatz zur kollektiven Wahrnehmung der Rechte durch die Verwertungsgesellschaften; sie sind sowohl für den Bereich der individuellen als auch für den der kollektiven Rechtewahrnehmung von Bedeutung (KOM(2004) 261 endg. 1.2.5). Derartige Systeme können auch die Tätigkeit der Verwertungsgesellschaften, die sich bereits heute der entsprechenden neuen Technologien bedienen, erleichtern und ergänzen; vgl. *Riesenhuber/v. Vogel*, EuZW 2004, 519, 520.

54 EuGH v. 27. 3. 1974 – Rs. 127/73, BRT II, Slg. 1974, 313.

55 So auch Kommission v. 4. 12. 1981, ABl. 1982 L 94/12 Tz. 36 – GEMA-Satzung.

56 EuGH v. 27. 3. 1974 – Rs. 127/73, BRT II, Slg. 1974, 313.

57 Vgl. *Müller*, in: Handbuch Multimedia Recht, 7.12, Rn. 19.

dung.[58] Unter Hinweis auf den technischen Fortschritt im Bereich der digitalen Technik und der neuen Arten von Kommunikation und Musiknutzungen deutet sie an, dass eine Rechteübertragung, die das Verbot einer individuellen Lizenzierung enthalte, eine unangemessene Geschäftsbedingung im Sinne des Art. 82 Abs. 2 lit. a EG darstellen könnte. Sie weist dabei auch auf die durch die digitale Technik verminderten Transaktionskosten hin; da diese heute nicht mehr erheblich sind, sei insofern auch die Beschränkung des Verfügungsinteresses wohl nicht mehr gerechtfertigt. Auch müsse berücksichtigt werden, dass es nicht nur um ausschließlich ökonomische Interessen gehe. Die Rechteinhaber wollten und könnten im Wege der individuellen Rechtewahrnehmung auch die Wahrung ihrer Persönlichkeitsinteressen selbst kontrollieren.[59]

Einer Einstufung der Regelungen in § 1 lit. h Abs. 2 und 3 BerV als kartellrechtlich missbräuchlich muss jedoch – auch unter Berücksichtigung dieser Entscheidung – aus mehreren Gründen widersprochen werden. Voranzustellen ist, dass der Berechtigungsvertrag der GEMA kein Verbot der individuellen Lizenzierung für den Bereich der Online-Nutzungen enthält. Unter den Voraussetzungen des § 16 BerV können zumindest die Angehörigen der Mitgliedstaaten der Europäischen Gemeinschaft bestimmte Nutzungssparten aus der Rechteübertragung ausnehmen.[60] Obwohl die Online-Nutzung zum Zeitpunkt der Entscheidung *GEMA II* noch nicht bekannt war und dementsprechend auch nicht berücksichtigt wurde, ist davon auszugehen, dass auch dieses Nutzungsrecht – jedenfalls aber alle in § 1 lit. h BerV aufgezählten Nutzungsrechte – aus der Rechteübertragung ausgenommen werden können. Durch diese Möglichkeit der Spartenlizenzierung ist die Verfügungsfreiheit des Rechteinhabers ausreichend geschützt. Hinzu kommt, dass Digital Rights Management Systeme als Alternative zur kollektiven Wahrnehmung derzeit schon deshalb ausscheiden, weil bislang keine einheitlichen Standards entwickelt wurden und die Verbraucher diese Systeme nicht annehmen.[61] Tatsächlich sind die Rechteinhaber keineswegs in der Lage,

---

58 Kommission v. 6. 8. 2002, Banghalter und Homem Christo ./. SACEM; abrufbar unter http://europa.eu.int./comm/competition/antritrust/cases/decisions/37219/fr.pdf – Daft Punk.

59 Kommission v. 6. 8. 2002, Banghalter und Homem Christo ./. SACEM; abrufbar unter http://europa.eu.int./comm/competition/antritrust/cases/decisions/37219/fr.pdf, S. 11 – Daft Punk.

60 Dazu vorstehend § 4 IV.

61 KOM(2004) 261 endg. 1.2.5.; *Riesenhuber/v. Vogel*, EuZW 2004, 519, 520.

die massenhaften Nutzungen ihrer Werke im Online-Bereich selbst zu lizenzieren und zu kontrollieren. Auch die fünf bedeutendsten Musikverlage haben die GEMA – soweit ersichtlich – mit der Wahrnehmung ihrer Rechte im Online-Bereich mandatiert. Zudem ist es für die Nutzer ausgeschlossen, die teilweise über Subverlagssysteme über die ganze Welt verteilten Rechteinhaber einzeln ausfindig zu machen. Durch die grundsätzlich unbeschränkte Rechteübertragung in § 1 lit. h Abs. 2 und 3 BerV wird das Verfügungsinteresse des Einzelnen damit nicht unverhältnismäßig eingeschränkt.

Auch wenn eine Anzahl von „starken“ Rechteinhabern in der Lage wäre, durch solche Systeme Einzellizenzen auszuhandeln, die höher sind als die Tantiemenausschüttungen der GEMA, ist dennoch keine Rückrufsmöglichkeit[62] geboten. In diesem Fall würden lediglich die „schwachen Rechteinhaber“ bei der Verwertungsgesellschaft zurückbleiben, der dann das für ihre Aufgabe erforderliche „Volumen und Gewicht“ abhanden kommen würde. Sie wäre nicht mehr in der Lage, den Nutzern einen Großteil des Weltrepertoires zur Nutzung anzubieten.[63]

Zudem hätte eine solche Möglichkeit der Individuallizenzierung zur Folge, dass der Schutz der Rechteinhaber gegenüber den mächtigen Musikverwertern nicht mehr in ausreichendem Maß gewährleistet wäre.[64] Es bestünde die Gefahr, dass die Rechteinhaber gezwungen wären, ihre Nutzungsrechte zu unangemessenen Bedingungen an die Musikverwerter abzugeben, obwohl die kollektive Wahrnehmung für sie vorteilhafter wäre. Zum anderen ist nicht ausgeschlossen, dass Digital Rights Management Systeme wiederum von der Marktgegenseite betrieben werden und die Urheber den Nutzern dadurch schutzlos ausgesetzt sind. Außerdem könnten die Nutzer die Verwertungsgesellschaften und einzelne Urheber gegeneinander ausspielen und so das stabile Tarifsystem gefährden.[65]

62 Vgl. *Riesenhuber/v. Vogel*, EuZW 2004, 519, 522.

63 *Wünschmann*, Die kollektive Verwertung von Urheber- und Leistungsschutzrechten nach europäischem Wettbewerbsrecht, S. 124; *Melichar*, Die Wahrnehmung von Urheberrechten durch Verwertungsgesellschaften, S. 62; *Mauhs*, Der Wahrnehmungsvertrag, S. 70.

64 *Wünschmann*, Die kollektive Verwertung von Urheber- und Leistungsschutzrechten nach europäischem Wettbewerbsrecht, S. 126.

65 *Wünschmann*, Die kollektive Verwertung von Urheber- und Leistungsschutzrechten nach europäischem Wettbewerbsrecht, S. 124; *Reischl*, GRUR Int. 1982, 151, 158; Kommission v. 8. 4. 1982 ABl, 1982 L 94, 12 ff. – GEMA-Satzung.

§ 13 Das Recht zur Nutzung als Rufton- oder Freizeichenuntermalungsmelodie nach § 1 lit. h Abs. 4 BerV[1]

I. Übersicht und Entstehungsgeschichte

1. Übersicht

Das Recht zur Nutzung einer Ruftonmelodie (sog. „Handy-Klingelton") oder Freizeichenuntermalungsmelodie (sog. „Ring-Back-Tone") auf der Grundlage eines Werks der Tonkunst (mit oder ohne Text), wird gemäß § 1 lit. h Abs. 4 BerV auf die GEMA übertragen. Die Mitgliederversammlung 2002 hat die Übertragungsklausel bezüglich der Klingeltöne zur „Sicherstellung des Schutzumfangs" eingefügt. Seit der Beschlussfassung der Mitgliederversammlung 2005 sind hiervon explizit auch die sog. Ring-Back-Tones umfasst. Zudem ist diese Rechteübertragungsklausel seither im Zusammenhang mit der Regelung in § 1 lit. k Abs. 2 BerV zu sehen. Hier ist klarstellend geregelt, dass der Berechtigte in jedem Einzelfall seine Einwilligung zur Verwendung seines Werks in bearbeiteter oder umgestalteter Form als Klingelton oder Freizeichenuntermalungsmelodie individuell erteilt.[2] Freizeichenuntermalungsmelodien sind Signaltöne, bei denen Werke bzw. Werkteile mit dem gleichzeitig hörbaren Freizeichen des Telefons unterlegt werden.[3] Bei Klingeltönen handelt es sich um digitalisierte Tonfolgen, die beim Anruf eines Mobiltelefons erklingen.[4] Im Gegensatz zu den Musikabrufdiensten im Internet ist die wirtschaftliche Bedeutung der Handy-Klingeltöne und zunehmend auch der Ring-Back-Tones erheblich.[5]

Abhängig vom jeweiligen Geschäftsmodell des Anbieters werden durch die Nutzung als Klingelton (und auch als Freizeichenuntermalungs-

---

1 S. hierzu den Berechtigungsvertrag der GEMA in der Fassung v. 28./29. Juni 2005, abgedr. im Anhang.

2 Dazu auch nachfolgend II 2 b.

3 S. hierzu die Begründung zu Antrag 13 der Tagesordnung für die Versammlung der ordentlichen Mitglieder der GEMA am 28. und 29. Juni 2005.

4 *Müller*, in: Hoeren/Sieber, Handbuch Multimedia Recht, 7.12, Rn. 59.

5 Vgl. *Kreile/Becker*, in: Handbuch der Musikwirtschaft, Das Internet und digitales Rechtemanagement aus der Sicht der GEMA, S. 632, 650.

melodie) unterschiedliche Verwertungsrechte tangiert, wie etwa das Einspeichern der Musik zur Auswahl im Internet oder die Speicherung auf dem Handy selbst, die Übermittlung auf das Mobiltelefon und bei Handy-Klingeltönen schließlich die Wiedergabe durch den Handy-Lautsprecher. Diese Nutzungen betreffen zudem Bearbeitungs- bzw. Umgestaltungsrechte nach § 23 UrhG.[6] Im Rahmen der Inhaltskontrolle[7] stellt sich bei der Nutzung als Klingelton das Problem, inwiefern diese für Altverträge eine unbekannte Nutzungsart nach § 31 Abs. 4 UrhG darstellt. Die Rechteübertragung nach § 1 lit. h Abs. 4 BerV muss zudem der kartellrechtlichen Missbrauchskontrolle standhalten.

2. Entstehungsgeschichte

Die Mitgliederversammlung 2002 hat „zur Sicherstellung des Schutzumfangs" die Übertragung der Rechte zur Nutzung als Ruftonmelodie in § 1 lit. h Abs. 4 BerV neu eingefügt und die ebenfalls in diesem Zusammenhang relevante Ergänzung des § 1 lit. h Abs. 3 BerV zum Recht der Übermittlung von Werken aus Datenbanken etc. „für die mobile Internetnutzung" ausdrücklich in die Rechteübertragungen des Berechtigungsvertrags aufgenommen.[8] Diese Ergänzung war notwendig, da das Hanseatische Oberlandesgericht in einem rechtskräftigen Kostenbeschluss[9] die Auffassung vertreten hatte, dass das Recht zur Nutzung eines Musikwerks als Klingelton durch die Berechtigungsverträge in der Fassung vor der Änderung im Jahr 2002 – trotz der Berücksichtigung des multimedialen und digitalen Bereichs im Jahr 1996[10] – nicht auf die GEMA übergegangen war.

Die Mitgliederversammlung 2005 ergänzte in § 1 lit. h Abs. 4 BerV zunächst die Erläuterung, dass Werke der Tonkunst sowohl mit als auch ohne Text Gegenstand der Rechteübertragung sind. Zudem wurde der Sachverhalt der sog. Freizeichenuntermalungsmelodien explizit unter die Wahrnehmungsbefugnis der GEMA gestellt. Vor dem Hintergrund insbesondere persönlichkeitsrechtlicher Interessen beschloss die Mit-

6 Zur Auslegung nachfolgend II.
7 Zur Inhaltskontrolle nachfolgend III.
8 GEMA-Brief, Nr. 43, August 2002; abrufbar unter www.gema.de.
9 OLG Hamburg ZUM 2002, 480 ff. – Handy-Klingelton.
10 Dazu vorstehend Abschn. 1 § 4 IV 7.

gliederversammlung 2005 außerdem die Regelung gemäß § 1 lit. k Abs. 2 BerV. Hierin wurde festgehalten, dass die Berechtigten mit Abschluss des Berechtigungsvertrags der GEMA nicht die Rechte der Bearbeitung, Umgestaltung und/oder Kürzung eines Werks der Tonkunst (mit oder ohne Text) zur Verwendung als Ruftonmelodie und/oder Freizeichenuntermalungsmelodie übertragen. Vielmehr verbleibt die Befugnis, die Einwilligung in die Verwendung solcher Werkfassungen im Einzelfall zu erteilen, beim Berechtigten. Die Rechteübertragungen nach § 1 lit. h BerV sind nach § 1 lit. k Abs. 2 BerV davon jedoch nicht berührt.

II. Auslegung

1. Urheberrechtliche Grundlagen

Die Nutzung von Musikwerken als Ruftonmelodie und entsprechend als Freizeichenuntermalungsmelodie berührt – je nach Geschäftsmodell – mehrere Verwertungsrechte. Die Speichervorgänge (etwa zum Abruf im Internet, auf einer CD-ROM oder auf dem Handy selbst) stellen Vervielfältigungen nach § 16 Abs. 2 UrhG dar. Soweit die jeweiligen Melodien auf CD-ROM in Verkehr gebracht werden, ist das Verbreitungsrecht nach § 17 UrhG tangiert. Das Bereitstellen zum Abruf und die Übermittlung der Werke auf das Mobiltelefon können das Recht der öffentlichen Zugänglichmachung bzw. ein unbenanntes Verwertungsrecht nach § 15 Abs. 2 UrhG berühren. Das „Klingeln" des Mobiltelefons schließlich kann einen Fall der öffentlichen Wiedergabe vom Tonträger nach § 21 UrhG darstellen. Daneben können auch die persönlichkeitsrechtlich relevanten Bearbeitungs- bzw. Umgestaltungsrechte nach § 23 UrhG, etwa durch Kürzungen oder Einspielungen von Instrumentalversionen, betroffen sein.

2. Eingeräumte Nutzungsarten

a) Die Nutzungsformen von Musik als Klingelton

Die Besonderheit der Musiknutzung als Klingelton liegt in der Signalwirkung der Musikwiedergabe und darin, dass bei Ertönen des Signals das Werk wieder erkannt werden soll.[11] Die Klingeltöne können (ebenso wie Freizeichenuntermalungsmelodien) neu komponierte Tonfolgen darstellen oder auf sog. vorbestehenden Werken basieren. Vorbestehende Werke werden zur Verwendung als Klingelton regelmäßig zu einer prägnanten Tonfolge gekürzt.[12] Derzeit sind unterschiedliche Formen von Klingeltönen zu unterscheiden.

Sog. Mastertöne entsprechen weitgehend der ursprünglichen Aufnahme eines vorbestehenden Werks. Bei den „polyphonen Klingeltönen" erklingen mehrere synthetisch erzeugte Töne gleichzeitig als Akkorde, wohingegen die ebenfalls synthetischen „monophonen" Klingeltöne lediglich aus einer Melodie bestehen.[13]

aa) Die unterschiedlichen Geschäftsmodelle

Handy-Klingeltöne werden über mehrere Geschäftsmodelle angeboten. Beispielsweise werden die eingespielten Ruftonmelodien auf einer CD-ROM mit einer Software zum Überspielen auf Handys vervielfältigt und verbreitet.[14] Eine andere Möglichkeit ist, dass der Kunde die Einspielung über eine 0190-er Telefonnummer abfragt und die Übermittlung per SMS auf das Mobiltelefon erfolgt[15] oder er über eine gebührenpflichtige SMS einen Freischaltcode zum Abruf des gewünschten Klingeltons erhält.[16] Außerdem existieren auch Modelle, bei denen der Kunde die Klingeltöne von der Website des Anbieters abfragt. Auch hier werden die Klingeltöne per SMS geliefert.[17] Neben den Übermittlungen durch Mobilfunknetze fallen – wie in § 1 lit. h Abs. 3 BerV ausdrücklich geregelt – auch weitere Formen der mobilen Internet-Nutzung einschließlich der Nutzung auf der Grundlage vergleichbarer Datennetze unter den Wahrnehmungsbereich der GEMA. Folglich sind z. B. auch mobile Internetnutzungen von Klingeltönen durch iMode[18] von § 1 lit. h Abs. 4 BerV erfasst.

11 LG Hamburg, ZUM 2001, 443, 444.
12 OLG Hamburg, ZUM 2002, 480, 482 – Handy-Klingelton.
13 Vgl. *Castendyk*, ZUM 2005, 9, 10.
14 So der Fall, den LG und OLG Hamburg zu beurteilen hatten; LG Hamburg, ZUM 2001, 443 ff.; OLG Hamburg, ZUM 2002, 480 ff. – Handy-Klingelton.
15 *Kreile/Becker*, in: Handbuch der Musikwirtschaft, Das Internet und digitales Rechtemanagement aus der Sicht der GEMA, S. 632, 650.
16 *Hertin*, KUR 2004, 101, 102.
17 *Kreile/Becker*, in: Handbuch der Musikwirtschaft, Das Internet und digitales Rechtemanagement aus der Sicht der GEMA, S. 632, 651.
18 Dazu vorstehend § 12 I 2 b cc.

bb) Die einzelnen urheberrechtlichen Verwertungshandlungen

Je nach Geschäftsmodell sind bei der Nutzung von sog. Ruftonmelodien (und ähnlich bei sog. Freizeichenuntermalungsmelodien) einzelne, verwertungsrechtlich relevante Handlungen zu unterscheiden:

(1) Speichervorgänge

Zunächst muss der Nutzer vom Rechteinhaber die Erlaubnis einholen, eine entsprechende Version eines Werks einzuspielen, d. h. eine Aufnahme der Ruftonmelodie oder der Freizeichenuntermalungsmelodie – idR unter Verwendung eines vorbestehenden Musikwerks – herzustellen. Berührt ist hierbei grundsätzlich das Vervielfältigungsrecht gemäß § 16 Abs. 2 UrhG. Des Weiteren stellt der „Upload" der Melodien auf den Server des Anbieters einen Vervielfältigungsvorgang dar. Die Aufnahme auf eine CD-ROM zusammen mit der Software zum späteren Herunterladen und die Verbreitung dieser CD-ROM berühren sowohl Vervielfältigungs- als auch Verbreitungsrecht nach §§ 16, 17 UrhG. Auch das Abspeichern auf dem Mobiltelefon ist eine Vervielfältigung nach § 16 UrhG. Obwohl diese Sachverhalte grundsätzlich bereits von § 1 lit. h Abs. 1 BerV erfasst wären, fallen sie unter die spezielle Rechteübertragung nach § 1 lit. h Abs. 4 BerV.

(2) Verbreitungsvorgänge

Soweit Klingeltöne etwa auf CD-ROM zum Verkauf angeboten werden, muss der Anbieter auch das Verbreitungsrecht nach § 17 UrhG einholen. Eine solche Nutzung durch Verbreitung liegt etwa vor, wenn Klingeltonhersteller den -anbietern ihre Produkte auf CD zur Verfügung stellen.[19]

(3) Vorgänge des Bereitstellens und Übermittelns

Bei bestimmten Geschäftsmodellen werden zudem die Musikwerke abgerufen und übermittelt. Soweit sich der Kunde den Klingelton direkt aus dem Internet herunterlädt (und dann die Vervielfältigung auf das Mobiltelefon überträgt) ist das Recht der öffentlichen Zugänglichmachung nach § 19 a UrhG (schon durch das bloße Bereitstellen im Internet)

[19] *Castendyk*, ZUM 2005, 9, 12.

berührt. Wenn der Kunde die Klingeltöne nur im Internet auswählt, und diese anschließend vom Anbieter auf das Handy per SMS übermittelt werden, ist das Recht nach § 19 a UrhG nur durch das „Anhören" der Werke bei der Auswahl im Internet betroffen. Die Übermittlung per SMS an den Kunden fällt als sog. Push-Dienst[20] nicht unter § 19 a UrhG; der Nutzer kann diese Übermittlung nicht „zu Zeiten seiner Wahl" veranlassen. Vielmehr steuert der Klingeltonanbieter den Zeitpunkt der Übermittlung. In Anlehnung an die Begründung zu § 19 a UrhG kann die Werknutzung im Rahmen eines solchen Geschäftsmodells jedoch als „unbenanntes Verwertungsrecht nach § 15 Abs. 2 UrhG" angesehen werden.[21] Soweit der Abruf der Klingeltöne über Telefonnetze und die Übermittlung auf das Handy durch sog. Push-Dienste erfolgen, ist ausschließlich das in der Gesetzesbegründung erwähnte unbenannte Verwertungsrecht gemäß § 15 Abs. 2 UrhG betroffen.

(4) Das „Klingeln"

Das „Klingeln" kann eine öffentliche Wahrnehmbarmachung mittels Tonträger (d. h. des Speichers des Mobiltelefons) iSd § 21 UrhG darstellen, wenn das Mobiltelefon „öffentlich" klingelt. Diese Nutzung fällt damit grundsätzlich unter die von § 1 lit. g BerV erfassten Sachverhalte. Anders als das OLG Hamburg feststellt, gehen die entsprechenden Nutzungsrechte nicht nach § 1 lit. c BerV im Rahmen des Rechts der Lautsprecherwiedergabe auf die GEMA über.[22] Dieses Recht umfasst zwar auch das Recht der Wiedergabe von öffentlicher Zugänglichmachung nach § 22 UrhG, jedoch handelt es sich beim „Klingeln" des Mobiltelefons nicht um die Wiedergabe von öffentlicher Zugänglichmachung, sondern um eine Wiedergabe durch Tonträger nach § 21 UrhG. Das Musikwerk wird nicht direkt auf Grund öffentlicher Zugänglichmachung – ohne Möglichkeit der Wiederholung – wiedergegeben. Vielmehr wird es auf den Speicher des Mobiltelefons eingebracht und beim Anruf des Mobiltelefons wiedergegeben.

---

20 Dreier/Schulze-*Dreier* § 19 a UrhG Rn. 10.

21 RegE UrhG, Begr. zu B. Artikel 1, Absatz 1, Nummern 2, 5, 6, BT-Drs. 15/38, S. 17.

22 OLG Hamburg ZUM 2002, 480, 483 – Handy-Klingelton; so auch *Hertin*, KUR 2004, 101, 103, der auch das Aufführungsrecht nach § 19 Abs. 2 UrhG berührt sieht. Für einen Aufführungssachverhalt fehlt es allerdings an der persönlichen Darbietung des Musikwerks.

(5) Bearbeitungen und Umgestaltungen

Bei der Nutzung eines Musikwerks als Klingelton (und entsprechend als Freizeichenuntermalungsmelodie) wird – zumindest für die Fälle der Benutzung sog. vorbestehender Werke – das Werk in seiner Substanz verändert. Bei den Klingeltönen sind die Verkürzung des Werks auf eine einprägsame Tonfolge sowie die Trennung des Textes von der Musik, um eine Instrumentalfassung zu erhalten, typisch. Auch die Übertragung von Musikwerken in sog. MIDI-Files verändert das Werk in seiner ursprünglichen Form.[23] Bei diesen Werkveränderungen dürfte es sich regelmäßig um Umgestaltungen nach § 23 UrhG handeln, da die Herstellung eines Klingeltons (und gegebenenfalls einer Freizeichenuntermalungsmelodie) nicht dem Werk „dient".[24] Da – wie bei der Herstellung rein akustischer Werbespots[25] – schon die Herstellung eines Klingeltons außerhalb der Privatsphäre stattfindet, berührt – über den Wortlaut des § 23 S. 2 UrhG hinausgehend – auch schon die Herstellung das Bearbeitungs- bzw. Umgestaltungsrecht nach § 23 UrhG.[26] Jedenfalls aber ist durch die Veröffentlichung und Verwertung der Klingeltöne das Recht nach § 23 S. 1 UrhG betroffen. Daneben kann auch das Urheberpersönlichkeitsrecht durch diese Nutzungen verletzt sein.

b) Die Übertragung der Nutzungsrechte auf die GEMA

Das OLG Hamburg hat im Jahr 2002 entschieden, dass die Nutzung eines Musikwerks als Klingelton von der Version des Berechtigungsvertrags, die noch keine Regelung für Klingeltöne enthielt, nicht umfasst war. Das Gericht hat die Nutzung eines Musikwerks als Klingelton als eine eigenständige Nutzungsart eingestuft, wobei das Eigenständige darin liegen soll, dass es nicht um die Wahrnehmung einer Tonfolge als Musikwerk in Form eines sinnlich-klanglichen Erlebnisses, sondern um ein „rein funktionales Erkennungszeichen" geht.[27]

---

23 OLG Hamburg, ZUM 2002, 480, 481 – Handy-Klingelton.

24 *Castendyk*, ZUM 2005, 9, 12; zur Unterscheidung von Bearbeitungen und Umgestaltungen iSv § 23 UrhG vorstehend § 2 IV 2 d.

25 Vorstehend § 11 II 2 a dd) (2).

26 A. A.: *Castendyk*, ZUM 2005, 9, 17.

27 So auch schon das LG Hamburg, ZUM 2001, 443, 445 in der Vorinstanz; vgl. auch *G. Schulze* ZUM 1993, 255, 264.

Mit der Ergänzung der Bestimmung in § 1 lit. k Abs. 2 BerV durch die Mitgliederversammlung 2005 wurde festgelegt, dass mit Abschluss des Berechtigungsvertrags keinerlei Bearbeitungs- bzw. Umgestaltungsrechte im Zusammenhang mit der Nutzung als Klingelton oder Freizeichenuntermalungsmelodie auf die GEMA übergehen. Der Übertragungsumfang nach § 1 lit. h Abs. 4 BerV war auch schon vor dieser Änderung durch das Urheberpersönlichkeitsrecht begrenzt.[28] Die GEMA weist auch hier in ihren Lizenzverträgen darauf hin, dass das von der GEMA erlangte Nutzungsrecht sich nicht auf Verletzungen des Urheberpersönlichkeitsrechts erstreckt.[29]

Durch die Neuregelung des § 1 lit. k Abs. 2 BerV sollen offensichtlich die Urheberpersönlichkeitsrechte der Berechtigten gestärkt werden, indem die Befugnis ausschließlich in jedem Einzelfall beim Berechtigten verbleibt, die Einwilligung zur Verwendung bearbeiteter, geänderter und/ oder umgestalteter bzw. gekürzter Fassungen der Originalwerke zu erteilen. Unberührt bleibt jedoch die Wahrnehmungsbefugnis der GEMA bzgl. der Verwertungsrechte außerhalb der persönlichkeitsrechtlich relevanten Nutzungen. Somit fallen der gesamte Bereich der mechanischen Vervielfältigung sowie die Sachverhalte der öffentlichen Zugänglichmachung unbeschadet nach § 1 lit. h BerV unter den Wahrnehmungsbereich der GEMA.[30] Praktisch bedeutet dies, dass für jeden Einzelfall, in dem auf der Grundlage eines Musikwerks ein Klingelton oder eine Freizeichenuntermalungsmelodie „hergestellt" wird, beim Berechtigten jeweils individuell die Einwilligung hierzu eingeholt werden muss. Die weiteren Nutzungen eines genehmigten Klingeltons, etwa wie die Vervielfältigung auf CD-ROM und deren Verbreitung sowie der Verkauf im Internet, fallen jedoch unter den Wahrnehmungsbereich der GEMA.

28 Zum Urheberpersönlichkeitsrecht auch vorstehend § 2 IV 2 b; eingehend zu den urheberpersönlichkeitsrechtlichen Aspekten bei der Nutzung von Klingeltönen *Castendyk*, ZUM 2005, 9, 16 ff. sowie *Hertin*, KUR 2004, 101, 104 ff. *Poll*, MMR 2004, 67, 68 ist der Auffassung, dass mit Abschluss des GEMA-Berechtigungsvertrags die Lizenz zur Nutzung eines Klingeltons ausschließlich bei der GEMA einzuholen ist.

29 *Kreile/Becker*, in: Handbuch der Musikwirtschaft, Das Internet und digitales Rechtemanagement aus der Sicht der GEMA S. 632, 653.

30 S. hierzu Begründung zum Änderungsantrag 13 der Tagesordnung für die Versammlung der ordentlichen Mitglieder der GEMA am 28. und 29. Juni 2005.

III. Inhaltskontrolle

1. Die Klingeltöne als unbekannte Nutzungsart gemäß § 31 Abs. 4 UrhG

Übereinstimmend haben das LG und das OLG Hamburg die Nutzung eines Musikwerks als Klingelton als eigenständige Nutzungsart eingestuft, die erst im Jahr 1999 bekannt wurde.[31] Mit dem OLG Hamburg folgt die wirtschaftlich-technische Eigenständigkeit daraus, dass es bei der Wahrnehmung eines Handy-Klingeltons gerade nicht um die Tonfolge als Musikwerk in Form eines sinnlich-klanglichen Erlebnisses, sondern um ein rein funktionales Erkennungszeichen mit „Lästigkeitseffekt" geht.[32] Die typischen Eigenheiten wie synthetische, monophone Klangerzeugung, Verkürzung des Werks auf wenige Takte und die Art der Übertragung lassen nur den Schluss auf die „Neuheit" dieser Nutzungsart zu.[33]

Auch die Änderungen der Mitgliederversammlung 1996 sollten diese Nutzungsart nicht umfassen. Ebenso wenig hilft die Auffangklausel nach § 1 lit. l BerV weiter.[34] In diesem Zusammenhang ging auch das OLG Hamburg davon aus, dass die Nutzung als „funktionaler Signalton" gerade nicht den in § 1 lit. a bis i BerV geregelten Rechten entspricht und damit nicht von dieser Klausel aufgefangen werden kann.[35]

Die Musiknutzung als Klingelton gilt seit 1999 als „bekannt".[36] Die Klausel des § 1 lit. h Abs. 4 BerV in der heutigen Fassung ist folglich nicht unwirksam. Da nach § 6 lit. a Abs. 2 BerV[37] die explizite Rechteeinräumung nach § 1 lit. h Abs. 4 BerV auch Gegenstand der sog. Altverträge wird, besteht ab dem Jahr 2002 kein Zweifel daran, dass diese Nutzungsrechte wirksam von den Berechtigten auf die GEMA zur kollektiven Wahrnehmung übertragen werden (soweit kein Widerspruch ergangen ist). Berechtigungsverträge, die vor 2002 abgeschlossen wurden, enthiel-

---

31 LG Hamburg, ZUM 2001, 443, 444; OLG Hamburg, ZUM 2002, 480, 482, 484 – Handy-Klingelton.

32 OLG Hamburg, ZUM 2002, 480, 482 – Handy-Klingelton.

33 OLG Hamburg, ZUM 2002, 480, 482 f. – Handy-Klingelton.

34 Vorstehend § 4 IV 7.

35 OLG Hamburg, ZUM 2002, 480, 483 – Handy-Klingelton.

36 LG Hamburg, ZUM 2001, 434, 444.

37 Vorstehend § 4 IV 8.

ten keine wirksame Übertragung der betroffenen Nutzungsrechte. Auf Grund der Neuheit dieser Nutzungsart sollte der einzelne Berechtigte – entsprechend dem Schutzzweck des § 31 Abs. 4 UrhG – darüber entscheiden können, ob er eine kollektive Wahrnehmung dieser Rechte durch die GEMA wünscht.[38] Folglich können die betroffenen Berechtigten Verfügungen, die die GEMA möglicherweise über ihre Rechte getroffen hat, nach § 185 Abs. 2 S. 1 BGB genehmigen.

2. Kartellrechtliche Missbrauchskontrolle

Wiederum kann – etwa im Hinblick auf sog. Digital Rights Management Systeme – die Frage gestellt werden, ob die GEMA dadurch, dass sie im Bereich der Ruftonmelodien keine Möglichkeit zur individuellen Rechtewahrnehmung vorsieht, die Rechteinhaber zu eng an sich bindet und die Bestimmung des § 1 lit. h Abs. 4 BerV damit eine unangemessene Geschäftsbedingung im Sinne des Art. 82 Abs. 2 lit. a EG darstellt. Ähnlich wie bereits zu den Rechteübertragungen nach § 1 lit. Abs. 2 und 3 BerV dargestellt, ist gegen einen solchen Vorwurf der Missbräuchlichkeit einzuwenden, dass sich diese Musiknutzungen schon deshalb einer individuellen Wahrnehmung entziehen, weil der stetig wachsende weltweite Markt sowohl für die Nutzer als auch für die Rechteinhaber nicht überschaubar ist; insbesondere für die Nutzer ist die Klärung der Rechte u. a. wegen der häufigen Fälle der Subverlags-Aufteilungen kaum zu bewerkstelligen.[39]

---

38 OLG Hamburg, ZUM 2002, 480, 482 – Handy-Klingelton.

39 *Kreile/Becker*, in: Handbuch Multimedia Recht, 7.7, Rn. 48.

§ 14 Die Vergütungsansprüche nach § 1 lit. h Abs. 7 BerV[1]

I. Übersicht und Entstehungsgeschichte

Keine Einräumung von Nutzungsrechten, sondern vielmehr die Abtretung gesetzlicher Vergütungsansprüche[2] nach §§ 398 ff. BGB enthält die Regelung in § 1 lit. h Abs. 7 BerV.[3] Der Wortlaut der Bestimmung nennt die gesetzlichen Vergütungsansprüche gemäß §§ 27 Abs. 1 und Abs. 2, 52 a UrhG sowie §§ 54, 54 d Abs. 1, 54 e, 54 f, 54 g, 54 h UrhG. Da der Gesetzgeber diese Ansprüche als verwertungsgesellschaftenpflichtig ausgestaltet hat, ist eine solche Übertragung der Ansprüche unerlässlich. Die im Wortlaut der Bestimmung aufgezählten Vergütungsansprüche betreffen zum einen den Sachverhalt der Vermietung von Bild- und Tonträgern für den Fall, dass der Urheber sein Vermietrecht an einen Tonträger- oder Filmhersteller eingeräumt hat (§ 27 Abs. 1 UrhG). Der weiterhin eingeräumte Vergütungsanspruch aus § 27 Abs. 2 UrhG steht den musikalischen Urhebern in den Fällen zu, in denen Vervielfältigungsstücke ihrer Werke in Bibliotheken oder ähnlichen öffentlichen Einrichtungen verliehen werden (sog. „Bibliotheksgroschen"). § 52 a Abs. 4 UrhG regelt einen Vergütungsanspruch für bestimmte Fälle der öffentlichen Zugänglichmachung. Schließlich wird auch der Vergütungsanspruch nach § 54 UrhG (sog. „Geräte- und Leerkassettenabgabe") nebst der ergänzenden Auskunfts- und (Schadensersatz-)Folgeansprüche nach §§ 54 f und 54 g UrhG an die GEMA abgetreten. Der ebenfalls verwertungsgesellschaftenpflichtige Vergütungsanspruch aus § 20 b Abs. 2 UrhG für bestimmte Fälle der Kabelweitersendung geht bereits mit der Übertragung des Rechts der Kabel(weiter)sendung nach § 1 lit. b und d BerV auf die GEMA über, da er mit dem Recht selbst verbunden ist.[4]

---

1 S. hierzu den Berechtigungsvertrag der GEMA in der Fassung v. 28./29. Juni 2005, abgedr. im Anhang.

2 Dazu vorstehend § 2 IV 2 e.

3 Zur Auslegung nachfolgend II.

4 Dazu vorstehend § 6 II 2 a aa) (1).

Die Abtretungen der Vergütungsansprüche an die GEMA in den Berechtigungsverträgen wurden in den Jahren 1968, 1973, 1986, 1995 und 2005 jeweils den aktuellen gesetzlichen Bestimmungen angepasst.

II. Auslegung

1. Grundsätzliches zu den Vergütungsansprüchen

Wie bereits dargestellt,[5] regelt das Gesetz zwei unterschiedliche Kategorien von gesetzlichen Vergütungsansprüchen. Einerseits geht es darum, einen Ausgleich für eingeschränkte Verwertungsrechte zu gewähren (gesetzliche Lizenzen), andererseits sollen wirtschaftlich gewichtige Nutzungen, wie etwa das Verleihen in Bibliotheken, für die das Gesetz kein Verwertungsrecht vorsieht, vergütet werden. Für die an die GEMA abgetretenen Vergütungsansprüche normiert der Gesetzgeber Verwertungsgesellschaftenpflichtigkeit, d. h., die Ansprüche können nur durch Verwertungsgesellschaften geltend gemacht werden. Die Berechtigten haben hier keine andere Möglichkeit, als die Wahrnehmung einer Verwertungsgesellschaft zu überlassen.[6]

2. Die einzelnen gesetzlichen Vergütungsansprüche

a) Ansprüche als Entschädigung für beschränkte Verwertungsrechte

aa) Die sog. Geräte- und Leerkassettenabgabe

(1) Allgemeines

Die sog. Geräte- und Leerkassettenabgabe nach §§ 54 ff. UrhG stellt einen typischen Fall einer Entschädigung für die Einschränkung eines Verwertungsrechts dar. Es handelt sich hierbei um eine sog. gesetzliche Lizenz; die nach § 53 UrhG freigestellten Vervielfältigungshandlungen

5 Vorstehend § 2 IV 2 e.

6 *Augenstein*, Rechtliche Grundlagen des Verteilungsplans urheberrechtlicher Verwertungsgesellschaften, S. 25.

werden durch diesen Vergütungsanspruch kompensiert. Auf Grund der Schranke in § 53 UrhG muss der Urheber im Interesse der Allgemeinheit eine Vervielfältigung zu privaten oder sonstigen eigenen Zwecken hinnehmen. Als Ausgleich dafür gewährt ihm das Gesetz einen pauschalen Vergütungsanspruch. Dieser stützt sich in einem „dualen System“ an Aufnahmegeräte und Trägermedium; erst die Kombination dieser Produkte ermöglicht die Privatkopie.[7] Die gesetzliche Lizenz ist hier insbesondere deshalb erforderlich, weil der Urheber wegen der individuellen Privatfreiheit der Nutzer[8], sein Recht nicht individuell durchsetzen kann (sog. Marktversagen[9]); ein Verbot der Vervielfältigung im privaten Bereich wäre nicht kontrollierbar.[10] Der Vergütungsanspruch wird von der Zentralstelle für private Überspielungsrechte (ZPÜ)[11] eingezogen.

Mit dem Vergütungsanspruch gehen auch die Auskunftsansprüche nach §§ 54 f Abs. 1 und 54 g Abs. 1 UrhG sowie die (Schadensersatz-)Folgeansprüche nach §§ 54 f Abs. 3 und 54 g Abs. 3 UrhG auf die GEMA über. §§ 54 e[12] und 54h[13] UrhG enthalten keine Ansprüche oder Rechte der Urheber, die auf die GEMA übertragen werden könnten. Ihre Erwähnung im Berechtigungsvertrag dient damit lediglich dazu, auf die gesetzlichen Vorschriften hinzuweisen.[14]

---

7 *Kreile/Becker*, in: FS Nordemann, S. 279, 280, 286, 293.

8 *Plate*, Die Verwertungsgesellschaftspflicht für urheberrechtliche Vergütungsansprüche und ausschließliche Verwertungsrechte, S. 51.

9 Dreier/Schulze-*Schulze*, § 54 UrhG Rn. 1.

10 *Kreile/Becker*, in: FS Nordemann, S. 279, 281.

11 In der ZPÜ haben sich alle deutschen Verwertungsgesellschaften zusammengeschlossen, die Rechte bei der privaten Überspielung wahrnehmen; *Kreile/Becker*, in: FS Nordemann, S. 279, 289.

12 Der hier einschlägige § 54 e Abs. 2 UrhG regelt, dass ein Vermerk erforderlich ist, der ausweist, ob die Geräte- oder Leerkassettenabgabe bereits durch den Hersteller oder Importeur gezahlt wurde. Dies ist für den Handel bei seiner Preisgestaltung zu beachten; BR-Drs. 218/94, S. 24.

13 § 54 h UrhG regelt zum einen die Verwertungsgesellschaftenpflichtigkeit der Auskunfts- und Vergütungsansprüche im Rahmen der §§ 54 ff. UrhG. Außerdem nennt diese Bestimmung bestimmte Vorschriften hinsichtlich der Handhabung der im Rahmen der Geräte- und Leerkassettenabgabe vorgeschriebenen Mitteilungen durch die Verwertungsgesellschaften.

14 Nach dem Referentenentwurf für ein Zweites Gesetz zur Regelung des Urheberrechts in der Informationsgesellschaft v. 27. 9. 2004, Begr. B zu Artikel 1, zu Nummer 10 (§ 53), S. 59 f., abrufbar unter www.bmj.bund.de, soll die Hinweispflicht nach § 54 e UrhG künftig nicht mehr bestehen.

(2) Voraussetzungen des Vergütungsanspruchs nach § 54 UrhG

Nach § 54 UrhG wird der pauschale Vergütungsanspruch auf Vervielfältigungsgeräte und Speichermedien erhoben. Voraussetzung ist zunächst, dass es nach der Art des Werks zu erwarten ist, dass das Werk durch Aufnahmen von Funksendungen auf einem Bild- oder Tonträger oder durch Übertragung von einem Bild- oder Tonträger auf einen anderen in – nach § 53 Abs. 1 oder 2 UrhG – privilegierter Weise vervielfältigt wird.[15] Dies ist für die unter den Wahrnehmungsbereich der GEMA fallenden Musik- und Sprachwerke zweifelsohne der Fall.

Vergütungspflichtige Geräte nach § 54 Abs. 1 S. 1 Nr. 1 UrhG, die erkennbar zur Vornahme von derartigen Vervielfältigungen bestimmt sind, sind z. B. Tonbandgeräte, CD-Brenner,[16] DVD-Brenner, Scanner[17] oder MP3-Player.[18] Neben der grundsätzlichen „Eignung“ sind diese Geräte zumindest teilweise und damit ausreichend für Vervielfältigungen zum privaten oder sonstigen eigenen Gebrauch nach § 53 Abs. 1 und 2 UrhG bestimmt. Soweit diese Zweckbestimmung bejaht werden kann, kommt es nach der derzeitigen Gesetzeslage auf eine tatsächliche Nutzung und den Umfang der Nutzung nicht an.[19]

Umstritten ist die Frage, ob es sich auch bei PCs um nach § 54 UrhG vergütungspflichtige Geräte handelt. Die deutsche IT-Wirtschaft wehrt sich gegen eine solche Vergütungspflicht und trägt u. a. vor, dass durch PCs zwar Vervielfältigungen iSd § 53 UrhG möglich seien, die Geräte aber hauptsächlich anderen Zwecken dienten.[20] Dagegen haben sowohl das LG München I[21] als auch die Schiedsstelle beim Deutschen Patent- und Markenamt[22] entschieden, dass es sich bei PCs durchaus um vergütungspflichtige Geräte handelt. Auch nach der Rechtsprechung des BGH zu anderen Geräten fallen die PCs unter die Vergütungspflicht nach § 54 UrhG. Demnach steht es einer Vergütungspflicht nicht entgegen, dass die

15 Dreier/Schulze-*Schulze*, § 54 UrhG Rn. 4.
16 OLG Stuttgart, CR 2001, 817.
17 BGH, GRUR 2002, 246, 247 – Scanner.
18 Dreier/Schulze-*Schulze*, § 54 UrhG Rn. 5.
19 BGH, NJW 1982, 642, 643 – Tonfilmgeräte.
20 *Winghardt*, ZUM 2002, 349, 353.
21 LG München I v. 23. 12. 2004 Az 7 O 18484/03.
22 Einigungsvorschlag der Schiedsstelle beim Deutschen Patent- und Markenamt v. 31. 1. 2003, Az sch-Urh-8/2001.

Zweckbestimmung dieser Geräte nur in geringem Umfang darauf gerichtet ist, Vervielfältigungen anzufertigen.[23] Das Erfordernis der Zweckbestimmung bedeutet nicht, dass die Vervielfältigung den Hauptzweck des Geräts darstellen muss.[24] Das Argument der Computerindustrie, dass eine Geräteabgabe wegen der neuartigen Möglichkeiten der individuellen Lizenzierung durch Digital Rights Management Systeme nicht mehr erforderlich sei, überzeugt nicht. Wie die Schiedsstelle des Deutschen Patent- und Markenamtes deutlich ausführt, stellt sich diese Frage nicht, solange die Schranke nach § 53 Abs. 1 bis 3 UrhG besteht und dadurch die fraglichen privaten Nutzungen freigestellt sind. Außerdem bieten diese Systeme nach dem derzeitigen Stand der Technik keinen wirksamen Kopierschutz. Die Kopiersperren könnten die Vergütungspflicht ohnehin nur dann in Frage stellen, wenn dadurch nahezu keine Werke mehr kopiert werden könnten; das sei jedoch nicht zu erwarten.[25]

Der nach § 1 lit. h Abs. 7 BerV an die GEMA abgetretene Vergütungsanspruch nach § 54 UrhG wird daneben auch auf Bild- oder Tonträger, also auf bestimmte Speichermedien erhoben, die erkennbar zur Vornahme von nach § 53 UrhG privilegierten Vervielfältigungen bestimmt sind. Ob es sich dabei um analoge „Leerkassetten", wie etwa Ton- oder Videokassetten, oder um digitale Speichermedien, wie etwa CDs oder DVDs handelt, ist unerheblich.[26]

Nach dem Referentenentwurf für ein Zweites Gesetz zur Regelung des Urheberrechts in der Informationsgesellschaft soll es künftig nicht mehr darauf ankommen, dass die Geräte (und Leerträger) zur Vervielfältigung *bestimmt* sind. Vielmehr soll entscheidend sein, ob die Geräte *tatsächlich in nennenswertem Umfang zur Vervielfältigung genutzt* werden. Dadurch soll die individuelle Lizenzierung über DRM-Systeme neben der Pauschalvergütung stehen können, wobei sich der Umfang von Kopierschutzmaßnah-

---

23 BGH, ZUM 1999, 649, 651 f. – Telefaxgeräte; so auch der Einigungsvorschlag der Schiedsstelle beim Deutschen Patent- und Markenamt v. 31. 1. 2003, Az sch-Urh-8/2001, S. 33.

24 BGH, GRUR 2002, 246, 248 – Scanner; BGHZ 212, 215, 218 f. – Readerprinter; Einigungsvorschlag der Schiedsstelle beim Deutschen Patent- und Markenamt v. 31. 1. 2003, Az. sch-Urh-8/2001, S. 33.

25 Einigungsvorschlag der Schiedsstelle beim Deutschen Patent- und Markenamt v. 31. 1. 2003, Az. sch-Urh-8/ 2001, S. 31.

26 Einigungsvorschlag der Schiedsstelle beim Deutschen Paten- und Markenamt v. 31. 1. 2003, Az. sch-Urh-8/2001, S. 17.

men auf die Höhe der Vergütungen auswirken soll. Eine Doppelbelastung der Nutzer würde dadurch vermieden.[27]

(3) Anspruchschuldner

Anspruchsschuldner ist nach § 54 Abs. 1 S. 1 UrhG primär der Hersteller[28] der Geräte bzw. Speichermedien. Daneben haften nach § 54 Abs. 1 S. 2 UrhG gesamtschuldnerisch auch der Importeur[29] sowie grundsätzlich der Händler.[30]

(4) Die Klarstellung des § 54 c UrhG

Grundlage für den Vergütungsanspruch nach § 54 UrhG ist eine inländische Vervielfältigungshandlung. Der Anspruch entfällt daher, wenn die entsprechenden Geräte oder Bild- oder Tonträger zwar in Deutschland hergestellt, jedoch anschließend ins Ausland exportiert werden. § 54 c UrhG bestimmt somit lediglich klarstellend, dass die Vergütungspflicht hier ausscheidet.[31]

(5) Die Höhe der Pauschalvergütung

Die Höhe der „angemessenen" Vergütung wird nach der derzeitigen Gesetzeslage pauschal gemäß § 54 d Abs. 1 UrhG und der entsprechenden Anlage (dort I.) gesetzlich festgelegt. Die Pauschalvergütungen werden unterschieden nach der Art des Geräts als Tonaufzeichnungs- oder Bildaufzeichnungsgerät (I. Nr. 1 bis 4 der Anlage) sowie danach, ob es sich um Tonträger oder Bildträger (I. Nr. 4 bis 6 der Anlage) handelt. Bei Ton- und Bildtonträgern ist die Spieldauer entscheidend. Die gesetzlich festgeleg-

---

27 *BMJ*, Pressemitteilung, Urheberrecht in der Wissensgesellschaft; Referentenentwurf für ein Zweites Gesetz zur Regelung des Urheberrechts in der Informationsgesellschaft v. 27. 9. 2004, Begr. A. II. 1., S. 21 f., abrufbar unter www.bmj.bund.de.

28 *Hersteller* ist derjenige, der die Geräte bzw. Bild- oder Tonträger *tatsächlich* produziert; BGH, GRUR 1985, 284, 285 – Herstellerbegriff III.

29 Nach § 54 Abs. 2 S. 1 UrhG ist *Importeur* grundsätzlich derjenige, der die Geräte bzw. Bild- oder Tonträger in den Geltungsbereich dieses Gesetzes verbringt oder verbringen lässt. Wer die Geräte oder Träger privat einführt, ist jedoch nicht betroffen; RegE UrhG, Begr. zu B II 6, BT-Drs. 10/873, S. 18.

30 *Händler* ist, wer gewerblich Geräte oder Bild- oder Tonträger erwirbt und weiter veräußert; BR-Drs. 218/94, S. 19.

31 Fromm/Nordemann-*Nordemann*, § 54 c UrhG Rn. 2.

ten Vergütungssätze sind seit 1985 im Wesentlichen unverändert. Die GEMA hat mit diversen Organisationen Gesamtverträge – als nach Absatz 1, 2. Halbsatz „abweichende Vereinbarungen" – geschlossen; hier werden auch Gesamtvertragsnachlässe gewährt.

Künftig soll die Bemessung der Vergütungshöhe nicht mehr gesetzlich geregelt sein, sondern den Verwertungsgesellschaften und Herstellern innerhalb gesetzlich definierter Rahmenbedingungen (§ 54 a RefE) überlassen werden. Damit soll eine flexiblere Handhabung erreicht werden, die eine Berücksichtigung der tatsächlichen Nutzung in nennenswertem Umfang – und damit in den Fällen der Digital Rights Management Systeme das Nebeneinander von Individuallizenzierung und der Pauschalvergütung – ermöglicht. Konflikte beschränken sich dann auf die unvermeidbaren Auseinandersetzungen über die Vergütungshöhe. Bei der Ermittlung der tatsächlichen Nutzung sollen empirische Erhebungen zu Grunde gelegt werden.[32]

(6) Meldepflicht und (Schadensersatz-)Folgeanspruch nach § 54 f Abs. 1 und 3 UrhG

Gleichzeitig mit der Abtretung des Vergütungsanspruchs nach § 54 UrhG betrauen die Berechtigten die GEMA nach § 1 lit. h Abs. 7 BerV ausdrücklich auch mit der Wahrnehmung der *Meldepflicht* nach § 54 f Abs. 1 UrhG zur Erfassung der Importe von Geräten und Ton- oder Bildtonträgern iSd § 54 UrhG. Die zur Meldung verpflichteten Importeure müssen der GEMA unaufgefordert monatlich bis zum 10. des Folgemonats Art und Stückzahl der von ihnen in die Bundesrepublik Deutschland importierten Geräte bzw. Bild- und Tonträger mitteilen. Als Sanktion für unvollständige und unrichtige Angaben sieht der Gesetzgeber diesbezüglich in § 54 f Abs. 3 UrhG einen (Schadensersatz-)Folgeanspruch vor. Dabei ist auch die verspätete Meldung der Angaben eine Nichterfüllung der Meldepflicht.[33]

---

32 Referentenentwurf für ein Zweites Gesetz zur Regelung des Urheberrechts in der Informationsgesellschaft v. 27. 9. 2004, Begr. A I., S. 18 und B zu Artikel 1 zu Nummer 9 (§ 52 b), S. 19, 60 ff., abrufbar unter www.bmj.bund.de.

33 Dreier/Schulze-*Dreier* § 54 f Rn. 1 ff.

(7) Auskunftsanspruch und (Schadensersatz-)Folgeanspruch nach § 54 g Abs. 1 und 3 UrhG

Auch die Auskunfts- und (Schadensersatz-)Folgeansprüche nach § 54 g Abs. 1 UrhG und Abs. 3 UrhG treten die Berechtigen gemäß § 1 lit. h Abs. 7 BerV an die GEMA ab. § 54 g Abs. 1 UrhG normiert einen Auskunftsanspruch der Rechteinhaber. Die Angaben zu Art und Stückzahl der Geräte und Bild- oder Tonträger werden benötigt, um die Höhe der Vergütung nach § 54 UrhG zu ermitteln. Auch diesen Auskunftsanspruch ergänzt ein (Schadensersatz-)Folgeanspruch nach § 54 g Abs. 3 UrhG als Sanktion; für den Fall, dass der zur Auskunft Verpflichtete seiner Auskunftspflicht nicht, nur unvollständig oder sonst unrichtig[34] nachkommt, kann die doppelte Vergütung verlangt werden.[35]

(8) Verwertungsgesellschaftenpflicht, Abtretung im Voraus und Verzicht

Im Ergebnis besteht somit Verwertungsgesellschaftenpflicht für sämtliche – nach § 1 lit. h Abs. 7 BerV – an die GEMA abgetretenen Vergütungs-, Auskunfts- und (Schadensersatz-)Folgeansprüche im Zusammenhang mit der sog. Geräte- und Leerkassettenabgabe. Dies verhindert, dass die Nutzer die Rechte einer unüberschaubaren Anzahl von Berechtigten berücksichtigen müssen.[36] Nach § 63 a UrhG kann der Urheber auch auf diese Ansprüche im Voraus nicht verzichten.

bb) Der sog. Bibliotheksgroschen

Mit Abschluss des Berechtigungsvertrags treten die Berechtigten auch ihren gesetzlichen Vergütungsanspruch nach § 27 Abs. 2 UrhG für das „Verleihen“ an die GEMA ab. Dieser Anspruch wird auch als „Bibliothekstantieme“ oder „Bibliotheksgroschen“ bezeichnet.[37] Er greift ein, wenn Vervielfältigungsstücke in einer öffentlich zugänglichen Einrichtung verliehen werden. Hintergrund ist, dass der Gesetzgeber beim Verleihen

34 Unter „unvollständig und sonst unrichtig“ fällt dabei jede Abweichung von den tatsächlich erfolgten Importen oder von den für die Berechnung der Vergütung erforderlichen Angaben; Dreyer/Kotthoff/Meckel-*Dreyer*, § 54 g UrhG Rn. 10; Schricker-*Loewenheim*, § 54 g UrhG Rn. 8.

35 Dreier/Schulze-*Dreier* § 54 g Rn. 1 ff.

36 *Kreile/Becker*, in: FS Nordemann, S. 279, 285.

37 *Schack*, Urheber- und Urhebervertragsrecht, Rn. 457.

– im Gegensatz zum Vermieten nach § 17 Abs. 3 UrhG – nur beim erstmaligen Inverkehrbringen ein ausschließliches Nutzungsrecht gewährt.[38] Danach ist das Verleihen eines Werks uneingeschränkt zulässig. Als Ausgleich für diese Erschöpfung sieht § 27 Abs. 2 UrhG in diesen bestimmten Fällen der besonders intensiven Werknutzung einen verwertungsgesellschaftenpflichtigen Vergütungsanspruch vor.[39] Mit diesem Vergütungsanspruch wird demnach der Verlust des Verwertungsrechts entschädigt.[40] Schuldner dieses Anspruchs ist die öffentliche Einrichtung.[41]

Voraussetzung ist, dass die Werke „verliehen" werden. Nach der Legaldefinition in § 27 Abs. 2 S. 2 UrhG bedeutet „Verleihen" die zeitlich begrenzte, weder unmittelbar noch mittelbar Erwerbszwecken dienende Gebrauchsüberlassung, wobei es lediglich auf eine wirtschaftliche Betrachtungsweise ankommt. Entscheidend ist nicht, ob die Voraussetzungen nach §§ 535 ff. BGB erfüllt sind.[42] Die Gebrauchsüberlassung darf weder mittelbar noch unmittelbar Erwerbszwecken dienen. Somit begründet die Gebrauchsüberlassung durch Gewerbebetriebe – wie etwa Videotheken – keinen Vergütungsanspruch nach § 27 Abs. 2 UrhG, obwohl hier nach dem Sprachgebrauch Videofilme „verliehen" werden.[43]

Für den Tätigkeitsbereich der GEMA kommen als Vervielfältigungsstükke von Werken der Tonkunst (mit oder ohne Text) beispielsweise CDs, DVDs oder Videokassetten in Betracht. Ausdrücklich wird nach § 1 lit. h Abs. 7 Hs. 2 auch der „Bibliotheksgroschen" für das Verleihen von Musiknoten an die GEMA abgetreten. Dabei handelt es sich um einen Ausnahmefall zur Regelung in § 1 lit. h Abs. 6 BerV; grafische Rechte, d. h. die Rechte an „Musiknoten" sind demnach grundsätzlich aus dem Wahrnehmungsumfang ausgenommen. Auf diesem Gebiet sind traditionell die Musikverleger tätig. Allerdings ist ihnen eine Wahrnehmung des „Bibliotheksgroschens" wegen der Verwertungsgesellschaftenpflichtigkeit des Anspruchs nicht möglich. Eine Übertragung auf die GEMA ist damit unerlässlich. Als öffentlich zugängliche Einrichtungen sind beispielsweise öffentlich-rechtlich oder kirchlich betriebene Bibliotheken

38 Dazu bereits vorstehend § 11 II 2 b.
39 Dreier/Schulze-*Schulze*, § 27 UrhG Rn. 20.
40 Schricker-*Loewenheim*, § 27 UrhG Rn. 12.
41 BGH, GRUR 1985, 131, 132 – Zeitschriftenauslage beim Friseur.
42 Dreier/Schulze-*Schulze*, § 27 UrhG Rn. 17; OLG München, GRUR 1979, 546, 547 – Zeitschriftenauslage II.
43 Dreier/Schulze-*Schulze* § 27 UrhG Rn. 18.

verpflichtet, den Bibliotheksgroschen zu entrichten, soweit sie entsprechende Vervielfältigungsstücke verleihen.[44]

Nach § 27 Abs. 3 UrhG ist auch dieser Anspruch verwertungsgesellschaftenpflichtig. Obwohl in § 27 Abs. 2 UrhG nicht ausdrücklich erwähnt, ist er unverzichtbar und kann im Voraus nur an eine Verwertungsgesellschaft abgetreten werden.[45]

cc) Der gesetzliche Vergütungsanspruch bei öffentlicher Zugänglichmachung für Unterricht und Forschung

Auch für die Abschwächung des Verwertungsrechts der öffentlichen Zugänglichmachung nach § 19 a UrhG durch die Schranke des § 52 a Abs. 1 bis 3 UrhG[46] sieht der Gesetzgeber zur Entschädigung einen Vergütungsanspruch gemäß § 52 a Abs. 4 UrhG vor. Auch dieser Anspruch wird nach § 1 lit. h Abs. 7 BerV an die GEMA abgetreten. Auch schon vor der expliziten Ergänzung des Berechtigungsvertrags galt dies im Sinne einer ergänzenden Vertragsauslegung; da der Gesetzgeber Verwertungsgesellschaftenpflichtigkeit anordnet, sind die Berechtigten der GEMA ohnehin nicht in der Lage, diesen Anspruch anderweitig geltend zu machen. § 1 lit. h Abs. 7 BerV war daher vor der Ergänzung planwidrig unvollständig[47]; die Auslegung des Vertrags dahingehend, dass der Vergütungsanspruch nach § 52 a Abs. 4 UrhG auch schon vor der ausdrücklichen Aufzählung an die GEMA abgetreten wurde, entspricht dem hypothetischen Parteiwillen.[48]

Der gesetzliche Vergütungsanspruch nach § 52 a Abs. 4 UrhG basiert auf den nach der Schranke des § 52 a Abs. 1 bis 3 UrhG ohne Zustimmung des Rechteinhabers zulässigen Nutzungshandlungen für bestimmte Fälle der öffentlichen Zugänglichmachung für Unterricht und Forschung, bei denen nur Teile eines Werks oder Werke geringen Umfangs genutzt werden und die öffentliche Zugänglichmachung für den jeweiligen Zweck geboten und nicht kommerziell ist. Auch § 52 a Abs. 4 S. 2 UrhG schreibt Verwertungsgesellschaftenpflichtigkeit vor. Der Berechtigte kann nach § 63 a UrhG auf den Vergütungsanspruch im Voraus nicht verzichten. Er kann den Vergütungsanspruch zudem im Voraus nur an die Verwertungsgesellschaft abtreten.

---

44 Dreier/Schulze-*Schulze*, § 27 UrhG Rn. 19 f.
45 *G. Schulze*, GRUR 1994, 855, 866.
46 Dazu vorstehend § 12 II 2 d.
47 Palandt-*Heinrichs* § 157 BGB Rn. 3.
48 BGHZ 9, 273 ff.

b) Ansprüche, die neben dem Verwertungsrecht stehen

aa) Der Vergütungsanspruch für das Vermieten

Nach § 1 lit. h Abs. 7 BerV treten die Berechtigten auch den gesetzlichen Vergütungsanspruch für das Vermieten an die GEMA ab. § 27 Abs. 1 UrhG regelt einen Vergütungsanspruch des Berechtigten gegen den Vermieter[49] für den Fall, dass der Berechtigte das Vermietrecht an einem Bild- oder Tonträger nach § 17 UrhG einem Tonträger- oder Filmhersteller eingeräumt hat. Anders als die gesetzlichen Vergütungsansprüche, die durch Schrankenbestimmungen verlorene Verwertungsrechte ausgleichen, bekräftigt der Vergütungsanspruch des § 27 Abs. 1 UrhG das ausschließliche Verwertungsrecht des Urhebers.[50] Der Vergütungsanspruch steht neben dem Verwertungsrecht[51] und stellt sicher, dass der Urheber im Rahmen der Pauschalvergütung an den Vermietungserträgen entsprechend beteiligt wird.

Voraussetzung für diesen Anspruch ist, dass der Berechtigte das Vermietrecht an einem Bild- oder Tonträger *eigenständig* einem Tonträger- oder Filmhersteller eingeräumt hat.[52] In diesen Fällen besteht der gesetzliche Vergütungsanspruch, obwohl der Urheber regelmäßig bereits für die Einräumung des Vermietrechts an den Tonträger- oder Filmhersteller eine Vergütung erhalten hat.[53] Der Gesetzgeber hat die damit einhergehende Doppelbelastung des Vermieters gewollt.[54] Die Einräumung des Vermietrechts an einen Tonträger- oder Filmhersteller *durch die GEMA* löst den Anspruch nicht aus. In diesen Fällen ist der Urheber nicht schutzbedürftig, da die GEMA im Rahmen ihrer Tarife eine angemessene Vergütung für die Vermietungssachverhalte erhalten kann.[55] Hier ist der

---

49 Der Vermieter – idR ein Videothekar, der z. B. DVDs oder Videofilme gewerblich vermietet; *Kröber*, ZUM 1995, 854, 855 – kann sich nicht darauf berufen, er habe für das Vermietrechts bereits an den Ton- bzw. Bildtonträgerhersteller eine Vergütung entrichten müssen; Dreier/Schulze-*Schulze*, § 27 UrhG Rn. 12; LG Köln, ZUM 1996, 703, 704.

50 Dazu vorstehend § 2 IV e aa).

51 *Mäger*, Die Abtretung urheberrechtlicher Vergütungsansprüche in Verwertungsverträgen, S. 26.

52 Dreyer/Kotthoff/Meckel-*Dreyer*, § 27 UrhG Rn. 12.

53 Dreier/Schulze-*Schulze*, § 27 UrhG Rn. 8.

54 *Haberstumpf*, Handbuch des Urheberrechts, Rn. 303.

55 Vgl. BR-Drs. 876/94 S. 31 f.; Dreier/Schulze-*Schulze*, § 27 UrhG Rn. 7.

gegenüber Film- und Tonträgerherstellern regelmäßig schwächere Urheber nicht den „Vermarktungsgewohnheiten“[56] der Tonträger- oder Filmhersteller ausgeliefert.

Der gesetzliche Vergütungsanspruch führt bei der Wahrnehmungstätigkeit der GEMA zu dem Ergebnis, dass die Sachverhalte des Vermietens praktisch vollständig erfasst werden. Auch wenn die Berechtigten ihr Vermietrecht nicht im Rahmen des § 1 lit. h Abs. 1 BerV an die GEMA, sondern etwa vor Abschluss des Berechtigungsvertrags an einen Tonträger- oder Filmhersteller eingeräumt haben, kann die GEMA Vergütungsansprüche geltend machen. Die GEMA muss demnach bei der Lizenzierung dieser Nutzungssachverhalte nicht prüfen, ob der Berechtigte im konkreten Fall das Vermietrecht im Rahmen des Berechtigungsvertrags an sie übertragen hat, oder ob es möglicherweise wirksam an einen Tonträger- oder Filmhersteller übertragen wurde. Der Gesetzgeber bekräftigt mit dieser Regelung also nicht nur das ausschließliche Recht des Urhebers, sondern anerkennt auch das Bedürfnis der Verwertungsgesellschaften zur effektiven und Kosten sparenden Verwaltung.[57]

Um Umgehungsfälle auszuschließen, muss das Tatbestandsmerkmal der Rechteeinräumung an Tonträger- und Filmhersteller wirtschaftlich ausgelegt werden; durch Zwischenschalten eines Dritten, an den die Rechte vom Urheber übertragen werden sollen, um diese dann an den Tonträger- oder Filmhersteller weiterzuleiten, kann die Regelung des § 27 Abs. 1 UrhG nicht umgangen werden.[58] Als weitere Voraussetzung müssen nach § 27 Abs. 1 UrhG Bild- oder Tonträger vermietet werden.[59] Praktisch relevant sind insbesondere die Vermietungen von Videokassetten[60] und DVDs.

Auch der Vergütungsanspruch des § 27 Abs. 1 UrhG ist nach § 27 Abs. 3 UrhG verwertungsgesellschaftenpflichtig. Diese Verwertungsgesellschaftenpflichtigkeit soll den wirtschaftlich regelmäßig unterlegenen Urheber davor schützen, seinen Anspruch selbst gegenüber dem Hersteller durchsetzen zu müssen.[61] Auf diesen Vergütungsanspruch kann

56 *Erdmann*, in: FS Brandner, S. 361, 371.

57 Vgl. BGH, GRUR 1988, 782, 783 – GEMA-Wertungsverfahren.

58 Dreier/Schulze-*Schulze*, § 27 UrhG Rn. 9.

59 Nach § 16 Abs. 2 UrhG sind Bild- und Tonträger Vorrichtungen zur wiederholbaren Wiedergabe von Bild- oder Tonfolgen.

60 Dreyer/Kotthoff/Meckel-*Dreyer*, § 27 UrhG Rn. 14.

61 *Plate*, Die Verwertungsgesellschaftspflicht für urheberrechtliche Vergütungs-

nach § 27 Abs. 1 S. 2 UrhG nicht verzichtet werden. Außerdem regelt § 27 Abs. 1 S. 3 UrhG, dass die Abtretung des künftigen Zahlungsanspruchs nur an die Verwertungsgesellschaft möglich ist.[62] Nach der Vorausabtretung im Berechtigungsvertrag ist die GEMA bereits bei Entstehen des Anspruchs berechtigt. Eine Abtretung des Anspruchs – etwa an einen Produzenten – geht damit ins Leere.[63] Die Regelungen des § 27 Abs. 1 S. 2 und S. 3 UrhG verhindern somit, dass der Urheber gezwungen werden kann, zu seinen Ungunsten über diesen Anspruch zu verfügen.[64]

bb) Der Vergütungsanspruch für die Kabelweitersendung

Das Verwertungsrecht der Kabelweitersendung nach §§ 20, 20 b UrhG unterliegt in § 20 b Abs. 2 UrhG einer Spezialregelung. Für den Fall, dass der Urheber *eigenständig* seine Rechte der Kabelweitersendung[65] auf ein Sendeunternehmen bzw. auf einen Tonträger- oder Filmhersteller übertragen hat, hat ihm der Verwerter, also das Kabelunternehmen, gleichwohl eine angemessene Vergütung zu zahlen. Wie im Fall des § 27 Abs. 1 UrhG geht es nicht um die Entschädigung für ein abgeschwächtes Verwertungsrecht, sondern darum, die Vergütung für ein ausschließliches Recht – hier der Kabelweitersendung nach §§ 20, 20 b UrhG – dem ursprünglich Berechtigten zukommen zu lassen. Durch diesen Vergütungsanspruch wird für den regelmäßig schwächeren Urheber eine Beteiligung an den Erlösen der Verwertung im Wege der Kabelweitersendung gewährleistet,[66] auch wenn er seine Rechte auf Sendeunternehmen übertragen hat.[67] Mit seiner Verwertungsgesellschaftenpflichtigkeit verfolgt der Anspruch nach § 20 b Abs. 1 UrhG darüber hinaus den Zweck zu verhindern, dass Außenseiter durch die Geltendmachung ihres Verbotsrechts an Teilen eines Programms die Weitersendung des gesamten Programms blockieren.[68] Auch der Vergütungsanspruch nach § 20 b

ansprüche und ausschließliche Verwertungsrechte, S. 57; *Kreile/Becker*, GRUR Int. 1994, 901, 907.

62 Dreyer/Kotthoff/Meckel-*Dreyer*, § 27 UrhG Rn. 19.

63 Dreyer/Kotthoff/Meckel-*Dreyer*, § 27 UrhG Rn. 19; *Mäger*, Die Abtretung urheberrechtlicher Vergütungsansprüche in Verwertungsverträgen, S. 53.

64 *Plate*, Die Verwertungsgesellschaftspflicht für urheberrechtliche Vergütungsansprüche und ausschließliche Verwertungsrechte, S. 57.

65 Dazu vorstehend § 6 II 2 a aa) (1),.

66 BR-Drs. 212/96, S. 21.

67 Vgl. § 20 b Abs. 2 S. 4 UrhG.

68 Dreier/Schulze-*Dreier* § 20 b UrhG Rn. 1.

Abs. 2 UrhG kann letztlich zu einer Doppelvergütung führen, wenn der Urheber für die Einräumung des Kabelweitersenderechts von den Sendern bzw. Tonträger- und Filmherstellern eine Lizenz erhält und zusätzlich die Verwertungsgesellschaft gegenüber dem Kabelunternehmen den Vergütungsanspruch geltend macht.[69] Wiederum bewirkt die Abtretung des Vergütungsanspruchs an die GEMA, dass sie damit den Kabelunternehmen vollumfänglich die Nutzung der Werke ihrer Berechtigten einräumen kann. Obwohl dieser Anspruch in § 1 lit. h Abs. 7 BerV nicht aufgeführt wird, wird er dennoch an die GEMA abgetreten. Als Teil des Senderechts geht er bereits nach § 1 lit. b und d BerV auf die GEMA über.[70] Für diejenigen musikalischen Urheber, die mit der GEMA keinen Berechtigungsvertrag abgeschlossen haben (sog. Außenseiter[71]), oder die vor Abschluss des Berechtigungsvertrags über ihr Kabelweitersenderecht verfügt haben, ist die GEMA auf Grund unwiderleglicher gesetzlicher Fiktion[72] gemäß § 13 b Abs. 3 UrhWG[73] berechtigt, das Kabelweitersendungsrecht wahrzunehmen und den in § 20 b Abs. 2 UrhG geregelten Vergütungsanspruch gegen den Kabelunternehmer geltend zu machen. In diesem Fall hat der Urheber seine Rechte der Kabelweiterleitung auf Sendeunternehmen, Tonträger-, Filmhersteller oder sonstige typische Verwerter des Kabelweitersendungsrechts übertragen. Gleichwohl steht ihm der unverzichtbare (und verwertungsgesellschaftenpflichtige) Vergütungsanspruch gegen das Kabelunternehmen aus § 20 b Abs. 2 UrhG zu. Die Verwertungsgesellschaftenpflichtigkeit dieses Vergütungsanspruchs entlastet den Anspruchsgegner, weil die Ansprüche damit pauschal gegenüber einer unüberschaubaren Anzahl an Anspruchsberechtigten abgegolten werden können.[74]

69 Dreier/Schulze-*Dreier* § 20 b UrhG Rn. 14.

70 Dazu vorstehend § 6 II 2 a aa) (1).

71 RegE UrhG, Begr. zu A. III. 3., BT-Drs. 13/4796, S. 10; Schricker-*Reinbothe*, § 13 b UrhWG Rn. 11.

72 Schricker-*Reinbothe*, § 13 b UrhWG Rn. 5. Da Verwertungsgesellschaften einem Kontrahierungszwang unterliegen, ist gewährleistet, dass die Weitersendung nicht durch einzelne Rechteinhaber behindert werden kann.

73 Diese Bestimmung setzt Art. 9 Abs. 2 der EU-Richtlinie 93/83/EWG (ABl. Nr. L 248 v. 6. 10. 1993, S. 15) um.

74 Schricker-*v. Ungern-Sternberg*, § 20 b UrhG Rn. 28.

III. Inhaltskontrolle

Auf Grund der Verwertungsgesellschaftenpflichtigkeit der abzutretenden gesetzlichen Vergütungsansprüche kann die Wirksamkeit der Regelung in § 1 lit. h Abs. 7 BerV nicht bezweifelt werden; die Abtretung an die Verwertungsgesellschaften zur Wahrnehmung ist vom Gesetzgeber ausdrücklich vorgeschrieben.

§ 15 Die Herstellungsrechte nach § 1 lit. i BerV[1]

I. Übersicht und Entstehungsgeschichte

1. Übersicht

Sobald ein Musikwerk zur Herstellung eines Films bzw. einer sonstigen audiovisuellen Produktion, wie etwa einen Musik-Bildtonträger oder bei einer mit Musik unterlegten Homepage verwendet wird, stellt dies in gewisser Weise eine Vervielfältigung des Musikwerks (wenn auch in veränderter Form) dar. Dennoch geht das Recht zu dieser Nutzung nicht unbeschränkt nach § 1 lit. h Abs. 1 BerV auf die GEMA über. In § 1 lit. h Abs. 5 BerV ist ausdrücklich geregelt, dass die genannten Sachverhalte unter die besondere Regelung des § 1 lit. i BerV fallen. Das Recht, ein Musikwerk bei der Herstellung von Filmwerken[2] zu benutzen oder bei jeder anderen Art von Aufnahmen auf Bildtonträger bzw. bei der Herstellung von Multimedia-Werken („Multimedia-Herstellungsrecht“[3]) zu verwenden, geht nach dieser Bestimmung grundsätzlich auflösend bedingt auf die GEMA über.[4] Die Bedingung tritt ein, wenn der Berechtigte der GEMA mitteilt, dass er das Recht selbst wahrnimmt.[5] Durch einen Rückruf fallen die Rechte also an den Berechtigten zurück, der dann seine Rechte individuell, regelmäßig durch seinen Musikverleger, wahrnimmt. Die Berechtigten können dann individuell und unabhängig von den Tarifen der GEMA mit den Filmherstellern bezüglich der Herstellungsrechte Lizenzen verhandeln. Eine Ausnahme gilt für den Bereich der Verwendung von Musik in Fernseh-Produktionen. Diese Rechte gehen grundsätzlich unbeschränkt und damit ohne Rückrufmöglichkeit auf die GEMA über (sog. Senderprivileg).[6] Soweit Musikwerke zur Herstellung von Werbespots benutzt werden, bestimmt § 1 lit. k BerV, dass das Herstellungs-

---

1 S. hierzu den Berechtigungsvertrag der GEMA in der Fassung v. 28./29. Juni 2005, abgedr. im Anhang.
2 Gemeint sind damit Filme jeglicher Art, nicht nur Kinofilme und Fernsehfilme.
3 *Ventroni*, Das Filmherstellungsrecht, S. 35.
4 Zur Auslegung nachfolgend II.
5 *Urek*, ZUM 1993, 168.
6 Nachfolgend II 4.

recht in jedem Fall beim Berechtigten verbleibt.[7] Wie auch bei anderen Nutzungsrechten ist der Wahrnehmungsumfang der GEMA im Bereich der dramatisch-musikalischen Werke nach § 1 lit. i Abs. 4 BerV beschränkt.[8] Bis auf die Einbeziehungsproblematik für Altverträge im Zusammenhang mit der Kontrollnorm des § 31 Abs. 4 UrhG ist kein Raum für eine Inhaltskontrolle der Rechteübertragung nach § 1 lit. i BerV.[9]

2. Entstehungsgeschichte

Die Regelungen in § 1 lit. i BerV sind das Ergebnis einer umfassenden Entwicklung.[10] Seit der Neufassung des Berechtigungsvertrags im Jahr 1954 hat die Mitgliederversammlung zahlreiche Änderungen dieser Bestimmungen beschlossen. In der Fassung von 1954 war – ähnlich wie heute – bereits die Übertragung der Ton- und Fernsehfilmherstellungsrechte unter der Beschränkung enthalten, dass diese „auf Wunsch" für die Herstellung eines konkreten Films rückübertragen werden müssen. Die grundsätzlich uneingeschränkte Übertragung der Herstellungsrechte für Fernsehproduktionen wurde im Jahr 1964 eingeführt. Zunächst war die Wahrnehmungsbefugnis der GEMA im Filmbereich auf die Fälle der öffentlichen Filmvorführungen in Lichtspieltheatern und der Fernsehfilme beschränkt. In den 70er Jahren wurde zunächst die Übertragung der Vervielfältigungs- und Verbreitungsrechte um die Sachverhalte der Bildtonträger erweitert. Zusätzlich wurde das Recht, ein Musikwerk auf jede andere Art von Bildtonträgern *aufzunehmen,* ergänzt und unter den Vorbehalt des § 1 lit. i BerV gestellt. Die Mitgliederversammlung 1985 änderte die schuldrechtliche Verpflichtung zur Rückübertragung „auf Wunsch" in die heute geltende Übertragung unter einer auflösenden Bedingung und stellte Regelungen zum Eintritt der Bedingung auf. So muss der Berechtigte etwa schriftlich und unter Einhaltung einer vierwöchigen Frist mitteilen, dass er die Rechte im eigenen Namen wahrnehmen will. Schließlich wurde im Jahr 1996 auch der Bereich der Musiknutzungen im Multimedia-Bereich ausdrücklich in dieser Regelung berücksichtigt. Seither ist geregelt, dass auch das Recht, ein Musikwerk bei der Herstellung eines Multimedia-Produkts zu verwenden, unter einer auflösenden Bedingung auf die GEMA übertragen wird.

---

7 Nachfolgend II 5.
8 Nachfolgend II 6.
9 Zur Inhaltskontrolle nachfolgend III.
10 Skizziert werden nur die wesentlichen Änderungen.

II. Auslegung

1. Das Filmherstellungsrecht

a) Allgemeines

Das Recht zur Benutzung eines Musikwerks zur Herstellung von Filmwerken oder jeder anderen Art von Aufnahmen auf Bildtonträger übertragen die Berechtigten der GEMA als Recht der Verfilmung (das auch Filmherstellungsrecht oder Synchronisationsrecht genannt wird) nach § 1 lit. h Abs. 5 iVm § 1 lit. i Ziff. 1 Abs. 1 Alt. 1 BerV.[11] Nach der Auslegungsregel des § 88 Abs. 1 Ziff. 2 UrhG soll das Verfilmungsrecht unter anderem das Recht umfassen, ein Werk unverändert oder unter Bearbeitung oder Umgestaltung zur Herstellung eines Filmwerks zu benutzen (§ 88 Abs. 1 Ziff. 2 UrhG). Gegenstand der Rechteübertragung nach Alternative 1 der Vorschrift sind sowohl Filmwerke nach § 2 Abs. 1 Nr. 6 UrhG wie auch urheberrechtlich nicht schutzfähige filmische Erzeugnisse (sog. Laufbilder).[12] Darunter können auch Multimediawerke wie z. B. Computerspiele[13] fallen, soweit es sich dabei um „Filme" idS handelt; anderenfalls erfolgt die Übertragung der Herstellungsrechte nach Alternative 3 der Bestimmung. Beim Filmherstellungsrecht handelt es sich nicht um ein eigenständiges Verwertungsrecht,[14] sondern um eine abtrennbare[15] besondere Nutzungsart,[16] die als Sonderfall der Vervielfältigung dem Bereich des sog. „mechanischen Rechts" zuzuordnen ist.[17]

---

11 Zum Multimedia-Herstellungsrecht nachfolgend 3. Die allgemeinen Erläuterungen zum Filmherstellungsrecht gelten dabei grundsätzlich auch für die Übertragung des Multimedia-Herstellungsrechts.

12 Voraussetzung ist allerdings, dass die Folgen der Bilder den Eindruck eines bewegten Bildes entstehen lassen; Schricker-*Katzenberger*, vor §§ 88 UrhG Rn. 20. Das Herstellungsrecht hinsichtlich sonstiger Aufnahmen auf Bildtonträger gemäß Alternative 2 sowie bei Multimediaproduktionen nach Alternative 3 ist jedoch auch dann berührt, wenn es sich nicht um bewegte Bilder handelt; dazu nachstehend 2 und 3.

13 Vgl. *Zscherpe*, MMR 1998, 405.

14 A. A.: *G. Schulze*, GRUR 2001, 1084, 1085.

15 OLG München, NJW 2003, 684 – Alpensinfonie.

16 BGH, GRUR 1986, 62 – GEMA-Vermutung I.

17 Vgl. KG, Urteil v. 5. 3. 2002, Az. 5 U 6420/00 (rkr.).

b) Die durch die Filmherstellung berührten urheberrechtlichen Befugnisse

Die „Verfilmung" eines Musikwerks berührt entweder das Vervielfältigungs- (§ 16 UrhG) oder das Bearbeitungsrecht (§ 23 UrhG), wobei jeder Bearbeitung (bzw. Umgestaltung) das Originalwerk als Grundlage dient und dieses mit der Bearbeitung – untechnisch gesprochen – auch „vervielfältigt" wird.[18] Nach § 1 lit. h und i BerV geht somit grundsätzlich das Recht zur (Erst-)Vervielfältigung eines Musikwerks auf einem Bildtonträger bzw. das Bearbeitungsrecht auf die GEMA über. Soweit ein Musikwerk in der ihm vom Urheber verliehenen Gestalt bei der Verwendung des Films nicht verändert und auch nicht in einen anderen Sachzusammenhang gestellt wird, handelt es sich um eine Vervielfältigung des Werks iSd § 16 Abs. 2 UrhG.[19] Dies dürfte bei der Verwendung einer eigens für einen konkreten Film komponierten Auftragsmusik (sog. „dramaturgische Musik" oder „score music"[20]) der Fall sein. Auch die Aufzeichnung einer Konzertaufführung, die mit einem Zusammenschnitt von Filmmaterial unterschiedlicher Kameras „bebildert" wird, stellt eine reine Vervielfältigung des Musikwerks dar.[21] Sobald allerdings das Werk bei der Verwendung in einem Filmwerk verändert wird, stellt diese Nutzung eine Bearbeitung bzw. Umgestaltung des Musikwerks dar. Offensichtlich ist dies, wenn durch die filmische Nutzung in die Substanz eingegriffen wird, das Werk also beispielsweise gekürzt wird. Eine Bearbeitung bzw. Umgestaltung liegt darüber hinaus aber auch in den Fällen vor, in denen das Werk zwar in seiner Substanz unverändert bleibt, es aber in einen anderen Gesamtzusammenhang gestellt wird.[22] Dies ist etwa immer dann der Fall, wenn ein vorbestehendes Werk (also ein Werk, das nicht für die Verwendung in dem konkreten Film komponiert wurde) zur Untermalung einer Filmhandlung mit dem Filmmaterial verbunden wird. Das Bearbeitungs- bzw. Umgestaltungsrecht ist ein

---

18 Vgl. RegE UrhG, erster Teil, vierter Abschnitt 3. zu § 15, BT-Drs. IV/270, S. 46; Schricker-*v. Ungern-Sternberg* § 15 UrhG Rn. 14.

19 OLG München, NJW 2003, 683, 684 – Alpensinfonie; a. A.: Dreier/Schulze-*Schulze*, § 23 UrhG Rn. 21, der die Auffassung vertritt, dass jede Verbindung eines Musikwerks mit einer Bildfolge dieses in einen anderen Sachzusammenhang stellt.

20 Möhring/Nicolini-*Lütje*, § 88 UrhG Rn. 10.

21 OLG München, NJW 2003, 683, 684 – Alpensinfonie.

22 Dreier/Schulze-*Schulze* § 23 UrhG Rn. 21; a. A.: Schricker-*v. Ungern-Sternberg*, § 15 UrhG Rn. 14.

selbstständiges Verwertungsrecht.[23] Es wird im Bereich der Filmherstellung neben dem Vervielfältigungsrecht nach § 1 lit. i BerV als eigenständiges und ausschließliches Nutzungsrecht nach §§ 31 UrhG ff.[24] von den Berechtigten auf die GEMA übertragen. Nach § 1 lit. i BerV verfügen damit die Berechtigten (mit dinglicher Wirkung) auch über die Bearbeitungsrechte als ausschließliche Nutzungsrechte[25] zu Gunsten der GEMA. Obwohl der Wortlaut des § 23 UrhG von einer „Einwilligung" spricht, handelt es sich demnach nicht lediglich um eine schuldrechtliche Zustimmung.[26]

Der Sachverhalt, dass ein Werk nur teilweise bei der Herstellung eines Films verwendet wird, fällt demnach unter das Bearbeitungs- bzw. Umgestaltungsrecht nach § 23 UrhG. Obwohl das Recht zur Teilwerk-Nutzung auch hier nicht ausdrücklich geregelt ist, geht es damit nach § 1 lit. i BerV auf die GEMA über. Das ergibt sich wiederum aus dem Zweck des Berechtigungsvertrags im Hinblick auf die Zweckübertragungslehre nach § 31 Abs. 5 UrhG. Da in den meisten Fällen der Verwendung von (vorbestehender) Musik bei der Herstellung eines Films die Werklänge an den Filmschnitt angepasst und damit in der Regel gekürzt werden muss,[27] würde das Regelungssystem der Rechteübertragung unter auflösender Bedingung nach § 1 lit. h i BerV durch die Ausnahme dieser Teilwerknutzung aus der Rechteübertragung nach § 1 lit. i BerV in weiten Bereichen gegenstandslos.[28]

Der Vorbehalt in § 1 lit. h Abs. 5 BerV berücksichtigt unter anderem, dass bei der Verwendung eines Musikwerks zur Herstellung eines Films auch urheberpersönlichkeitsrechtliche Befugnisse berührt sein können. Auch aus diesem Grund legt er fest, dass die Vervielfältigungs- und Bearbeitungsrechte in diesem Bereich zurückgerufen werden können.[29]

---

23 Dazu vorstehend § 2 IV 2 d.

24 Dreier/Schulze-*Schulze*, § 23 UrhG Rn. 10; vgl. auch Wandtke/Bullinger-*Bullinger*, § 23 UrhG Rn. 8.

25 Vgl. *Ulmer*, Urheber- und Verlagsrecht, S. 368.

26 Dabei muss der Filmhersteller als Bearbeiter des Musikwerks nach § 23 S. 2 UrhG bereits zur Herstellung des Films und nicht, wie im Fall des § 23 S. 1 UrhG erst bei der Veröffentlichung oder Verwertung das Bearbeitungsrecht einholen.

27 *Ventroni*, Das Filmherstellungsrecht, S. 211 ff.

28 So auch *Ventroni*, Das Filmherstellungsrecht, S. 211 ff.

29 Dazu nachfolgend 5.

c) Sonderfälle

aa) Austausch der Filmmusik

Wenn ein Film in ein anderssprachiges Land exportiert wird, kommt es nicht selten zum Austausch der Original-Filmmusik. Dann stellt sich die Frage, ob die Übertragung des Filmherstellungsrechts an die GEMA nicht dahingehend (dinglich) beschränkt ist, dass die Original-Filmmusik nicht ausgetauscht werden darf. Ein Austausch der Filmmusik greift jedoch nicht in Nutzungsrechte des Urhebers der Original-Filmmusik ein, denn die Original-Musik wird in diesem Fall gerade nicht genutzt.[30] Außerdem wäre eine dingliche Beschränkung des Herstellungsrechts „nur für den Fall, dass die Original-Musik nicht ausgetauscht wird" schon deshalb ausgeschlossen, weil dieses Nutzungsrecht nicht verkehrsfähig wäre.[31] Der GEMA wird das Filmherstellungsrecht also nicht dahingehend dinglich beschränkt eingeräumt, dass die Original-Musik nicht ausgetauscht werden darf.[32] Soweit allerdings die Original-Filmmusik nur zu einem Teil entfernt wird und dieser Teil durch die Musik eines anderen ersetzt wird, kann das Urheberrecht des Original-Komponisten durchaus berührt sein.[33] Soweit ein solcher Teil-Austausch das Urheberpersönlichkeitsrecht des Original-Komponisten verletzt, ist die GEMA wiederum nicht befugt, diese Verletzung zu erlauben.[34]

bb) Abspielen von Musik zum Film von einem gesonderten Tonträger

Einen weiteren Sonderfall stellt das Abspielen von Musik zum Film von einem gesonderten Tonträger dar. Soweit ein organischer Zusammen-

30 Aus diesem Grund liegt in der Auswechslung der Filmmusik auch keine Entstellung des Werks gemäß § 14 UrhG. Abwehransprüche des Urhebers der Original-Filmmusik gegen deren Austausch kann dieser – mangels Miturheberschaft gemäß § 8 UrhG – auch nicht auf eine Urheberschaft am Filmwerk stützen; vgl. OLG Hamburg, GRUR 1997, 822, 824.

31 Vgl. Schricker-*Schricker* §§ 31/32 UrhG Rn. 8.

32 Zwischen Urheber und Filmhersteller könnte eine solche Einschränkung jedoch schuldrechtlich individuell vereinbart werden. Die GEMA kann im Rahmen ihrer kollektiven Rechtewahrnehmung keine derartigen Einzelvereinbarungen treffen.

33 OLG München, ZUM-RD 1997, 350, 352.

34 Zum Urheberpersönlichkeitsrecht vorstehend § 2 IV 2 b.

hang zwischen der bildlichen und akustischen Wiedergabe besteht, ist auch hier das Filmherstellungsrecht berührt, das von den Berechtigten unter den Voraussetzungen des § 1 lit. i BerV zurückgerufen werden kann.[35]

d) Kein Filmherstellungsrecht bei Videozweitauswertung

Der BGH hat in seiner Entscheidung *Videozweitauswertung II*[36] die lang umstrittene Frage[37] geklärt, ob bei der Videozweitauswertung eines Kinofilms ein besonderes Verfilmungsrecht des Berechtigten berührt ist, welches zusätzlich zu dem von der GEMA verwalteten Vervielfältigungs- und Verbreitungsrecht vom Rechteinhaber eingeholt werden muss. Nach dieser Entscheidung bedarf es eines solchen besonderen Vervielfältigungsrechts zur Videozweitauswertung nicht.[38] Ausreichend ist vielmehr die Lizenzierung des Vervielfältigungs- und Verbreitungsrechts nach §§ 16, 17 UrhG durch die GEMA,[39] der die entsprechenden Rechte nach § 1 lit. h Abs. 1 BerV übertragen werden. Gegen ein besonderes Vervielfältigungsrecht zur Videozweitauswertung spricht zudem, dass der Wortlaut des § 1 lit. i Ziff. 1 Abs. 1 BerV die Übertragung eines eigenständigen Verfilmungsrechts nur für die Sachverhalte der „Herstellung", nicht aber für die Auswertung enthält.[40] Im Gesetz ist ein besonderes Verfilmungsrecht für die Fälle der Zweitauswertung ebenfalls nicht vorgesehen;[41] die getrennte Regelung in § 23 UrhG für Herstellung (S. 2)

---

35 LG München, ZUM 1993, 289, 291 – Michael Jackson-Show.

36 BGH, GRUR 1994, 41 ff. – Videozweitauswertung II.

37 Für ein eigenes Video-Verfilmungsrecht etwa *Krüger*, in: FS Reichardt, S. 79, 84 ff.; *Becker*, in: Musik im Film, S. 53, 61.

38 Entgegen der Rechtsprechung des BGH ist *G. Schulze*, GRUR 2001, 1084, 1085 ff. der Auffassung, dass dennoch ein gesondertes Video-Verfilmungsrechts anerkannt werden muss. Er begründet dies damit, dass für den Fall, dass ein Musikwerk zur Benutzung in einem Film bearbeitet wird, der Videoproduzent auch die Rechte hinsichtlich der bearbeiteten Version des Musikstücks erwerben muss. Dagegen spricht, dass auch diesbezüglich regelmäßig die Vervielfältigungs- und Verbreitungsrechte von der GEMA vergeben werden.

39 BGH, GRUR 1994, 41, 42 – Videozweitauswertung II.

40 *Schwarz/Schwarz*, ZUM 1988, 429, 433.

41 BGH, GRUR 1994, 42; ebenso: *Schwarz/Schwarz*, ZUM 1988, 435 f.; *Scheuermann*, Urheber- und verlagsrechtliche Probleme der Videozweitauswertung von Filmen, 104 ff.; *Urek*, ZUM 1993, 168 ff.; Schricker-*v. Ungern-Sternberg*, § 15 UrhG Rn. 8.

und Auswertung (S. 1) zeigt, dass der Umfang des Herstellungsrechts mit Abschluss des Herstellungsvorgangs endet.[42] Diesem Ergebnis stehen auch keine urheberpersönlichkeitsrechtlichen Interessen entgegen, da der Berechtigte bei der Herstellung des Kinofilms bereits darüber entscheiden konnte, ob sein Werk für die Herstellung eines Films verwendet werden darf. Seine urheberpersönlichkeitsrechtlichen Belange können dann bei der Auswertung des mit seiner Einwilligung hergestellten Films nicht mehr verletzt sein.[43] Im Ergebnis erschöpft sich somit das Filmherstellungsrecht mit der Herstellung des Films.[44] Das Recht, ein Musikwerk im Rahmen einer Videozweitauswertung zu nutzen, geht damit nach § 1 lit. h Abs. 1 BerV auf die GEMA über. Nur die Verwendung der Musik zur Herstellung des ursprünglichen Kinofilms fällt damit unter die nach § 1 lit. i BerV geregelten Sachverhalte.

Das Recht zur Verwendung eines Musikwerks zur Herstellung eines Videofilms geht hingegen dann unproblematisch nach § 1 lit. i Ziff. 1 BerV (mit Rückrufmöglichkeit) auf die GEMA über, wenn es sich um die ursprüngliche Videoproduktion, also um eine Werkneuschöpfung handelt.[45]

e) Rückruf bzw. Rückfall des Filmherstellungsrechts

aa) Hintergrund der auflösend bedingten Rechteübertragung

Die Berechtigten übertragen – seit einer Änderung der Bestimmung durch die Mitgliederversammlung 1986[46] – die Filmherstellungsrechte

42 *Schwarz/Schwarz*, ZUM 1988, 429, 433.

43 *Schwarz/Schwarz*, ZUM 1988, 429, 433.

44 Diese Entscheidung stand der bis dahin üblichen Lizenzierungspraxis der Musikverleger entgegen. Um eine Beteiligung an der Zweitauswertung zu gewährleisten, vergeben die Verleger Filmmusiklizenzen seither nur noch „im Paket“ inklusive aller zum Zeitpunkt des Vertragsschlusses bekannten Nutzungsarten. Die entsprechend hohen Lizenzgebühren für dieses „Paket“ werden dabei jedoch gesplittet in Raten fällig, sobald eine neue Auswertungsform bevorsteht; *P. Schulz*, in: Handbuch der Musikwirtschaft, Filmmusik-Lizenzverträge, S. 1380, 1382.

45 *Becker*, in: Musik im Film, S. 53, 59.

46 Dazu vorstehend I 2. Die vor dieser Änderung geregelte „Rückübertragung auf Wunsch“ sah das LG München, FuR 1984, 266, 268 f. – Alpensymphonie, kritisch. Damals wurden die der GEMA vorgelegten Filmmusikverträge stillschweigend genehmigt. Diese stillschweigende Genehmigung sollte jedoch

nach § 1 lit. i Ziff. 1 BerV unter einer auflösenden Bedingung iSd § 158 Abs. 2 BGB.[47] Sobald die Berechtigten erklären, das Recht selbst wahrnehmen zu wollen, tritt die Bedingung ein und das Filmherstellungsrecht fällt an die Berechtigten zurück.[48] Der Fortbestand der Rechteübertragung steht somit unter einer auflösenden Potestativbedingung[49]; es unterliegt dem Willen des Berechtigten, ob er sein Recht zurück ruft und die Verfügung somit nicht zustande kommt.[50] Hintergrund dieser Möglichkeit des Rückrufs sind einerseits urheberpersönlichkeitsrechtliche Aspekte;[51] der Urheber soll in jedem Fall entscheiden können, ob sein Musikwerk zur Herstellung eines Filmwerks verwendet wird.[52] Die Verwertungsgesellschaft kann auf Grund des Kontrahierungszwangs insofern nicht differenzieren. Sie müsste die Herstellungsrechte nach § 11 UrhWG *jedermann* einräumen. Anderseits spielen auch wirtschaftliche Interessen der Berechtigten eine entscheidende Rolle. Soweit etwa die Verwendung eines erfolgreichen Musikwerks in einem Film erlaubt werden soll, können die Berechtigten individuell mit den Filmherstellern verhandeln und dabei Lizenzen erlangen, die gegebenenfalls erheblich höher sind als die pauschalen Tarife der GEMA.[53]

bb) Ausübung des Rückrufs

Der Berechtigte bewirkt gemäß § 1 lit. i Ziff. 1 Abs. 2 BerV den Rückfall des Herstellungsrechts durch eine fristgerechte schriftliche Erklärung. Die Frist beträgt bei originalverlegten Werken vier Wochen und bei subverlegten[54] Werken drei Monate. Sie beginnt ab Kenntnis des Berechtigten von der Nutzung der Musik im Film. Dies ist der Fall, wenn der Produzent der GEMA mitteilt, ein konkretes Musikstück in einem be-

---

nicht als hinreichend konkretes Angebot der GEMA an den Berechtigten zur Rückübertragung des Herstellungsrechts ausreichen, so dass ein Rückübertragungsvertrag zwischen GEMA und Berechtigtem dann nicht zustande kam.

47 Zur Ausnahme der Fernsehproduktionen nachfolgend 4.

48 Dazu nachfolgend e.

49 Dabei handelt es sich um eine Bedingung, die auf dem Willensentschluss eines Beteiligten beruht; *Larenz/Wolf*, Allgemeiner Teil des Bürgerlichen Rechts, S. 916; Palandt-*Heinrichs*, Einf. vor § 158 BGB Rn. 10; *Bork*, Allgemeiner Teil des Bürgerlichen Gesetzbuchs, Rn. 1261.

50 Vgl. Münchner Kommentar-*Westermann*, § 158 BGB Rn. 19.

51 *Goldmann*, Die kollektive Wahrnehmung musikalischer Rechte, S. 298.

52 *Becker*, in: Musik im Film, S. 53, 70.

53 Eingehend *Ventroni*, Das Filmherstellungsrecht, S. 60 f.

54 Zur Tätigkeit der Subverleger vorstehend § 2 II 2 a dd).

stimmten audiovisuellen Werk nutzen zu wollen und die GEMA darauf den Berechtigten informiert.[55] Falls der Berechtigte die Frist nicht einhält oder mitteilt, dass er das Herstellungsrecht nicht im eigenen Namen wahrnehmen möchte, lizenziert die GEMA das Herstellungsrecht.

Dass die GEMA die Berechtigten von der Anfrage des Produzenten in jedem Einzelfall unterrichten muss, ergibt sich zwar nicht aus dem Wortlaut der Regelungen. Es folgt jedoch aus der Verpflichtung der GEMA, zur Erreichung des Vertragszwecks beizutragen. Die Nutzer werden sich regelmäßig an die GEMA als potentielle Rechteinhaberin wenden. Nur wenn die GEMA die Berechtigten von der geplanten Nutzung unterrichtet, sind diese in der Lage, von ihrer Wahlmöglichkeit nach § 1 lit. i Ziff. 1 Abs. 2 BerV Gebrauch zu machen. Auf der Grundlage von Treu und Glauben iSd § 242 BGB muss die GEMA daher – im Rahmen ihrer vertraglichen Nebenpflichten – durch die Benachrichtigung der Berechtigten im Einzelfall zur Verwirklichung des Zwecks dieser Klausel beitragen.[56] In diesem Sinne übernimmt die GEMA die Rolle der Vermittlerin zwischen Berechtigten und Produzenten.[57] Umgekehrt obliegt[58] es dem Berechtigten, die GEMA entsprechend zu informieren. Soweit die Berechtigten vom Produktionsvorhaben erfahren, benachrichtigen diese die GEMA, wobei die Erklärung nach lit. i Ziff. 1 Abs. 2 S. 4 BerV die Mitteilung enthalten muss, ob der Berechtigte seine Filmherstellungsrechte im eigenen Namen wahrnehmen möchte.

Zur Frage, ob auch Verleger berechtigt sind, das Filmherstellungsrecht im eigenen Namen zurückrufen, hat das LG München I Stellung genommen.[59] Es geht davon aus, dass bei einer im Verlagsvertrag geregelten Vorausverfügung über die Herstellungsrechte zu Gunsten des Verlegers[60] dieser ein Anwartschaftsrecht erlangt und er das Herstellungsrecht des-

---

55 *Ventroni*, Das Filmherstellungsrecht, S. 54; *G. Schulze*, ZUM 1993, 255, 262.

56 Es handelt sich um eine Mitwirkungspflicht; vgl. Palandt-*Heinrichs* § 242 BGB Rn. 23 f., 32.

57 *Becker*, in: Musik im Film, S. 53, 57.

58 Der Berechtigte verfolgt hier – zumindest für den Fall, dass er das Herstellungsrecht selbst wahrnehmen möchte – sein eigenes Interesse (vgl. Palandt-*Heinrichs* Einl v § 241 BGB Rn. 11), da ohne Benachrichtigung der GEMA die auflösende Bedingung nicht eintritt und das Herstellungsrecht damit bei der GEMA verbleibt.

59 LG München I, ZUM 1993, 289 ff. – Michael Jackson-Show.

60 Zur Rechtsinhaberschaft der Verleger vorstehend § 2 II 2 a dd).

halb im eigenen Namen zurückrufen kann.[61] Zwar ist es richtig, dass der Verleger auf Grund von Vorausverfügungen des Urhebers zu seinen Gunsten ein Anwartschaftsrecht erlangt.[62] Jedoch folgt aus dieser Rechtsposition nicht die Berechtigung, den Rückruf im eigenen Namen geltend zu machen, denn dann könnte der Verleger den Rückruf auch gegen den Willen des Urhebers wirksam ausüben. Zudem steht einer solchen Berechtigung des Verlegers der Wortlaut des § 1 lit. i Ziff. 1 Abs. 2 S. 2 BerV entgegen; die Bedingung soll dann eintreten, wenn *der* Berechtigte (der das Recht unter der auflösenden Bedingung übertragen hat) und nicht *ein* Berechtigter, den Rückruf erklärt. Im Ergebnis wird sich daher die Berechtigung des Verlegers, das Recht zurückzurufen, aus einer im Verlagsvertrag enthaltenen Bevollmächtigung, das Recht im Namen des Urhebers auszuüben, ergeben. Dabei wird die Erklärung des Verlegers, das Recht im eigenen Namen ausüben zu wollen, dahingehend auszulegen sein, dass er als Bevollmächtigter erklärt, der Urheber wolle das Recht in eigenem Namen geltend machen. Dass dann das Recht auf Grund der Vorausverfügung im Verlagsvertrag „automatisch" mit gegenständlicher Wirkung dem Verleger zufällt, ist für die Ermächtigung der Verleger, im eigenen Namen aufzutreten, unerheblich.

cc) Auswirkungen des Rückrufs

(1) Ein bestimmter Film als Gegenstand der Rückrufs

Nach § 1 lit. i Ziff. 1 Abs. 2 S. 5 BerV bezieht sich der Rechterückfall nur auf die Herstellung eines bestimmten Films. Dies hat zur Folge, dass der Berechtigte bei jeder Wiederverfilmung einzeln erklären muss, ob er das Recht im eigenen Namen wahrnehmen will.[63]

(2) Rückfall bestimmter Vervielfältigungs- und Verbreitungsrechte

Nach dem Wortlaut des § 1 lit. i Ziff. 1 Abs. 2 S. 5 und 6 BerV bewirkt der Rückruf in bestimmten Fällen auch den Rückfall des Rechts zur Vervielfältigung und Verbreitung, also bestimmter Auswertungsrechte. Dies gilt allerdings nur bei Filmen, die zur öffentlichen Vorführung in Lichtspiel-

---

61 LG München I, ZUM 1993, 289, 292 – Michael Jackson-Show.
62 Vgl. *Schricker*, Verlagsrecht, § 1 VerlG Rn. 36, § 9 VerlG Rn. 5.
63 *Krüger*, FS Reichardt, S. 79, 87.

theatern oder zur Sendung bestimmt sind. Es geht nur um die Vervielfältigungs- und Verbreitungsrechte im Hinblick auf die Erstauswertung eines Films für die Sendung und Kinovorführung. Bei Kinofilmen betrifft dies beispielsweise Kinokopien.[64] Ein Rückfall der Fernsehsenderechte (§ 1 lit. d BerV) sowie der Filmvorführungsrechte (§ 1 lit. f BerV) scheidet auf Grund des eindeutigen Wortlauts aus.[65] Folglich fallen auch die sog. Videozweitauswertungsrechte[66] nicht mit der Ausübung des Rückrufs auf den Berechtigten zurück.[67] Wie bereits festgestellt[68] wird der Sachverhalt, dass ein bereits produzierter Kinofilm etwa auf Videoband vervielfältigt und zweitverwertet wird, nicht von der Regelung des § 1 lit. i BerV erfasst, sondern berührt lediglich Vervielfältigungs- und Verbreitungsrechte nach § 1 lit. h BerV. Dies belegt auch der Wortlaut des § 1 lit. i Ziff. 1 BerV. Demnach muss „jede *andere* Art von Aufnahmen auf Bildtonträger" eine Aufnahme auf Bildtonträger sein, die mit der Herstellung von Filmwerken vergleichbar ist. Dazu gehören aber nicht die zum Zwecke der Videozweitauswertung von Filmwerken angefertigten Vervielfältigungsstücke. Dieses Auslegungsergebnis bestätigt der Wortlaut der bis 1984 gültigen Berechtigungsverträge. Dort war noch ausdrücklich geregelt, dass der Rückfall „das Recht zur Vervielfältigung und Verbreitung, jedoch nicht der Überspielung zum Zwecke der Vervielfältigung und Verbreitung in Form von Schmalfilmen, Bildplatte und Bildkassetten (Zweitauswertung)" einschließe. Es ist nicht davon auszugehen, dass die Neuformulierung im Jahr 1984 eine sachliche Änderung herbeiführen sollte.[69]

Somit können Urheber bzw. deren Verleger keine gesonderten Herstel-

64 *Schwarz/Schwarz*, ZUM 1988, 429, 437.

65 *Ventroni*, Das Filmherstellungsrecht, S. 216.

66 Das gilt entsprechend auch für die Zweitauswertung mittels anderer Bildtonträger wie DVD etc.

67 Es kann auch nicht gesondert – also unabhängig vom Rückfall der Herstellungsrechte – im Sinne des § 1 lit. i Abs. 1 BerV zurückgerufen werden, wie die Verleger zunächst unter Bezugnahme auf den Wortlaut in § 1 lit. i Ziff. 1 Abs. 1 BerV „jede andere Art von Aufnahmen auf Bildtonträger" meinten; *Ventroni*, Das Filmherstellungsrecht, S. 217. Entgegen der Meinung der Verleger entschied das KG (Az. 5 U 2570/89), bestätigt vom BGH in der Entscheidung *Videozweitauswertung II* (BGH, GRUR 1994, 41 ff.), dass die Rückrufklausel nach § 1 lit. i BerV nur die Herstellung einer neuen Werkschöpfung auf Videoband oder sonstigem Bildtonträger, nicht aber die Videozweitauswertung erfasst.

68 Dazu oben d.

69 BGH, GRUR 1994, 44 – Videozweitauswertung II.

lungs-Lizenzen gegenüber den Video-Produzenten geltend machen. Die durch die Zweitauswertung eines Kinofilms auf Videoband berührten Vervielfältigungs- und Verbreitungsrechte erwirbt der Videoproduzent ausschließlich von der GEMA.

2. Das Recht zur Benutzung eines Musikwerks für „andere Arten von Aufnahmen auf Bildtonträger"

Nach den gleichen Bedingungen geht neben dem Recht, ein Musikwerk bei der Herstellung eines Films zu verwenden, nach Ziffer 1 Alternative 2 der Bestimmung auch das Recht zur Benutzung eines Musikwerks für andere Arten von Aufnahmen auf Bildtonträger auf die GEMA über. Anders als bei der Übertragung des Filmherstellungsrechts nach Alternative 1 ist es hier nicht zwingend erforderlich, dass das Musikwerk mit einem Film, also mit bewegten Bildern, verbunden wird. Unter diese Regelung fallen insbesondere die sog. Musik-Bildtonträger. Hier steht die Musik im Vordergrund; vorbestehenden Musikwerken werden Bilder oder ein Film unterlegt. Gegenüber der Musik spielen die (bewegten) Bilder eine nur untergeordnete Rolle. Anders als bei Spielfilmen fehlt diesen Bildern zumeist ein einheitlicher Handlungsstrang.[70] Als Trägermedien kommen alle Bildtonträger im Sinne des § 16 Abs. 2 UrhG sowohl im analogen Bereich, wie etwa Videobänder, als auch im digitalen Bereich, wie beispielsweise CD-ROM oder DVD in Betracht. Dabei ist bei der Herstellung digitaler Musik-Bildtonträger gleichzeitig das Multimedia-Herstellungsrecht berührt.[71]

Der Rückfall dieser Herstellungsrechte umfasst im Bereich der Bildtonträger lediglich die Herstellung von 50 gesondert zu kennzeichnenden Vervielfältigungsstücken für Einführungszwecke. Bis auf diese 50 Einführungsexemplare verbleibt daher das Vervielfältigungs- und Verbreitungsrecht bei der GEMA.[72] Für den Fall des Rückrufs kann der Urheber dann ausnahmsweise einem Produzenten neben dem Recht der Herstellung auch das Recht einräumen, sein Werk auf 50 Exemplare der Produktion zu vervielfältigen und für Einführungszwecke auf den Markt zu bringen. Erst wenn der Produzent weitere Vervielfältigungsstücke her-

---

70 *Becker*, in: Musik im Film, S. 53, 67.
71 Zum Multimedia-Herstellungsrecht nachfolgend 3.
72 *Becker*, in: Musik im Film, S. 53, 70.

stellen will, muss er bei der GEMA die Rechte nach § 1 lit. h Abs. 1 BerV einholen.[73]

3. Das Multimedia-Herstellungsrecht

a) Einführung und Übersicht

Auch das Recht der Verwendung eines Musikwerks zur Herstellung eines Multimediaprodukts geht auflösend bedingt auf die GEMA über. Nach § 1 lit. i Ziff. 1 Abs. 1 Alt. 3 BerV übertragen die Berechtigten der GEMA neben dem Filmherstellungsrecht (Alt. 1) und dem Recht zur Herstellung jeder anderen Art von Bildtonträgern (Alt. 2) auch das Recht hinsichtlich jeder anderen Verbindung von Musikwerken mit Werken anderer Gattung zur Herstellung eines Multimedia-Produktes auflösend bedingt auf die GEMA. Auch hier geht es um die Verbindung von Musikwerken mit Werken anderer Gattung, so dass die Herstellungssachverhalte des § 1 lit. i Ziff. 1 BerV insgesamt vergleichbar sind.[74] Sie unterliegen hinsichtlich der Rechteeinräumung und der Möglichkeit des Rückfalls den identischen Regelungen nach § 1 lit. i Ziff. 1 BerV.

Multimediale Anwendungen enthalten regelmäßig Musiknutzungen. So werden etwa künstlerbezogene CD-ROMs hergestellt und verbreitet und Homepages mit Musik unterlegt. Auch zur Benutzung von Musikwerken bei der Herstellung von derartigen Multimedia-Produktionen muss der Hersteller die sog. Synchronisations- oder Herstellungsrechte[75] einholen.[76] Diese fallen als Rechte zur Verbindung von Werken der Tonkunst

---

[73] Diese Verfahrensweise ermöglicht den Produzenten eine Testphase für die Vervielfältigungsstücke, ohne diese bereits von der GEMA lizenzieren lassen zu müssen.

[74] *Kornmeier/Cichon,* in: Handbuch der Musikwirtschaft, S. 894, 911 .

[75] *Kreile/Becker,* in: Handbuch Multimedia Recht, 7.7, Rn. 39; *Kreile/Becker,* GRUR Int. 1996, 681.

[76] Wie von der Europäischen Kommission in ihrem Grünbuch aus dem Jahr 1995 (Grünbuch v. 19. 7. 1995, Urheberrecht und verwandte Schutzrechte in der Informationsgesellschaft, KOM(95) 382 endg.) gefordert, richteten die deutschen Verwertungsgesellschaften eine gemeinsame Organisation zur vereinfachten Rechtevergabe für Mulitmediaproduktionen (online und offline) ein; im Jahr 1996 gründeten sie die Clearingstelle Multimedia für Verwertungsgesellschaften von Urheber- und Leistungsschutzrechten GmbH. Diese Gesellschaft vergibt zwar keine Rechte, sie vermittelt jedoch zwischen Nutzern und

(mit oder ohne Text) mit Werken anderer Gattungen auf Multimedia- und andere Datenträger oder in Datenbanken, Dokumentationssystemen oder in Speichern ähnlicher Art, u. a. mit der Möglichkeit interaktiver Nutzung nach § 1 lit. h Abs. 2 und 3 und § 1 lit. i Ziff. 1 Abs. 1 Alt. 3 BerV auflösend bedingt unter die Wahrnehmungsbefugnis der GEMA. Gleichermaßen besteht die Möglichkeit, diese Herstellungsrechte zurückzurufen.

b) Urheberrechtliche Grundlagen

Wie im Bereich des Filmherstellungsrechts berührt die Verwendung eines Musikwerks zur Herstellung eines Multimedia-Produktes entweder das Vervielfältigungsrecht[77] gemäß § 16 UrhG oder das Bearbeitungs- bzw. Umgestaltungsrecht gemäß § 23 UrhG. Zur Herstellung eines Multimedia-Produktes ist es jedenfalls erforderlich, dass das Musikwerk in digitalisierter Form mit Werken anderer Gattung verbunden wird, die ebenfalls digitalisiert sind. Im Übrigen bestehen keine Unterschiede zwischen der – im Sinne des § 158 Abs. 2 BGB auflösend bedingten – Rechteübertragung des Herstellungsrechts für Multimedia-Produktionen und der Einräumung des Filmherstellungsrechts[78].

c) Der Begriff des Multimedia-Herstellungsrechts

Der Wortlaut des § 1 lit. i Ziff. 1 Abs. 1 Alt. 3 BerV umschreibt die Herstellung eines Multimedia-Produktes als „Verbindung“[79] von Musikwerken (mit oder ohne Text) mit Werken anderer Gattung. Das Herstellungsrecht umfasst demnach die Fälle, in denen diese Werkverbindungen auf Multimedia- oder anderen Datenträgern oder in Datenbanken, Doku-

---

den Inhabern der unterschiedlichen Rechte im In- und Ausland; eingehend *Kreile/Becker*, in: GEMA-Jahrbuch 1995/1996, S. 68, 90 f.; *Kreile/Becker*, in: Handbuch der Musikwirtschaft, Das Internet und digitales Rechtemanagement aus der Sicht der GEMA, S. 637 f.; *Kreile*, GRUR 1999, 885, 889.

77 Auch hier ist das Recht zur Vervielfältigung nicht – wie von *Siebert*, Die Auslegung der Wahrnehmungsverträge, S. 49, vertreten – schon gemäß § 1 lit. h BerV auf die GEMA übergegangen, da § 1 lit. h Abs. 5 BerV die Einräumung der Rechte nach § 1 lit. h BerV ausdrücklich unter den Vorbehalt des § 1 lit. i BerV stellt.

78 Dazu vorstehend 1 e.

79 Auch hier handelt es sich regelmäßig nicht um Werkverbindungen im Sinne des § 9 UrhG.

mentationssystemen oder in Speicher ähnlicher Art, u. a. mit der Möglichkeit der interaktiven Nutzung erfolgen. Die multimedialen körperlichen Datenträger sind im Zusammenhang mit der Übertragung des Vervielfältigungsrechts bereits ausführlich dargestellt.[80] Auf die Formen interaktiver Nutzung, also vom Nutzer beeinflussbarer Vorgänge, weist die Vorschrift ausdrücklich hin.[81] Nach dem Wortlaut der Bestimmung umfasst das Multimedia-Herstellungsrecht auch Werkverbindungen in Datenbanken, Dokumentationssystemen oder in Speichern ähnlicher Art. Damit ist auch das Herstellen eines Online-Produktes, wie etwa einer Internetseite oder einer CD-ROM, um deren Inhalt „online" zugänglich zu machen, von der Rechteübertragung erfasst.

d) Rückfall

Auch das Multimedia-Herstellungsrecht geht auflösend bedingt auf die GEMA über. Durch Rückruf fällt auch hier das Herstellungsrecht an die Berechtigten zurück. Von dieser Möglichkeit machen die Berechtigten regelmäßig Gebrauch, so dass in den meisten Fällen die Urheber bzw. deren Verleger die Herstellungsrechte individuell gegenüber den Multimedia-Produzenten wahrnehmen. Die Möglichkeit des Rückfalls trägt auch hier urheberpersönlichkeitsrechtlichen wie auch wirtschaftlichen Interessen Rechnung.[82]

4. Recht zur Herstellung einer Fernsehproduktion („Senderprivileg")

a) Einführung und Überblick

Für die Verwendung von Musikwerken in sog. Fernsehproduktionen sieht § 1 lit. i Ziff. 3 BerV besondere Bestimmungen vor. Demnach vergibt die GEMA die Herstellungsrechte an Fernsehanstalten und deren eigene Werbegesellschaften insoweit, als es sich um Eigen- und Auftragsproduktionen für eigene Sendezwecke und Übernahmesendungen handelt. Die Einwilligung des Berechtigten ist jedoch erforderlich, wenn Dritte an

80 Vorstehend § 11 II 2 a bb).

81 Dabei ist die Interaktivität keine Voraussetzung für den Begriff der multimedialen Nutzung; dazu vorstehend § 11 Fn. 42.

82 *Kreile/Becker*, in: Handbuch Multimedia Recht, 7.7, Rn. 40.

der Herstellung beteiligt sind oder wenn die Fernsehproduktion von Dritten genutzt werden soll. Dies gilt insbesondere für Koproduktionen. Der Begriff der Fernsehproduktion umfasst dabei nicht nur den Fernsehspielfilm, sondern den gesamten Bereich der filmischen Produktionen im Fernsehen, also auch Fernsehshows und Nachrichtensendungen etc. Obwohl der Wortlaut der Regelung vom Umfang der Rechtevergabe seitens der GEMA an die Fernsehsender spricht, kann dies nur bedeuten, dass damit der Umfang der von den Berechtigten an die GEMA übertragenen Rechte umschrieben wird.[83] Diese Vorschrift enthält eine Ausnahme zur auflösend bedingten Übertragung des Filmherstellungsrechts nach § 1 lit. i Ziff. 1 BerV. In diesem Bereich geht das Herstellungsrecht grundsätzlich ohne Bedingung auf die GEMA über. Dadurch ist die GEMA in der Lage, den Fernsehsendern[84] das Recht zur Herstellung im Rahmen ihrer Pauschalverträge grundsätzlich uneingeschränkt einzuräumen. Nach der Regelung in Ziffer 3 gilt diese unbeschränkte Rechteübertragung jedoch nur dann, wenn es sich um Eigen- und Auftragsproduktionen der Fernsehsender für eigene Sendezwecke oder Übernahmesendungen handelt. Dabei reicht sie nur so weit, als – abgesehen vom Auftragsnehmer der Auftragsproduktion – keine Dritten an der Produktion beteiligt sind und diese Produktionen auch nur von Fernsehsendern genutzt werden sollen. Der Hintergrund für diese Privilegierung der Fernsehsender liegt einerseits darin, dass eine individuelle Rechtewahrnehmung bei der massenweisen Musiknutzung im Rahmen von Fernsehproduktionen kaum möglich wäre.[85] Die Fernsehsender können auf diese Weise einfach auf das Repertoire der GEMA zurückgreifen, was insbesondere bei der aktuellen Berichterstattung unentbehrlich ist. Andererseits sind die Fernsehsender auf Grund ihrer Bindung an rundfunkvertragliche Bestimmungen (vgl. die Programmsätze des § 41 Abs. 1 RStV) ohnehin verpflichtet, das Persönlichkeitsrecht der Beteiligten zu achten.[86] Umgekehrt sollen all jene Fälle, bei denen Dritte an der Herstellung oder Auswertung beteiligt sind, nicht von dem Vertragsverhältnis zwischen der GEMA und den Fernsehsendern profitieren.

---

83 OLG Hamburg, ZUM 1992, 304 – Piccolo Bolero.

84 Das Privileg gilt gleichermaßen für öffentlich-rechtliche wie private Fernsehsender; dazu nachfolgend f.

85 *Ventroni*, Das Filmherstellungsrecht, S. 62.

86 *Ventroni*, Das Filmherstellungsrecht, S. 62; *G. Schulze*, ZUM 1993, 255, 263.

b) Die Begriffe der Eigen-, Auftrags- und Koproduktionen

aa) Die Eigenproduktion

Nach dem Wortsinn umfasst der Begriff der Eigenproduktion den Sachverhalt, dass ein Sender einen Film selbst herstellt. Unerheblich ist dabei, ob der Sender bei der Produktion eigenes oder (auch) fremdes Bildmaterial verwendet.[87] Eine eigene Verfilmungsleistung des Senders ist damit nicht Voraussetzung für das Vorliegen einer Eigenproduktion. Entscheidend ist, wer konkret Film und Musik zusammengefügt hat. Folglich handelt es sich etwa auch dann um eine Eigenproduktion, wenn der Sender einen Stummfilm mit Musik unterlegt.[88]

bb) Die Auftragsproduktion

Auch die Sachverhalte der sog. Auftragsproduktionen fallen nach § 1 lit. i Ziff. 3 S. 1 BerV unbeschränkt unter den Wahrnehmungsbereich der GEMA. Bei der Auslegung dieses Begriffs kommt es wiederum auf den Hintergrund des sog. Senderprivilegs an. Auch wenn die Sender die Produktion eines Fernsehfilms in Auftrag gegeben haben, soll es ihnen bei ihren eigenen Produktionen erspart bleiben, mit den Berechtigten jeweils einzeln über das Filmherstellungsrecht zu verhandeln. Untechnisch gesprochen kommt es also darauf an, ob die Fernsehsender die Produktion „in Auftrag gegeben" haben. Ob der Auftragsproduzent bei dieser Filmherstellung Rechte als Filmhersteller iSd § 94 UrhG erlangt, spielt dabei keine Rolle. Ebenso unerheblich ist, dass durch die Mitwirkung eines Auftragsproduzenten in diesen Fällen immer ein „Dritter" iSd § 1 lit. i Ziff. 3 S. 2 BerV beteiligt ist, da Auftragsproduktionen ausdrücklich privilegiert sein sollen. Eine Drittbeteiligung ist der Auftragsproduktion immanent.[89]

cc) Die Koproduktion

Ausgenommen von der unbeschränkten Rechteübertragung auf die GEMA ist der Sachverhalt der Koproduktion nach § 1 lit. i Ziff. 3 S. 3 BerV. Der Begriff der Koproduktion umfasst die Fälle, in denen sich

87 A. A.: OLG München, ZUM 1997, 275, 283 – Trailer-Werbung.
88 *Ventroni,* Das Filmherstellungsrecht, S. 226.
89 A. A.: *Ventroni,* Das Filmherstellungsrecht, S. 230.

Fernsehsender mit Produzenten der freien Wirtschaft zur gemeinsamen Produktion eines Films zusammenschließen.[90] Hierbei handelt es sich um einen Unterfall der Drittbeteiligung nach Satz 2 der Regelung.[91] Koproduzent und Sender sind dabei gleichrangige Partner. Anders als bei der Auftragsproduktion handelt der Koproduzent nicht „im Auftrag" des Senders. Er ist dem Sender gegenüber nicht weisungsgebunden.[92] Hintergrund dieser Ausnahme für Koproduktionen ist, dass Dritte nicht in die Vereinbarungen zwischen der GEMA und den Sendern einbezogen werden sollen. Es besteht kein Grund, die Koproduzenten der freien Filmwirtschaft von den Vereinbarungen in den Pauschalverträgen profitieren zu lassen. Eine Ausnahme gilt für Koproduktionen zwischen Sendern untereinander. Hier sind keine „Dritten" an der Herstellung beteiligt, so dass dieser Sachverhalt nach dem Sinn und Zweck des Senderprivilegs nicht von der unbeschränkten Rechteübertragung auszunehmen ist. Diese Fälle werden wie Eigen- und Auftragsproduktionen behandelt.[93]

c) Die Einschränkung „für eigene Sendezwecke oder Übernahmesendungen"

aa) Produktion für eigene Sendezwecke

Die Bestimmung in § 1 lit. i Ziff. 3 S. 1 BerV sieht allerdings vor, dass das Recht zur Verwendung eines Musikwerks in einer Eigen- oder Auftragsproduktion nur dann unbeschränkt auf die GEMA übergeht, wenn diese Fernsehproduktionen für eigene Sendezwecke hergestellt, oder in Übernahmesendungen verwendet wurden. Somit gehen die Herstellungsrechte bei Eigen- und Auftragsproduktionen nur dann auf die GEMA über, wenn die Produktionen ausschließlich von den Sendern selbst genutzt werden sollen. In diesem Sinn fällt z. B. der Sachverhalt, dass der Auftragsproduzent die Auswertungsrechte nicht vollständig auf den Sender überträgt, sondern z. B. die DVD-Auswertung des Fernsehfilms selbst übernehmen will, nicht unter die unbeschränkte Rechteübertragung,

90 *Ventroni*, Das Filmherstellungsrecht, S. 238.
91 OLG München, NJW 2003, 684, 685 – Alpensinfonie.
92 OLG München, NJW 2003, 684, 685 – Alpensinfonie.
93 *Becker*, in: Musik im Film, S. 53, 74.

da die Produktion nicht (ausschließlich) für eigene Sendezwecke erfolgt.[94]

bb) Produktion für Übernahmesendungen

§ 1 lit. i Ziff. 3 S. 1 BerV stellt darüber hinaus klar, dass die nicht rückrufbare Rechteübertragung für Eigen- und Auftragsproduktionen auch dann gilt, wenn es sich um sog. Übernahmesendungen handelt. Dies betrifft die Fälle, in denen Eigen- und Auftragsproduktionen hergestellt werden, die auch von anderen in- oder ausländischen Fernsehsendern ausgestrahlt werden sollen (Programmaustausch der Fernsehsender).[95]

d) Der „Einwilligungsvorbehalt" des § 1 lit. i Ziff. 3 S. 2 BerV

aa) Die Sachverhalte der Drittbeteiligung an Herstellung und Nutzung

Nach dem Wortlaut der Regelung in Ziffer 3 der Vorschrift steht die grundsätzlich unbeschränkte Einräumung des Filmherstellungsrechts bei Eigen- und Auftragsproduktionen unter dem Einwilligungsvorbehalt des Berechtigten, sobald an der Herstellung Dritte beteiligt sind oder die Filme von Dritten genutzt werden sollen. Als typischen Fall der Beteiligung von Dritten nennt Satz 3 die Koproduktionen.[96] Insofern müssen auch die Sachverhalte der sog. Fremdproduktionen aus der Rechteübertragung für Eigen- und Auftragsproduktionen ausgenommen werden: Wenn schon bei sog. Koproduktionen die Beteiligung eines Dritten dazu führt, dass die Produktionen der Sender nicht mehr privilegiert sind, so erst recht, wenn diese bei der Produktion überhaupt nicht mitgewirkt haben.[97] „Dritter" ist jeder Nutzer außer den Fernsehsendern, was der Privilegierung der Senderproduktionen für eigene Zwecke entspricht. Somit verhindert auch eine bereits geplante spätere Auswertung durch Dritte die unbeschränkte Rechteübertragung auf die GEMA. Das führt dazu, dass auch Eigenproduktionen der Fernsehsender, die plangemäß später als Kinofilme ausgewertet werden sollen, nicht als Eigen- und Auftragsproduktionen im Sinn des Senderprivilegs anzusehen sind.

---

[94] A. A.: *Ventroni*, Das Filmherstellungsrecht, S. 232.

[95] *Becker*, in: Musik im Film, S. 53, 74.

[96] Dazu vorstehend b cc).

[97] *G. Schulze*, ZUM 1993, 255, 268.

bb) Die Wirkung des Einwilligungsvorbehalts

Der Einwilligungsvorbehalt in § 1 lit. i Ziff. 3 S. 2 BerV stellt eine dingliche Beschränkung der an die GEMA übertragenen Rechte dar.[98] Er hat nicht lediglich schuldrechtliche Wirkung, wie es der Wortlaut andeuten könnte. Die Zusammenschau der Regelungen in Ziffer 3 zeigt vielmehr, dass es sich bei der Regelung in Satz 2 lediglich um eine Erläuterung zur gegenständlichen Beschränkung der Rechteübertragung in Satz 1 handelt. Sobald ein Dritter an der Herstellung beteiligt ist, handelt es sich nicht um eine Eigen- und Auftragsproduktion. Entsprechend wird ein Film, der „zu eigenen Sendezwecken" hergestellt wird, nicht „von Dritten genutzt". Dieser Auffassung ist auch das OLG München, das es für abwegig hält, den dinglichen Erwerb der vom Einwilligungsvorbehalt erfassten Rechte über die GEMA laufen zu lassen.[99]

Dies bedeutet im Ergebnis, dass das Recht, die Herstellung einer Fernsehproduktion zu erlauben, nur dann auf die GEMA übergeht, wenn es sich um Eigen- und Auftragsproduktionen der Sender handelt, keine weisungsunabhängigen Dritten an der Herstellung beteiligt sind und die Produktionen nicht von Dritten genutzt bzw. ausgewertet werden. Aus dieser dinglichen Beschränkung folgt, dass das Herstellungsrecht für die nicht privilegierten Fälle nicht unter den Wahrnehmungsumfang der GEMA fällt. Dies entspricht dem Wortlaut in § 1 lit. i Ziff. 3 BerV, der „den Vergabeumfang" der GEMA auf die privilegierten Fälle begrenzt. Mit anderen Worten bedeutet das, dass die nicht privilegierten Sachverhalte der Fernsehproduktionen überhaupt nicht auf die GEMA übergehen, auch nicht auflösend bedingt.

e) Keine Übertragung des Rechts zur Video-Zweitauswertung von Fernsehfilmen

Da somit geklärt ist, dass die Fernsehfilmherstellungsrechte lediglich in beschränktem Umfang auf die GEMA übergehen, stellt sich die Frage, ob die GEMA ein gesondertes Recht zur Video-Zweitauswertung[100] von Fernsehproduktionen vergeben kann, nicht mehr. Anders als bei der Auswertung von Kinofilmen auf Videokassetten, ist es hier nicht von

98 A. A.: LG Hamburg, ZUM–RD 1997, 256 ff.

99 OLG München, ZUM 1991, 90, 92.

100 Das gilt entsprechend auch für die Zweitauswertung mittels anderer Bildtonträger wie DVD etc.

Belang, ob dieses Recht bereits erschöpft ist.[101] Da nach § 1 lit. i Ziff. 3 der GEMA für den Fall der Nutzung außerhalb des Bereichs der eigenen Sendezwecke (Satz 1) bzw. der geplanten Nutzung durch Dritte (Satz 2) der GEMA keine Herstellungsrechte übertragen werden, kann sie dieses Recht auch nicht lizenzieren. Auf Grund der unterschiedlichen Ausgangslage liegt keine Ungleichbehandlung gegenüber der Videozweitauswertung von Kinofilmen vor. Auch der Grundsatz, dass urheberrechtliche Leistungen angemessen zu vergüten sind, wird nicht berührt, denn es wird damit nicht etwa gleichsam eine weitere und gar doppelte Vergütung an die GEMA und die Berechtigten erforderlich, die die Zweitauswertung „unkalkulierbar" macht.[102] Für die Video-Zweitauswertung von Fernsehfilmen muss daher eine gesonderte Vereinbarung mit dem Berechtigten getroffen werden.[103]

f) Die privilegierten Fernsehanstalten und deren eigene Werbegesellschaften

Obwohl der Begriff der „Fernsehanstalt" in Ziffer 3 Satz 1 streng genommen nur die öffentlich-rechtlichen Fernsehsender umfasst, sind auch die Eigen- und Auftragsproduktionen der privaten Fernsehsender von dieser Privilegierung erfasst. Da auch diese privaten Fernsehsender mit der GEMA Pauschalverträge zur kollektiven Abwicklung der massenweisen Werknutzungen abschließen, greift auch hier der Sinn und Zweck des Senderprivilegs.[104] Die zu enge Formulierung „Fernsehanstalten" kommt daher, dass es bei der Einführung des Senderprivilegs in den sechziger Jahren noch keine privaten Fernsehsender gab, die bei der Regelung hätten berücksichtigt werden können.

Der Hinweis auf die „eigenen Werbegesellschaften" bezieht sich darauf, dass diese privatrechtlich organisierten Tochtergesellschaften der Fernsehsender neben ihrer Aufgabe zur Vermarktung von Werbeplätzen auch auf dem Gebiet der Auftragsproduktionen – so etwa im Bereich der Serien für das Vorabendprogramm – tätig sind. Daher werden auch Gesellschaften als „Töchter" der Fernsehsender in die Wirkung des Senderprivilegs einbezogen.

---

101 BGH, GRUR 1994, 41 ff. – Videozweitauswertung II.

102 OLG Hamburg ZUM 1992, 303, 304 – Piccolo Bolero.

103 Dreier/Schulze-*Schulze*, vor § 31 UrhG Rn. 136; OLG München, NJW 2003, 684 – Alpensinfonie.

104 Dazu vorstehend a.

5. Der Einwilligungsvorbehalt bei *audiovisuellen* „Werbespots“ nach § 1 lit. k Abs. 1 BerV

a) Allgemeines

Wie bereits im Zusammenhang mit der Übertragung des Vervielfältigungsrechts dargestellt,[105] regelt § 1 lit. k Abs. 1 BerV, dass die Befugnis, die Einwilligung zur Benutzung eines Werks (mit oder ohne Text) zur Herstellung von Werbespots der Werbung betreibenden Wirtschaft, z. B. im Rundfunk (Hörfunk oder Fernsehen) zu erteilen, dem Berechtigten vorbehalten bleibt.[106] Für den Bereich der *audiovisuellen* Werbeproduktionen bedeutet dies, dass das Herstellungsrecht an der Musik nicht nach § 1 lit. i BerV auf die GEMA übergeht. § 1 lit. k Abs. 1 BerV schränkt insofern für audiovisuelle Produktionen die Rechteübertragung nach § 1 lit. i BerV und damit nach dem Vorbehalt des § 1 lit. h Abs. 5 BerV mittelbar die Übertragung der Vervielfältigungs- und Verbreitungsrechte des § 1 lit. h Abs. 1 BerV ein. Damit bleibt es auch bei audiovisuellen „Werbespots“ insbesondere auf Grund des Urheberpersönlichkeitsrechts dem Berechtigten überlassen zu entscheiden, ob sein Musikwerk mit der Werbeaussage in Verbindung gebracht werden darf. Dieses Ergebnis entspricht dem Zweckübertragungsgedanken, da eine kollektive Wahrnehmung wegen § 11 UrhWG dazu führen würde, dass die GEMA dieses Herstellungsrecht *jedermann* einräumen müsste. Auch hier sind nicht nur die klassischen Produktwerbefilme ausgenommen. Er umfasst etwa auch Filme zur Sendereigenwerbung. Die Regelung bezieht sich auf die unterschiedlichen Arten von Werbemusik, etwa als Illustrationsmusik oder als Werbeslogan, unabhängig davon, ob es sich um ein vorbestehenden Werk oder eine Auftragskomposition handelt.[107]

In noch stärkerem Ausmaß als bei der Verwendung eines Musikwerks zur Filmherstellung ohne werbenden Charakter berührt die Nutzung eines Musikwerks zur Herstellung einer audiovisuellen Produktion zu Werbezwecken regelmäßig das Bearbeitungs- bzw. Umgestaltungsrecht des

---

105 Vorstehend § 11 II 2 a dd).

106 Bis zum Jahr 1986 ging das Recht zur Benutzung eines Musikwerks zur Herstellung eines Werbefilms noch – durch die Berechtigten rückrufbar – auf die GEMA über; dazu vorstehend I.

107 *V. Welser*, Die Wahrnehmung urheberpersönlichkeitsrechtlicher Befugnisse durch Dritte, S. 129.

Urhebers nach § 23 UrhG.[108] Selbst die unveränderte Verwendung eines Musikwerks zur Herstellung eines Werbefilms stellt idR nicht lediglich eine Vervielfältigung eines Musikwerks nach § 16 UrhG dar. Die tatsächliche Verbindung von Bild bzw. Text und Musik ist im Fall der Werbefilme jedenfalls mit Umgestaltungen oder Bearbeitungen nach § 23 UrhG vergleichbar.[109]

Wie schon die rein akustische werbliche Nutzung berührt gleichermaßen die Verwendung eines Musikwerks zur Herstellung einer audiovisuellen Produktion zu Werbezwecken das Urheberpersönlichkeitsrecht. Dem Urheber wird daher bei der Verwendung eines Musikwerks zur Herstellung eines „Werbespots" ein Zustimmungsvorbehalt gewährt. Wie auch im Bereich der Regelung des § 1 lit. i Ziff. 3 S. 2 BerV bewirkt dieser Einwilligungsvorbehalt trotz des Wortlauts eine dingliche und nicht rein obligatorische Beschränkung der Übertragung des Herstellungsrechts nach § 1 lit. i BerV.[110] Die Verwendung eines Musikwerks zu Werbezwecken stellt eine eigenständige und abspaltbare Nutzungsart dar.[111] Der Berechtigte kann somit gesondert über dieses Nutzungsrecht verfügen und damit die Übertragung des Herstellungsrechts diesbezüglich dinglich und damit Dritten gegenüber nach § 32 UrhG beschränken.[112]

b) Der Begriff des (audiovisuellen) Werbespots der Werbung betreibenden Wirtschaft

aa) Der klassische Produktwerbefilm

Von der Regelung in § 1 lit. k BerV ist zunächst – parallel zum Bereich der rein akustischen Werbespots – der „klassische" Produktwerbefilm umfasst, wobei es unerheblich ist, ob ein vorbestehendes Werk (etwa „Wonderful World" für eine Autowerbung) oder eine eigens für einen Werbespot komponierte Musik (wie „Milka – die zarteste Versuchung") verwendet wird. In diesen Fällen regelt § 1 lit. k Abs. 1 BerV, dass die

108 Vgl. Loewenheim-*Czychowski*, § 68 Rn. 89.

109 *G. Schulze*, ZUM 1993, 255, 267.

110 Vgl. vorstehend § 10 II 2 a dd) (1); Schulze OLGZ 315, 6; a. A.: *Staats*, Aufführungsrecht und kollektive Wahrnehmung bei Werken der Musik, S. 128.

111 OLG München, ZUM 1997, 275 – Trailer-Werbung; OLG Hamburg, GRUR 1991, 599, 600 – Rundfunkwerbung; Dreier/Schulze-*Schulze*, vor § 31 UrhG Rn. 180.

112 Vgl. *Schack*, Urheber- und Urhebervertragsrecht, Rn. 545.

Befugnis, das Recht zur Benutzung des Werks bei der Herstellung eines Werbespots wahrzunehmen, beim Berechtigten verbleibt.[113]

bb) Programmtrailer

Für Nutzungen durch sog. Programmtrailer, d. h. Programmankündigungen[114], die zur Bewerbung eines Films dienen,[115] war umstritten, ob diese Filme unter den Begriff der „Werbespots der Werbung betreibenden Wirtschaft" iSd § 1 lit. k Abs. 1 BerV fallen. Hintergrund ist, dass sich die Fernsehsender, die diese Trailer produzieren, hinsichtlich des Herstellungsrechts auf die mit der GEMA abgeschlossenen Pauschalverträge und damit auf das sog. Senderprivileg[116] berufen haben. Sie sahen sich nicht verpflichtet, für diese Nutzungen gesonderte Lizenzen an die Berechtigten zu entrichten. Die Rechtsprechung hat jedoch entschieden,[117] dass den Fernsehsendern im Rahmen der Pauschalverträge nicht das Recht zur Verwendung des GEMA-Repertoires bei der Herstellung von Programmtrailern eingeräumt wird,[118] da die Berechtigten nach § 1 lit. k Abs. 1 BerV der GEMA dieses Nutzungsrecht nicht einräumen und die GEMA daher dieses Recht auch nicht an die Sender übertragen könne.[119] Sobald ein eigener Kurzfilm für die Ankündigung hergestellt werde, handle es sich – gleich ob Bildfolgen aus dem Film verwendet würden oder nicht – um einen Werbespot der Werbung betreibenden Wirtschaft im Sinne des § 1 lit. k Abs. 1 BerV, da hier die Musik werbemäßig – nämlich für die Eigenwerbung des Senders – eingesetzt wird, um für den Film ein Publikum zu erreichen.[120]

Bei der Auslegung des Begriffs „Werbespot" kommt es – wegen der urheberpersönlichkeitsrechtlichen Belange des Urhebers – nicht darauf an, dass etwa die Merkmale eines klassischen Werbespots erfüllt sind.[121]

---

113 Schricker-*v. Ungern-Sternberg*, vor §§ 20 UrhG Rn. 22; OLG München, ZUM 1997, 275 – Trailer-Werbung; *Russ*, ZUM 1995, 32, 35.

114 Loewenheim-*Castendyk*, § 75 Rn. 302.

115 Möhring/Nicolini-*Lütje*, § 88 UrhG Rn. 61.

116 Dazu oben 4.

117 Ein Fernsehsender hatte hier das Musikstück „O Fortuna" aus der Carmina Burana von Carl Orff bei der Herstellung eines Trailers zur Ankündigung eines Spielfilms verwendet.

118 OLG München, ZUM 1997, 275 – Trailer-Werbung.

119 OLG München, ZUM 1997, 275, 278 – Trailer-Werbung.

120 LG Hamburg v. 21. 3. 1996 – Az. 308 O 229/93, Umdruck S. 11 f.

121 OLG München, ZUM 1997, 275, 278 – Trailer-Werbung.

So meint etwa § 1 lit. k Abs. 1 BerV nicht nur die Fremdwerbung, sondern umfassend jede Werbung,[122] die dem redaktionellen Programm des Senders gegenüber steht. Obwohl der Wortlaut der Bestimmung, der auf die Werbung betreibende Wirtschaft hinweist, dies nahe legt, ist damit nicht nur die „kommerzielle" Werbung im Sinne einer der Sendeanstalt zu vergütenden Fremdwerbung gemeint. Diese Formulierung ist historisch bedingt und muss heute – unter Berücksichtigung der urheberpersönlichkeitsrechtlichen Belange des Urhebers – anders ausgelegt werden.[123] Dabei ist auch die Einstufung als Werbung im rundfunkrechtlichen Sinn nicht entscheidend; hierdurch kann jedenfalls Dritten gegenüber nicht festgelegt werden, welche Sachverhalte unter den Begriff der „Werbung" fallen. Entscheidend ist vielmehr, dass es der Urheber im Fall der Programmankündigung selbst in der Hand haben muss, ob sein Werk mit dieser Ankündigung und damit mit dem beworbenen Film in Verbindung gebracht wird. Dabei spielt es keine Rolle, ob es sich bei dem Trailer um eine Eigen- oder Auftragsproduktion handelt. Da § 1 lit. k Abs. 1 BerV regelt, dass bei Vorliegen eines Werbespots die Befugnis des Berechtigten unberührt bleibt, bedeutet dies, dass die vorausgehenden Regelungen des § 1 lit. i BerV bezüglich Eigen- und Auftragsproduktionen für Werbespots nicht gelten.[124] Auch macht es hier keinen Unterschied, ob es sich um ein sog. vorbestehendes Werk oder um ein eigens für den Trailer komponiertes Werk handelt. Der Begriff des „Werbespots" ist jedenfalls so auszulegen, dass auch der Programmtrailer davon erfasst wird. Die Rechte zur Verwendung eines Musikwerks in einem solchen Film gehen damit nach § 1 lit. k Abs. 1 BerV nicht auf die GEMA über.

cc) „Station Promotion"

Auch die Filme zur sog. Station Promotion (Eigenwerbung des Rundfunkveranstalters),[125] wie Senderkennungen und Senderlogos fallen unter den Begriff der „Werbespots der Werbung betreibenden Wirtschaft" im Sinne des § 1 lit. k Abs. 1 BerV,[126] so dass die GEMA das Herstellungs-

---

122 LG Hamburg v. 21. 3. 1996 – Az. 308 O 229/93, Umdruck, S. 12.

123 OLG Hamburg, GRUR 1991, 599 – Rundfunkwerbung; eingehend *Ventroni*, Das Filmherstellungsrecht, S. 242.

124 OLG München, ZUM 1997, 275, 278 f. – Trailer-Werbung.

125 Zum Begriff der „Station Promotion" *Hartstein/Ring/Kreile/Dörr/Stettner* B5 § 7 RStV Rn. 10.

126 Zum Bereich der rein akustischen Werbespots vorstehend § 10 II 2 a dd).

recht nicht an die Sender im Rahmen der Pauschalverträge übertragen kann. Dies entschied das OLG Hamburg für die Sendereigenwerbung des NDR („Das Beste im Norden").[127] Die Sendereigenwerbungsfilme weisen zwar weder auf eine bestimmte Ware noch auf einen konkreten Film hin, jedoch dienen sie der stärkeren Einprägung des Namens des Senders und fördern die Wiedererkennung und die Präsenz des Senders. Damit soll der Absatz der Dienstleistungen des Senders gesteigert werden.

dd) Sponsoring-Sendungen

Auch sog. Sponsoring-Sendungen fallen unter den Begriff des Werbespots der Werbung betreibenden Wirtschaft im Sinne des § 1 lit. k Abs. 1 BerV. Auch hier ist es unerheblich, dass es sich bei diesen Sendungen nach den Vorschriften des Rundfunkrechts nicht um „Werbung" handelt.[128] Da auch durch diese werbemäßige Nutzung in die urheberpersönlichkeitsrechtlichen Belange der Berechtigten eingegriffen wird, handelt es sich hierbei, ebenso wie bei einem Produktwerbefilm oder bei einem Programmtrailer, um einen „Werbespot der Werbung betreibenden Wirtschaft" im Sinne des § 1 lit. k Abs. 1 BerV. Es muss in den Händen der Berechtigten liegen, ob das Musikwerk mit dem werbenden Inhalt des Films in Verbindung gebracht wird. Ein Beispiel für eine Sponsoring-Sendung ist der „tanzende Regenschirm", der den Wetterbericht zur Tagesschau ankündigt. Dieser Kurzfilm, der mit dem Song „Raindrops Keep Fallin' on my Head" unterlegt ist, enthält die Aussage, dass der Wetterbericht von der Dresdner Bank „präsentiert wird".

ee) Kinowerbung, Industriewerbefilme etc.

Der Wortlaut des § 1 lit. k Abs. 1 BerV umfasst über den Fernsehbereich hinaus auch jegliche andere Form von Werbefilm, da die Rundfunkwerbung nur als Beispiel angeführt wird.[129] In diesem Sinne muss auch bei der Verwendung von Musik zur Herstellung von Kino-Werbefilmen das Herstellungsrecht nach § 1 lit. k BerV bei den Urhebern bzw. Verlegern

127 Loewenheim-*Castendyk,* § 75 Rn. 302.

128 Nach § 7 Abs. 1 des Rundfunkstaatvertrags handelt es sich bei Sponsoring um Finanzierung einer Sendung im öffentlichen Rundfunk durch den Beitrag eines Dritten; *P. Schulz,* in: Handbuch der Musikwirtschaft, Werbemusikverträge, S. 1342, 1346.

129 Dies entspricht wiederum der Regelung für rein akustische Werbespots; vorstehend § 10 II 2 a dd).

eingeholt werden. Auch Industrie-Werbefilme fallen unter diese Regelung. Wenn also eine Firma z. B. zur Präsentation eines Produktes auf einer Messe einen Film produziert und dabei auf das Repertoire der GEMA zurückgreift, muss in jedem Fall der Berechtigte und nicht die GEMA das Herstellungsrecht vergeben. Nach § 1 lit. k Abs. 1 BerV liegt hier gerade kein Fall der Rechteübertragung nach § 1 lit. i Ziff. 1 BerV vor.

ff) Internet-Werbung

Auch die regelmäßig audiovisuelle Werbung im Internet ist vom weiten Begriff des „Werbespots" nach § 1 lit. k Abs. 1 BerV umfasst. Auch hier muss es nach dem Sinn und Zweck der Regelung dem Urheber vorbehalten bleiben zu entscheiden, ob sein Werk mit einer Werbeaussage in Verbindung gebracht werden darf. Folglich spielt es auch keine Rolle, ob es sich um bewegte Bilder oder rein statische Werbeanzeigen handelt. Auch die Übertragung des Online-Herstellungsrechts nach § 1 lit. 1 Ziff. 1 BerV ist somit durch § 1 lit. k Abs. 1 BerV dinglich begrenzt.

6. Die Ausnahmen für dramatisch-musikalische Werke

Auch für die Übertragung der Herstellungsrechte nach § 1 lit. i Ziff. 4 BerV gelten Ausnahmen für die Nutzung dramatisch-musikalischer Werke. Diese Ausnahmeregelungen betreffen den gesamten Bereich der Herstellungsrechte. Auch der sonst privilegierte Bereich der Eigen- und Auftragsproduktionen für eigene Sendezwecke ist von dieser Ausnahmeregelung erfasst. In diesen Fällen müssen also auch die Sender bei den Berechtigten eine gesonderte Bewilligung einholen.[130] Für die anderen Bereiche der Film- und Multimedia-Herstellungsrechte hat diese Ausnahmeregelung zur Folge, dass das Herstellungsrecht noch nicht einmal auflösend bedingt auf die GEMA übertragen wird. Vielmehr sind die Berechtigten auch hier von Anfang an für die Vergabe der Herstellungsrechte zuständig.

Die Regelung in Ziffer 4 stellt die einzelnen Ausnahmekonstellationen detailliert dar. Ziffer 4 aa) betrifft den Fall, dass ein vorbestehendes dramatisch-musikalisches Werk, sei es vollständig, als Querschnitt oder

---

130 *P. Schulz*, in: Handbuch der Musikwirtschaft, Filmmusik-Lizenzverträge, S. 1380, 1382.

in größeren Teilen,[131] bei der Herstellung eines Films verwendet wird. Diese Sachverhalte werden demnach nicht von der Rechteübertragung nach § 1 lit. i BerV erfasst. Darunter fällt etwa die Aufzeichnung einer Opern- oder Ballettaufführung als Fernsehproduktion. Umgekehrt liegt z. B. das Recht zur Lizenzierung einer Fernseheigenproduktion für den Fall bei der GEMA, dass nur kleinere Teile dramatisch-musikalischer Werke (wie z. B. das Werk „O Fortuna" aus Orffs „Carmina Burana") verwendet werden.[132]

Ein Beispiel für die nach Ziffer 4 bb) geregelte Ausnahme, dass auch das Recht zur Benutzung eines Musikwerks zur (Film-)Herstellung eines dramatisch-musikalischen Werks in keinem Fall von der GEMA wahrgenommen wird, regelt die zwischen den Rundfunkanstalten und der GEMA geschlossene Abgrenzungsvereinbarung. Demnach kann die GEMA das Filmherstellungsrecht dann nicht vergeben, wenn ein Konzertstück als „vertanzte Musik" zur Herstellung eines Balletts, welches als Fernsehsendung aufgenommen wird, verwendet wird.[133]

Schließlich bezieht sich die Ausnahmeregelung in Ziffer 4 cc) auf die Fälle, in denen eine „Einlage" aus einem dramatisch-musikalischen Werk als integrierender Bestandteil in einer Aufnahme von dramatischen oder dramatisch-musikalischen Werken verwendet wird. So fällt beispielsweise der Sachverhalt, dass eine Arie aus einer Operette in einer Revue als „Verbindung mehrerer Musiktitel unter einem Leitgedanken und mit einem Handlungsfaden" vorkommt, nicht unter den Wahrnehmungsbereich der GEMA. Dabei spielt es keine Rolle, ob es sich um eine Aufzeichnung für eine Fernsehsendung oder um eine Aufnahme zur Wiedergabe auf einem Bildton- oder Multimedia-Datenträger oder zur öffentlichen Zugänglichmachung im Internet handelt. Für den Bereich der Fernsehfilmherstellung gilt im Rahmen dieser Ausnahmeregelung die Besonderheit, dass der Berechtigte die Einräumung des Herstellungsrechts an den selbst produzierenden Sender hinsichtlich der Fernseheigen- und Fern-

---

131 Diese Begriffe sind bereits unter § 4 II 2 erläutert. Nach der Regelung in I. 2 d) Abs. 2 der zwischen den Rundfunkanstalten und der GEMA abgeschlossenen Abgrenzungsvereinbarung gelten diese Abgrenzungskriterien auch für den Bereich der Filmherstellung; Abgrenzungsvereinbarung abgedr. in: GEMA-Jahrbuch 2005/2006, S. 190 f.

132 *Russ*, ZUM 1995, 32, 35.

133 Ziff. I. 2. b) Abs. 2 der zwischen den Rundfunkanstalten und der GEMA geschlossenen Abgrenzungsvereinbarung; abgedr. in: GEMA-Jahrbuch 2005/2006, S. 190 f.

sehauftragsproduktionen nicht von einer Vergütung abhängig machen kann. Dies bedeutet, dass die Berechtigten im genannten Bereich die Erteilung des Herstellungsrechts lediglich ablehnen, aber nicht mit den Sendern einen Preis für die Einräumung des Herstellungsrechts aushandeln können.

7. Wochenschauen

§ 1 lit. i Ziff. 2 BerV enthält eine Ausnahmeregelung zum Rückfall nach § 1 lit. 1 Abs. 1 BerV für sog. Wochenschauen. Demnach ist die GEMA hier – wie im Bereich der Fernsehproduktionen – grundsätzlich unbeschränkt befugt, die entsprechenden Herstellungsrechte zu vergeben.[134] Solche Wochenschauen waren früher dazu bestimmt, dem Publikum im Kino die wichtigsten Ereignisse der Woche in einer Zusammenfassung zu zeigen.[135] Allerdings spielt heute die Herstellung von Wochenschauen keine Rolle mehr. Derartige Filme werden nicht mehr produziert. Sie wurden durch das Fernsehen verdrängt. Die Ausnahmeregelung hat daher keine praktische Bedeutung.[136]

III. Inhaltskontrolle

Einzig bei der auflösend bedingten Übertragung des Multimedia-Herstellungsrechts nach § 1 lit. i Ziff. 1 Abs. 1 Alt. 3 BerV stellt sich die Frage nach der Wirksamkeit der Rechteübertragung. Möglicherweise kann es sich hierbei um eine unbekannte Nutzungsart nach § 31 Abs. 4 UrhG handeln. Unzweifelhaft handelt es sich bei der Nutzung eines Musikwerks zur Herstellung einer Multimedia-Produktion um eine eigenständige Nutzungsart.[137] Diese war bei Einführung der betreffenden Rechteübertragung in den Berechtigungsvertrag im Jahr 1996[138] jedoch bereits bekannt. Dies gilt sowohl für die Herstellung multimedialer Produkte auf körperlichen Trägermedien wie auch für das unkörperliche

134 *Ventroni,* Das Filmherstellungsrecht, S. 57.
135 *Reupert,* Der Film im Urheberrecht, S. 58.
136 *G. Schulze,* ZUM 1993, 255, 263.
137 Dreier/Schulze-*Schulze,* § 31 UrhG Rn. 46.
138 Dazu vorstehend I 2.

Abspeichern und Übermitteln derartiger Werkverbindungen.[139] Verträge, die vor dieser Ergänzung im Jahr 1996 geschlossen wurden, beinhalten die Einräumung der Herstellungsrechte weder nach der Ergänzungsklausel des § 6 lit. a Abs. 2 BerV a. F., noch hilft die Auffangklausel nach § 1 lit. l BerV über den Mangel der ausdrücklichen Rechteeinräumung hinweg.[140] Allerdings hat die GEMA mit einem Großteil der Berechtigten im Jahr 1996 eine Ergänzungsvereinbarung geschlossen. Danach wurden frühere Verfügungen, die die GEMA möglicherweise als Nichtberechtigte vor der Bekanntheit im Jahr 1996 vorgenommen hat, iSd § 185 Abs. 2 S. 1 BGB genehmigt (und etwaige Ansprüche an die GEMA abgetreten). Außerdem wurden der GEMA die betreffenden Nutzungsrechte im Rahmen dieser einzelvertraglichen Ergänzungsvereinbarungen nochmals ausdrücklich eingeräumt, so dass auch die Herstellungsrechte im Multimedia-Bereich für den Großteil der Berechtigten, die diese Ergänzungsvereinbarung unterzeichnet haben, wirksam auf die GEMA übergegangen sind und damit wirksam wahrgenommen werden konnten.[141]

139 Dazu vorstehend § 12 III 1; die Nutzung eines Musikwerks auf einer Internet-Homepage wird ab 1995/1996, die Nutzung durch On-Demand-Dienste ab 1995 als bekannt angesehen.

140 Zur Einbeziehungs- und Auffangklausel vorstehend § 4 IV 7 und 8.

141 Dazu vorstehend § 4 IV 7 c.

3. Teil: Ergebnisse, Bewertungen und Ausblick

Zur Untersuchung der Rechteübertragungsklauseln war es zunächst erforderlich, einige Grundlagen, wie etwa zum Regelwerk des Berechtigungsvertrags und zur Frage, wer mit der GEMA einen solchen Vertrag abschließen kann, darzustellen und zu erörtern. Außerdem mussten – vorbereitend für die detaillierten Einzelprüfungen – die Besonderheiten bei der Auslegung dieser Klauseln aufgezeigt und vorab geklärt werden, nach welchen Maßstäben die Kontrolle des so gefundenen Regelungsinhalts erfolgt.[1] Dieser Darstellung der Grundlagen schloss sich die Auslegung und Kontrolle der Rechteübertragungsklauseln im Einzelnen an.[2] Die Ergebnisse der Untersuchungen werden im Folgenden zusammenfasst.[3] Anschließend werden die gefundenen Ergebnisse bewertet,[4] indem übergreifende Regeln bezüglich der Einzelrechtsübertragungen festgestellt[5] und die urheberrechtlichen Befugnisse im Hinblick auf ihre Eignung zur kollektiven Wahrnehmung qualifiziert werden.[6] In einem Ausblick werden schließlich beispielhaft inhaltliche und formale Änderungs- und Verbesserungsvorschläge zu den Rechteübertragungsklauseln vorgestellt.[7]

1 Dazu vorstehend 1. Teil.
2 Dazu vorstehend 2. Teil.
3 Nachfolgend §§ 16 und 17.
4 Nachfolgend § 18.
5 Nachfolgend § 18 I.
6 Nachfolgend § 18 II.
7 Nachfolgend § 19.

§ 16 Untersuchung der Grundlagen – Ergebnis

Im Rahmen der Erörterung der Grundlagen betreffend die Rechtewahrnehmung und Rechteübertragung im Berechtigungsvertrag wurden einleitend die Tätigkeit der GEMA, ihre historische Entwicklung und Organisation aufgezeigt.[1] Dem folgten Erörterungen zum Kreis der Berechtigten, zum Regelwerk des Berechtigungsvertrags, zum Gegenstand der Rechteübertragungen sowie zu den Grundsätzen der Auslegung und Inhaltskontrolle der Klauseln. Die Ergebnisse dieser Untersuchung werden im Folgenden noch einmal zusammengefasst.

I. Der Kreis der Berechtigten

Ausgangspunkt der Erörterung zum Kreis der möglichen Berechtigten[2] war der gesetzliche Wahrnehmungszwang nach § 6 Abs. 1 UrhWG. Auf dieser Grundlage wurde festgestellt, dass zunächst musikalische Urheber, soweit sie nach der Lebenserfahrung in der Lage sind, wirtschaftlich verwertbare Werke zu schaffen, sowie deren Rechtsnachfolger die im Berechtigungsvertrag aufgeführten Rechte auf die GEMA zur kollektiven Wahrnehmung übertragen können. Gleichermaßen sind neben den Rechtsnachfolgern auch andere Inhaber abgeleiteter Rechte uneingeschränkt berechtigt, die GEMA mit der Wahrnehmung zu beauftragen. Musikverleger sind – selbst für den Fall, dass sie keine urheberrechtlichen Befugnisse in die Verwertungsgesellschaft einbringen – berechtigt, mit der GEMA Berechtigungsverträge abzuschließen.

Allerdings besteht die Pflicht der GEMA zur Wahrnehmung nicht unabhängig von der Staatszugehörigkeit des Rechteinhabers. Auf den Wahrnehmungszwang nach § 6 Abs. 1 UrhWG können sich einerseits Deutsche und Angehörige der EG-Mitgliedstaaten und der EWR-Vertragstaaten sowie Rechteinhaber, die – unabhängig von ihrer Staatsangehörigkeit – ihren Wohnsitz in Deutschland haben, berufen. Auch gegenüber Unternehmen mit Sitz in einem Mitgliedstaat der EG oder einem Vertragssaat des EWR ist die GEMA zur Wahrnehmung verpflichtet. Dagegen können

1 Dazu vorstehend § 2 I.

2 Vorstehend § 2 II.

sonstige Angehörige von Drittländern auch nicht unter Berufung auf konventionsrechtliche Gleichbehandlungsgrundsätze von der GEMA die Wahrnehmung ihrer Rechte und damit den Abschluss eines Berechtigungsvertrags fordern.

II. Das Regelwerk des Berechtigungsvertrags

Folglich ist in § 6 Abs. 1 UrhWG gesetzlich festgelegt, dass die GEMA als Verwertungsgesellschaft mit bestimmten Rechteinhabern zum Zweck der Wahrnehmung einen Vertrag (Berechtigungsvertrag) abschließen muss. Bei diesem Vertrag handelt sich nicht – wie vielfach vertreten – um eine Art Geschäftsbesorgungsvertrag. Vielmehr ist seine Rechtsnatur auf Grund der Unentgeltlichkeit der Rechtewahrnehmung eher dem Auftragsrecht zuzuordnen. Der Vertragszweck berücksichtigt nicht nur das Interesse des Einzelnen an der bestmöglichen Wahrnehmung seiner Werke. Es geht auch um die Aufgabe der GEMA, die Rechteverwaltung im Interesse der Gesamtheit aller Mitglieder möglichst effektiv und Kosten sparend zu gestalten.[3]

Der Berechtigungsvertrag hat den Auftrag zum Inhalt, die übertragenen Rechte treuhänderisch wahrzunehmen.[4] Die Treuhandschaft bewirkt, dass die GEMA im Außenverhältnis als Rechteinhaberin uneingeschränkt berechtigt ist. Sie kann die Rechte auswerten, indem sie Interessierten einfache Nutzungsrechte gegen Lizenzgebühren einräumt und im eigenen Namen die Unterlassung widerrechtlicher Nutzungen (gegebenenfalls gerichtlich) verlangen. Daneben ist sie auch befugt, durch Kontrollen die ihr übertragenen Rechte zu schützen. Im Innenverhältnis ist die GEMA als Treuhänderin gebunden. Die ihr übertragenen Rechte darf sie nur im Interesse der Treugeber ausüben; sie muss für eine angemessene Beteiligung der Berechtigten an der Nutzung der Werke sorgen.

3 Vorstehend § 2 III 1.
4 Zur Treuhandstellung der GEMA vorstehend § 2 III 4.

III. Gegenstand der Rechteeinräumung

Mit Abschluss des Berechtigungsvertrags übertragen die Rechteinhaber bestimmte urheberrechtliche Befugnisse an ihren Musik- und gegebenenfalls Sprachwerken auf die GEMA. Voraussetzung ist, dass die gegenständlichen Werke der Tonkunst mit oder ohne Text schutzfähig sind und die Schutzfrist von 70 Jahren p. m. a. noch nicht abgelaufen ist. Bei textierten Musikstücken handelt es sich regelmäßig um eine Werkverbindung nach § 9 UrhG; Komponist und Textdichter bilden eine BGB-Gesellschaft.[5]

Mit Abschluss des Berechtigungsvertrags gehen vorrangig Verwertungsrechte nach §§ 15–22 UrhG auf die GEMA zur kollektiven Rechtewahrnehmung über.[6] Auch das Recht zur Bearbeitung bzw. Umgestaltung nach § 23 UrhG wird in bestimmten Einzelfällen – regelmäßig konkludent – eingeräumt. Zwar eignet sich diese Befugnis wegen ihrer persönlichkeitsrechtlichen Komponente grundsätzlich nicht zur kollektiven Wahrnehmung (gegenüber *jedermann*). Insbesondere in den Fällen der massenweisen Nutzungen von Werkkürzungen und Teilnutzungen entspricht die kollektive Wahrnehmung durch die GEMA jedoch dem Vertragszweck. In diesen Einzelfällen geht das Bearbeitungsrecht nach § 23 UrhG nach dem Zweckübertragungsgedanken gemäß § 31 Abs. 5 UrhG ausnahmsweise auf die GEMA über.[7] Verwertungsgesellschaftenpflichtige gesetzliche Vergütungsansprüche werden zwar nicht eingeräumt, aber als schuldrechtliche Ansprüche an die GEMA abgetreten. Eine individuelle Wahrnehmung ist hier auf Grund der gesetzlich ausgestalteten Verwertungsgesellschaftenpflichtigkeit ohnehin nicht möglich.[8] Das „Urheberrecht" an sich kann nicht auf die GEMA übergehen. Die entsprechende Formulierung in § 1 BerV (Kopfteil) ist daher nach der heutigen Gesetzeslage begrifflich falsch. Sie steht für die exklusive Einräumung der genannten Verwertungsrechte.[9] Sachverhalte, bei denen Urheberpersönlichkeitsrechte verletzt werden, können nicht unter den Tätigkeitsbereich der GEMA fallen, da im Rahmen der kollektiven Wahrnehmung individuelle Interessen – auch wegen des Kontrahierungs-

---

5 Vorstehend § 2 IV 1.
6 Vorstehend § 2 IV 2 c.
7 Vorstehend § 2 IV 2 d.
8 Vorstehend § 2 IV 2 e.
9 Vorstehend § 2 IV 2 a.

zwangs in § 11 UrhWG – nicht berücksichtigt werden können. Das insbesondere einschlägige Recht, in Entstellungen und Beeinträchtigungen nach §§ 14, 39 UrhG einzuwilligen, kann daher nicht auf die GEMA übertragen werden. Der Umfang der Übertragung der Bearbeitungsrechte endet, wenn durch die Veränderung des Werks das Urheberpersönlichkeitsrecht verletzt wird. Ob eine solche Verletzung vorliegt, muss im Einzelfall durch eine Abwägung der Verwerter- gegen die Urheberinteressen ermittelt werden.[10]

IV. Grundsätze der Auslegung und Inhaltskontrolle

Abschließend zu den vorbereitenden Grundlagen ergab eine Betrachtung der unterschiedlichen Rechtsakte, dass bei Auslegung und Inhaltskontrolle der Rechteübertragungsklauseln die Vorschriften des Urheberrechtsgesetzes, des Urheberrechtswahrnehmungsgesetzes, allgemeiner Rechtsgrundsätze, insbesondere die des Bürgerlichen Gesetzbuchs, sowie die kartellrechtliche Missbrauchskontrolle zu berücksichtigen sind.

1. Das Urheberrechtsgesetz

Das Urheberrechtsgesetz ist sowohl zur Auslegung wie auch zur Kontrolle der Rechteübertragungsklauseln geeignet. Insbesondere konkludente Rechteübertragungen waren anhand des Zweckübertragungsgedankens nach § 31 Abs. 5 UrhG unter Berücksichtigung des Vertragszwecks zu ermitteln.[11] Die Kontrollnorm des § 31 Abs. 4 UrhG verbietet – zum Schutz des Urhebers vor Übertragungen, deren Reichweite er bei Vertragsschluss noch nicht einschätzen kann – darüber hinaus Verpflichtungen und Verfügungen über eigenständige unbekannte Nutzungsarten.[12] Bezogen auf das Wahrnehmungsverhältnis verursacht diese Kontrollnorm allerdings Lücken in der Rechteübertragung, da die neu hinzugekommenen Nutzungsarten nicht automatisch Gegenstand der sog. Altverträge werden können, die nur pauschale Rechteübertragungen enthalten.

10 Vorstehend § 2 IV 2 b.
11 Vorstehend § 3 I 2.
12 Vorstehend § 3 I 3.

Diese Problematik könnte sich allerdings erübrigen, wenn – wie im Referentenentwurf vorgeschlagen – die Kontrollnorm des § 31 Abs. 4 UrhG abgeschafft wird und Rechtsgeschäfte über unbekannte Nutzungsarten künftig zulässig sein sollten.[13] Zum Schutz des Urhebers soll dieser dann aber künftig Verpflichtungs- wie Verfügungsgeschäft widerrufen können, solange die Nutzungsart noch nicht bekannt ist oder der Verwerter mit der Nutzung noch nicht begonnen hat. Hintergrund dieser geplanten Neuregelung ist insbesondere, dass § 31 Abs. 4 UrhG zu einer erheblichen Rechtsunsicherheit geführt hat, die sich auch „innovationshemmend" auswirkt; oft muss in langjährigen Prozessen geklärt werden, ob es sich bei einer neu entwickelten Auswertungsform um eine eigenständige Nutzungsart handelt und wenn ja, ab wann diese bekannt war.

Eine nähere Betrachtung der geplanten Neuregelungen im Hinblick auf die Rechteübertragung auf Verwertungsgesellschaften hat gezeigt, dass dadurch zwar das Problem der Altverträge gelöst ist. Die GEMA könnte sich zunächst pauschal die Rechte bezüglich künftiger erst neu zu entwickelnder Nutzungsarten übertragen lassen. Allerdings berücksichtigen diese Neuregelungen nicht das besondere Rechtsverhältnis zwischen Urheber und Verwertungsgesellschaft; die Regelungen zum Ende der Widerrufsfrist sind nicht direkt anwendbar, da diese auf einen „Verwerter" abstellt und die Verwertungsgesellschaften gerade nicht selbst „verwerten". Als einziger Zeitpunkt für das Ende der Widerrufsfrist kommt in diesem Rechtsverhältnis das allgemeinverbindliche Aufstellen und Veröffentlichen eines Tarifs für die neue Nutzungsart durch die Verwertungsgesellschaft in Frage.

2. Das Urheberrechtswahrnehmungsgesetz

Das Urheberrechtswahrnehmungsgesetz enthält zwar in § 6 Abs. 1 UrhWG eine Norm zur Kontrolle der Rechteübertragungsklauseln, indem sie die Verwertungsgesellschaften verpflichtet, die ihr übertragenen Rechte auf Verlangen der Rechteinhaber zu angemessenen Bedingungen wahrzunehmen. Diese Kontrollnorm ist jedoch nur dann anwendbar, wenn jeweils unterschiedliche Wahrnehmungsbedingungen für Außenstehende und für Mitglieder angeboten werden. Das ist indes bei den

13 Vorstehend § 3 I 3 b.

Rechteübertragungsklauseln nicht der Fall, so dass eine Angemessenheitsprüfung nach dieser Vorschrift nicht relevant ist.[14]

3. Das Vertragsrecht, insbesondere AGB-rechtliche Bestimmungen

a) Auslegung

Die Rechteübertragungsklauseln unterliegen den vertraglichen Auslegungsgrundsätzen nach §§ 133, 157 BGB. Da es sich bei diesen Regelungen um Allgemeine Geschäftsbedingungen handelt, ist bei der Auslegung grundsätzlich ein objektiv-generalisierender Maßstab anzulegen. Die verwendeten fachsprachlichen Begriffe, seien es rechtliche, technische oder auch musiktheoretische, können unter Zugrundelegung der jeweiligen fachsprachlichen Bedeutung ausgelegt werden. Auf die Dokumente zur Entstehungsgeschichte der Regelungen, wie etwa die Begründungen zu den Änderungsanträgen in der Mitgliederversammlung, kann zurückgegriffen werden, wenn diese „Materialien" den Berechtigten vorliegen. Soweit Regelungslücken bestehen, sind die Rechteübertragungsklauseln ergänzend auszulegen.[15]

b) Kontrolle

Grundsätzlich unterliegen die Regelungen des Berechtigungsvertrags den AGB-rechtlichen Kontrollvorschriften nach § 307 Abs. 1 und Abs. 2 BGB. Allerdings eignen sich speziell die Rechteübertragungsklauseln nicht zu einer Überprüfung anhand dieser Maßstäbe, da es keinen Vergleichsmaßstab gibt; sie weichen nicht von Rechtsvorschriften ab oder ergänzen diese iSv § 307 Abs. 3 S. 1 BGB. Soweit es sich allerdings nicht um Nebenbestimmungen zu den Rechteübertragungsklauseln handelt, für die Vergleichsnormen existieren, kommen die Kontrollvorschriften nach § 307 Abs. 1 und Abs. 2 BGB uneingeschränkt zur Anwendung, wie etwa bei der sog. Einbeziehungsklausel nach § 6 lit. a Abs. 2 BerV.

---

14 Vorstehend § 3 II.

15 Vorstehend § 3 III 2.

4. Die kartellrechtliche Missbrauchskontrolle

Die Wirksamkeit der Rechteübertragungsklauseln muss zudem anhand der gemeinschaftsrechtlichen und nationalen kartellrechtlichen Missbrauchsvorschriften nach Art. 82 EG bzw. §§ 19, 20 GWB überprüft werden.[16] Für die Missbrauchskontrolle nach europäischem Recht hat der EuGH eine Abwägung der Verfügungsfreiheit des Einzelnen gegenüber dem Funktionsinteresse der Verwertungsgesellschaft vorgeschrieben. Die Überprüfung kann auf die gemeinschaftsrechtliche Missbrauchskontrolle beschränkt werden; die nationale Kontrolle führt zu identischen Ergebnissen.

16 Vorstehend § 3 IV.

§ 17 Auslegung und Inhaltskontrolle – Ergebnis

Auslegung und Inhaltskontrolle der Rechteübertragungsklauseln haben deren Inhalt und Wirksamkeit im Einzelnen und dadurch den Wahrnehmungsumfang der GEMA insgesamt aufgezeigt. Die Ergebnisse der Untersuchung werden im Folgenden – zunächst zu den Grundsätzen zur allgemeinen Reichweite[1] und sodann zu den jeweiligen Einzelrechtsübertragungen[2] – zusammengefasst.

I. Grundsätze zur allgemeinen Reichweite

1. Exklusive Übertragung aller gegenwärtigen und künftigen Rechte[3]

Grundlegend ist, dass die Berechtigten nach § 1 BerV (Kopfteil) mit Abschluss des Berechtigungsvertrags ihre ausschließlichen Nutzungsrechte übertragen. Diese exklusive Rechteübertragung gilt ausnahmslos für alle Berechtigten und betrifft nach Abschluss des Berechtigungsvertrags das gesamte Oeuvre eines Urhebers. § 1 BerV (Kopfteil) regelt außerdem die Übertragung aller gegenwärtigen und künftigen Rechte, so dass alle vom Tätigkeitsbereich der GEMA umfassten urheberrechtlichen Befugnisse übertragen werden, die der Berechtigte bei Abschluss des Vertrags innehat oder an denen er während der Vertragsdauer die Rechtsinhaberschaft erlangt. Diese Rechte können sich sowohl auf eigene Werke eines Urhebers, wie auch – als abgeleitete Rechte – auf Werke anderer Urheber beziehen. Die Übertragung künftiger Rechte als Vorausverfügung steht im Funktionsinteresse der GEMA und damit im Gesamtinteresse aller Berechtigter. Sie ist zudem auch zum Schutz des einzelnen Berechtigten geboten.

1 Sogleich I.
2 Nachfolgend II.
3 Dazu vorstehend § 4 I und II.

2. Übertragung für die Mindestdauer von drei bzw. sechs Jahren[4]

In zeitlicher Hinsicht übertragen Angehörige der EG-Mitgliedstaaten (und damit auch Deutsche) ihre Rechte für die Mindestdauer von drei Jahren nach den besonderen Vereinbarungen des § 16 BerV. Bei Angehörigen von Drittländern beträgt die Mindestdauer nach § 10 BerV sechs Jahre. Diese Verpflichtung zur Übertragung für die Mindestdauer von sechs Jahren für Angehörige von Drittländern ist jedoch nur gerechtfertigt, wenn die betroffenen Berechtigten nicht ihren steuerlichen Wohnsitz oder als Unternehmen ihren Geschäftssitz in der Europäischen Gemeinschaft (oder im EWR) haben. Für diesen Fall ist ihre unterschiedliche Behandlung wegen des regelmäßig erhöhten Verwaltungsaufwands gerechtfertigt. Hinsichtlich der Angehörigen von Drittländern mit steuerlichem Wohnsitz oder als Unternehmen mit Geschäftssitz in der EG (oder im EWR) ist § 10 BerV daher nichtig. Auch für diese Rechteinhaber gilt – für den Fall, dass ein Berechtigungsvertrag ohne die besonderen Vereinbarungen abgeschlossen wurde – die zulässige dreijährige Mindest-Dauer.

3. Die inhaltliche Reichweite der Rechteübertragungen[5]

Grundsätzlich werden die unter den Tätigkeitsbereich der GEMA fallenden Rechte und Ansprüche unbeschränkt auf die GEMA übertragen. Allerdings besteht nach § 16 BerV für Angehörige der EG-Staaten die Möglichkeit der sog. Spartenlizenzierung. Damit können diese Berechtigten die im jeweils gültigen Berechtigungsvertrag getrennt aufgeführten Ausübungsformen aus der Rechteübertragung ausnehmen, soweit es sich dabei um eigenständige und damit verkehrsfähige Nutzungsarten handelt. Dass Angehörigen aus Drittländern mit steuerlichem Wohnsitz oder als Unternehmen mit Geschäftssitz in der EG oder im EWR diese Möglichkeit der Spartenlizenzierung nicht offen steht, ist nicht gerechtfertigt. Auch für diese Berechtigten besteht die Möglichkeit zur Spartenlizenzierung nach § 16 BerV.

---

4 Dazu vorstehend § 4 III.

5 Dazu vorstehend § 4 IV.

Die in § 1 lit. l BerV geregelte sog. Auffangklausel ist nach der derzeitigen Gesetzeslage gemäß § 31 Abs. 4 UrhG sowie als kartellrechtlich missbräuchliche Geschäftsbedingung nichtig. Die Regelung (die eine Vorausverfügung über Rechte, die erst künftig durch die technische Entwicklung entstehen oder durch Gesetzesänderung begründet werden, soweit sie den Rechten in § 1 lit. a bis i BerV entsprechen) enthält, schränkt die Entscheidungsfreiheit der Berechtigten in unzulässiger Weise ein.

Künftige Änderungen werden nach § 6 lit. a Abs. 2 BerV Gegenstand der Berechtigungsverträge, soweit der Berechtigte nicht widerspricht. Die Einbeziehungsklausel ist – in der heutigen Fassung – nicht zu beanstanden; die kollektive Ergänzung der Berechtigungsverträge steht im Gesamtinteresse aller Berechtigten.

4. Die territoriale Reichweite der Rechteübertragungen[6]

Auch hinsichtlich der territorialen Reichweite der Rechteübertragungen gelten nach den Bestimmungen des Berechtigungsvertrags für Angehörige von Drittländern strengere Regelungen. Anders als die Angehörigen der EG- oder EWR-Mitgliedstaaten können diese aus ihrer „weltweiten" Rechteübertragung nicht einzelne Länder nach § 16 BerV ausnehmen. Das ist wiederum gegenüber Angehörigen von Drittländern mit steuerlichem Wohnsitz oder als Unternehmen mit Geschäftssitz in der EG oder im EWR nicht gerechtfertigt, da sie idR keine höheren Kosten verursachen. Daher können auch diese Berechtigten nach § 16 BerV bestimmte Länder aus dem Übertragungsumfang ausnehmen.

II. Einzelrechtsübertragungen

1. Das Aufführungs- und Vortragsrecht[7]

Nach § 1 lit. a BerV fallen die Sachverhalte der Live-Aufführungen von Musikwerken mit oder ohne Text, also Vortrags- und Aufführungsrechte nach § 19 Abs. 1 und 2 UrhG, unter den Wahrnehmungsbereich der

[6] Dazu vorstehend § 4 V.
[7] Dazu vorstehend § 5.

GEMA. Die Rechteübertragung umfasst im Rahmen des Vertragszwecks – allerdings begrenzt durch das Urheberpersönlichkeitsrecht – auch die Befugnis zur Veränderung eines Werks, d. h. Bearbeitungsrechte nach § 23 UrhG, wie etwa das Recht, ein Werk nur teilweise aufzuführen. Vom Übertragungsumfang ausdrücklich ausgenommen sind die Sachverhalte der bühnenmäßigen Aufführungen dramatischer Werke. Entscheidend ist, dass sowohl das Tatbestandsmerkmal der „Bühnenmäßigkeit" als auch das des „dramatisch-musikalischen Werks" vorliegen. So wird deutlich, dass beispielsweise weder die konzertante Aufführung einer Oper noch die szenische Aufführung eines Schlagers in einem Musical von der Ausnahmeregelung erfasst sind.

Die in § 1 lit. a Abs. 2 BerV geregelten Einzelfälle folgen im Wesentlichen dem genannten Schema. Bei Bühnenmusik geht das Recht zur Nutzung dann nicht auf die GEMA über, wenn es sich bei dieser Musik im Sprechtheater um Inzidenzmusik handelt, bei der also die Musik (als dramatisch-musikalisches Werk) Bestandteil der äußeren oder inneren Handlung ist. Somit ist auch hier der Sachverhalt der bühnenmäßigen Aufführung eines dramatisch-musikalischen Werks aus dem Übertragungsumfang ausgenommen.

Da es im Rahmen des Ausnahmesachverhalts der Aufführung von Filmbegleitmusik ausgeschlossen ist, dass die Handlung „persönlich" dargestellt wird, kommt hier eine Einordnung als bühnenmäßige Aufführung prinzipiell nicht in Betracht. Ebenso wenig eignen sich etwa Einlagen in Revuen wie auch melodramatische Musikaufführungen zur bühnenmäßigen Aufführung. Bei Letzteren folgt dies aus dem für eine derartige Aufführung charakteristischen untermalenden Charakter der Musiknutzung. Einzige Ausnahme vom Schema nach § 1 lit. a Abs. 1 BerV sind Musiknutzungen im Rahmen von Bühnenschauen und Kabarettaufführungen. Sie fallen aus Gründen der Rechtssicherheit immer unter den Wahrnehmungsbereich der GEMA, selbst wenn es sich im Einzelfall einmal um die bühnenmäßige Aufführung eines dramatisch-musikalischen Werks handeln sollte.

Zu berücksichtigen ist schließlich, dass die Befugnis des Urhebers, über sein Aufführungs- und Vortragsrecht zu verfügen, und damit der Übertragungsumfang für bestimmte Sachverhalte bereits gesetzlich begrenzt ist, wie etwa durch die Schrankenregelung des § 52 UrhG.

2. Das Senderecht[8]

Die Übertragung der Hörfunk- und Senderechte nach § 1 lit. b und d BerV umfasst den gesamten Lebenssachverhalt der öffentlichen „Sendung“ eines Musikwerks. Nicht nur die klassischen Rundfunksendungen, sei es als terrestrische Übertragungen oder als Satelliten- oder Kabelsendungen sind hiervon erfasst, sondern auch die Übertragungen von Musikwerken in Verteileranlagen, wie etwa in Krankenhäusern. Ebenfalls übertragen wird das – ohnehin verwertungsgesellschaftenpflichtige – Recht der Kabelweitersendung; damit geht auch der gesetzliche Vergütungsanspruch nach § 20 b Abs. 2 UrhG auf die GEMA über.

Unter den Lebenssachverhalt der Sendung fallen auch die Musiknutzungen durch sog. Simulcasting. Solange der Nutzer dabei keinen Einfluss auf das Programm nehmen kann, fallen diese Online-Nutzungen als Sendesachverhalte nicht unter die Rechteübertragung nach § 1 lit. h Abs. 2 und 3 BerV.

Auch nach § 1 lit. b und d BerV gehen im Rahmen des Vertragszwecks konkludent Bearbeitungs- bzw. Umgestaltungsrechte nach § 23 UrhG auf die GEMA über. So fallen etwa die massenweisen Nutzungssachverhalte, dass ein Werk nur gekürzt gesendet wird, ohne dass dabei das Urheberpersönlichkeitsrecht des Urhebers verletzt wird, nach dem Zweckübertragungsgedanken des § 31 Abs. 5 UrhG unter die Wahrnehmungsbefugnis der GEMA.

Ausnahmen gelten auch hier für bestimmte Nutzungen dramatisch-musikalischer Werke. Soweit diese Werke vollständig als Querschnitt bzw. in größeren Teilen gesendet werden, ist die GEMA nicht wahrnehmungsbefugt. Zur Abgrenzung von der Nutzung in „größeren und kleineren Teilen“ kann es hier auf eine „Bühnenmäßigkeit“ nicht ankommen. Vielmehr grenzt eine zwischen den Rundfunkveranstaltern und der GEMA geschlossene Vereinbarung, die auf einen bestimmten Zeitrahmen abstellt, die Zuständigkeit der GEMA von der der Berechtigten bzw. ihrer Verleger ab.

Für das Recht der Kabelweitersendung dramatisch-musikalischer Werke gilt eine Unterausnahme. Dieses Recht kann ohne Einschränkung auch für die Nutzung „kleinerer Teile“ zur treuhänderischen Wahrnehmung

---

8 Dazu vorstehend § 6.

auf die von GEMA und VG Wort gegründete Arbeitsgemeinschaft (ARGE) Drama übertragen werden.

Die Befugnis des Urhebers ist ebenfalls gesetzlich beschränkt (z. B. nach § 50 UrhG). Dadurch schmälert sich auch der Übertragungsumfang.

Die Wirksamkeit der Rechteübertragung nach § 1 lit. b und d BerV wurde im Hinblick auf neu entwickelte Sendeformen, wie etwa das Internet-Radio, am Maßstab des § 31 Abs. 4 UrhG überprüft. Allerdings fehlt es jeweils an der für eine eigenständige Nutzungsart erforderlichen technischen Eigenständigkeit gegenüber der ursprünglich terrestrischen Sendung, so dass die Übertragung wirksam ist.

3. Das Recht der Lautsprecherwiedergabe[9]

Wesentliches Ergebnis der Auslegung des § 1 lit. c BerV zur Übertragung des Rechts der Lautsprecherwiedergabe ist, dass hiervon auch das Recht zur Wiedergabe von Hörfunksendungen erfasst ist, das – im Gegensatz zum Recht der Wiedergabe von Fernsehsendungen – nicht ausdrücklich im Berechtigungsvertrag geregelt ist.

Daneben fallen nach § 1 lit. c BerV auch die Sachverhalte der Übertragungen von Live-Aufführungen außerhalb des Veranstaltungsraums „über Lautsprecher" unter den Wahrnehmungsbereich der GEMA und zwar unabhängig davon, ob die Übertragung rein akustisch oder audiovisuell, also etwa über Leinwände, erfolgt. Soweit dabei die Werkwiedergabe verkürzt wird, ist auch diese Bearbeitung bzw. Umgestaltung nach § 23 UrhG vom Übertragungsumfang umfasst. Eine Ausnahme für die Nutzung dramatisch-musikalischer Werke ist nach dem Wortlaut der Regelung nicht vorgesehen. Allerdings gilt die – insofern an falscher Stelle geregelte – Ausnahme für die Übertragung dramatisch-musikalischer Werke in Theatern nach § 1 lit. g bb) BerV. Nach dem Zweck der Regelung ist diese Ausnahme allerdings nur bei der Übertragung bühnenmäßiger Aufführungen einschlägig, wobei es keine Rolle spielt, ob es sich – streng nach dem Wortlaut – um eine Aufführung in einem Theater oder etwa um eine Freiluftveranstaltung handelt. Praktisch bedeutet das, dass die Sachverhalte, in denen bühnenmäßig aufgeführte dramatisch-musikalische Werke von Theatern oder anderen Veranstaltern solcher

[9] Dazu vorstehend § 7.

Aufführungen außerhalb des Veranstaltungsorts akustisch oder audiovisuell wahrnehmbar gemacht werden, nicht von der GEMA lizenziert werden. Auch der Übertragungsumfang nach § 1 lit. c BerV ist bereits im Vorhinein durch gesetzliche Schrankenregelungen begrenzt. Als typische Massenverwertungen fallen die Sachverhalte der „Lautsprecherwiedergabe" unbedenklich unter die Wahrnehmungsbefugnis der GEMA.

4. Das Recht der Fernsehwiedergabe[10]

Anders als beim Recht der Wiedergabe von Hörfunksendungen ist die Übertragung des Rechts der Wiedergabe von Fernsehsendungen in § 1 lit. e BerV ausdrücklich geregelt. Beide Verwertungsarten gehen auf die Grundlage des § 22 UrhG zurück. Insofern entspricht sich die Reichweite der Rechteübertragung.

5. Das Recht der Filmvorführung[11]

§ 1 lit. f BerV stellt die Musiknutzungen innerhalb von Filmvorführungen unter den Wahrnehmungsbereich der GEMA. Entgegen dem Wortlaut ist bei solchen Musiknutzungen nicht das Filmvorführungsrecht nach § 19 Abs. 4 UrhG betroffen, sondern vielmehr das in § 21 UrhG festgelegte Recht, ein Musikwerk mittels Ton- oder Bildtonträger wiederzugeben. Hintergrund ist, dass nach den gesetzlichen Vorschriften die Filmmusik nicht Teil des Filmwerks wird. Insofern wären die Musiknutzungen im Rahmen von Filmvorführungen auch von der Rechteübertragung in § 1 lit. g BerV erfasst; § 1 lit. f BerV hat daher keinen eigenständigen Regelungsgehalt.

6. Das Recht der Wiedergabe mittels Bild- oder Tonträger[12]

Das Recht der Wiedergabe von Musikstücken mittels Bild- oder Tonträger geht nach § 1 lit. g BerV auf die GEMA über. Hierunter fallen die

---

10 Dazu vorstehend § 8.
11 Dazu vorstehend § 9.
12 Dazu vorstehend § 10.

unzähligen öffentlichen Musiknutzungen „vom Band", etwa in Cafés und Restaurants oder in Geschäftslokalen. Auch diese Rechteübertragungsklausel sieht Ausnahmen für dramatisch-musikalische Werke vor. Nach § 1 lit. g aa) BerV sind bühnenmäßige Wiedergaben dramatisch-musikalischer Werke, also z. B. das Abspielen vom Band im Rahmen einer Ballettaufführung, vom Übertragungsumfang ausgenommen. § 1 lit. g bb) BerV ergänzt hierzu, dass auch die Übertragung dieser bühnenmäßigen Wiedergaben dramatisch-musikalischer Werke außerhalb des Veranstaltungsraums nicht unter den Wahrnehmungsbereich fällt.

Außerhalb der genannten Ausnahmevorschrift für bühnenmäßig wiedergegebene dramatisch-musikalische Werke wird das Recht, die Wiedergabe auch außerhalb des Veranstaltungsraums wahrnehmbar zu machen allerdings unbeschränkt von der Klausel nach § 1 lit. g BerV erfasst. Als Bearbeitung bzw. Umgestaltung iSv § 23 UrhG kommt grundsätzlich wiederum nur die Kürzung des Werks in Betracht. Auch dieser Sachverhalt wird von der GEMA wahrgenommen, soweit keine Urheberpersönlichkeitsrechte verletzt sind. Wiederum mussten die gesetzlichen Schrankenregelungen wie z. B. § 45 UrhG beachtet werden.

7. Vervielfältigungs- und Verbreitungsrechte[13]

a) Vervielfältigungsrechte

Bevor ein Musikwerk durch Wiedergabe von einem Ton- oder Bildtonträger genutzt werden kann, muss es entweder erstmalig auf das bei der Wiedergabe verwendete Trägermedium aufgenommen oder die Aufnahme von einem anderen Speichermedium übertragen worden sein. Das Recht nach § 16 UrhG, derartige Vervielfältigungen vorzunehmen, räumen die Komponisten und gegebenenfalls Verleger der GEMA nach der Vorschrift des § 1 lit. h Abs. 1 BerV ein. Die Regelung nennt zunächst allgemein das Recht der Aufnahme auf Ton-, Bildton-, Multimedia- und andere Datenträger und führt als Beispiele einige moderne multimediale Speichermedien, wie etwa „DVD" oder „Träger mit Datenlink" auf. Für die Fälle, in denen der Gesetzgeber bestimmte Vervielfältigungshandlungen privilegiert, ist der Umfang der Rechteübertragung mangels Befugnis des Urhebers eingeschränkt. Dies gilt etwa für den Bereich

[13] Dazu vorstehend § 11.

der vorübergehenden Vervielfältigungen, wie etwa die flüchtige Vervielfältigung auf dem Arbeitsspeicher des PC. Hier ist die Schrankenregelung des § 44 a UrhG einschlägig. Zudem sind beispielsweise nach § 53 UrhG bestimmte Fälle der Privatkopie privilegiert. Der Übertragungsumfang ist durch die Schrankenregelungen begrenzt.

Die Übertragung des Vervielfältigungsrechts steht für den Sonderfall der rein akustischen Werbeproduktionen außerdem unter dem Vorbehalt des § 1 lit. k BerV. Das Recht zur Herstellung derartiger Werbespots (sei es zum Zweck der Rundfunksendungen als Produktwerbung oder Sendereigenwerbung oder zur sonstigen werbemäßigen Nutzung) geht in keinem Fall auf die GEMA über. Dies hat etwa auch zur Folge, dass die Rundfunksender das Recht zur Herstellung von rein akustischen Werbetrailern und Senderlogos nicht aus ihren Pauschallizenzverträgen mit der GEMA ableiten können.

§ 1 lit. h Abs. 6 BerV nimmt ausdrücklich die Sachverhalte der Vervielfältigung (und Verbreitung) von „Noten" – sei es als Druckausgaben oder als Dateien – aus dem Übertragungsumfang aus. Die Wahrung dieser Rechte ist traditionell Aufgabe der Musikverleger. Auch die Ausnahmeregelung des § 1 lit. h Abs. 8 BerV steht im Zusammenhang mit einem klassischen Tätigkeitsfeld der Verleger; nach dieser Vorschrift sind die Sachverhalte, in denen Theater (und andere Veranstalter von Aufführungen dramatisch-musikalischer Werke) Archivaufnahmen von Aufführungen dramatisch-musikalischer Aufführungen anfertigen, nicht vom Übertragungsumfang an die GEMA erfasst, soweit es sich um vollständige Aufnahmen, Querschnitte oder Vervielfältigungen zu größeren Teilen handelt. Da es dabei auf die „Bühnenmäßigkeit" der aufgenommenen Aufführung nicht ankommt, ist auch hier in Anlehnung an die Abgrenzungsvereinbarung zwischen Rundfunksendern und der GEMA die Grenze zwischen einer Vervielfältigung in „größeren und kleiner Teilen" nach den dort festgelegten zeitlichen Kriterien zu ziehen.

Nach dem Vertragszweck geht das Recht zur teilweisen Vervielfältigung als Bearbeitungs- bzw. Umgestaltungsrecht nach § 23 UrhG auf die GEMA über. Allerdings endet auch hier die Wahrnehmungsbefugnis, wenn dadurch im Einzelfall das Urheberpersönlichkeitsrecht verletzt werden sollte. Wegen der neuen technischen Entwicklungen besteht diese Gefahr insbesondere.

b) Verbreitungsrechte

Neben dem Recht der Vervielfältigung geht nach § 1 lit. h Abs. 1 BerV auch das Recht der Verbreitung (§ 17 UrhG) auf die GEMA über. Erfasst sind davon die Sachverhalte, in denen hergestellte Vervielfältigungsstücke öffentlich angeboten oder in den Verkehr gebracht werden, also beispielsweise das öffentliche Anbieten zum Verkauf oder das gewerbsmäßige Verleihen. Grundsätzlich erschöpft sich das Verbreitungsrecht, wenn die Vervielfältigungsstücke mit Zustimmung des Berechtigten in der EG oder im EWR veräußert wurden. Dies gilt allerdings nicht für die Sachverhalte des Vermietens, worunter auch die Nutzungen durch „gewerbsmäßiges Verleihen" fallen. Für bestimmte Musiknutzungen durch Vermieten und Verleihen sieht das Gesetz in § 27 UrhG verwertungsgesellschaftenpflichtige Vergütungsansprüche vor, die nach § 1 lit. h Abs. 7 BerV an die GEMA abgetreten werden.

Auch im Bereich des Verbreitungsrechts sind die grafischen Rechte nach § 1 lit. h Abs. 6 BerV aus dem Übertragungsumfang ausgenommen. Das Verkaufen und gewerbsmäßige Verleihen von Notenmaterial fällt grundsätzlich ebenfalls unter den klassischen Tätigkeitsbereich der Verleger. Auch das Verbreitungsrecht des Urhebers wird durch bestimmte gesetzliche Schrankenregelungen begrenzt.

c) Inhaltskontrolle

Da die technische Entwicklung laufend neue Vervielfältigungstechniken und Speichermedien hervorbringt, gilt es immer wieder erneut zu klären, ob diese vom Rechteübertragungsumfang nach § 31 Abs. 4 UrhG umfasst sind. Sobald eine neu entwickelte Auswertungsform Eigenständigkeit aufweist, ist sie von Verträgen, die vor Bekanntwerden dieser neuen Nutzungsart abgeschlossen wurden (sog. Altverträge), grundsätzlich nicht erfasst. Um die Lücke zu schließen, hat die GEMA wiederholt einzelvertragliche Ergänzungsvereinbarungen abgeschlossen, die – soweit ersichtlich – von einem Großteil der Berechtigten unterzeichnet wurden. Die Musiknutzungen im Rahmen der sog. Videozweitauswertung sowie durch Multimedia-CD-ROM stellen jedenfalls eigenständige Nutzungsarten dar, so dass hier einzelvertragliche Ergänzungen erforderlich waren. Dagegen handelt es sich bei Nutzungen mittels Musik-CD und DVD nicht um unbekannte Nutzungsarten nach § 31 Abs. 4 UrhG, weshalb diese Sachverhalte automatisch Gegenstand der Rechteübertragung in den Altverträgen sind. Die explizit im Jahr 2002 aufgenommenen neuen Vervielfältigungsmedien sind nach der neuen Einbeziehungsklausel gemäß § 6 lit. a Abs. 2 S. 2 BerV auch für Altverträge verbindlich, soweit die Berechtigten nicht ausdrücklich widersprochen haben.

Obwohl sog. Digital Rights Management Systeme in Einzelfällen eine individuelle Rechtewahrnehmung ermöglichen, handelt es sich bei der Rechteübertragungsklausel nach § 1 lit. h Abs. 1 BerV nicht um eine in kartellrechtlicher Hinsicht missbräuchliche Bedingung nach Art. 82 Abs. 2 lit. a EG, da der grundsätzliche Ausschluss der Individuallizenzierung im Gesamtinteresse aller Berechtigten steht. Hinzu kommt, dass die Angehörigen der EG- und EWR-Staaten ohnehin berechtigt sind, die Vervielfältigungs- und Verbreitungsrechte nach § 1 lit. h Abs. 1 BerV – oder jedenfalls alle nach § 1 lit. h BerV übertragenen Rechte insgesamt – im Wege der Spartenlizenzierung aus dem Übertragungsumfang auszunehmen.

8. Die „Online-Nutzungsrechte“[14]

Das Recht zur Nutzung von Musikstücken in Netzwerken, also insbesondere im Internet, übertragen die Berechtigten nach § 1 lit. h Abs. 2 und 3 BerV an die GEMA. Diese Klauseln unterscheiden zwischen dem vorbereitenden Abspeichern in Datenbanken und dem Übermitteln der Werke aus den Datenbanken. Darunter fallen Vervielfältigungsvorgänge nach § 16 UrhG und insbesondere öffentliche Zugänglichmachungen nach § 19 a UrhG, bei denen ein Werk – etwa im Rahmen eines sog. On-Demand-Dienstes oder auf einer Homepage – zum „Abruf nach Wahl“ bereitgestellt wird. Soweit die Übermittlung nicht vom Nutzer durch seinen Abruf erfolgt, sondern ein Anbieter das Werk im Rahmen eines „Push-Dienstes“ veranlasst, ist nicht das Recht der öffentlichen Zugänglichmachung, sondern ein unbenanntes Recht nach § 15 Abs. 2 UrhG berührt. Sendungen im Internet, die unabhängig vom Abruf der Einzelnen erfolgen (sog. Simulcasting), werden als Sendevorgänge von der Rechteübertragung nach § 1 lit. b und d BerV erfasst. Die urheberrechtlichen Befugnisse der Berechtigten und damit auch der Übertragungsumfang sind durch gesetzliche Schrankenregelungen, insbesondere durch § 52 a UrhG begrenzt.

---

14 Dazu vorstehend § 12.

Spezielle Regelungen gelten für das Recht, ein Musikwerk zur Herstellung eines Online-Produktes, also etwa einer Homepage, zu verwenden iSv § 1 lit. i Ziff. 1 Abs. 1 Alt. 3 BerV. Außerhalb des Herstellungsrechts und dem gesondert in § 1 lit. h Abs. 4 BerV geregelten Klingelton-Recht spielt die Übertragung von Bearbeitungs- bzw. Umgestaltungsrechten nach § 23 UrhG im Bereich der Online-Nutzungsrechte nur eine untergeordnete Rolle. Auch hier wird allerdings das Recht zur Kürzung als Bearbeitungs- bzw. Umgestaltungsrecht nach § 23 UrhG im Rahmen des Vertragszwecks konkludent übertragen.

Wegen § 31 Abs. 4 UrhG müssen auch in diesem Bereich Lücken in der Rechteübertragung in Altverträgen durch einzelvertragliche Ergänzungsvereinbarungen geschlossen werden. Die theoretische Möglichkeit der Individuallizenzierung durch Digital Rights Management Systeme führt nicht zur Unangemessenheit der grundsätzlich unbeschränkten Übertragung der Online-Nutzungsrechte.

9. Die Klingelton-Rechte und Rechte an Freizeichenuntermalungsmelodien[15]

Die Nutzung von Musikwerken als Klingelton (und ähnlich als Freizeichenuntermalungsmelodie) kann – abhängig vom jeweiligen Geschäftsmodell – verschiedene Verwertungsrechte, wie das Recht der Vervielfältigung und Verbreitung (§§ 16, 17 UrhG) oder der öffentlichen Zugänglichmachung (§ 19 a UrhG) sowie das Recht der Wiedergabe mittels Tonträger (§ 21 UrhG) betreffen. Obwohl diese Nutzungsformen bereits von den allgemeinen Rechteübertragungsklauseln erfasst wären, haben Gerichtsentscheidungen die Nutzungsform „Klingelton" wegen ihrer Verwendung als „funktionales Erkennungszeichen" als eigenständige Nutzungsart eingestuft und eine explizite Übertragung an die GEMA gefordert. Daher wurde im Jahr 2002 die Übertragungsklausel des § 1 lit. h Abs. 4 BerV in den Berechtigungsvertrag eingefügt. Die Mitgliederversammlung 2005 hat zur Klarstellung schließlich die Klausel des § 1 lit. h Abs. 4 BerV um die Bestimmung in § 1 lit. k Abs. 2 BerV ergänzt. Hier ist geregelt, dass mit Abschluss des Berechtigungsvertrags hinsichtlich der Nutzung als Klingelton (oder Freizeichenuntermalungsmelodie) keinerlei Bearbeitungs- oder Umgestaltungsrechte auf die GEMA über-

15 Dazu vorstehend § 13.

gehen. Der Berechtigte muss auf Grund seiner urheberpersönlichkeitsrechtlichen Interessen vielmehr in jedem Einzelfall in eine solche Verwendung seines Werks jeweils einzeln einwilligen. Außerhalb des Bereichs der Bearbeitungs- bzw. Umgestaltungsrechte bleibt es jedoch bei der Wahrnehmungsbefugnis der GEMA nach § 1 lit. h Abs. 4 BerV.

10. Die Abtretung der gesetzlichen Vergütungsansprüche[16]

Inmitten der Rechteübertragungen findet sich in § 1 lit. h Abs. 7 BerV – systematisch fehlplatziert – die Abtretung gesetzlicher und verwertungsgesellschaftenpflichtiger Vergütungsansprüche. Derartige Ansprüche lassen sich in zwei Kategorien untergliedern. Einerseits handelt es sich um Fälle, in denen das Gesetz grundsätzlich geschützte Nutzungshandlungen freistellt und dem Urheber zur Kompensation dieser privilegierten Nutzungen eine Vergütung zugesteht. Die andere Kategorie umfasst Nutzungen, für die das Gesetz – vorrangig zum Schutz der angemessenen Beteiligung des Urhebers – einen Vergütungsanspruch neben dem Verwertungsrecht vorsieht.

Zur Kompensation für eine gesetzliche Lizenz hat der Urheber zum einen den Anspruch auf die sog. Geräte- und Leerkassettenabgabe nach § 54 UrhG. Diesen Anspruch tritt er inklusive der dazugehörenden Auskunfts- und (Schadensersatz-)Folgeansprüche (§§ 54 ff. UrhG) an die GEMA ab. Für das Verleihen in öffentlichen Bibliotheken gewährt § 27 Abs. 2 UrhG dem Urheber ebenfalls einen gesetzlichen Vergütungsanspruch, der die Erschöpfung des Verbreitungsrechts im Rahmen der besonders intensiven Werknutzung kompensieren soll (sog. Bibliotheksgroschen). Als Ersatz dafür, dass das Gesetz bestimmte öffentliche Zugänglichmachungen im Bereich von Unterricht und Forschung und damit im Allgemeininteresse freistellt, hat der Urheber außerdem einen gesetzlichen Vergütungsanspruch nach § 52 a Abs. 4 UrhG, der ebenfalls nach § 1 lit. h Abs. 7 BerV an die GEMA abgetreten wird.

In die zweite Kategorie der Vergütungsansprüche, die neben dem Verwertungsrecht stehen, gehören die Vergütungsansprüche für das Vermieten nach § 27 Abs. 1 UrhG und für die Kabelweitersendung nach § 20 b Abs. 2 UrhG. In beiden Fällen verbleibt beim Urheber ein gesetzlicher

---

16 Dazu vorstehend § 14.

Vergütungsanspruch gegen den Endverwerter, obwohl der Urheber selbst das Verwertungsrecht einem Zwischenverwerter eingeräumt hat. Im Fall des § 27 Abs. 1 UrhG muss der Urheber das Vermietrecht eigenständig an einen Tonträger- oder Filmhersteller eingeräumt haben. Dann verbleibt ihm zur Bekräftigung seines Rechts ein verwertungsgesellschaftenpflichtiger gesetzlicher Vergütungsanspruch gegen den Vermieter. Ähnlich konstruiert ist der Vergütungsanspruch für Kabelweitersendung. Vorraussetzung ist auch hier, dass der Urheber sein Recht zur Kabelweitersendung nach § 20 b Abs. 2 UrhG selbständig an ein Sendeunternehmen bzw. einen Tonträger- oder Filmhersteller übertragen hat. Gleichwohl besteht der Vergütungsanspruch des Urhebers gegenüber dem Kabelunternehmen zur Sicherung einer angemessenen Urheberbeteiligung. Um zu vermeiden, dass Außenseiter, also Urheber, die keinen Wahrnehmungsvertrag abgeschlossen haben, nicht die Kabelweitersendung insgesamt verhindern können, ist die Verwertungsgesellschaft kraft gesetzlicher Fiktion nach § 13 b Abs. 3 UrhWG zur Wahrnehmung dieses Rechts insgesamt befugt. Obwohl auch dieser gesetzliche Vergütungsanspruch nicht in § 1 lit. h Abs. 7 BerV genannt ist, geht er als Teil des Senderechts – mit der Übertragung dieser Befugnisse nach § 1 lit. b und d BerV – auf die GEMA über.

11. Die Herstellungsrechte[17]

a) Das Herstellungsrecht bzgl. Filme, Musik-Bildtonträger und Multimedia-Produkte

Das Recht zur Verwendung eines Musikstücks bei der Herstellung eines Films oder einer anderen audiovisuellen Produktion, wie etwa bei Multimedia-Produkten, wird der GEMA nach der komplizierten Regelung nach § 1 lit. i BerV eingeräumt. Die besondere Nutzungsart des Filmherstellungsrechts im weitesten Sinne berührt in seltenen Fällen das Vervielfältigungsrecht gemäß § 16 UrhG, meistens jedoch das Bearbeitungs- bzw. Umgestaltungsrecht nach § 23 UrhG; regelmäßig wird bei der Herstellung audiovisueller Produktionen – etwa durch Kürzungen – in die Substanz des Musikwerkes eingegriffen, oder es wird in einen anderen Gesamtzusammenhang gestellt. Das Recht nach § 1 lit. i BerV betrifft lediglich die erstmalige Herstellung einer audiovisuellen Pro-

[17] Dazu vorstehend § 15.

duktion. Bei der Videozweitauswertung eines Kinofilms müssen die Verwerter daher kein gesondertes Herstellungsrecht einholen; das Herstellungsrecht ist mit der Herstellung des Films erschöpft.

Die Übertragung des Herstellungsrechts erfolgt unter einer auflösenden Bedingung; der Berechtigte kann im konkreten Einzelfall das Recht zurückrufen. Hintergrund sind sowohl persönlichkeitsrechtliche wie auch wirtschaftliche Aspekte, da der Berechtigte bei Rückruf die Bedingung der Verwendung seines Werkes frei verhandeln kann. Der Rückruf muss fristgerecht und schriftlich nach § 1 lit. i Ziff. 1 Abs. 2 BerV erfolgen, anderenfalls wird das Herstellungsrecht für den konkreten Fall endgültig an die GEMA eingeräumt. GEMA und Berechtigte informieren sich im Rahmen ihrer vertraglichen Nebenpflichten gegenseitig von geplanten Nutzungen. Nach § 1 lit. i Ziff. 1 Abs. 2 S. 5 und 6 BerV fallen mit dem Rückruf auch bestimmte Vervielfältigungs- und Verbreitungsrechte als Auswertungsrechte im Hinblick auf die Erstverwertung eines Films für dessen Sendung und Kinovorführung an den Berechtigten zurück.

Auch „andere Arten von Aufnahmen auf Bildtonträger“ (und nicht nur Filme) werden nach § 1 lit. i Ziff. 1 Abs. 1 Alt. 2 unter diesen Bedingungen auf die GEMA übertragen. Hiervon sind insbesondere Musik-Bildtonträger, bei denen Musikwerken Bilder oder Filme unterlegt werden, erfasst. Bei Rückruf fallen lediglich die Vervielfältigungs- und Verbreitungsrechte für 50 Einführungsexemplare an den Berechtigten zurück.

Gleichermaßen geht das Recht, bei der Herstellung multimedialer audiovisueller Produktionen Musikwerke zu verwenden, nach § 1 lit. i Ziff. 1 Abs. 1 Alt. 3 BerV auflösend bedingt auf die GEMA über. So kann der Berechtigte z. B. durch seinen Rückruf das Recht, sein Werk als Untermalung für eine Homepage zu verwenden, individuell lizenzieren.

b) Das Senderprivileg

Eine Ausnahme gilt jedoch nach § 1 lit. i Ziff. 3 BerV für den Bereich der Fernsehproduktion, also für Fernsehspielfilme, Berichterstattungen etc. (sog. Senderprivileg). Für diese Sachverhalte übertragen die Berechtigten das Herstellungsrecht unbedingt und damit nicht rückrufbar auf die GEMA, die dadurch ihrerseits den Sendern das Recht zur Herstellung uneingeschränkt durch Pauschalverträge einräumen kann. Voraussetzung ist jedoch, dass es sich bei diesen „Fernsehfilmen“ um Eigen- oder Auftragsproduktionen für eigene Sendezwecke oder um Übernahmesendungen handelt. Ausdrücklich ausgenommen sind die Fälle, in denen auch Dritte an der Herstellung eines Films beteiligt sind (sog. Koproduktionen), da diese Dritten nicht von den Pauschalverträgen zwischen den Sendern und der GEMA profitieren sollen. Die Voraussetzung „für eigene Sendezwecke" erfordert auch, dass keine Zweitauswertungsrechte beim beauftragten Produzenten zurück bleiben. Der Vorbehalt des § 1 lit. i Ziff. 3 S. 2 BerV, dass bei der Beteiligung von Dritten an der Herstellung und der geplanten Nutzung der Produktion durch Dritte die Einwilligung des Berechtigten einzuholen ist, ist lediglich eine Erläuterung zu Satz 1 der Bestimmung; bei Eigen- und Auftragsproduktionen dürfen (bis auf den beauftragten Produzenten) keine Dritten beteiligt sein, die Produktion darf nur für eigene Sendezwecke oder für Übernahmesendungen und damit nicht für die Nutzung durch Dritte bestimmt sein. Die Rechte an den nicht privilegierten Sachverhalten gehen nicht, auch nicht auflösend bedingt, auf die GEMA über.

c) Die Ausnahme für Werbespots

Von Bedeutung ist auch im Bereich audiovisueller Produktionen, dass das Recht, ein Werk zur Herstellung eines Werbespots zu verwenden, nach § 1 lit. k Abs. 1 BerV in jedem Fall beim Berechtigten verbleibt. Darunter fallen im Regelungsbereich des § 1 lit. i BerV Produktwerbespots für das Fernsehen und Sendereigenwerbungsfilme, wie Trailer oder Senderkennungen. Daneben ist auch die Herstellung audiovisueller Produktionen mit werbendem Charakter außerhalb des Fernsehbereichs, wie etwa die Verwendung von Musik zur Untermalung eines Internetauftritts für eine Firma, vom Übertragungsumfang nach § 1 lit. k Abs. 1 BerV ausgenommen.

d) Ausnahmen für die Nutzung dramatisch-musikalischer Werke

Für den gesamten Regelungsbereich des § 1 lit. i BerV – also auch für die privilegierten Fernsehproduktionen – gelten nach § 1 lit. i Abs. 4 BerV Ausnahmen für dramatisch-musikalische Werke. Demnach ist etwa einerseits die Aufzeichnung einer vollständigen Opernaufführung aus dem Wahrnehmungsbereich der GEMA ausgenommen, andererseits geht jedoch das Recht, kleine Teile aus dramatisch-musikalischen Werken zur Herstellung eines Filmes zu verwenden, unter den Bedingungen des § 1 lit. i Abs. 1 bis 3 BerV auf die GEMA über. Allerdings verbleibt z. B. das Recht, ein Musikstück zur Herstellung einer Fernseh-Ballett-

Produktion zu verwenden, nach diesen Ausnahmebestimmungen beim Berechtigten.

e) Inhaltskontrolle

Soweit die Regelung des § 31 Abs. 4 UrhG bewirkt, dass die Übertragung der Multimedia-Herstellungsrechte nach § 1 lit. i Ziff. 1 Abs. 1 Alt. 3 BerV, die erst im Jahr 1996 ergänzt wurde, für Altverträge nicht gilt, mussten auch hier gegebenenfalls einzelvertragliche Ergänzungsvereinbarungen geschlossen werden.

§ 18 Bewertung

Die durch Auslegung und Inhaltskontrolle gefundenen Ergebnisse können nun zusammengefasst und bewertet werden. Die Untersuchungen haben zum einen gezeigt, dass die einzelnen Rechteübertragungsklauseln zumindest teilweise gemeinsame Regeln aufweisen.[1] Außerdem wird durch eine wertende Betrachtung deutlich, dass die verschiedenen urheberrechtlichen Befugnisse der musikalischen Urheber im Hinblick auf ihre Eignung zur kollektiven Wahrnehmung und damit zur Rechteübertragung auf unterschiedlichen Stufen stehen.[2]

I. Allgemeine Regeln der Rechteübertragungen

Neben den im Kopfteil zu § 1 BerV und ergänzend in § 16 BerV geregelten Rahmenbedingungen zur allgemeinen Reichweite,[3] die übergreifend für sämtliche Einzelrechtsübertragungen gelten, konnten noch weitere – zumindest teilweise – Übereinstimmungen innerhalb der Rechteübertragung ermittelt werden, die als allgemeine Regeln der Rechteübertragungen vor die Klammer gezogen werden können.[4]

1. Werke der Tonkunst mit oder ohne Text

Den einzelnen Rechteübertragungen ist gemeinsam, dass sie Werke der Tonkunst mit oder ohne Text zum Gegenstand haben.[5] Ausdrücklich geregelt ist dies nur für die Bereiche des Aufführungs- und Vortragsrechts (§ 1 lit. a BerV), für die „Online-Nutzungen" (§ 1 lit. h Abs. 2 und 3 BerV), für Klingelton- und Freizeichenuntermalungsmelodien (§ 1 lit. h Abs. 4 BerV) und für die Herstellungsrechte (§ 1 lit. i BerV). Soweit der Gegenstand der Rechte nicht genannt ist, gilt – entsprechend dem Leitbild in § 1

1 Nachfolgend I.
2 Nachfolgend II.
3 Vorstehend § 4.
4 Die systematisch unterschiedliche Abtretung der gesetzlichen Vergütungsansprüche nach § 1 lit. h Abs. 7 BerV (vorstehend § 14) war für einen solchen Vergleich grundsätzlich nicht geeignet.
5 Dazu allgemein vorstehend § 2 IV 1.

lit. a BerV die Übertragung einheitlich für Rechte an Werken der Tonkunst mit oder ohne Text. Es wäre daher wünschenswert, dies übergreifend im Kopfteil des § 1 BerV zu regeln.

2. Konkludente Übertragung von Bearbeitungs- und Umgestaltungsrechten im Einzelfall

Weiterhin stimmt der Regelungsinhalt der Klauseln vielfach darin überein, dass neben den ausdrücklich geregelten Befugnissen, die sich auf urheberrechtliche Verwertungsrechte nach §§ 15–22 UrhG beziehen, in gewissem Rahmen auch konkludent Bearbeitungs- bzw. Umgestaltungsrechte gemäß § 23 UrhG auf die GEMA übergehen.[6] Obwohl sich das Bearbeitungs- bzw. Umgestaltungsrecht wegen seines persönlichkeitsrechtlichen Einschlags grundsätzlich nicht zur kollektiven Wahrnehmung eignet, ergab die Auslegung der Bestimmungen nach dem Zweckübertragungsgedanken gemäß § 31 Abs. 5 UrhG,[7] dass beispielsweise die Rechte zur Teilwerknutzung, also die Sachverhalte, dass ein Werk bei einer Live-Aufführung nicht ausgespielt wird[8] oder dass es nicht in seiner vollen Länge gesendet[9] oder vom Tonträger wiedergegeben[10] wird, ebenfalls unter den Wahrnehmungsbereich der GEMA fallen. Hintergrund ist, dass es sich hierbei um Massennutzungen handelt, die der einzelne Berechtigte nicht individuell kontrollieren und lizenzieren kann. Die konkludente Übertragung dieser Bearbeitungsrechte entspricht demnach dem Zweck des Berechtigungsvertrags.[11] Dass die GEMA auf Grund des Kontrahierungszwangs nach § 11 UrhWG diese Befugnisse *jedermann* einräumen muss, steht dem Willen des Berechtigten nicht entgegen; seine persönlichkeitsrechtlichen Belange werden durch die lediglich teilweise Werknutzung regelmäßig nicht wesentlich berührt. Zudem ist der Umfang der Rechteübertragung durch das Urheberpersönlichkeitsrecht begrenzt. Soweit eine Teilwerknutzung das Urheberpersönlichkeitsrecht des Urhebers verletzt, endet die Wahrnehmungsbefugnis der GEMA, die nicht an Stelle des Urhebers in die betreffende Beeinträchtigung einwilligen kann.

---

6 Dazu allgemein vorstehend § 2 IV 2 d.

7 Zur Auslegungsnorm des § 31 Abs. 5 UrhG vorstehend § 3 I 2.

8 Dazu vorstehend § 5 II 2 a cc).

9 Dazu vorstehend § 6 II 2 a cc).

10 Dazu vorstehend § 10 II 2 e.

11 Zum Zweck des Berechtigungsvertrags vorstehend § 2 III 1.

3. Gleichlauf der Wahrnehmungsbefugnis bei Übertragungen außerhalb des Veranstaltungsraums

Ergebnis der Auslegung war zudem, dass bei Übertragung von Werkwiedergaben außerhalb des Veranstaltungsraums ein Gleichlauf zwischen der Befugnis der ursprünglichen Wiedergabe und der Übertragung an einen anderen Veranstaltungsort besteht, da und soweit der Veranstalter der Übertragung mit dem Veranstalter der ursprünglichen Werkwiedergabe identisch ist. In diesem Fall liegt es im Interesse aller Beteiligten, dass dieser Veranstalter die Lizenz für beide Nutzungsformen aus einer Hand erwirbt. Dies betrifft beispielsweise die Übertragung einer Live-Aufführung außerhalb des Veranstaltungsorts.[12] Soweit die GEMA nach den Bestimmungen des Berechtigungsvertrags zur Lizenzierung der Aufführung selbst befugt ist, gilt dies auch für die Übertragung außerhalb des Veranstaltungsraums, also etwa für ein Rock-Konzert, das über eine Leinwand auf den Vorplatz der Veranstaltungshalle übertragen wird. Sobald jedoch ein dramatisch-musikalisches Werk bühnenmäßig aufgeführt wird (wie bei der szenischen Aufführung einer Oper), und diese Aufführung z. B. über Lautsprecher im Foyer eines Theaters wahrnehmbar gemacht wird, ist jeweils der Berechtigte bzw. sein Bühnenverleger wahrnehmungsbefugt. Die systematisch fehlplatzierte Ausnahmeregelung des § 1 lit. g bb) BerV ist in diesem Sinne ergänzend auszulegen und bezieht sich nicht nur auf Theater im engeren Sinne, sondern auf alle Veranstalter von bühnenmäßig aufgeführten dramatisch-musikalischen Werken.

Der Gleichlauf von ursprünglicher Wiedergabe und Übertragung außerhalb des Raumes zeigt sich außerdem auch bei der Wiedergabe „vom Band".[13] Soweit eine Aufnahme eines dramatisch-musikalischen Werks bühnenmäßig wiedergegeben wird und diese „Aufführung" außerhalb des Veranstaltungsraums übertragen wird, ist auch hier nach den Bestimmungen des Berechtigungsvertrags in beiden Fällen der Berechtigte oder sein Bühnenverleger individuell zur Lizenzierung befugt. Dagegen sind sowohl die Wiedergaben vom Band als auch deren Übertragung außerhalb des Ortes der Wiedergabe, die nicht unter diese Ausnahmeregelungen für dramatisch-musikalische fallen, einheitlich vom Wahrnehmungsbereich der GEMA erfasst.

12 Dazu vorstehend § 7 II 2 b.
13 Dazu vorstehend § 10 II 2 e.

4. Gesetzliche Schrankenregelungen als Grenze der Rechteübertragung

Schließlich waren bei der Auslegung der Rechteübertragungsklauseln nach § 1 lit. a–h BerV übereinstimmend die gesetzlichen Schrankenregelungen zu beachten. Die Ermittlung des Regelungsgehalts erfolgte zunächst auf der Grundlage der entsprechenden gesetzlichen Bestimmungen zu den Verwertungsrechten. Da jedoch das Gesetz selbst diese Befugnisse der Urheber durch bestimmte Schrankenregelungen im Interesse der Allgemeinheit verringert, ist auch der Umfang der Rechteübertragung an die GEMA schon grundsätzlich durch diese gesetzlichen Freistellungen beschränkt. Das klassische Beispiel hierfür ist die sog. Geräte- und Leerkassettenabgabe nach § 54 UrhG, die das Vervielfältigungsrecht des Urhebers und als Folge davon auch den Übertragungsumfang nach § 1 lit. h Abs. 1 BerV schmälert.

II. Die urheberrechtlichen Befugnisse im Spannungsfeld zwischen kollektiver und individueller Wahrnehmung

Als weiteres Ergebnis der Analyse der Rechteübertragungsklauseln war festzustellen, dass sich die unterschiedlichen urheberrechtlichen Befugnisse der musikalischen Urheber im Hinblick auf ihre Übertragbarkeit auf die GEMA und grundsätzliche Eignung zur kollektiven Wahrnehmung strukturell unterscheiden. Zum einen gibt es eindeutige Fälle, in denen etwa eine kollektive Wahrnehmung durch eine Verwertungsgesellschaft grundsätzlich ausscheidet oder – im Gegenteil – eine individuelle Wahrnehmung nicht in Betracht kommt. Die Mehrzahl der urheberrechtlichen Befugnisse bewegt sich jedoch „dazwischen". Hier liegt es innerhalb bestimmter Rahmenbedingungen im Ermessen der Berechtigten, ob diese Befugnisse auf die GEMA zur kollektiven Wahrnehmung übergehen sollen.

1. Die eindeutigen Sachverhalte

Eindeutig geklärt ist zunächst, dass das Urheberpersönlichkeitsrecht als solches[14] in keinem Fall auf die GEMA übergehen kann. Es ist grundsätzlich nicht übertragbar, jedenfalls aber nicht zur kollektiven Wahrnehmung geeignet, da es im Widerspruch zum Kontrahierungszwang nach § 11 UrhWG steht; die GEMA muss grundsätzlich *jedermann* die von ihr vertretenen Befugnisse unterschiedslos einräumen. Eine Berücksichtigung persönlichkeitsrechtlicher Belange ist dabei nicht möglich.

Das Gegenteil dazu stellen die verwertungsgesellschaftenpflichtigen gesetzlichen Vergütungsansprüche[15] dar. Schon ihre gesetzliche Ausgestaltung als „verwertungsgesellschaftenpflichtig" zeigt, dass es keine Alternative zur kollektiven Wahrnehmung gibt. Ihre Abtretung an die GEMA nach § 1 lit. h Abs. 7 BerV ist daher (nicht rechtlich zwingend aber in wirtschaftlicher Hinsicht) unerlässlich.

2. Die grundsätzlich dispositiven Sachverhalte

Der Großteil der urheberrechtlichen Befugnisse, nämlich die um die gesetzlichen Schrankensachverhalte abgeschwächten Verwertungsrechte,[16] bewegt sich zwischen diesen Extremen. Die Berechtigten können hier grundsätzlich innerhalb bestimmter Grenzen frei entscheiden, ob diese der GEMA zur kollektiven Wahrnehmung überlassen werden sollen. Allerdings gelten hierfür bestimmte Rahmenbedingungen: Zunächst kann der einzelne Berechtigte grundsätzlich nicht individuell jeweils für seine Rechte entscheiden, welche seiner Befugnisse und welche Werke unter den Wahrnehmungsbereich der GEMA fallen sollen. Der Umfang der Rechteübertragung ist vielmehr in einem für alle Berechtigten einheitlichen Berechtigungsvertrag,[17] der von der Mitgliederversammlung als normgebendem Organ beschlossen wird, geregelt. Außerdem gibt auch das Gesetz für den Übertragungsumfang einen Rahmen. Schließlich wirken sich die tatsächlichen Umstände der Werknutzungen auf den Umfang der Rechteübertragungen aus.

14 Zum Urheberpersönlichkeitsrecht vorstehend § 2 IV 2 b.
15 Zu den gesetzlichen Vergütungsansprüchen vorstehend § 2 IV 2 c.
16 Zu den Verwertungsrechten nach §§ 15–22 UrhG vorstehend § 2 IV 2 e.
17 Zum Berechtigungsvertrag vorstehend § 2 III.

a) Der im Berechtigungsvertrag festgelegte Übertragungsumfang

Trotz der grundsätzlichen Dispositionsfreiheit des einzelnen Urhebers kann er den Umfang der an die GEMA übertragenen Rechte und Ansprüche grundsätzlich nicht individuell festlegen. Dieser ist vielmehr im Berechtigungsvertrag für alle Berechtigten, die die GEMA mit der Wahrnehmung ihrer Rechte beauftragen, einheitlich festgelegt. Einzige Ausnahme sind die besonderen Vereinbarungen nach § 16 BerV, nach denen der Einzelne in bestimmten Ausnahmefällen (etwa in territorialer Hinsicht) seine Rechteübertragung individuell gestalten kann.[18] Die grundsätzliche Einheitlichkeit des Übertragungsumfangs dient der Rechtssicherheit, ermöglicht eine effektive und Kosten sparende Verwaltung der ihr übertragenen Rechte und sichert somit das „Funktionieren" der Verwertungsgesellschaft. Auf diesen allgemeinverbindlich festgelegten Übertragungsumfang können die Berechtigten jedoch insofern einwirken, als sie als ordentliche Mitglieder oder über Delegierte der angeschlossenen und außerordentlichen Mitglieder gemäß § 10 Ziff. 5 Abs. 2 GEMA-Satzung der Mitgliederversammlung Anträge zur Änderung des Berechtigungsvertrags vorlegen können. Soweit iSv § 11 lit. b GEMA-Satzung innerhalb der Berufsgruppen und insgesamt einstimmig dafür eine Mehrheit gefunden werden kann, ändert sich der Umfang für alle Beteiligten gleichermaßen.

b) Beschränkung durch die gesetzlichen Rahmenbedingungen

Allerdings ist der Übertragungsumfang der auf diese Art dispositiven Befugnisse zudem durch gesetzliche Regelungen begrenzt.[19] Die Rechteübertragungsklauseln des Berechtigungsvertrags müssen sich insbesondere an der urheberrechtlichen Kontrollnorm des § 31 Abs. 4 UrhG sowie an den kartellrechtlichen Missbrauchsvorschriften messen lassen. Soweit der dadurch bestimmte gesetzliche Rahmen überschritten ist, sind die Rechteübertragungen unwirksam. Dabei ergab die Inhaltskontrolle, dass die Auffangklausel nach § 1 lit. l BerV, sowie die Regelungen in §§ 1 BerV und 10 BerV, soweit sie Angehörige aus Drittländern, die

18 Dazu vorstehend § 4 IV 2–6.

19 Zu den Grundsätzen der Auslegung und Inhaltskontrolle der Rechteübertragungsklauseln vorstehend § 3.

ihren steuerlichen Wohnsitz oder als Unternehmen ihren Geschäftssitz innerhalb der EG oder des EWR haben, von den Privilegierungen des § 16 BerV zur Mindestübertragungsdauer, zur Kündigung bestimmter Länder aus der Rechteübertragung und zur Spartenlizenzierung ausschließen, nichtig sind.[20]

c) Auswirkungen der tatsächlichen Umstände der Werknutzungen

Auch die tatsächlichen Umstände der jeweiligen Werknutzungen wirken sich auf den Übertragungsumfang aus. Ein Großteil der Rechte wird durch massenweise Nutzungen berührt, die der einzelne Berechtigte nicht individuell kontrollieren und lizenzieren kann. Dies trifft zunächst für die Sachverhalte der Live-Aufführungen zu, die ursächlich für die Gründung der musikalischen Verwertungsgesellschaften waren.[21] Aber auch die unzähligen öffentlichen Musikwiedergaben „vom Band" in Restaurants oder Ladenlokalen fallen als weiteres Beispiel hierunter. Obwohl die Urheber in rechtlicher Hinsicht nicht gezwungen sind, diese Befugnisse der GEMA zur kollektiven Wahrnehmung zu überlassen, ergibt sich ein solcher Zwang aus den faktischen Umständen. Diese faktischen Umstände sind auch die Grundlage für die konkludente Übertragung von Bearbeitungsrechten in Einzelfällen nach dem Zweckübertragungsgedanken iSv § 31 Abs. 5 UrhG.

Daneben bestehen innerhalb der dispositiven Befugnisse auch solche, die nicht eindeutig entweder dem Bereich der kollektiven oder dem der individuellen Wahrnehmung zugeordnet werden können. Bei den entsprechenden Nutzungssachverhalten ist die Grenze zwischen der Wahrnehmungsbefugnis des Einzelnen und der Verwertungsgesellschaft nicht eindeutig. Ob diese Befugnisse der GEMA zur kollektiven Wahrnehmung übertragen werden, ist vielmehr autonom von den Berechtigten, respektive der Mitgliederversammlung zu gestalten. Wenn demnach die Berechtigten der Ansicht sind, ein Recht könne gewinnbringender oder unter besserer Berücksichtigung persönlichkeitsrechtlicher Belange individuell wahrgenommen werden, so kann dies im Berechtigungsvertrag bei entsprechenden Mehrheitsverhältnissen neu geregelt bzw. geändert werden. Negative Folge aus dieser Möglichkeit der autonomen Gestaltung ist, dass der Umfang der Rechteübertragung innerhalb der Berech-

20 Dazu vorstehend § 4 IV 7 b und III 3 c, IV 4 b, V 3.

21 Vorstehend § 2 I 2.

tigten häufig umstritten ist und das Ergebnis einen Kompromiss zwischen den Interessengruppen darstellt, der gegebenenfalls unübersichtliche und komplizierte Regelungen erfordert. Außerdem können diese autonom zu gestaltenden Regelungen ein schwer durchschaubares Nebeneinander von kollektiver und individueller Rechtewahrnehmung verursachen. Die Beteiligten müssen hierbei im Auge behalten, dass ein differenziertes System der Rechteübertragung regelmäßig auch hohe Verwaltungskosten verursacht, die von der Gesamtheit der Mitglieder zu tragen sind.

Ein Beispiel für diese Möglichkeit zur freien Ausgestaltung der Übertragungsbedingungen in diesem nicht klar abzugrenzenden Bereich und für die Folgen hieraus ist das Gebiet der Bearbeitungsrechte im weitesten Sinn. So zeigt sich etwa in der Übertragung der Herstellungsrechte nach § 1 lit. i BerV,[22] dass hier ein komplexes und damit kostenaufwändiges System entwickelt werden musste, um die persönlichkeitsrechtlichen und wirtschaftlichen Interessen der Berechtigten bei diesen regelmäßig werkverändernden Nutzungen ausreichend zu berücksichtigen. Schließlich zeigt sich die grundsätzlich freie Gestaltbarkeit dieser Befugnisse darin, dass zwar im Wege der Auslegung ermittelt wurde, dass die massenweisen Bearbeitungsnutzungen wie Teilwerknutzungen konkludent an die GEMA übertragen werden, gleichwohl aber explizit geregelt werden könnte, dass die Rechteübertragungen diese Bearbeitungssachverhalte gerade nicht umfassen.

Daneben wies auch die Betrachtung der Ausnahmeregelungen zu den dramatisch-musikalischen Werken deutlich auf, dass hier innerhalb der dispositiven Befugnisse die Rechteübertragungen nach den Interessen der Berechtigten bzw. ihrer Musik- und Bühnenverleger ausgestaltet wurden. So heißt es etwa in der Begründung zum Antrag, der zur Einführung des § 1 lit. h Abs. 8 BerV (keine Rechteübertragung für Archivaufnahmen von dramatisch-musikalischen Werken durch Theater)[23] führte, dass sich „die Berechtigten der sog. Großen Rechte von einer eigenen Wahrnehmung mehr versprechen".[24]

22 Vorstehend § 15.
23 Dazu vorstehend § 11 II 2 a dd).
24 Tagesordnung zur Mitgliederversammlung 1981, S. 32 (nicht veröffentlicht).

§ 19 Ausblick

Auf der Grundlage der im Rahmen der Untersuchung der Rechteübertragungsklauseln gefundenen Erkenntnisse können nun abschließend inhaltliche und formale Änderungen und Verbesserungen zu den Rechteübertragungen im Berechtigungsvertrag erörtert und vorgeschlagen werden.

I. Inhaltliche Änderungsvorschläge

Im Hinblick auf den Regelungsinhalt der Klauseln hat die Analyse gezeigt, dass nahezu sämtliche Klauseln zur Rechteübertragung wirksam sind. Der nach derzeit noch geltender Rechtslage unwirksamen Auffangklausel nach § 1 lit. l BerV stehen mit Umsetzung der geplanten Gesetzesänderung zur Regelung des § 31 Abs. 4 UrhG keine rechtlichen Hindernisse mehr entgegen, so dass deren Streichung gegebenenfalls nicht erforderlich ist. Allerdings sollte der Kreis der nach § 16 BerV privilegierten Berechtigten um die Angehörigen aus Drittländern mit steuerlichem Wohnsitz oder für Unternehmen mit Geschäftssitz in der Europäischen Gemeinschaft bzw. im Europäischen Wirtschaftsraum erweitert werden.

In den Fällen, in denen die Bestimmung des Regelungsinhalts durch ergänzende Vertragsauslegung erfolgen musste, empfiehlt es sich, den Vertragstext aus Gründen der Rechtssicherheit explizit zu ergänzen. Das trifft seit der Ergänzung der Abtretung des § 52 a Abs. 4 UrhG in § 1 lit. h Abs. 7 BerV nur noch für das Recht der Hörfunkwiedergabe nach § 22 UrhG (§ 1 lit. c BerV) zu.

Dass die Regelungen zu den Rechteübertragungen im Hinblick auf technische Neuentwicklungen immer hinterher hinken, wird sich auch künftig nicht vermeiden lassen, da erst mit der wirtschaftlichen Bedeutung einer Auswertungsform das Bedürfnis entsteht, diese auch unter den Wahrnehmungsbereich der GEMA zu stellen. Außerdem können vorausgreifende Regelungen in diesem Bereich für Verständlichkeit und Übersichtlichkeit des Vertrags auch hinderlich sein, wie etwa die Aufzählung der Trägermedien „Twin Disc“ und der „DataPlay Disc“ zeigt; die Bedeutung dieser Begriffe war noch nicht einmal mittels einschlägiger technischer Lexika zu klären. Soweit ersichtlich haben diese Sachverhalte keinerlei praktische Bedeutung erlangt.

Im Ergebnis besteht daher weder auf Grund der rechtlichen noch der tatsächlichen Begebenheiten das Bedürfnis, den Berechtigungsvertrag inhaltlich neu zu fassen. Er hält im Wesentlichen den rechtlichen Überprüfungen stand.

II. Formale Änderungsvorschläge

1. Vollständige Neuformulierung

Den Berechtigungsvertrag rein formal, also ohne Inhaltsänderung vollständig neu zu formulieren, erscheint aus mehreren Gründen unzweckmäßig:

- Die Entstehungsgeschichte der Rechteübertragungsklauseln zeigt, wie schwierig es ist, für nur einzelne Regelungen eine Einigkeit innerhalb der betroffenen Interessengruppen zu erlangen. Es ist kaum vorstellbar, dass ein – wenn auch nur in formaler Hinsicht – vollständig neuer Vertrag unter vertretbarem Verwaltungs- und Zeitaufwand die notwendige Zustimmung der Berechtigten finden könnte.
- Die bestehenden Formulierungen standen zumindest teilweise bereits auf dem Prüfstand der Gerichte. Sie können mit gewisser Rechtssicherheit gehandhabt werden.
- Bei der Auslegung neuer Formulierungen können die Gerichte zu von den Beteiligten nicht bedachten unerwünschten Ergebnissen kommen, die wiederum neue Anpassungen erforderlich machen.
- Der bestehende Berechtigungsvertrag hat sich in seiner Anwendung im Wesentlichen bewährt. Durch Fortschreibung konnte er veränderten Situationen angepasst werden.
- Wie jeder Wahrnehmungsvertrag muss der Berechtigungsvertrag den ständigen Änderungen von Gesetz und Rechtsprechung, dem technologischen Fortschritt sowie den sich wandelnden Bedürfnissen der Berechtigten Rechnung tragen. Auch eine Neuformulierung kann vor komplizierten und unübersichtlichen Änderungen nicht schützen.

2. Formale Änderungsvorschläge

Außerhalb der vollständigen Neufassung sind aber zahlreiche rein formale Änderungen denkbar, bei deren behutsamer Anwendung die aufgezeigten Gefahren nicht bestehen, die aber gleichwohl die Verständlichkeit des Vertragstextes verbessern können:

a) Neuordnung und Überschriften

Als erste Maßnahme wird vorgeschlagen, die Bestimmungen des Berechtigungsvertrags neu zu ordnen und die neu geordneten Abschnitte und Klauseln mit Überschriften zu versehen, dabei

- zunächst die Rechteübertragungsklauseln von den Nebenbestimmungen zu trennen, so dass jedenfalls die Regelungen §§ 1, 2, 3, und 16 BerV in einem Abschnitt zusammengefasst sind,
- die getrennten Abschnitte unter die Überschriften „Rechteübertragungen" und „Nebenbestimmungen" zu stellen.

Sodann wären die Rechteübertragungsklauseln strukturell neu zu ordnen, wie z. B.

- Abtretung der gesetzlichen Vergütungsansprüche in einem eigenen Abschnitt am Ende der Rechteübertragungen unter der Überschrift „Abtretung gesetzlicher Vergütungsansprüche",
- Übertragung der Senderechte nach § 1 lit. b und d BerV zusammen gefasst unter der Überschrift „Senderechte",
- Rechteübertragungen nach § 1 lit. h Abs. 2 und 3 BerV unter der Überschrift „Nutzungen im Internet und anderen Netzwerken".

b) Anpassung an die gesetzlichen Regelungen

Soweit sich die Regelungen des Vertragstexts auf gesetzliche Regelungen und Begrifflichkeiten beziehen, sollten diese möglichst identisch in den Vertragstext übernommen werden. Dies verhindert Missverständnisse in der Auslegung des Vertragstextes, da jeweils auf die Auslegung der gesetzlichen Formulierungen zurückgegriffen werden kann. Insofern wird z. B. empfohlen, in § 1 lit. c BerV den Rechtsbegriff der „Hörfunkwiedergabe" und in § 1 lit. h Abs. 2 und 3 BerV den Rechtsbegriff der „öffentlichen Zugänglichmachung" zu verwenden.

c) Ersetzung von altem Sprachgebrauch und Streichung überflüssiger Regelungen

Begrifflichkeiten, die auf eine frühere Rechtslage zurückgehen, heute aber zu Missverständnissen führen können, wie etwa die „Aufführung" von Bild- oder Tonträgeraufnahmen, statt deren „Wiedergabe" in § 1 lit. g BerV, sollten ersetzt werden. Außerdem kann die heute nicht mehr relevante Regelung zu den Wochenschau-Herstellungsrechten in § 1 lit. i Ziff. 2 BerV, ebenso wie die überflüssige Übertragung der Filmvorführungsrechte in § 1 lit. f BerV vollständig gestrichen werden.

Literaturverzeichnis

Ahlberg, Hartwig, Rechtsverhältnisse zwischen Komponisten und Textdichter, Diss., Hamburg 1968

Augenstein, Christof, Rechtliche Grundlagen des Verteilungsplans urheberrechtlicher Verwertungsgesellschaften, Baden-Baden (Nomos) 2004

Becker, Bernhard v., Rechtsprobleme bei Mehr-Autoren-Werkverbindungen, ZUM 2002, 581–585

Becker, Jürgen, Die digitale Verwertung von Musikwerken aus der Sicht der Musikurheber, in: Jürgen Becker/Thomas Dreier (Hrsg.), Urheberrecht und digitale Technologie, Baden-Baden (Nomos) 1994, 45–77 (zitiert Becker, in: Becker/Dreier)

Becker, Jürgen, Rechtsprobleme aus der Sicht der GEMA, in: Jürgen Becker (Hrsg.), Musik im Film, VI. Münchner Symposium zum Film- und Medienrecht am 26. Juni 1992, Baden-Baden (NOMOS) 1993 (zitiert: Becker, in: Musik im Film), 53–75

Bezzenberger, Gerold/Riesenhuber, Karl, Rechtsprechung zum „Binnenrecht" der Verwertungsgesellschaften – dargestellt am Beispiel der GEMA, GRUR 2003, 1005–1014

Bing, Friederike, Die Verwertung von Urheberrechten – Eine ökonomische Analyse unter besonderer Berücksichtigung der Lizenzvergabe durch Verwertungsgesellschaften, Berlin (Zeitungs-Verlag) 2002 (zitiert Bing, Die Verwertung von Urheberrechten)

Bork, Reinhard, Allgemeiner Teil des Bürgerlichen Gesetzbuchs, Tübingen (Mohr Siebeck) 2001

Bortloff, Nils, Internationale Lizenzierung von Internet-Simulcasts durch die Tonträgerindustrie, GRUR Int. 2003, 669–804

Brugger, Gustav, Der Begriff der Bearbeitung und Verfilmung im neuen Urheberrechtsgesetz – Unter Berücksichtigung der Verwendung von Musikwerken im Film und Fernsehen, UFITA 51 (1968), 89–125

Brunn, Johann Heinrich v., Der GEMA-Fall, WuW 1971, 770–779

Bundesministerium der Justiz, Kopien brauchen Originale, Informationen für die Presse v. 12. 1. 2005, abrufbar unter www.bmj.bund.de (zitiert BMJ, Pressemitteilung, Kopien brauchen Originale)

Bundesministerium der Justiz, Urheberrecht in der Wissensgesellschaft, Pressemitteilung v. 9. 9. 2004, abrufbar unter www.bmj.bund.de (zitiert BMJ, Pressemitteilung, Urheberrecht in der Wissensgesellschaft)

Bussmann, Kurt, Änderung und Bearbeitung im Urheberrecht, in: Philipp Möhring/Wolfgang Hefermehl/Hans Carl Nipperdey (Hrsg.), Festschrift für Philipp Möhring zum 65. Geburtstag, München (Beck) 1965, 201–224 (zitiert Bussmann, in: FS Möhring)

Castendyk, Oliver, Gibt es ein „Klingelton-Herstellungsrecht"?, ZUM 2005, 9–19

Castendyk, Oliver, Neue Ansätze zum Problem der unbekannten Nutzungsart in § 31 Abs. 4 UrhG, ZUM 2002, 332–348
Castendyk, Oliver/Kirchherr, Jenny, Das Verbot der Übertragung von Rechten an nicht bekannten Nutzungsarten – Erste Überlegungen für eine Reform des § 31 Abs. 4 UrhG, ZUM 2003, 751–765
Cichon, Caroline, Musikpiraterie im Internet, K&R 1999, 547–554

Dillenz, Walter/Gutman, Daniel, Urheberrechtsgesetz, Verwertungsgesellschaftengesetz – Kommentar, 2. Auflage Wien New York (Springer) 2004 (zitiert Dillenz/Gutman §§ Gesetz Randnummer)
Donle, Christian, Die Bedeutung des § 31 Abs. 5 UrhG für das Urhebervertragsrecht, München (VVF) 1993 (zitiert Donle, Die Bedeutung des § 31 Abs. 5 UrhG)
Donhauser, Daniela, Der Begriff der unbekannten Nutzungsart gemäß § 31 Abs. 4 UrhG, Baden-Baden (Nomos) 2001
Dreher, Meinrad, Die Auslegung von Rechtsbegriffen in Allgemeinen Geschäftsbedingungen, AcP 189 (1989), 342–385
Dreier, Thomas/Schulze, Gernot, Urheberrechtsgesetz, Urheberwahrnehmungsgesetz, Kunsturhebergesetz – Kommentar, München (Beck) 2004 (zitiert Dreier/Schulze-Bearbeiter, §§ Gesetz Randnummer)
Drewes, Stefan, Neue Nutzungsarten im Urheberrecht, Baden-Baden (Nomos) 2002
Dreyer, Gunda/Kotthoff, Jost/Meckel, Astrid/Zeisberg, Hans-Joachim, Urheberrecht, Heidelberg (Müller) 2004 (zitiert Dreyer/Kotthoff/Meckel-Bearbeiter §§ Gesetz Randnummer)
Dümling, Albrecht, Musik hat ihren Wert – 10 Jahre musikalische Verwertungsgesellschaft in Deutschland, Regensburg (ConBrio) 2003 (zitiert Dümling, Musik hat ihren Wert)
Dünnwald, Rolf, Die Verpflichtung der Verwertungsgesellschaften zur Rechtswahrnehmung zu angemessenen Bedingungen, in: Jürgen Becker (Hrsg.), Wanderer zwischen Musik, Politik und Recht: Festschrift für Reinhold Kreile zu seinem 65. Geburtstag, Baden-Baden (Nomos) 1994, 161–167 (zitiert Dünnwald, in: FS Kreile)
Dünnwald, Rolf, Spielfilmauswertung und Zweckübertragungstheorie, GRUR 1973, 245–251
Dünnwald, Rolf, Zum GEMA-Berechtigungsvertrag – Begriffe und Rechte, FuR 1974, 554–560

Emmerich, Volker, Kartellrecht, 9. Auflage München (Beck) 2001
Erdmann, Willi, Das urheberrechtliche Vermiet- und Verleihrecht, in: Gerd Pfeiffer/Joachim Kummer/Silke Scheuch (Hrsg.), Festschrift für Hans Erich Brandner, Stuttgart (Schmitt) 1996, 361–374 (zitiert Erdmann, in: FS Brandner)

Finscher, Ludwig, Die Musik in Geschichte und Gegenwart, Allgemeine Enzyklopädie der Musik, Sachteil, 2. Auflage Kassel (Bärenreiter u. a.), 1994 (zitiert MGG)
Fitzek, Sebastian, Die unbekannte Nutzungsart, Berlin (Berlin Verlag) 2000

Flechsig, Norbert P., Digitales Rechtemanagement im Lichte ergänzender Schutzbestimmungen, in: Ulrich Loewenheim (Hrsg.), Festschrift für Wilhelm Nordemann zum 70. Geburtstag, München (Beck) 2004, 227–241 (zitiert Flechsig, in: FS Nordemann)

Frohne, Ronald, Filmverwertung im Internet und deren vertragliche Gestaltung, ZUM 2000, 810–815

Fromm, Friedrich Karl /Nordemann, Wilhelm, Urheberrecht – Kommentar zum Urheberrechtsgesetz und zum Urheberrechtswahrnehmungsgesetz, 9. Auflage Stuttgart/Berlin/Köln (Kohlhammer) 1998 (zitiert Fromm/Nordemann-Bearbeiter, §§ Gesetz Randnummer)

Gamm, Otto Friedrich Freiherr v., Urheberrechtsgesetz, Kommentar, München (Beck) 1968 (zitiert v. Gamm, §§ Gesetz Randnummer)

Gamm, Otto Friedrich Freiherr v., Urheberrechtliche Verwertungsverträge und Einschränkungen durch den EWG-Vertrag, GRUR Int. 1983, 403–409

GEMA (Hrsg.), GEMA-Nachrichten 1950 Nr. 8, Anlage 1, 12–13

GEMA (Hrsg.), GEMA-Nachrichten 1952 Nr. 15, Bericht über die ordentliche Mitgliederversammlung, 30–42

GEMA (Hrsg.) GEMA-Nachrichten 1954 Nr. 20, Mitteilungen, 21

Goldmann, Bettina C., Die kollektive Wahrnehmung musikalischer Rechte in den USA und in Deutschland – Eine vergleichende Studie zu Recht und Praxis der Verwertungsgesellschaften, München (Beck) 2001 (zitiert Goldmann, Die kollektive Wahrnehmung musikalischer Rechte)

Goršćak, Robert, Der Verlagsvertrag über U-Musik, Baden-Baden (Nomos) 2003

Grossmann, Cornelius, Die Schutzfähigkeit von Bearbeitungen gemeinfreier Musikwerke: § 3 Satz 2 UrhG, Baden-Baden (Nomos) 1995

Haberstumpf, Helmut, Handbuch des Urheberrechts, 2. Auflage Luchterhand (Hermann) 2000

Haensel, Carl, Aufführung – Vortrag – Rundfunk–Weitergabe, UFITA 28 (1959), 1–31

Haensel, Carl, Stellungnahme zu dem Gutachten von Hubmann über die Frage, ob die in § 1 c), e) und i) des GEMA-Berechtigungsvertrages erwähnten Wiedergabearten von dramatisch-musikalischen Werken unter den Begriff „großes Recht" fallen, GEMA-Nachrichten 1959 Nr. 43, 22–50

Hanser-Strecker, Peter, Die vielen Gesichter der Musik – Zum grafischen Schutz von Werken der Musik, in: Jürgen Becker/Peter Lerche/Ernst J. Mestmäcker (Hrsg.), Wanderer zwischen Musik, Politik und Recht: Festschrift für Reinhold Kreile zu seinem 65. Geburtstag, Baden-Baden (Nomos) 1994, 269–279 (zitiert Hanser-Strecker, in: FS Kreile)

Hartstein, Reinhard/Ring, Wolf-Dieter/Kreile, Johannes/Dörr, Dieter/Stettner, Rupert, Rundfunkstaatsvertrag, Kommentar, Berlin/München (Jehle Rehm), Loseblattsammlung, Stand: September 2004 (zitiert: Hartstein/Ring/Kreile/Dörr/Stettner Teil, Norm Randnummer)

Haupt, Stefan, „E-Mail-Versand" – eine neue Nutzungsart im urheberrechtlichen Sinn?, ZUM 2002, 797–803

Hauptmann, Christian, Die Vergesellschaftung des Urheberrechts – Das ausschließliche Recht, Entindividualisierung und Vergesellschaftung bei Wahrnehmung durch Verwertungsgesellschaften am Beispiel der GEMA und der VG Wort, Baden-Baden (Nomos) 1994 (zitiert Hauptmann, Die Vergesellschaftung des Urheberrechts)

Häußer, Erich, Die Verteilung der im Rahmen der Wahrnehmung von Urheberrechten und Leistungsschutzrechten erzielten Einnahmen an Ausländer in: Jürgen Becker (Hrsg.), Wanderer zwischen Musik, Politik und Recht: Festschrift für Reinhold Kreile zu seinem 65. Geburtstag, Baden-Baden (Nomos) 1994, 281–290 (zitiert Häußer, in: FS Kreile)

Häußer, Erich, Praxis und Probleme der Aufsicht der Verwertungsgesellschaften; eine Bestandsaufnahme mit Blick auf die Zukunft, FuR 1980, 57–71

Heeschen, Verena B., Urheberpersönlichkeitsrecht und Multimedia, Berlin (Berliner Wissenschaftsverlag) 2003

Hertin, Paul-W., Zur Lizenzierung von Klingeltonrechten, KUR 2004, 101–112

Hoeren, Thomas, AGB-rechtliche Fragen zum Wahrnehmungsvertrag der VG Wort, AfP 2001, 8–13

Honegger, Marc/Massenkeil, Günther (Hrsg.), Das große Lexikon der Musik, Freiburg (Herder) 1978, Band 5

Hubmann, Heinrich, Gutachten über die Frage, ob die in § 1 c), e) und i) des GEMA-Berechtigungsvertrages erwähnten Wiedergabearten von dramatisch-musikalischen Werken unter den Begriff „großes Recht" fallen, GEMA-Nachrichten 1959 Nr. 43, 10–22

Hübner, Heinz/Stern, Klaus, Zur Zulässigkeit der Aufsicht des Deutschen Patentamtes über die Verwertungsgesellschaften nach dem Gesetz über die Wahrnehmung von Urheberrechten und verwandten Schutzrechten vom 9. 9. 1965 (WahrnG), GEMA-Nachrichten 1978 Nr. 106, 85–98

Kaltner, Jonathan A., Verwertungsgesellschaften in Österreich, UFITA 130 (1996), 71–103

Karbaum, Michael, Kleines Recht, Großes Recht, Kollektive und individuelle Wahrnehmung von Urheberrechten in der Musik, GEMA-Nachrichten 1995 Nr. 152, 116–119

Katzenberger, Paul, Film auf DVD – Neue Fakten und Überlegungen zu § 31 Abs. 4 UrhG, GRUR Int. 2005, 215–219

Katzenberger, Paul, Filmverwertung auf DVD als unbekannte Nutzungsart im Sinne des § 31 Abs. 4 UrhG, GRUR Int. 2003, 889–900

Kornmeier, Udo/Cichon, Caroline Nutzungsrechte bei Multimedia-Auswertungen, in: Rolf Moser/Andreas Scheuermann (Hrsg.), Handbuch der Musikwirtschaft, 6. Auflage, München (Josef Keller) 2003, 894–950 (zitiert Kornmeier/Cichon, in: Handbuch der Musikwirtschaft)

Kreile, Reinhold, Die Zusammenarbeit der Verwertungsgesellschaften unter der Aufsicht des Deutschen Patent- und Markenamtes, GRUR 1999, 885–890

Kreile, Reinhold (Hrsg.), GEMA-Jahrbuch 2003/2004, Baden-Baden (Nomos) 2003

Kreile, Reinhold (Hrsg.), GEMA-Jahrbuch 2004/2005, Baden-Baden (Nomos) 2004

Kreile, Reinhold, Rechtsdurchsetzung und Rechteverwaltung in der Informationsgesellschaft, in: Schutz von Kultur und geistigem Eigentum in der Informationsgesellschaft, XIII. INTEGRU-Kongreß (Wien 1997) Baden-Baden (Nomos) 1998, 135–148 (zitiert Kreile, in: INTEGRU)

Kreile, Reinhold, 100 Jahre GEMA, Rede anlässlich des Festaktes am 2. Mai 2003 im Konzerthaus Berlin, in: Reinhold Kreile (Hrsg.), GEMA-Jahrbuch 2003/2004, 87–90, Baden-Baden (Nomos) 2003 (zitiert Kreile, in: GEMA-Jahrbuch 2003/2004)

Kreile, Reinhold/Becker, Jürgen, Das Internet und digitales Rechtemanagement aus der Sicht der GEMA, in: Rolf Moser/Andreas Scheuermann (Hrsg.), Handbuch der Musikwirtschaft, 6. Auflage, München (Josef Keller) 2003, 632–662 (zitiert Kreile/Becker, in: Handbuch der Musikwirtschaft, Das Internet und digitales Rechtemanagement aus der Sicht der GEMA)

Kreile, Reinhold/Becker, Jürgen, GEMA, in: Rolf Moser/Andreas Scheuermann (Hrsg.), Handbuch der Musikwirtschaft, 6. Auflage, München (Josef Keller) 2003, 687–707 (zitiert Kreile/Becker, in: Handbuch der Musikwirtschaft, GEMA)

Kreile, Reinhold/Becker, Jürgen, Legitimation und Zukunft der privaten Vervielfältigung – Dargestellt am System der privaten Vervielfältigung in Deutschland –, in: Ulrich Loewenheim (Hrsg.), Urheberrecht im Informationszeitalter, Festschrift für Wilhelm Nordemann zum 70. Geburtstag, München (Beck) 2004, 279–298 (zitiert: Kreile/Becker, in: FS Nordemann)

Kreile, Reinhold/Becker, Jürgen, Multimedia und die Praxis der Lizenzierung von Urheberrechten, GRUR Int. 1996, 677–692

Kreile, Reinhold/Becker, Jürgen, Multimedia und die Praxis der Lizenzierung von Urheberrechten, in: Reinhold Kreile (Hrsg.), GEMA-Jahrbuch 1995/1996, 68–92, Baden-Baden (Nomos) 1995 (zitiert Kreile/Becker, in: GEMA-Jahrbuch 1995/1996)

Kreile, Reinhold/Becker, Jürgen, Musik im Internet – Lizenzrechtliche Fragen, in: Thomas Hoeren/Ulrich Sieber (Hrsg.), Handbuch Multimedia Recht, Loseblattsammlung, München (Beck), Stand April 2004 (zitiert Kreile/Becker, in: Handbuch Multimedia Recht, Kapitel, Randnummer)

Kreile, Reinhold /Becker, Jürgen, Neuordnung des Urheberrechts in der Europäischen Union, GRUR Int. 1994, 901–911

Kreile, Reinhold/Becker, Jürgen, Verwertungsgesellschaften, in: Rolf Moser/Andreas Scheuermann (Hrsg.), Handbuch der Musikwirtschaft, 6. Auflage, München (Josef Keller) 2003, 593–631 (zitiert Kreile/Becker, in: Handbuch der Musikwirtschaft, Verwertungsgesellschaften)

Kreile, Reinhold/Becker, Jürgen, Verwertungsgesellschaften in der Informationsgesellschaft – Wirtschaftliche und rechtliche Standortbestimmung, in: Ulrich Immenga/Werner Möschel/Dieter Reuter (Hrsg.), Festschrift für Ernst-Joachim Mestmäcker zum siebzigsten Geburtstag, Baden-Baden (Nomos) 1996, 77–99 (zitiert: Kreile/Becker, in: FS Mestmäcker)

Kröber, Christian, Stärkt das neue Vermietrecht die Position der schöpferischen Menschen? ZUM 1995, 854–857

Krüger, Christoph, Zur Wahrnehmung des sog. Filmherstellungsrechts durch die GEMA, in: Andreas Scheuermann/Angelika Strittmatter (Hrsg.), Urheberrechtliche Probleme der Gegenwart: Festschrift für Ernst Reichardt zum 70. Geburtstag, Baden-Baden (Nomos)1990, 79–123 (zitiert Krüger, in: FS Reichardt)

Larenz, Karl/Wolf, Manfred, Allgemeiner Teil des Bürgerlichen Rechts, 9. Auflage München (Beck) 2004
Lerche, Peter, Anmerkung zu BGH v. 5. 6. 1984, Schulze BGHZ 334, 18–21
Lerche, Peter, Anmerkung zu den Widerspruchsbescheiden des Deutschen Patentamts vom 28. 6. 1978, GEMA-Nachrichten, 1978, 41–46
Lerche, Peter, Verwertungsgesellschaften als Unternehmen „sui generis“, ZUM 2003, 34–38
Leupold, Andreas/Demisch, Dominik, Bereithalten von Musikwerken zum Abruf in digitalen Netzen, ZUM 2000, 379–390
Lichte, Walter, Musikverlagsverträge, in: Rolf Moser/Andreas Scheuermann (Hrsg.), Handbuch der Musikwirtschaft, 6. Auflage, München (Josef Keller) 2003, 1067–1079 (zitiert Lichte, in: Handbuch der Musikwirtschaft)
Loewenheim, Ulrich, Anmerkung zu BGH v. 14. 10. 1999 – I ZR 117/97, LM Nr. 2 zu § 19 UrhG
Loewenheim, Ulrich, (Hrsg.), Handbuch des Urheberrechts, München (Beck) 2003 (zitiert Loewenheim-Bearbeiter, §§ Randnummer)

Mäger, Thorsten, Die Abtretung urheberrechtlicher Vergütungsansprüche in Verwertungsverträgen, Berlin (Berliner Wissenschafts-Verlag) 2000
Mand, Elmar, Die Kabelweitersendung als urheberrechtlicher Verwertungstatbestand, GRUR 2004, 395–399
Mauhs, Angela, Der Wahrnehmungsvertrag, Baden-Baden (Nomos) 1991
Medicus, Dieter, Allgemeiner Teil des BGB, 8. Auflage Heidelberg (C. F. Müller) 2002
Melichar, Ferdinand, Die Wahrnehmung von Urheberrechten durch Verwertungsgesellschaften am Beispiel der VG Wort, München (Schweitzer) 1983 (zitiert Melichar, Die Wahrnehmung von Urheberrechten durch Verwertungsgesellschaften)
Menzel, Hans-Jürgen, Die Aufsicht der GEMA durch das Deutsche Patentamt: ein Beispiel für die Aufsicht über Verwertungsgesellschaften, Heidelberg (Decker & Müller) 1986 (zitiert Menzel, Die Aufsicht über die GEMA)
Meyer, Katrin, Verwertungsgesellschaften und ihre Kontrolle nach dem Urheberrechtswahrnehmungsgesetz: unter besonderer Berücksichtigung der Anforderungen und Möglichkeiten des digitalen Zeitalters, Baden-Baden (Nomos) 2001 (zitiert Meyer, Verwertungsgesellschaften und ihre Kontrolle)
Möhring, Philipp/Nicolini, Käte, Urheberrechtsgesetz, Kommentar, 2. Auflage München (Vahlen) 2000 (zitiert Möhring/Nicolini-Bearbeiter, §§ Gesetz Randnummer)
Möschel, Wernhard/Bechtold, Stefan, Copyright Management im Netz, MMR 1998, 571–576
Müller, Ulf, Verwertungsgesellschaften im digitalen Umfeld, in: Thomas Hoeren/ Ulrich Sieber, (Hrsg.) Handbuch Multimedia Recht, Loseblattsammlung, München (Beck), Stand April 2004 (zitiert Müller, in: Handbuch Multimedia Recht, Kapitel, Randnummer)

Nordemann, Wilhelm Anmerkung zu OLG München v. 20. 1. 1977, Schulze OLGZ 178, 6–7
Nordemann, Wilhelm, Der Begriff der „angemessenen Bedingung“ in § 6 Absatz 1 Wahrnehmungsgesetz, GRUR Int. 1973, 306–310
Nordemann, Wilhelm, Mängel der Staatsaufsicht über die deutschen Verwertungsgesellschaften, GRUR 1992, 584–589
Nordemann, Wilhelm/Vinck, Kai/Hertin, Paul, Internationales Urheberrecht und Leistungsschutzrecht der deutschsprachigen Länder unter Berücksichtigung auch der Staaten der Europäischen Gemeinschaft, Düsseldorf (Werner) 1977 (zitiert Nordemann/Vinck/Hertin, Internationales Urheberrecht)

Ochsner, Beat, Die kollektive Verwertung von urheberrechtlichen Nutzungsbefugnissen, Diss., Basel 1980
Oehlschlägel, Reinhard, Absonderliche Urheberrechte, MusikTexte, Heft 02/2005, S. 3 f.

Palandt, Otto (Hrsg.), Kommentar zum Bürgerlichen Gesetzbuch, 64. Auflage München (Beck) 2004 (zitiert Palandt-Bearbeiter, §§ Gesetz Randnummer)
Petersdorff-Campen, Thomas v., Vervielfältigung auf DVD als neue Nutzungsart; Anmerkung zu LG München, ZUM 2002, 71–74 – DVD; ZUM 2002, 74–76
Petersdorff-Campen, Thomas v., Videozweitauswertung, ZUM 1996, 1037–1048
Pfennig, Gerhard, Anmerkung zu LG Köln, ZUM 1998, 168–170; ZUM 1998, 170
Plate, John-Christian, Die Verwertungsgesellschaftspflicht für urheberrechtliche Vergütungsansprüche und ausschließliche Verwertungsrechte, Berlin (Berliner Wissenschafts-Verlag) 2003
Platho, Rolf, Die nachträgliche Erweiterung des Rechtekatalogs in den Wahrnehmungsverträgen der Verwertungsgesellschaften – Diskussionsbeitrag in der Arbeitssitzung des Instituts für Urheber- und Medienrecht am 24. 10. 1986, ZUM 1987, 77–79
Platho, Rolf, Sind Kabel-, Satelliten- und Pay-TV-Sendung eigenständige Nutzungsarten nach § 31 UrhG? ZUM 1986, 572–578
Poll, Günter, Urheberrechtliche Beurteilung der Lizenzierungspraxis von Klingeltönen, MMR 2004, 67–74
Popp, Alexander, Verwertungsgesellschaften – Ihre Stellung im Spannungsfeld zwischen Urheberrecht und Kartellrecht, Wien (Manz) 2001 (zitiert Popp, Verwertungsgesellschaften)

Postinett, Axel, Sony BMG startet Aufholjagd bei deutschen Künstlern, Handelsblatt, Ausgabe v. 4. 4. 2005, S. 18

Reber, Nikolaus, Die Bekanntheit der Nutzungsart im Filmwesen – ein weiterer Mosaikstein in einem undeutlichen Bild, GRUR 1997, 162–169
Rehbinder, Manfred, Mängel der Staatsaufsicht über die deutschen Verwertungsgesellschaften, DVBl. 1992, 216–222
Rehbinder, Manfred, Urheberrecht, 13. Auflage, München (Beck) 2004 (zitiert Rehbinder, Randnummer)

Reinbothe, Jörg, Die EG-Richtlinie zum Urheberrecht in der Informationsgesellschaft, GRUR Int. 2001, 733–745

Reischl, Gerhard, Gewerblicher Rechtsschutz und Urheberrecht in der Rechtsprechung des Europäischen Gerichtshofs, GRUR Int. 1982, 151–158

Reupert, Christine, Der Film im Urheberrecht – Neue Perspektiven nach hundert Jahren Film, Baden-Baden (Nomos) 1995 (zitiert Reupert, Der Film im Urheberrecht)

Riesenhuber, Karl, Beim Abschluss des Wahrnehmungsvertrags sind die Berechtigten Unternehmer iSv § 14 BGB – Zur AGB-Kontrolle des Wahrnehmungsvertrags, ZUM 2002, 777–781

Riesenhuber, Karl, Der Einfluss der RBÜ auf die Auslegung des deutschen Urheberrechts, ZUM 2003, 333–342

Riesenhuber, Karl, Die Auslegung und Kontrolle des Wahrnehmungsvertrags, Berlin (de Gruyter) 2004

Riesenhuber, Karl, Die doppelte Vorausverfügung des Arbeitnehmer-Urhebers zugunsten von Verwertungsgesellschaften und Arbeitgeber, NZA 2004, 1363–1368

Riesenhuber, Karl, System und Prinzipien des Europäischen Vertragsrechts, Berlin (de Gruyter) 2003

Riesenhuber, Karl, VerwGesG 2005: Ausgewählte Regelungen im Vergleich mit dem deutschen Recht und den Europäischen Angleichungsplänen, WBL 2005 (im Druck)

Riesenhuber, Karl/Domröse, Ronny, Richtlinienkonforme Rechtsfindung und nationale Methodenlehre, RIW 2005, 47–54

Riesenhuber, Karl/Rosenkranz, Frank, Das deutsche Wahrnehmungsrecht 1903–1933 – Ein Streifzug durch Rechtsprechung und Literatur – UFITA 2005, im Druck

Riesenhuber, Karl/Vogel, Alexander v., Europäisches Wahrnehmungsrecht – Zur Mitteilung der Kommission über die Wahrnehmung von Urheberrechten und verwandten Schutzrechten im Binnenmarkt –, EuZW 2004, 519–523

Rossbach, Claudia, Die Vergütungsansprüche im deutschen Urheberrecht – praktische Wahrnehmung, Rechtsverkehr und Dogmatik, Baden-Baden (Nomos) 1990 (zitiert Rossbach, Die Vergütungsansprüche im deutschen Urheberrecht)

Rossbach, Claudia/Joos, Ulrich, Vertragsbeziehungen im Bereich der Musikverwertung unter besonderer Berücksichtigung des Musikverlags und der Tonträgerherstellung, in: Festgabe für Gerhard Schricker zum 60. Geburtstag, München (Beck) 1995, 343–387 (zitiert Rossbach/Joos, in: FS Schricker)

Russ, Christian, Das Lied eines Boxers – Grenzen der Rechtswahrnehmung durch die GEMA am Beispiel des Falles „Henry Maske“, ZUM 1995, 32–35

Säcker, Jürgen/Rebmann, Kurt/Rixecker, Roland (Hrsg.), Münchner Kommentar zum BGB, Band 1, Allgemeiner Teil, 4. Auflage München (Beck) 2001 (zitiert Münchner Kommentar-Bearbeiter §§ Gesetz, Randnummer)

Sasse, Helge/Waldhausen, Hans, Musikverwertung im Internet und deren vertragliche Gestaltung – MP3, Streaming, Webcast, On-demand-Service etc., ZUM 2000, 837–848

Schack, Haimo, Der Vergütungsanspruch der in- und ausländischen Filmhersteller aus § 54 I, ZUM 1989, 267–285
Schack, Haimo, Urheber- und Urhebervertragsrecht, 3. Auflage Tübingen (Mohr) 2005
Schack, Haimo, Urhebervertragsrecht im Meinungsstreit, GRUR 2002, 853–859
Schäfer, Martin, Vom Nutzen neuer Nutzungsarten, in: Loewenheim (Hrsg.), Urheberrecht im Informationszeitalter, Festschrift für Wilhelm Nordemann zum 70. Geburtstag, München (Beck) 2004, 227–241 (zitiert Schäfer, in: FS Nordemann)
Schardt, Andreas, Musikverwertung im Internet und deren vertragliche Gestaltung, ZUM 2000, 849–856
Schierholz, Anke, Anmerkung zu LG Hamburg v. 15. 6. 2001 – 308 S 7/00, ZUM 2001, 713–714
Schippan, Martin, Urheberrecht goes digital – Das Gesetz zur Regelung des Urheberrechts in der Informationsgesellschaft, ZUM 2003, 378–389
Schmidt, Manuela Maria, Die Anfänge der musikalischen Tantiemenbewegung in Deutschland – Eine Studie über den langen Weg bis zur Errichtung der Genossenschaft Deutscher Tonsetzer (GDT) im Jahre 1903 und zum Wirken des Komponisten Richard Strauss (1864–1949) für Verbesserungen des Urheberrechts, Diss. Saarbrücken 2003, Berlin (Duncker & Humblot) voraussichtlich 2005 (in Vorbereitung)
Schricker, Gerhard, Verlagsrecht, Kommentar zum Gesetz über das Verlagsrecht, 3. Auflage München (Beck) 2001 (zitiert Schricker, Verlagsrecht, §§ Gesetz Randnummer)
Schricker, Gerhard, (Hrsg.) Urheberrecht – Kommentar, 2. Auflage München (Beck) 1999 (zitiert Schricker-Bearbeiter, §§ Gesetz Randnummer)
Schricker, Gerhard, Kurzkommentar zu BGH v. 14. 10. 1999 – I ZR 117/97, EWiR 2000, 99–100
Schricker, Gerhard, (Hrsg.), Urheberrecht auf dem Weg zur Informationsgesellschaft, Baden-Baden (Nomos) 1997 (mitverfasst von Thomas Dreier/Paul Katzenberger/Silke v. Lewinski) (zitiert Schricker, Urheberrecht auf dem Weg zur Informationsgesellschaft)
Schulz, Peter F., Filmmusik-Lizenzverträge, in: Rolf Moser/Andreas Scheuermann (Hrsg.), Handbuch der Musikwirtschaft, 6. Auflage, München (Josef Keller) 2003, 1380–1395, (zitiert P. Schulz, in: Handbuch der Musikwirtschaft, Filmmusik-Lizenzverträge)
Schulz, Peter F., „Remixes“ und „Coverversionen“, in: Christian Schertz/Hermann J. Omsels, (Hrsg.), Festschrift für Paul W. Hertin zum 60. Geburtstag, München (Beck) 2000, 213–236 (zitiert P. Schulz, in: FS Hertin)
Schulz, Peter F., Werbemusikverträge, in: Rolf Moser/Andreas Scheuermann (Hrsg.), Handbuch der Musikwirtschaft, 6. Auflage, München (Josef Keller) 2003, 1342–1379 (zitiert P. Schulz, in: Handbuch der Musikwirtschaft, Werbemusikverträge)
Schulze, Erich, Anmerkung zu Kammergericht v. 4. 5. 1936, Schulze KGZ 13 und v. 24. 11. 1953, Schulze KGZ 17, Schulze KGZ 17, 11–16.

Schulze, Erich, Der neue Berechtigungsvertrag der GEMA, GEMA-Nachrichten 1951 Nr. 11, 7–10
Schulze, Erich, Die GEMA – gestern und heute, GEMA-Nachrichten 1953 Nr. 16, 4–8
Schulze, Erich, Die Revision der revidierten Berner Übereinkunft in Brüssel und ihre Auswirkung für Deutschland, GEMA-Nachrichten 1949 Nr. 4, 21–31
Schulze, Erich, Geschätzte und geschützte Noten – zur Geschichte der Verwertungsgesellschaften, Weinheim (VCH) 1995 (zitiert E. Schulze, Geschätzte und geschützte Noten)
Schulze, Erich (Hrsg.), Rechtsprechung zum Urheberrecht – Entscheidungssammlung mit Anmerkungen, Loseblattsammlung, München (Beck) Stand 49. Ergänzungslieferung 2004
Schulze, Erich, Urhebervertragsrecht: Materialsammlung mit Erläuterungen, 3. Auflage München (Schweitzer) 1982 (zitiert E. Schulze, Urhebervertragsrecht)
Schulze, Gernot, Anmerkung zu OLG Hamburg v. 1. 3. 1990, Schulze OLGZ 315, 7–9
Schulze, Gernot, Teil-Werknutzung, Bearbeitung und Werkbindung bei Musikwerken – Grenzen des Wahrnehmungsumfangs der GEMA, ZUM 1993, 255–269
Schulze, Gernot, Urheber- und Leistungsschutzrechte des Kameramanns, GRUR 1994, 855–871
Schulze, Gernot, Zur Beschränkung des Filmherstellungsrechts bei Musikwerken, GRUR 2001, 1084–1087
Schulze, Marcel, Materialien zum Urheberrechtsgesetz, Texte – Begriffe – Begründungen, Band 3, Neuwied/Kriftel, (Luchterhand) 2003
Schwarz, Mathias, Klassische Nutzungsrechte und Lizenzvergabe bzw. Rückbehalt von „Internet-Rechten", ZUM 2000, 816–837
Schwarz, Mathias/Schwarz, Wolf, Die Bedeutung des Filmherstellungsrechtes für die Auswertung des fertiggestellten Filmes, ZUM 1988, 429–437
Seifert, Fedor, Wahrnehmungsverträge, in: Rolf Moser/Andreas Scheuermann (Hrsg.), Handbuch der Musikwirtschaft, 6. Auflage, München (Josef Keller) 2003, 981–997 (zitiert Seifert, in: Handbuch der Musikwirtschaft)
Sieber, Ulrich, Verantwortlichkeit im Internet: technische Kontrollmöglichkeiten und multimediarechtliche Regelungen; zugleich eine Kommentierung von 5 TDG und 5 MDStV, München (Beck) 1999 (zitiert Sieber, Verantwortlichkeit im Internet)
Siebert, Sabine, Die Auslegung der Wahrnehmungsverträge unter Berücksichtigung der digitalen Technik – erläutert am Beispiel der GEMA, GVL, VG Wort und VG BILD KUNST, München (Beck) 2002 (zitiert Siebert, Die Auslegung der Wahrnehmungsverträge)
Sikorski, Hans W., Musikverlag – Was ist das? Informationsbroschüre des deutschen Musikverlegerverbandes, Bonn (Musikverlegerverbandsverlag) 1997
Spehr, Michael, Das neue Radiovergnügen im Internet, Frankfurter Allgemeine Zeitung, Ausgabe v. 19. 9. 2004, S. 60
Staats, Robert, Aufführungsrecht und kollektive Wahrnehmung bei Werken der Musik, Baden-Baden (Nomos) 2004
Staudinger, Julius v., Kommentar zum BGB, Berlin (Sellier/de Gruyter) (zitiert Staudinger-Bearbeiter [Erscheinungsjahr], §§ Gesetz Randnummer)

Steden, Robin Christian, Das Monopol der GEMA – zur Frage der kollektiven Wahrnehmung von Musikverwertungsrechten im 21. Jahrhundert, Baden-Baden (Nomos) 2003 (zitiert Steden, Das Monopol der GEMA)
Stieper, Malte/Frank, Andreas, DVD als neue Nutzungsart?, MMR 2000, 643–647
Stockmann, Kurt, Die Verwertungsgesellschaften und das nationale und europäische Kartellrecht, in: Jürgen Becker (Hrsg.), Die Verwertungsgesellschaften im Europäischen Binnenmarkt – Symposium für Reinhold Kreile zum 60. Geburtstag, Baden-Baden (Nomos) 1990, 25–45 (zitiert Stockmann, in: Verwertungsgesellschaften im Europäischen Binnenmarkt)

Thurow, Norbert, Zur gemeinsamen Interessenlage von Musikurhebern, Künstlern und Tonträgerherstellern angesichts der Herausforderung einer digitalen Zukunft, in: Jürgen Becker/Peter Lerche/Ernst J. Mestmäcker (Hrsg.), Wanderer zwischen Musik, Politik und Recht: Festschrift für Reinhold Kreile zu seinem 65. Geburtstag, Baden-Baden (Nomos) 1994, 763–771 (zitiert: Thurow, in: FS Kreile)

Ulmer, Eugen, Urheber- und Verlagsrecht, 3. Auflage, Berlin/Heidelberg/New York (Springer) 1980
Ulmer, Eugen, Zur Rechtsstellung der Musikverlage in der GEMA – Rechtsgutachten, GEMA-Nachrichten 1978 Nr. 106, S. 99–108
Ulmer, Peter/Brandner, Erich/Hensen, Horst-Diether/Schmidt, Harry, AGB-Gesetz – Kommentar, 9. Auflage, Köln (Dr. Otto Schmidt-Verlag) 2001 (zitiert Ulmer/Brandner/Hensen-Bearbeiter §§ Gesetz Rn.)
Ungern-Sternberg, Joachim v., Die Wahrnehmungspflicht der Verwertungsgesellschaften und die Urheberrechtskonventionen, GRUR Int. 1973, 61–65
Urek, Thomas, Die Abgrenzung des Filmherstellungsrechtes von den Filmauswertungsrechten, ZUM 1993, 168–173

Ventroni, Stefan, Das Filmherstellungsrecht – Ein urheberrechtliches Problem bei der audiovisuellen Nutzung von Musik in Film, Fernsehen und Multimedia, Baden-Baden (Nomos) 2000 (zitiert Ventroni, Das Filmherstellungsrecht)
Vogel, Martin, Wahrnehmungsrecht und Verwertungsgesellschaften in der Bundesrepublik Deutschland – Eine Bestandsaufnahme im Hinblick auf die Harmonisierung des Urheberrechts in der Europäischen Gemeinschaft, GRUR 1993, 513–531

Wandtke, Artur-Axel/Bullinger, Winfried (Hrsg.), Praxiskommentar zum Urheberrecht, München (Beck) 2002 (zitiert Wandtke/Bullinger-Bearbeiter §§ Gesetz Randnummer)
Wandtke, Artur-Axel, Aufstieg und Fall des § 31 Abs. 4 UrhG?, in: Ulrich Loewenheim (Hrsg.), Urheberrecht im Informationszeitalter, Festschrift für Wilhelm Nordemann zum 70. Geburtstag, München (Beck) 2004, 267–275 (zitiert Wandtke, in: FS Nordemann)
Welser, Marcus v., Die Wahrnehmung urheberpersönlichkeitsrechtlicher Befugnisse durch Dritte, Berlin (Berliner Wissenschafts-Verlag) 2000
Winghardt, Stefan, Kopiervergütung für den PC, ZUM 2002, 349–353

Wolf, Manfred/Horn, Norbert/Lindacher, Walter, AGB-Gesetz – Kommentar, 4. Auflage München (Beck) 1999 (zitiert Wolf/Horn/Lindacher-Bearbeiter §§ Gesetz Randnummer)

Wünschmann, Christoph, Die kollektive Verwertung von Urheber- und Leistungsschutzrechten nach europäischem Wettbewerbsrecht, Baden-Baden (Nomos) 2000

Zapf, Daniel Alexander, Kollektive Wahrnehmung von Urheberrechten im Online-Bereich – Rechtliche Rahmenbedingungen für ein Tarifmodell zur Nutzung von Musik im Internet, Münster (LIT-Verlag) 2002 (zitiert Zapf, Kollektive Wahrnehmung von Urheberrechten im Online-Bereich)

Zscherpe, Kerstin, Urheberrechtsschutz digitalisierter Werke im Internet, MMR 1998, 405

Anhang

Berechtigungsvertrag der GEMA in der Fassung v. 28./29. Juni 2005

GEMA

GESELLSCHAFT FÜR MUSIKALISCHE AUFFÜHRUNGS-
UND MECHANISCHE VERVIELFÄLTIGUNGSRECHTE

Berechtigungsvertrag

(Neufassung aufgrund der Beschlüsse der ordentlichen Mitgliederversammlung vom 28. / 29. Juni 2005)

zwischen dem unterzeichneten

Urheber ....

Musikverleger (Musikverlag)[1] ....

Rechtsnachfolger des ....

- im folgenden kurz Berechtigter genannt -

und

der GEMA Gesellschaft für musikalische Aufführungs- und mechanische Vervielfältigungsrechte, vertreten durch ihren Vorstand in 10787 Berlin, Bayreuther Str. 37,

- im folgenden kurz GEMA genannt -.

§ 1

Der Berechtigte überträgt hiermit der GEMA als Treuhänderin für alle Länder alle ihm gegenwärtig zustehenden und während der Vertragsdauer noch zuwachsenden, zufallenden, wieder zufallenden oder sonst erworbenen Urheberrechte in folgendem Umfang zur Wahrnehmung nach Maßgabe der folgenden Bestimmungen:

a) Die Aufführungsrechte an Werken der Tonkunst mit oder ohne Text, jedoch unter Ausschluss der bühnenmäßigen Aufführung dramatisch-musikalischer Werke, sei es vollständig, als Querschnitt oder in größeren Teilen.

   Bühnenmusiken, soweit sie nicht integrierender Bestandteil des Bühnenwerkes sind, Bühnenschauen, Filmbegleitmusik, Einlagen in Revuen, Einlagen in Operetten, Possen und Lustspielen, melodramatische und Kabarettaufführungen sind Gegenstand dieses Vertrages, soweit es sich nicht um die Aufführung von Bestandteilen dramatisch-musikalischer Werke in anderen Bühnenwerken handelt.

b) Die Rechte der Hörfunk-Sendung mit Ausnahme der Sendung dramatisch-musikalischer Werke, sei es vollständig, als Querschnitt oder in größeren Teilen [2].

c) Die Rechte der Lautsprecherwiedergabe einschließlich der Wiedergabe von dramatisch-musikalischen Werken durch Lautsprecher.

d) Die Rechte der Fernseh-Sendung mit Ausnahme von dramatisch-musikalischen Werken, sei es vollständig, als Querschnitt oder in größeren Teilen [2].

e) Die Rechte der Fernseh-Wiedergabe einschließlich der Wiedergabe von dramatisch-musikalischen Werken.

f) Die Filmvorführungsrechte einschließlich der Rechte an dramatisch-musikalischen Werken.

g) Die Rechte der Aufführung und Wahrnehmbarmachung mittels der gemäß Abs. h) hergestellten Vorrichtungen, mit Ausnahme

   aa) der bühnenmäßigen Aufführung dramatisch-musikalischer Werke, sei es vollständig, als Querschnitt oder in größeren Teilen;

   bb) der Wahrnehmbarmachung dramatisch-musikalischer Werke in Theatern im Sinne von § 19 Abs. 3 UrhG.

h) Die Rechte der Aufnahme auf Ton-, Bildton-, Multimedia- und andere Datenträger einschließlich z. B. Speichercard, DataPlay Disc, DVD (Digital Versatile Disc), Twin Disc, Ton- und Bildtonträger mit ROM-part und entsprechende Träger mit Datenlink, sowie die Vervielfältigungs- und Verbreitungsrechte an diesen Trägern.

   Das Recht, Werke der Tonkunst (mit oder ohne Text) in Datenbanken, Dokumentationssysteme oder in Speicher ähnlicher Art einzubringen.

   Das Recht, Werke der Tonkunst (mit oder ohne Text), die in Datenbanken, Dokumentationssysteme oder in Speicher ähnlicher Art eingebracht sind, elektronisch oder in ähnlicher Weise zu übermitteln, einschließlich z. B. für mobile Internetnutzung und für Musiktauschsysteme.

   Die Rechtsübertragung erfolgt zur Nutzung der Werke der Tonkunst (mit oder ohne Text) auch als Ruftonmelodien und als Freizeichenuntermalungsmelodien.

   Die Rechtsübertragung erfolgt jeweils vorbehaltlich der Regelung nach Abs. i).

   Die vorgenannten Rechte umfassen nicht die graphischen Rechte, insbesondere nicht das Recht am Notenbild oder Textbild.

   Die Vergütungsansprüche aus §§ 27 Abs. 1 und 2, 52 a sowie 54, 54 d Abs. 1, 54 e, 54 f, 54 g und 54 h UrhG; dazu gehören die Vergütungsansprüche aus § 27 Abs. 2 UrhG für Musiknoten.

   Für Vervielfältigung dramatisch-musikalischer Werke - vollständig, im Querschnitt oder in größeren Teilen - zum persönlichen oder sonstigen eigenen Gebrauch durch Ton- oder Bildtonträger bleibt dem Berechtigten das Vervielfältigungsrecht vorbehalten, soweit es sich um die Wahrnehmung gegenüber Theatern handelt.

---

[1] Handelt es sich nicht um eine Einzelperson, so ist die Angabe der Rechtsform des Verlages erforderlich (z. B. Einzelfirma, OHG, KG, GmbH, AG). Der Berechtigungsvertrag muss in solchen Fällen durch die im Handelsregister eingetragenen Vertretungsberechtigten unter Hinzufügung des Firmenstempels unterschrieben werden.

[2] Die Rechte zur zeitgleichen, unveränderten und vollständigen Weiterverbreitung dramatisch-musikalischer Werke in Fernseh- und Hörfunkprogrammen im Sinne und im Umfang der EG-Richtlinie 93 / 83 vom 27.9.1993 werden der GEMA von den betroffenen Berechtigten durch gesondertes Mandat übertragen.

Mg 8 - 10/05 MgB/He

i) (1) Die Rechte zur Benutzung eines Werkes (mit oder ohne Text) zur Herstellung von Filmwerken oder jeder anderen Art von Aufnahmen auf Bildtonträger sowie jeder anderen Verbindung von Werken der Tonkunst (mit oder ohne Text) mit Werken anderer Gattungen auf Multimedia- und andere Datenträger oder in Datenbanken, Dokumentationssystemen oder in Speichern ähnlicher Art, u. a. mit der Möglichkeit interaktiver Nutzung, mit der Maßgabe, dass GEMA und Berechtigter sich gegenseitig von allen bekannt werdenden Fällen benachrichtigen. Der GEMA werden diese Rechte unter einer auflösenden Bedingung übertragen.

Die Bedingung tritt ein, wenn der Berechtigte der GEMA schriftlich mitteilt, dass er die Rechte im eigenen Namen wahrnehmen möchte. Diese Mitteilung muss innerhalb einer Frist von vier Wochen erfolgen; bei subverlegten Werken beträgt die Frist drei Monate. Die Frist wird von dem Zeitpunkt an berechnet, zu dem der Berechtigte im Einzelfall Kenntnis erlangt hat. In der Mitteilung des Berechtigten an die GEMA über einen ihm selbst bekannt gewordenen Einzelfall muss die Erklärung enthalten sein, ob er die Rechte im eigenen Namen wahrnehmen möchte. Der Rückfall tritt nur ein, soweit es sich um die Benutzung zur Herstellung eines bestimmten Filmwerkes oder sonstigen Bildtonträgers oder Multimedia- oder anderen Datenträgers oder die Verbindung mit Werken anderer Gattungen in einer bestimmten Datenbank, einem bestimmten Dokumentationssystem oder einem bestimmten Speicher ähnlicher Art handelt. Bei Filmwerken schließt der Rückfall das Recht zur Vervielfältigung und Verbreitung ein, soweit es sich um Werke handelt, die zur öffentlichen Vorführung in Lichtspieltheatern oder zur Sendung bestimmt sind. Bei sonstigen Aufnahmen auf Bildtonträger beschränkt sich der Rückfall auf die Befugnis, die Zustimmung zur Werkverbindung und zur Herstellung von 50 gesondert zu kennzeichnenden Vervielfältigungsstücken für Einführungszwecke zu erteilen. Unberührt bleiben die Rechte für Fernsehproduktionen im Sinne von Abs. (3).

(2) Gegenüber Wochenschau-Herstellern ist die GEMA selbst zur Vergabe der Filmherstellungsrechte befugt, soweit es sich nicht um Auftragskompositionen und -texte handelt, die von einem Berechtigten einem bestimmten Wochenschau-Unternehmen zur ausschließlichen Benutzung für Wochenschauen gegeben und dementsprechend der GEMA gemeldet worden sind.

Der Berechtigte hat jedoch das Recht, die Wochenschau-Herstellungsrechte an ausländische Wochenschau-Hersteller von sich aus ohne Zustimmung der GEMA zu vergeben.

(3) Bei Fernsehproduktionen vergibt die GEMA die Herstellungsrechte an Fernsehanstalten und deren eigene Werbegesellschaften insoweit, als es sich um Eigen- oder Auftragsproduktionen für eigene Sendezwecke und Übernahmesendungen handelt. Die Einwilligung des Berechtigten ist jedoch erforderlich, wenn Dritte an der Herstellung beteiligt sind oder wenn die Fernseh-Produktionen von Dritten genutzt werden sollen. Das gilt insbesondere für Koproduktionen.

(4) In jedem Falle bleiben jedoch die Rechte bei Fernsehproduktionen und anderen Bildtonträgern bis auf die der GEMA vorbehaltenen Rechte dem Berechtigten selbst vorbehalten, wenn es sich handelt um

aa) vorbestehende dramatisch-musikalische Werke, sei es vollständig, als Querschnitt oder in größeren Teilen;

bb) die Benutzung eines Werkes (mit oder ohne Text) zur Herstellung eines dramatisch-musikalischen Werkes;

cc) die Verwendung von Konzertliedern, Schlagern oder Einlagen aus dramatisch-musikalischen Werken in anderen dramatisch-musikalischen oder dramatischen Werken oder in Fernsehproduktionen oder bei anderen Bildtonträgern, die eine Verbindung mehrerer Musiktitel unter einem Leitgedanken und mit einem Handlungsfaden darstellen. Bei Fernsehproduktionen bleibt in allen diesen Fällen dem Berechtigten das Einwilligungsrecht vorbehalten. Die Einwilligung kann jedoch, soweit es sich um Eigen- oder Auftragsproduktionen für eigene Sendezwecke und Übernahmesendungen der Fernsehanstalten und deren eigener Werbegesellschaften handelt, vom Berechtigten nicht von der Zahlung einer Vergütung abhängig gemacht werden. Wird die Einwilligung erteilt, erfolgt Verrechnung nach Maßgabe des Verteilungsplanes.

k) Unberührt bleibt die Befugnis des Berechtigten, die Einwilligung zur Benutzung eines Werkes (mit oder ohne Text) zur Herstellung von Werbespots der Werbung betreibenden Wirtschaft, z. B. im Rundfunk (Hörfunk und Fernsehen) zu erteilen.

Nicht vom Berechtigten werden der GEMA übertragen die Rechte zur Bearbeitung, Umgestaltung und / oder Kürzung eines Werkes der Tonkunst (mit oder ohne Text) zur Verwendung als Ruftonmelodie und / oder Freizeichenuntermalungsmelodie. Die Befugnis des Berechtigten, die Einwilligung in die Verwendung solcher Werkfassungen im Einzelfall zu erteilen, bleibt unberührt. Es bleibt bei der Übertragung der unter Ziff. 1 h) aufgeführten Nutzungsrechte an die GEMA.

l) Diejenigen Rechte, die durch künftige technische Entwicklung oder durch Änderung der Gesetzgebung entstehen und erwachsen, soweit sie den Rechten in den Absätzen a) bis i) entsprechen.

§ 2

Soweit der Berechtigte über die Rechte gegenwärtig nicht verfügen kann, überträgt er sie für den Fall, dass ihm die Verfügungsbefugnis wieder zufällt. Die Übertragung umfasst die vorgenannten Rechte auch insoweit, als der Berechtigte sie durch Rechtsnachfolge erlangt oder erlangt hat.

§ 3

Die GEMA ist berechtigt, die ihr vom Berechtigten übertragenen Rechte im eigenen Namen auszuüben, sie auszuwerten, die zu zahlende Gegenleistung in Empfang zu nehmen und über den Empfang rechtsverbindlich zu quittieren, die ihr übertragenen Rechte an Dritte ganz oder zum Teil weiter zu übertragen oder die Benutzung zu untersagen, alle ihr zustehenden Rechte auch gerichtlich in jeder der GEMA zweckmäßig erscheinenden Weise im eigenen Namen geltend zu machen.

§ 4

Die Ansprüche des Berechtigten gegen die GEMA sind nur nach Vereinbarung mit der GEMA abtretbar. Die GEMA ist berechtigt, für die Bearbeitung von Pfändungen und Abtretungen - mit Ausnahme von Beitragsabtretungen an die Berufsverbände - zu Lasten ihres Berechtigten (Schuldners) eine den Unkosten entsprechende Verwaltungsgebühr zu erheben.

Bei Vorauszahlungen tritt der Berechtigte seine Zahlungsansprüche bis zur Tilgung der Vorauszahlungen unwiderruflich an die GEMA ab.

§ 5

Der Berechtigte verpflichtet sich, der GEMA alle unter diesen Vertrag fallenden Werke auf den von ihr ausgegebenen Formularen, insbesondere unter Angabe des Titels und der Gattung der Werke, der Namen der Komponisten, Textdichter, Verleger und auch eines eventuellen Pseudonyms anzumelden, ein vervielfältigtes Exemplar jedes angemeldeten Werkes zur Registrierung vorzulegen und die Richtigkeit seiner Angaben hinsichtlich seiner Urheberschaft in der von der GEMA vorgeschriebenen Form nachzuweisen.

Für Werke, die der Berechtigte nicht ordnungsgemäß anmeldet, verliert er gegenüber der GEMA den Anspruch auf Verrechnung bis zur ordnungsgemäßen Anmeldung.

Der Berechtigte verpflichtet sich, der GEMA für die Feststellung seiner Rechte jede erforderliche Auskunft zu erteilen.

§ 5 a

Der Berechtigte darf die Tarifpartner der GEMA oder anderer Verwertungsgesellschaften weder direkt noch indirekt an seinem Aufkommen beteiligen, damit diese bei der Nutzung des GEMA-Repertoires bestimmte Werke des Berechtigten in ungerechtfertigter Weise bevorzugen. Im Falle der Zuwiderhandlung ist der Berechtigte verpflichtet, einen Betrag in der Höhe an die Sozialkasse der GEMA abzuführen, in der er den Tarifpartner an seinem Aufkommen beteiligt hat. Übersteigt der an den Tarifpartner abgeführte Betrag die auf den Berechtigten entfallende Vergütung für das betroffene Werk, so ist nur diese Vergütung an die Sozialkasse der GEMA abzuführen.

Die anderen Vorschriften der Satzung über satzungswidriges Verhalten bleiben unberührt.

§ 6

a) Satzung wie Verteilungsplan, auch soweit künftig die Satzung oder der Verteilungsplan geändert werden sollte, bilden einen Bestandteil dieses Vertrages.

   Beschließt die Mitgliederversammlung in Zukunft Abänderungen oder Ergänzungen des Berechtigungsvertrages, so gelten auch diese Abänderungen oder Ergänzungen als Bestandteil des Berechtigungsvertrages.

   Abänderungen oder Ergänzungen sind dem Berechtigten schriftlich mitzuteilen. Die Zustimmung des Berechtigten zur Änderung oder Ergänzung gilt als erteilt, wenn er nicht binnen zwölf Wochen seit Absendung der schriftlichen Mitteilung ausdrücklich schriftlich widerspricht; auf diese Rechtsfolge ist er in der Mitteilung hinzuweisen. Die schriftliche Mitteilung erfolgt in dem auf die Mitgliederversammlung folgenden, an alle Mitglieder versandten „GEMA Brief".

   Der Berechtigte erklärt, Satzung und Verteilungsplan ausgehändigt erhalten zu haben.

b) Der Berechtigte, der seinen Verpflichtungen aus der Satzung, dem Verteilungsplan und dem Berechtigungsvertrag nicht nachkommt, ist verpflichtet, die der GEMA durch seinen Verzug entstandenen Kosten zu erstatten.

§ 7

Der Berechtigte verpflichtet sich, jeden Wechsel des Wohnsitzes und der Staatsangehörigkeit, jede Änderung der Firma, ihrer Inhaber- und Gesellschafterverhältnisse oder in der Zeichnung der Firma, jede Verlegung der Niederlassung sowie jeden Fall der Inverlagnahme oder des Verlagswechsels unverzüglich der GEMA anzuzeigen.

Wird die Anzeige der Adressenänderung vom Berechtigten oder im Todesfall durch seinen Rechtsnachfolger unterlassen und lässt sich die neue Adresse des Berechtigten nicht durch Rückfrage bei der für den letzten Wohnsitz zuständigen Meldebehörde feststellen, so ist die GEMA berechtigt, den Berechtigungsvertrag zum Ende des Geschäftsjahres vorzeitig zu kündigen, in dem die negative Nachricht der Meldebehörde eingegangen ist. Die Kündigung erfolgt in diesem Falle durch eingeschriebenen Brief, der an die letzte der GEMA bekannt gegebene Adresse zu richten ist. Nach Ablauf eines weiteren Geschäftsjahres kann der Aufsichtsrat über die bis zur Beendigung des Vertrages etwa vorhandenen Guthaben nach eigenem Ermessen bestimmen, falls der Berechtigte bis dahin keine eigene Verfügung getroffen hat.

§ 8

1. Der Berechtigte verpflichtet sich, bei erstmaligem Vertragsabschluss einmalig eine vom Aufsichtsrat festzusetzende Aufnahmegebühr an die GEMA zu entrichten.

2. Der Berechtigte verpflichtet sich, einen vom Aufsichtsrat festzusetzenden jährlichen Mitgliedsbeitrag an die GEMA zu entrichten.

   Bei Vertragsabschluss ist der Mitgliedsbeitrag im Voraus zu bezahlen. In den Folgejahren wird der Mitgliedsbeitrag jährlich dem Mitgliedskonto des Berechtigten belastet und gegen die in dem betreffenden Jahr anfallenden Gutschriften verrechnet. Soweit die für den Berechtigten anfallenden Gutschriften die Höhe des Mitgliedsbeitrages nicht erreichen, ist der Berechtigte zur umgehenden Zahlung des Differenzbetrages an die GEMA verpflichtet. Erreichen die für den Berechtigten erfolgenden Gutschriften die Höhe des Mitgliedsbeitrages in drei aufeinander folgenden Jahren nicht, so kann die GEMA den Berechtigungsvertrag zum Ende des darauf folgenden Geschäftsjahres vorzeitig schriftlich kündigen oder die weitere Wahrnehmung seiner Rechte davon abhängig machen, dass der Mitgliedsbeitrag bei Beginn des Geschäftsjahres im Voraus entrichtet wird.

3. Im Gegensatz zu der Regelung über die Verteilung der Erträge aus dem Aufführungsrecht gilt vorbehaltlich anderweitiger Beschlüsse für die Verteilung der Erträge aus dem Vervielfältigungsrecht der Grundsatz, dass der GEMA aus diesen Erträgen eine Kommission in Höhe von bis zu 25 % zusteht.

§ 9

Für die Rechtsnachfolge im Vertragsverhältnis sind die allgemeinen gesetzlichen Bestimmungen maßgebend, soweit nicht die GEMA-Satzung und dieser Vertrag abweichende Bestimmungen enthalten.

Im Falle des Todes des Berechtigten wird der Berechtigungsvertrag mit den Erben fortgesetzt. Sind mehrere Erben vorhanden, so müssen diese ihre Rechte durch einen gemeinsamen Bevollmächtigten ausüben. Bis zum Nachweis der Erbfolge und der Bestellung eines Bevollmächtigten ist die GEMA zu Auszahlungen nicht verpflichtet. Die GEMA kann verlangen, dass der Nachweis der Erbfolge durch einen Erbschein, die Vorlage eines Testamentsvollstreckerzeugnisses oder sonstiger vom Nachlassgericht auszustellender Urkunden geführt wird. Sie kann auch verlangen, dass die Bevollmächtigung durch öffentlich beglaubigte Urkunden nachgewiesen wird.

Werden innerhalb von zwei Jahren nach dem Tode des Berechtigten keine Erbansprüche geltend gemacht und erreichen die für die unbekannten Erben erfolgenden Gutschriften in zwei aufeinander folgenden Jahren die Höhe des Mitgliedsbeitrages nicht, so endet der Berechtigungsvertrag zum Ende des darauf folgenden Geschäftsjahres.

§ 10

Der Vertrag wird mit Wirkung vom .... zunächst für die Dauer von sechs Jahren geschlossen. Falls der Vertrag nicht ein Jahr vor Ablauf schriftlich gekündigt wird, verlängert er sich jeweils um sechs Jahre.

§ 11

Mit Beendigung des Vertrages fallen die Rechte an den bisherigen Berechtigten zurück, ohne dass es einer besonderen Rückübertragung bedarf. Jedoch soll zur Vermeidung einer Störung der öffentlichen Musikpflege die Auseinandersetzung bezüglich der zurückfallenden Urheberrechte in der Weise erfolgen, dass die Musikverbraucher, deren Verträge vor Beendigung dieses Berechtigungsvertrages für die Nutzung von Werken des ausgeschiedenen Berechtigten abgeschlossen wurden und über den Zeitpunkt des Ablaufs des Berechtigungsvertrages hinaus bestehen, für die ganze Dauer ihrer Verträge zur Nutzung befugt bleiben.

Die Verrechnung der demnach etwa noch auf den ausgeschiedenen Berechtigten entfallenden Erträge erfolgt nach den Bestimmungen des Verteilungsplanes der GEMA.

§ 12

Wird die GEMA aufgelöst, so gilt dieser Vertrag zum Ende desjenigen Vierteljahres als gekündigt, welches auf das Vierteljahr folgt, in dem der Auflösungsbeschluss durch die zuständige Staatsbehörde genehmigt ist.

§ 13

Der Erfüllungsort dieses Vertrages ist der Sitz der GEMA, durch den auch der Gerichtsstand für Streitigkeiten zwischen den Parteien aus diesem Vertrage bestimmt wird.

§ 14

Dieser Vertrag, von dem der Berechtigte eine Ausfertigung erhält, wird von beiden Teilen unterzeichnet. Soweit zwischen den vertragsschließenden Parteien bereits ein Vertragsverhältnis bestanden hat, tritt dieser Vertrag an die Stelle der bisherigen Vereinbarungen.

§ 15

Zu Änderungen des Berechtigungsvertrages bedarf es der für Satzungs- und Verteilungsplan-Änderungen erforderlichen Mehrheit in der Mitgliederversammlung.

§ 16
Besondere Vereinbarungen

Auf den Berechtigungsvertrag finden die Vorschriften des § 3 Ziff. 2 der Satzung der GEMA Anwendung. Die Rechtsübertragung erfolgt demgemäß für drei Jahre, jedoch mindestens bis zum Jahresende nach Ablauf des dritten Jahres, und verlängert sich jeweils um drei Jahre, falls keine Kündigung unter Einhaltung einer Frist von sechs Monaten zum Ende des jeweiligen Drei-Jahres-Zyklus erfolgt. Ausgenommen von der Rechtsübertragung werden folgende Länder - Nutzungsarten - :

Berlin, den ....

...., den ....

GEMA

Gesellschaft für musikalische Aufführungs- und mechanische Vervielfältigungsrechte

Der Vorstand:

....

DER BERECHTIGTE

(Handelt es sich nicht um eine Einzelperson, so ist Angabe der Rechtsform des Verlages erforderlich [z. B. Einzelfirma, OHG, KG, GmbH, AG]. Der Berechtigungsvertrag muss in solchen Fällen durch die im Handelsregister eingetragenen Vertretungsberechtigten unter Hinzufügung des Firmenstempels unterschrieben werden.)

....

Stichwortverzeichnis

FSC
www.fsc.org
MIX
Papier | Fördert gute Waldnutzung
FSC® C083411

Kolibri 360 GmbH
Ferdinand-Jühlke-Straße 7
99095 Erfurt, Deutschland
produktsicherheit@kolibri360.de